书山有路勤为径,优质资源伴你行
注册世纪波学院会员,享精品图书增值服务

# DSTE
# 从战略到执行

胡红卫
著

未经许可，不得以任何方式复制或抄袭本书之部分或全部内容。
版权所有，侵权必究。

图书在版编目（CIP）数据

DSTE：从战略到执行 / 胡红卫著. — 北京：电子工业出版社，2024. 8. — ISBN 978-7-121-48519-0

Ⅰ. F632.765.3

中国国家版本馆CIP数据核字第2024Z8U636号

责任编辑：杨洪军
印　　刷：北京盛通数码印刷有限公司
装　　订：北京盛通数码印刷有限公司
出版发行：电子工业出版社
　　　　　北京市海淀区万寿路173信箱　　邮编100036
开　　本：720×1000　1/16　　印张：28　　字数：448千字
版　　次：2024年8月第1版
印　　次：2025年10月第7次印刷
定　　价：118.00元

凡所购买电子工业出版社图书有缺损问题，请向购买书店调换。若书店售缺，请与本社发行部联系，联系及邮购电话：（010）88254888，88258888。

质量投诉请发邮件至zlts@phei.com.cn，盗版侵权举报请发邮件至dbqq@phei.com.cn。

本书咨询联系方式：（010）88254199，sjb@phei.com.cn。

# 序

## 战略思考是艺术，战略管理是科学[1]

在企业发展过程中，企业管理起着举足轻重的作用，而战略管理又是企业管理的重中之重，企业界常有"战略决定成败"说法。战略管理有艺术性的一面，也有科学性的一面，是科学与艺术的结合，所以我们也经常强调：战略思考是艺术，战略管理是科学。

的确，战略制定离不开企业家尤其是创始人的远见、抱负、胆略，甚至是偶然的奇思妙想，天马行空、特立独行、灵光一闪的战略思考往往给企业未来指明了新的方向，发现了战略性增长机会。很多杰出的企业家都善于使用简单、质朴的思维模型获得对未来的洞见，或者是基于长期思考积累的直觉就能做出正确的判断和决策。战略管理的科学性主要体现为以战略管理的理论与方法为指导，建立战略管理体系并付诸实施，提升战略制定的质量和战略执行效率。战略管理的艺术性因人而异，可谓招无定式，难以描述和总结，所以在这里主要探讨战略管理科学性的一面。

战略管理的理论和方法的框架、观点、模式、工具层出不穷，这常常使企业陷入众多战略模式和方法中，难以抉择。例如，企业往往面临选择何种战略方法及工具的困惑；这些方法及工具的应用往往显得零散，难以形成一个连贯的体系；企业有时过于关注方法本身，而忽视了需要解决的实际问题和达成的目标。

---

[1] 为了提升叙述的流畅性和内容的易读性，本书在描述同一概念时，会灵活使用中文词汇或英文缩写词。对于文中出现的带有中文解释的英文缩写词，读者可以在书末的术语表中找到其对应的英文全称。

那么，面对这些问题，企业应如何应对？基于二十多年在战略管理和战略咨询领域的实践经验，笔者认为企业应采纳系统化、科学化的战略管理方法论，构建端到端的战略管理流程，将相关方法及工具串联起来，进一步用IT系统将这些方法及工具固化应用。

## 一、系统性的战略管理方法论

在这方面，我们应该感谢IBM。IBM不仅善于开展管理变革，还擅长总结管理方法和体系。在战略管理领域，IBM于1994年总结并提出了IPD（Integrated Product Development，集成产品开发）体系，其中就包括MM（Market Management，市场管理）方法论。这是一套系统的方法论，用于从广泛的机会中进行选择并收缩，同时制订一套以市场为中心的、能够带来最佳业务成果的战略与计划。实质上，它是一套面向市场的业务规划方法论。

2004年前后，IBM在MM的基础上进一步归纳并提出了BLM（Business Leadership Model，业务领先模型）。这一模型被IBM中高层用作战略制定与执行连接的方法与平台。目前，BLM已被国内众多企业所了解，并被应用于战略规划制定中。然而，很多企业在按照BLM战略框架和战略要素编制战略规划时，常常感到市场细分与目标市场定义的缺失，以及具体业务策略或战术措施的不足，这导致相关战略决策和设想难以有效落地。因此，BLM又被戏称为"别乱摸"。

因此，汉捷咨询经过长期的战略管理研究和实践，成功探索出将BLM与MM有机结合的应用之道，并创立了"基于BLM与MM的战略规划七步法"。具体来说，这一方法以BLM为骨架，融入了MM中的市场细分、组合分析、制订业务策略与计划、整合并优化业务计划等步骤和方法，从而形成了编制SP（Strategy Plan，战略规划）的七个逻辑清晰的步骤与方法。在编制BP（Annual Business Plan，年度经营计划）时，我们既以战略规划为基石，又参照这七步法进行操作，同时融入销售预测、人才预算、财务预算等流程。

很多人认为BLM已经解决了战略解码,甚至战略执行的问题,但这其实是一种误解。

虽然BLM提到了解码关键任务的基本思路,如关键任务应支持业务设计,特别是价值主张的实现,并通过双差分析(业绩差距与机会差距)为关键任务提供输入,但BLM并未提供一套系统的解码方法。

在战略规划过程中,需要包括对BLM执行的四要素——关键任务与依赖关系、正式组织、人才、文化与氛围的规划。否则,战略规划将是不完整的,也难以有效落地执行。正如华为所强调的,战略不仅是对业务的规划,它还包括对组织、人才与管理变革的规划。然而,需要明确的是,BLM执行的四要素本身并不等同于战略执行及监控活动。实际上,战略的执行与监控是通过产品研发、市场营销、生产制造、人力资源管理、财务管理等多个领域的协同工作来完成的。这四要素也并非战略执行运营活动,完整的战略执行运营管理包括S&OP(Sales & Operation Plan,销售与运作计划)及执行、财务预算监控、人才预算监控、组织绩效管理、KPI(Key Performance Indicator,关键绩效指标)监控、重点工作运营、经营分析及监控等多个方面。

那么,对于战略解码与战略执行,是否存在系统性的方法论呢?答案是肯定的。这就是三星电子和华为等企业成功应用并总结的BEM(Business Strategy Execution Model,战略执行模型)。BEM是一个更系统、自顶向下的战略解码与执行模型,它包括战略路径与衡量体系、战略目标支撑体系、战略执行运营体系。其中,战略路径与衡量体系融入了经典的BSC(Balanced Score Card,平衡计分卡)方法,战略目标支撑体系则结合了六西格玛方法,而战略执行运营体系则包括了KPI目标运营、重点工作运营、绩效管理过程运营等内容。

简言之,笔者将以上三大战略方法论的基本用途概括为:BLM定战略，MM定战术，BEM定执行。因此，汉捷咨询认为，企业在战略管理实践中，主体上应采纳这三大系统的战略管理方法论来解决问题。

## 二、端到端的战略管理流程

战略管理是否需要流程？有人认为，战略面向的是充满不确定性的未来，因此战略思考更多依赖于直觉和洞察，流程的指导意义不大；有人认为，战略的本质在于创新，规范的流程可能会束缚创新的思维；还有人认为，战略的核心在于选择和应变，只要决策得当，执行中灵活应变即可，无须设置流程、步骤等限制。然而，经过长期的研究与实践，笔者认为，这些观点有待商榷。

战略思考固然带有艺术性，但战略管理却是一门科学。诚然，战略制定和决策中确实存在直觉、胆识乃至运气的成分，但这并不意味着排斥结构化的市场分析与洞察、严谨的决策程序、周密的策略行动。事实上，通过战略制定流程的规范和指导，可以显著提高战略决策及规划的前瞻性和准确性，减少战略失误的风险。因此，优秀企业往往会将高层领导的远见、决策风格与结构化的战略流程相结合。另外，战略规划与年度经营计划的制订是一个集体性和综合性的活动，需要各层级的中高层主管、各部门甚至外部机构及专家的参与。如果没有流程的规范与指导，则可能陷入混乱，难以实现整合综效和集思广益，也难以达成战略共识。

大量研究和实践表明，结构化的流程并不会约束创新，相反会促使创新更加有序、高效。无论是产品及技术创新，还是战略创新，皆是如此。例如，通过市场细分、客户痛点分析、竞争分析、产品与技术分析等流程活动，我们能够有效地发现战略机会点。再如，BLM中的业务设计是战略创新的关键环节，其中的价值主张就建议遵循理解客户痛点、理解竞争差异、我方交付物分析、选择我方理由分析这四个活动步骤。

对战略管理流程质疑的一个典型理由是战略更侧重于应变过程，在实际执行中，大约一半的工作是事先规划的，另一半则是应变调整的。然而，这恰恰凸显了战略流程的重要性。因为通过战略流程规划得出的各项行动方案，在需要调整时，我们可以容易地回溯当时的信息和依据的假设，回顾形成行动方案的逻辑过程，从而更好地做出响应和调整。同时，制订新的行动方案时，也可以参照战略制定流程的一些环节或步骤。

对于战略执行运营管理来说，其运作同样需要流程的规范。完整的战略执行运营活动涵盖了制定S&OP并实施监控、财务预测及监控、人才预测及监控、KPI监控、绩效管理、重点工作运营、经营分析及监控等。这些执行运营手段，无一不需要相应的流程来支撑，如绩效管理流程、经营分析及监控流程等。

那么，需要建立怎样的战略管理流程呢？首先，应建立结构化的流程。其基本思路在于分层设计流程。在这方面，APQC（American Productivity and Quality Center，美国生产力和质量中心）提出的PCF（Process Classification Framework，流程分类框架）为我们提供了有益的参考，它包括5个层次（L1~L5）的分层模型，并为战略管理相关流程提供了分层设计的建议。其次，应建立端到端的流程，确保业务流程能够以客户需求为输入，最终实现客户价值的交付。2008年前后，华为在进行BPA（Business Process Architecture，业务流程架构）重构时，提出了BPA 2.0，并将结构化、端到端的战略管理流程命名为DSTE（Develop Strategy To Execution，从战略到执行）流程。此后，众多国内优秀企业纷纷借鉴华为的经验和实践，建立了自己的DSTE流程。

自2003年起，汉捷咨询为众多企业提供了战略管理咨询服务，包括建立战略管理流程。近年来，我们进一步升级为帮助企业构建DSTE流程，并配套建立战略管理组织保障体系，特别是跨部门的战略管理团队和运行机制。在长期的战略咨询实践中，笔者越来越感受到DSTE流程的突出价值：它能通过SP/BP流程产生高质量的SP/BP，并通过战略执行运营流程，成功跨越"战略到执行的鸿沟"！

### 三、战略管理IT平台

越来越多的企业认识到，流程与IT是一体两面的，必须相互融合。一些企业领导经常感叹："尽管我们费尽心力地构建了业务流程，但由于缺乏IT系统的支撑和固化，流程执行不力、变形，甚至几乎未得到执行，员工仍然按照旧有习惯行事。"更有领导者叹息："流程如果没有IT固化，那就是形同虚设。"因此，战略管理不仅要实现流程化，更要实现IT化。

在战略管理信息化或IT化的进程中，相较于生产管理、财务管理、研发管理、营销管理等领域，其步伐显得相对滞后。长期以来，主要依赖一些局部性的IT系统，如计划预算管理系统、经营商业智能系统、绩效管理系统等。为了解决这一问题，21世纪初业界提出了EPM（Enterprise Performance Management，企业绩效管理）的概念与体系。EPM通常被视为支撑战略执行的一系列管理过程与管理软件。然而，关于EPM具体包括哪些内容，一直是众说纷纭，没有定论。不同的EPM软件厂商提供的EPM软件包在模块和功能划分上各有特色，其中Hyperion（海波龙公司，后被Oralce公司收购）在EPM软件领域被认为处于领先地位。

在帮助企业构建战略管理体系的过程中，汉捷咨询越来越认识到，务必建立战略管理IT系统，只有这样，才能使战略管理路程得以高效、顺畅运行，才能使各种战略方法及工具得到有效使用。因此，汉捷咨询经过多年努力，对标国际领先的EPM系统，自主研发了HI-EPM战略管理软件，其中HI为汉捷咨询的标识。这款HI-EPM软件与国内外其他EPM软件相比，具有独特的创新性和更全面的功能，能够全面支持DSTE流程的运行。经过多次的迭代和优化，我们最终将其更名为iDSTE软件平台，它代表了支撑DSTE运行的IT平台。

iDSTE软件平台无疑是国内乃至全球范围内真正意义上的全面战略管理IT平台。自2021年5月正式推向市场以来，已获得了数十家企业的好评，并在特变电工新能源、中海润集团、迈腾科技、傲雷集团、迈为技术、来伊份、科瑞技术等近三十家公司成功应用。我们坚信，iDSTE软件平台将为中国企业战略管理数字化转型做出重要贡献。

那么，一个系统且科学化的战略管理体系究竟应该是什么样子？基于长期的战略管理研究与咨询实践，结合战略管理方法论、战略管理流程、战略管理IT平台，笔者将其归纳为如图0.1所示的整体框架。

本书的主要章节和内容介绍如下。

### 第一章 DSTE——企业下一个管理变革重点

首先，我们简要回顾战略的概念及其管理的发展历程，旨在加深读者对战略的概念与本质的理解，并了解战略管理理论的演进脉络。接下来，我们将面向国内企业，分析存在的战略管理典型问题，并提出企业应树立的九大战略思维。进一步地，结合中国企业所面临的内外环境、战略管理现状、管理变革的实际，我们得出"DSTE是企业下一个管理变革重点"的判断。为此，我们建议企业采纳BLM、MM、BEM这三大业界领先的战略管理方法论，构建系统化、落地式的DSTE战略管理体系。

### 第二章 市场管理

通过探讨IPD与MM的关系，我们可以揭示MM方法论的发展历程。从MM的目的、应用对象、整体框架出发，我们可以解读理解市场、市场细分、组合分析、制订业务策略与计划、整合并优化业务计划、管理业务计划并评估绩效这六大步骤。同时，分析每个步骤的主要任务、方法和要点。市场管理不是单一流程，它针对不同的应用对象会形成不同的流程，包括战略规划流程、年度经营计划流程、细分市场业务规划流程、细分市场营销规划流程、项目任务书开发流程等。

### 第三章 业务领先模型

介绍IBM提出BLM的背景与目的，以及它与MM方法论之间的关系。围绕BLM"两仪八方，顶天立地，有始有终"的总体框架，我们阐述其中蕴含的战略思想和原则；强调在战略与战略管理中以领导力为根本，以价

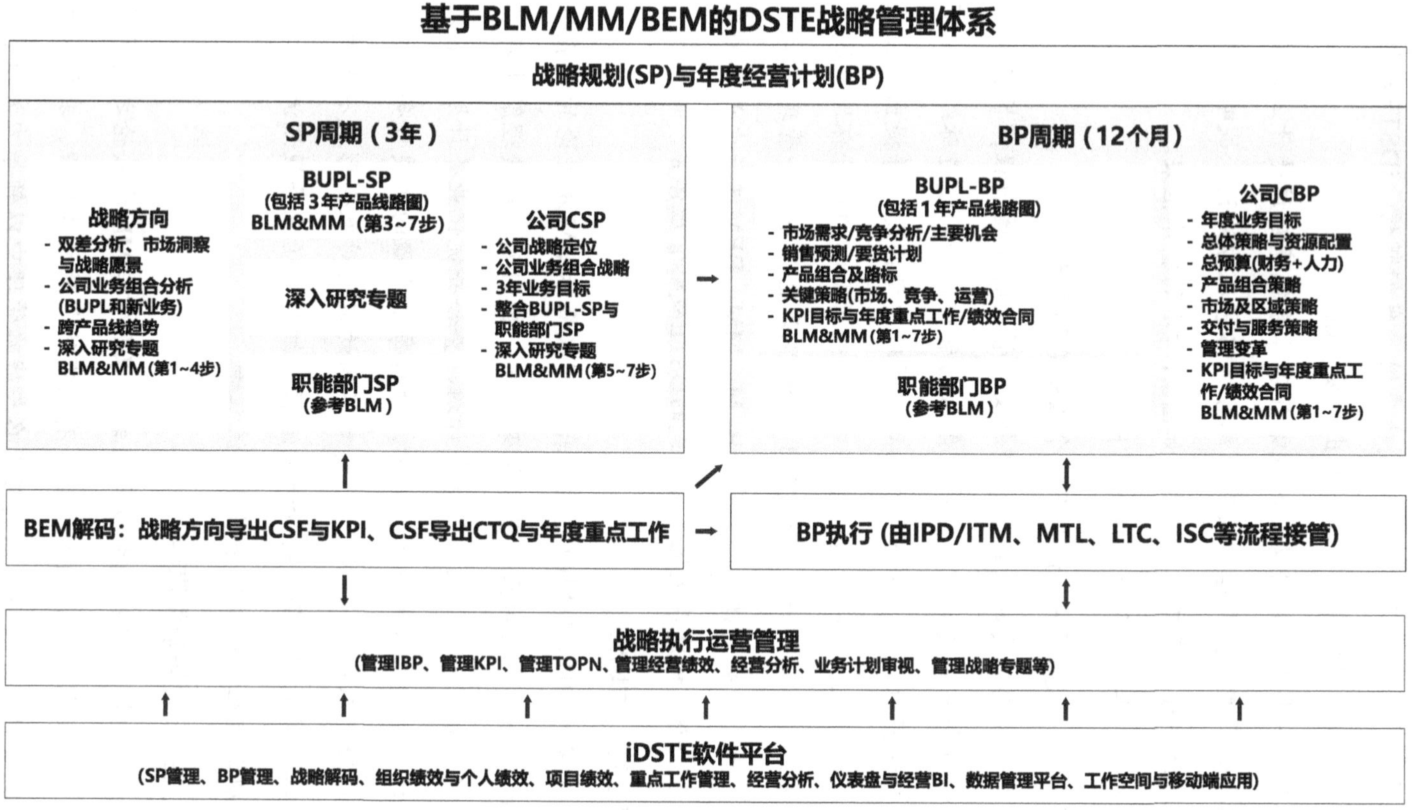

# DSTE——从战略到执行

## 基于BLM/MM/BEM的DSTE战略管理体系

### 战略规划(SP)与年度经营计划(BP)

**SP周期（3年）**

战略方向
- 双差分析、市场洞察
- 战略组合分析
- 公司业务组合战略(BUPL和新业务)
- 瞭产产品线战略
- 深入研究专题
- BLM&MM（第1~4步）

BUPL-SP
(包括3年产品线路图)
BLM&MM（第3~7步）

深入研究专题

职能部门SP
(参考BLM)

公司CSP
- 公司战略定位
- 公司业务组合战略
- 3年业务目标
- 整合BUPL-SP与职能部门SP
- 深入研究专题
- BLM&MM（第5~7步）

**BP周期（12个月）**

BUPL-BP
(包括1年产品线路图)
- 市场需求/竞争分析/主要机会
- 销售预测/差距分析
- 产品组合及路标
- 关键跟踪(市场、竞争、运营)
- KPI目标与年度重点工作与绩效合同
- BLM&MM（第1~7步）

职能部门BP
(参考BLM)

公司CBP
- 年度业务目标
- 总体策略与资源匹配
- 总预算（财务+人力）
- 产品组合策略
- 市场及区域策略
- 交付与服务策略
- 管理变革
- KPI目标与年度重点工作/绩效合同
- BLM&MM（第1~7步）

**BEM解码：战略方向导出CSF与KPI，CSF导出CTQ与年度重点工作**

**战略执行运营管理**
(管理BP、管理KPI、管理TOPN、管理经营绩效、经营分析、业务计划审视、管理战略专题等)

**BP执行**（由IPD/ITM、MTL、LTC、ISC等流程接管）

**iDSTE软件平台**
(SP管理、BP管理、战略解码、组织绩效与个人绩效、项目数效、重点工作管理、经营分析、仪表盘与经营BI、数据管理平台、工作空间与移动端应用)

图0.1 DSTE战略管理体系的整体框架

值观为基础；解读业绩差距与机会差距的概念和目的，并探讨如何有效地进行双差分析。

在BLM框架中，战略四要素包括市场洞察、战略意图、创新焦点和业务设计，而执行四要素则涵盖关键任务与依赖关系、正式组织、人才、文化与氛围。

BLM与MM方法论是一脉相承的，尽管BLM并未涵盖MM中的市场细分、目标市场选择与定义、目标市场业务计划、产品规划等具体步骤与方法。在实际应用中，我们可以将BLM与MM相结合，形成基于BLM与MM的战略规划七步法。

### 第四章 战略执行模型

BEM是三星电子和华为所总结并应用的更系统的战略解码与执行模型，它涵盖了战略路径与衡量体系、战略目标支撑体系、战略执行运营体系。在应用BEM方法论时，应首先进行中长期战略解码，这一过程中结合了平衡计分卡的四个维度和战略地图工具，从而导出支撑战略愿景实现的CSF（Critical Success Factors，关键成功要素）与KPI。接下来，依据VOC（Voice of Customer，客户声音）进行解码，导出年度重点工作。随后，开展战略执行运营管理活动，这涉及组织、流程、IT系统三个方面的支撑。企业导入BEM，实则是一场变革，因此还需要遵循PDCA循环，开展管理变革活动。

### 第五章 打造基于BLM/MM/BEM的DSTE战略管理体系

DSTE战略管理体系的构建可从三个维度展开：首先，它涵盖了战略规划、业务单位战略规划、职能领域战略规划这三个层次；其次，它应用了BLM、MM、BEM这三大业界领先的战略方法论；最后，它遵循了战略规划、年度经营计划、战略执行运营这三个流程，从而构建出基于"333模型"的系统化、落地式的DSTE战略管理体系。

战略规划开发流程可划分为制定战略方向、制定业务单位SP与职能领域SP、制定公司SP这三个三级流程。同时，辅以团队运作、会议管理、衡量指标与评估等管理机制，确保战略规划流程与管理体系的顺利建立。

年度经营计划开发流程可划分为预测与规划指导、业务目标制定、业务计划及预算制定这三个三级流程，同样辅以相应的管理机制，以构建年度经营计划流程与管理体系。

在战略执行运营体系方面，可以实施九大战略执行运营管理手段，包括管理S&OP、管理财务预算、管理人力预算、管理重点工作、管理KPI、管理运营绩效（组织与项目绩效）、经营分析、战略审视、管理战略专题。其中，特别需要探讨的是如何在管理IBP（Integrated Business Plan，集成业务计划）中实现S&OP、财务预算监控、人力预算监控的有机结合，如何构建绩效管理"铁三角"，即组织绩效、岗位绩效与项目绩效的紧密结合，以及如何实施重点工作运营管理、进行经营分析与监控、开展业务计划审视、管理战略专题等。

战略管理信息化或数字化系统不仅支撑战略管理流程的高效运行，还作为管理数字化的顶层架构与中枢系统，推动整体管理数字化工程的实施与集成。业界一般将支撑战略与执行的软件系统称为EPM系统。通过对比国内外几家企业的EPM系统，我们发现它们均未能很好地支撑战略管理的全过程。因此，汉捷咨询与汉卓软件自主研发了更全面的EPM系统——iDSTE从战略到执行软件系统。该系统是全球首创的，能够全面支撑DSTE从战略到执行的全过程，助力企业实现战略管理数字化。

关于本书在战略管理图书中的独特之处，我们可以从以下四个方面来理解：

首先，它突出了落地性。与其他战略管理图书一样，本书也涵盖了战略思想、理论和方法的内容。但不同的是，它更加聚焦于这些理论和方法如何应用于企业运营中。读者不仅能从中了解或回顾相关的战略管理知识，更能掌握如何将战略理论转化为实际操作的框架、流程、步骤和方法。

其次，它遵循了管理架构思想，分层分解剖析。笔者站在战略管理架构师的视角，以DSTE整体管理架构为核心，从空间层面分层解读战略管理的内涵和实际操作，同时从时间维度，按照中长期、近期（3~5年）、短期（1年）及日常的时间轴，剖析了从战略到执行端到端过程中的关键步骤和要点。

再次，它实现了BLM、MM、BEM三大方法论的有机结合。尽管市场上介绍BLM的图书众多，一些关于IPD体系的图书也会提及MM方法论，但BEM在图书中很少涉及。本书则首次将BLM、MM、BEM三大方法论结合在一起，并探讨了它们在DSTE流程中的具体应用。

最后，它提出了系统性的战略管理流程与数字化解决方案。尽管很多企业管理者已经认识到，管理如果不能落实到流程和IT上，其效果难以持久。然而，在战略管理领域，真正实施了系统性战略管理流程和数字化解决方案的企业并不多。笔者基于长期的咨询实践、数字化转型研究和战略管理软件落地的经验，在本书中总结并提出了完整的战略管理流程与数字化解决方案。

本书基于笔者长期在战略管理领域的研究，并总结了丰富的战略管理咨询实践经验。经过一年多的精心写作，最终得以完成。在图书出版、排版编辑、图片制作方面，汉捷咨询的胡海燕女士、张心意女士、张洋女士提供了大力协助，对此笔者深表感谢！需要提醒的是，本书主要侧重于方法论和实践应用，而非故事性叙述，因此可能无法像故事书那样引人入胜。读者在阅读时，需要保持一定的专业耐心。希望本书能够为致力于提升企业战略管理水平的企业人士提供帮助，同时也能够给在战略管理领域学习和研究的同仁们带来启发。

# 目 录

## 第一章　DSTE——企业下一个管理变革重点　/ 001

第一节　什么是战略　/ 002

第二节　战略管理发展历程　/ 009

第三节　中国企业战略管理的常见误区　/ 018

第四节　企业应构建什么样的战略思维　/ 024

第五节　DSTE是企业下一个管理变革重点　/ 044

## 第二章　市场管理　/ 052

第一节　集成产品开发与市场管理　/ 053

第二节　市场管理概述　/ 063

第三节　市场管理是方法论，不是单一流程　/ 186

第四节　市场管理应用实践　/ 189

## 第三章　业务领先模型　/ 201

第一节　业务领先模型概述　/ 202

第二节　双差分析　/ 209

第三节　BLM战略四要素　/ 218

第四节　BLM执行四要素　/ 254

第五节　基于BLM与MM的战略规划七步法　/ 273

# 目录

## 第四章 战略执行模型 / 291

第一节 BEM：更系统化的战略解码与执行模型 / 292

第二节 战略路径与衡量体系 / 301

第三节 战略目标支撑体系 / 314

第四节 战略执行运营体系 / 320

第五节 应用BEM的三种模式与综合推荐模式 / 323

## 第五章 打造基于BLM/MM/BEM的DSTE战略管理体系 / 331

第一节 基于333模型的DSTE战略管理体系 / 332

第二节 战略规划流程与管理体系 / 338

第三节 年度经营计划流程与管理体系 / 349

第四节 战略执行运营流程与管理体系 / 357

第五节 战略管理软件系统 / 385

## DSTE术语表 / 424

## 汉捷咨询简介 / 427

## 参考文献 / 429

# DSTE——企业下一个管理变革重点

第一章

# 第一节
# 什么是战略

## 一、战略的概念

"战略"（strategy）一词最早源于军事领域。战略的特征在于它是智谋的纲领。在西方，"strategy"一词由希腊语"strategos"演变而来，原意指的是军事将领或地方行政长官。后来，这个词逐渐发展为军事术语，专门用来描述军事将领指挥军队作战的谋略。而在中国，战略一词有着悠久的历史背景，"战"指的是战争，"略"则代表"谋略"或"施诈"。春秋时期的孙武所著的《孙子兵法》被誉为中国最早对战略进行全局筹划的经典之作。

管理学界和企业界对战略有着多种多样的定义，这些定义从不同的角度和层面揭示了战略的内涵。在笔者看来，以下这个定义较为全面且贴近战略的本质：

**企业战略是以未来为基点，为适应环境变化、赢得竞争优势和取得经营业绩而做出的事关全局的选择和行动。**

首先，强调战略是"以未来为基点"，而不是以现在为基点。战略既涉及未来，也关乎现在，但不是依据现在去定未来，而是根据对未来的思考、分析和判断，设想未来的愿景和目标，进而制定战略规划，指导现在该做什么。正如管理大师德鲁克指出：战略就是依据未来决定我们现在做什么。战略规划的起点是企业的目标。在每一个目标领域都需要思考的问题是"当前必须做什么才能实现未来的目标"。

其次，战略是适应环境变化、赢得竞争优势和取得经营业绩的动态过程。在战略理论中，如何适应环境变化、如何赢得竞争优势、采取何种竞争战略一直是研究的重点，如迈克尔·波特提出了低成本、差异化、集中化三种战略。斯莱沃斯基提出的VDBD（Value Driven Business Design，价值驱动业务设计）理论，关注的就是如何打造战略控制，即树立突出的竞争优势，确保企业取得持续的经营业绩。

最后，战略是由一系列决策构成的，是一个不断进行选择的过程，涵盖业务选择、市场选择、产品选择、组织形态选择、人员选择等多个方面。战略的核心在于集中优势资源，明确哪些领域要有所作为，哪些领域则要有所不为。战略并非仅局限于高层决策，其关键在于落地实施。因此，我们需要制定全面的、针对各领域的行动方案，并将其付诸实践。尽管行动方案和具体的执行措施需要随着环境变化而不断动态调整，但战略的方向和目标应当始终保持清晰和坚定。

亨利·明兹伯格（H. Mintzberg）用5P来定义和解读战略：

- 计划（Plan）：企业发展应当谋事在先，行事在后。
- 计策（Ploy）：企业发展应当精心策划，讲究策略。
- 模式（Pattern）：战略必须形成一定的行动。
- 定位（Position）：适应外部环境，准确定位。
- 观念（Perspective）：过程中强调集体意识，要求企业成员形成统一观念、一致行动。

## 二、战略的要素

关于企业战略的构成要素，不同的学者会有不同的观点，比较有代表性的是安索夫的四要素说。

安索夫认为企业战略由四种要素构成，即产品与市场范围、增长向量、竞争优势和协同效应。这四种战略要素是相辅相成的，它们共同决定着企业的"共同经营主线"。通过分析企业的"共同经营主线"可以把握企业的方向，同时企业也可以正确地运用这条主线，指导自己的内部管理。

### 1. 产品与市场范围

它说明企业所属的特定行业和领域，并揭示企业在该行业中产品与市场的地位是否具备优势。为了明确阐述企业的"共同经营主线"，我们往往需要对产品与市场的范围进行分行业描述。分行业指的是在大行业内，具有共同特征的产品、市场、技术所形成的小行业，如汽车行业中的工具车分行业、家电行业中的电视机分行业等。

### 2. 增长向量

它说明企业经营运行的方向，即企业从现有的产品与市场组合逐步向未来的产品与市场组合转移的路径，因此也称成长方向。常用于描绘企业成长方向的增长向量包括市场渗透、市场开发、产品开发、多种经营等。由此可见，增长向量不仅指明了企业在某一行业内的发展方向，也指出了企业计划跨越行业界限的发展路径，它是对以产品与市场范围来描绘"共同经营主线"的一种补充。

### 3. 竞争优势

它说明企业竞争机会的所在：企业凭借某一产品与市场组合的独特属性，能够为企业赢得强大的竞争地位。根据迈克尔·波特的观点，企业获取竞争优势主要依赖于三种战略：差异化战略、低成本战略、集中化战略。

### 4. 协同效应

这一战略要素是指若干因素的有效组合能够产生比单个因素更大的效果。

与安索夫的四要素有所不同，日本学者伊丹敬之认为企业战略由三项要素组成：产品市场群、业务活动领域、经营资源群。产品市场群说明了企业的产品与市场范畴；业务活动领域则明确了企业在整个价值链中应负责的活动环节；经营资源群则反映了企业如何整合与运用开展经营所需的各类资源及能力，以及资源与能力积累的方向。伊丹敬之进一步指出，这三项要素各自又包含范围和重点两项因子。例如，业务活动领域的涵盖内容即范围，而其中最核心的一项则构成了重点。他认为，通过深入分析这三项要素及其因子的当前状态与变化方向，就能够明确企业的战略定位。

随后，战略学者在安索夫四要素的基础上，增加了使命与愿景这一要素，从而形成了五要素模型。图1.1清晰地展示了这五个要素及其之间的相互关系。

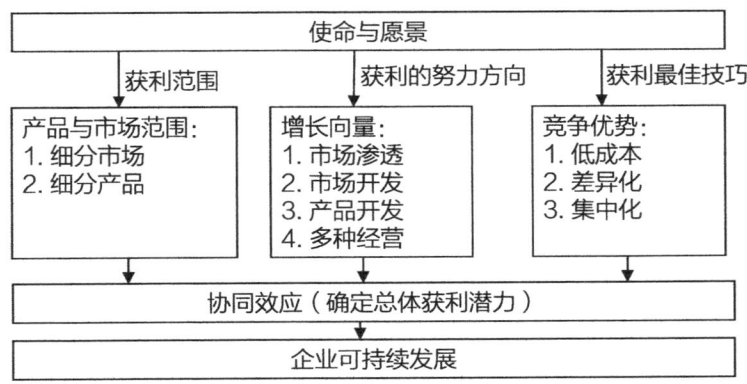

图1.1　战略五要素及相互关系

企业可以按照这五个要素进行思考、分析和战略规划的制定。在2004年，笔者为深圳迈瑞医疗设备公司提供战略管理咨询、研发管理咨询、人力资源管理咨询的过程中，正是按照战略五要素帮助迈瑞公司明确了其战略框架（见图1.2），进而在此基础上逐步展开，构建出公司的整体战略规划。

战略的概念源于军事领域，而中国自古就涌现出很多优秀的军事思想与著作，其中最经典的要数孙武的《孙子兵法》。实际上，《孙子兵法》率先从道、天、地、将、法这五个方面概括了军事战略的核心思想与要素，这与战略五要素（即安索夫的四要素，再加上使命与愿景）不谋而合。

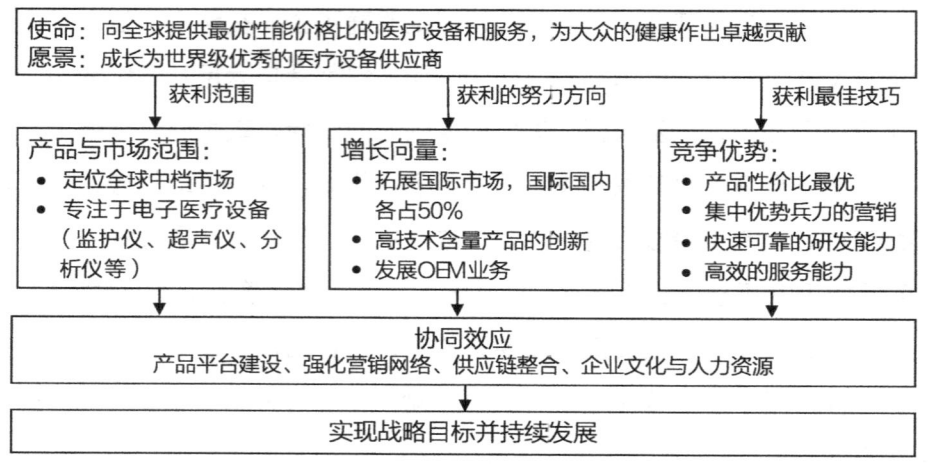

图1.2　迈瑞医疗的战略框架（2004年）

- 道：道者，令民与上同意也——相当于企业的使命、愿景及目标。
- 天：天者，阴阳、寒暑、时制也——代表了企业所处的外部环境及所面临的发展机遇，同时确定了企业的产品与市场范围。
- 地：地者，远近、险易、广狭、死生也——代表了企业内部环境及其竞争优势，天时与地利的结合决定了企业的增长向量。
- 将：将者，智、信、仁、勇、严也——代表了经营团队和领导才能，是企业至关重要的资源和能力。
- 法：法者，曲制、官道、主用也——涵盖了企业的策略措施、政策制度、组织架构、资源配置以及企业文化等方面。

## 三、战略的层次

战略的层次与企业的业务层次、职能或部门层次是直接相关的。理论上，每个业务层次、每个职能或部门都可以制定自身的战略。然而，从实际操作的角度，通常将其划分为三个基本层次，这就是安索夫首次提出的公司战略、业务战略、职能战略/部门战略这三个层次。这三个层次也被形象地称为战略金字塔的三个层次，具体如图1.3所示。

战略金字塔

图1.3 战略金字塔的三个层次

公司战略，又称公司总体战略，是企业战略体系中的最高层次，是企业最高管理层用以指导和控制企业整体行动的最高纲领。公司战略控制的对象是企业整体，公司战略决策通常要求有远见、有创造性，并且是全局性的。通俗来说，公司战略主要描述企业使命与愿景、战略方向与战略目标，在增长指标、多种业务和产品种类的管理等方面的意图。公司战略还需要根据企业的目标合理配置企业经营所必需的资源，使各项经营业务相互支持、相互协调。

业务战略，又称业务单位战略或事业部战略，这主要是因为它主要作用于业务单位层面，如事业群、事业部、产品线或子公司等。具体来讲，它是在公司战略的指引下，由各个业务单位独立制订的战略计划。作为公司战略框架内的子战略，业务战略旨在服务企业的整体目标。实际上，业务战略进一步细化了公司战略所确定的方向和意图，转化为更加明确的针对各项经营业务的目标和策略。它特别强调提升企业在特定细分市场中的竞争地位，无论这个市场是属于某一产业还是业务单位。同时，业务战略不仅包含竞争战略，也涵盖合作战略。随着企业的不断发展壮大，业务层次逐渐增多，例如在集团公司下设立产业公司或事业群，进而再下设事业部。在这种情况下，业务战略可以根据需要分为两层或多层来制定。

职能战略通常作用于研发、制造、销售、财务、HR等职能领域。它是依据公司战略和业务战略而制定的，旨在明确各职能领域的短期经营目标和运作战略。这些战略通常涵盖生产战略、营销战略、研发战略、财务战略和人力资源战略等。职能战略的主要作用是让各职能部门的管理人员更加清晰地了解本部门在落实公司战略和业务战略中的职责和期望。各个职能部门主要是通过优化资源配置，提升资源产出率，以实现公司和业务单位的目标和战略。具体而言，职能战略所涉及的决策议题包括：生产和营销系统的效率，用户服务的品质与范围，特定产品的市场占有率，生产设备的专业化程度，研发工作的重点，库存水平，以及人力资源的开发和管理等。

图1.4反映了企业战略的三个层次与相互关系。

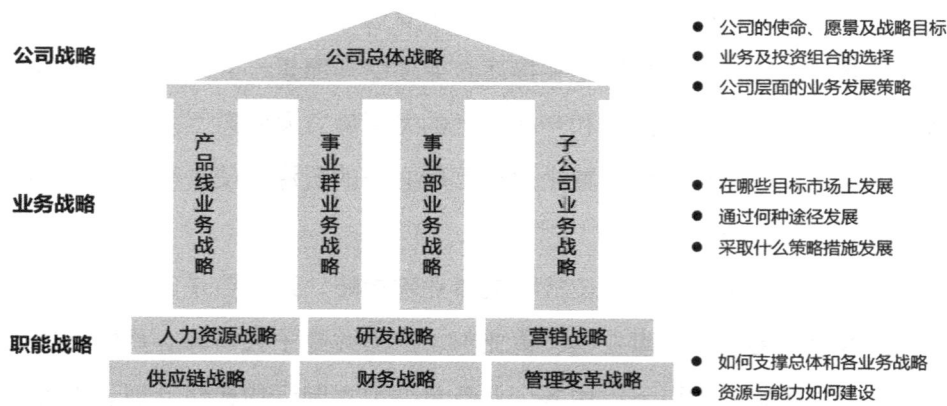

图1.4　企业战略的三个层次与相互关系

企业通常需要同时制定三个层次的战略，以职能战略支持业务战略，而业务战略又支持公司战略。当然，经营单一业务的企业，一般只有公司战略和职能战略两个层次。

# 第二节
# 战略管理发展历程

1965年，安索夫出版了一本关于战略的著作《企业战略》，这标志着现代企业战略管理理论研究的起点。自此之后，众多学者纷纷投入企业战略管理理论的研究中，这一时期涌现出了多种不同的理论学派。

**设计学派**。这一学派以安德鲁斯教授及其同仁们为代表。他们认为，企业战略的形成应当由企业高层经理主导，并且战略的形成应该是一个精心策划的过程，它既非直觉思维的产物，也非规范分析的结果。战略应当表述得清晰、简明，便于理解和执行。

**计划学派**。这一学派的杰出代表是安索夫。计划学派认为，战略的形成是一个受控的、有意识的、规范化的过程。战略行为不仅是对外部环境的适应过程，也是企业内部结构化的过程。

**定位学派**。这一学派的代表人物是迈克尔·波特。定位学派认为，企业在制定战略时，需要重点进行两方面的工作：一是对企业所处行业的结构进行分析；二是明确企业在行业内的相对竞争地位。

**创意学派**。创意学派认为战略形成过程是一个基于直觉思维、寻找灵感的过程。

**认知学派**。认知学派认为，战略的形成基于处理信息、获取知识和建立概念的认知过程，其中建立概念是战略产生的最直接、最重要的因素，至于在哪一阶段取得进展并不重要。

**学习学派**。学习学派与其他学派的不同之处在于，它认为战略是通过渐进学习、自然选择逐渐形成的，战略可以在组织上下不同层面出现，并且战略的形成与贯彻是相互交织、密不可分的。

**权力学派**。权力学派认为，在制定战略时，除了要考虑行业环境、竞争力量等经济因素，还需要特别关注利益团体、权力分享等政治因素。

**文化学派**。文化学派认为，企业战略根植于企业文化及其背后的社会价值观念之中，其形成过程是一个整合企业组织中各种有益因素以发挥整体效能的过程。

**环境学派**。环境学派强调企业组织在其所处的环境中如何获得生存和发展，其关注点在于引导人们重视环境因素对企业战略的影响。

**结构学派**。结构学派将企业组织视为一种由一系列行为和特征构成的有机结构体，而战略制定则被视为一种整合过程，即综合其他各种学派观点形成完整的战略体系。

关于企业战略管理的概念，最初是由安索夫在1976年出版的《从战略规划到战略管理》一书中提出的。他认为，企业战略管理是指将企业的日常业务决策与长期计划决策相结合而形成的一系列经营管理活动。

1982年，斯坦纳在《企业政策与战略》中指出，企业战略管理是一个动态过程，它涉及确定企业使命，根据企业外部环境和内部经营要素设定企业目标，并确保这些目标的正确实施，从而使企业使命最终得以实现。

随着时间的推移，战略管理理论学派众多。从相关性的角度，并按时间顺序，一般可以将其归纳为四大学派：规划设计学派、环境适应学派、产业组织学派、核心资源学派。

关于这四个学派对战略管理思维的解读，可以通过以下例子进行比喻：

*老鼠问猫*："请问，我该从哪走？"

*群猫回答*："这要看你想到哪里去。"（战略：确定未来的发展目

标,并据此确定行动的方向。)

老鼠再问:我该怎么走?

属于规划设计学派的猫1回答:你应先订好计划再走。

属于环境适应学派的猫2回答:你可以摸索着走,若走错路就换一条。

属于产业组织学派的猫3回答:你为什么要去那里?是否换一个目的地?

属于核心资源学派的猫4回答:你应先培养走路的能力,然后再走。

笔者对这四个学派关于战略概念的基本定义、基本内外环境假设、代表人物、年代历程及基本方法进行了整理与归纳,如图1.5所示。

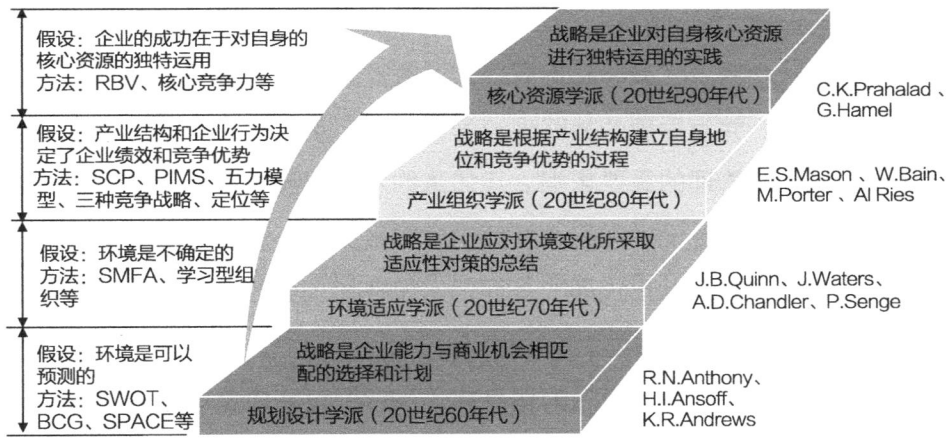

图1.5　战略管理的四大学派

## 一、规划设计学派

20世纪60年代,规划设计学派以安东尼(R.N. Anthony)、安索夫(H.I. Ansoff)、安德鲁斯(K.R. Andrews)等为代表,他们认为:战略是企业能力与商业机会相匹配的选择与计划。业界将三位的思想理论概括为"三安模式",并强调资源配置不仅是社会的任务,也是企业等经济组织的重要职责。经济组织的战略任务就是资源配置的过程,即资源与机遇的匹配过程。根据"三安模式",战略规划的基本步骤如下:

①研究组织外部环境条件、发展趋势、组织内部的独特能力；
②识别外部的机遇与风险，以及组织内部的优势与劣势；
③确定机遇与资源的匹配；
④进行战略选择，制定战略规划。

规划设计学派所运用的基本战略工具包括伦德（Learned）提出的SWOT分析（Strengths、Weaknesses、Opportunities、Threats，即优势、劣势、机会、威胁）、波士顿矩阵（Boston Consulting Group Matrix）、SPACE分析（Strategic Position and Action Evaluation Matrix，战略地位与行动评价矩阵）等。

规划设计学派主张战略是可以规划并管理的，这为战略管理科学化道路奠定了基础，并为后续的战略理论学派提供了基本框架。至今，它仍然是企业实施战略管理的重要依据。正如法约尔所强调的，计划是管理的首要职能，战略规划或设计在战略管理中同样占据核心地位。尽管在一些企业中，战略规划并未以正式形式呈现，例如在初创企业中，战略规划往往更多地存在于创始人的思维之中。

一般认为，规划设计学派的弱点在于：它假设环境是可预测的，然而实际上环境是不断变化的，因此依据原定假设的战略规划往往不适用，进而引发了对是否有必要根据环境假设开展正式战略规划的质疑。该学派过于注重现有资源与未来环境的匹配，却缺乏创新意识和挑战精神。

正如亨利·明兹伯格所指出的，规划设计学派过于强调企业作为产业中的规则接受者（Rule taker）进行竞争，而较少关注如何有意识地培养企业的特定能力以赢得竞争优势，它也不重视企业长期竞争优势的培养，对于如何通过创新打破规则以获得优势并未提出有效的建议。

## 二、环境适应学派

20世纪70年代，世界经济环境经历了显著变化，特别是1973年的石油危机，使得动荡的环境动摇了企业对战略规划设计的信仰，即原先认为未来环境是可预测的。在这样的背景下，以环境不确定性为基础的"环境适应学派"应运而生。该学派强调"战略的动态变化"，即最合适的战略制定与决策过程应依据环境波动的程度来灵活调整。

奎因（J.B. Quinn）提出的逻辑改良主义（Logic Incrementalism）就是环境适应学派的典型代表。奎因认为，由于决策者深知自己的局限性以及未来环境变化的不可预测性，因此会主动地去尝试获取环境的相关信息，并会使最初的承诺保持为初步的、框架式的，以便在未来根据情况进行修正。这种渐进式的改良有助于克服局限性，促进共识的形成，进而实施战略。此外，林德布罗姆的"摸着石头过河"（Muddling Through）以及沃特斯（J. Waters）的应急战略（Emergent Strategy）同样属于环境适应学派的理论范畴。

明茨伯格认为战略是意外的产物，是对企业应对环境变化所采取的应急对策的总结。总而言之，管理不确定性是企业的核心能力。钱德勒（A.D. Chandler）主张，企业战略应当与环境相适应，即满足市场需要，并强调"组织结构随战略而改变"的原则。伊丹敬之则认为，战略成功的关键在于其适应性。

吉尔斯（W. Giles）通过研究壳牌公司，提出了"战略规划是一个学习的过程（Planning as Learning）"的观点。圣吉（P. Senge）在20世纪90年代进一步发展了这一理论，提出了"学习型组织"战略。该战略基于这样的前提：外界环境在不断变化，组织需要通过持续学习来更新知识，以适应时代发展的步伐（满足市场需求）。然而，这种学习并非仅为了适应与生存，而应进行创造性学习，并进行系统思考。

"学习型组织"致力于员工发展，使其热衷于并能有效适应环境变化和进行自我变革；同时，该理论还强调组织内部应形成"共同愿景"，倡导公开沟通，以确保组织利益高于个人和部门利益。

环境适应学派分析工具的核心是对不确定性环境的深入分析,其中最具代表性的方法是SMFA"试错法"。该方法包含以下四个步骤:

S(Scanning,审视):关注早期讯号与预警。

M(Monitoring,监控):观察并追踪环境趋势。

F(Forecasting,预测):对可能发生的结果进行预测。

A(Assessing,评估):评估环境变化对企业产生的具体影响。

SMFA方法强调动态分析,不断修正:环境的机遇代表着潜在的可能性,而环境的威胁则是潜在的约束条件。

由于规划设计学派侧重于环境的分析,而环境适应学派则弥补了规划设计学派关于环境可预测性的不足,因此规划设计学派的代表人物安索夫也将环境适应思想融入自己的体系中,并成为环境适应学派的重要一员。

然而,环境适应学派缺少有效的分析工具。尽管人们认为环境适应学派的思想有其合理性,但实际操作中却感到困难。环境适应学派仅强调组织应采取适应性态度面对环境,而对于企业如何选择行业、如何积累和形成持久竞争优势、如何与同行竞争以及针对不同环境应采取何种策略等问题,并未给出明确答复。

## 三、产业组织学派

进入20世纪80年代,企业对多变的环境已有了一定程度的适应能力。企业家越来越发现市场结构对企业盈利的影响巨大,产业资本密集和技术密集使得行业进入障碍增大,成功的企业往往来自有吸引力的行业。战略学家纷纷跳出适应环境的战略分析框架,转向寻找有吸引力的行业,并从成本和产品差异化两方面寻求竞争优势。随之出现了以哈佛大学市场营销研究所开发的PIMS方法(Profit Impact of Market Strategy,即战略与绩效分析)和S-C-P分析框架(Structure-Conduct-Performance,结构–行为–绩效)以及迈克尔·波特的竞争战略理论为代表的产业组织学派。

产业组织学派的代表人物均来自哈佛大学商学院，他们认为战略是企业根据行业结构建立自身地位和竞争优势的过程。1938年，梅森（E.S. Mason）在哈佛大学创建了一个产业组织研究组。梅森的弟子贝恩（W. Bain）在其老师的著作《大企业的生产与价格政策》的指导下，于1959年出版了《产业组织》，首次提出了S（结构）-P（绩效）分析工具。随后，谢勒（F.M. Scherev）于1970年出版了《产业市场结构与绩效》，确定了S-C-P框架。他们的研究重点在于：多数市场并非完全竞争，市场结构决定了厂商的行为，而这些行为又决定了企业的业绩。PIMS方法则列举了市场份额、营销开支、产品质量、研发开支、投资密度等37个战略因素，并认为这些因素可以解释80%以上的企业业绩差异。

迈克尔·波特分别于1980年、1985年和1990年出版了《竞争战略》、《竞争优势》和《国家竞争优势》三部重要著作。与其他哈佛大学教授相似，他们的核心观点是：企业战略必须与其所处环境紧密相连，而行业作为企业经营的直接环境，其结构决定了企业竞争的范围，进而决定了企业潜在的利润水平。迈克尔·波特进一步指出，企业战略的核心是获取竞争优势，而竞争优势的决定因素主要包括两个：一是行业的盈利能力，二是企业在行业中的地位。

产业组织学派曾受到芝加哥学派的强烈质疑。贝恩认为，行业集中度与利润率、价格呈正相关关系。然而，芝加哥学派的重要人物布里曾（Y. Brozew）却对此断言提出反驳，从而动摇了产业组织战略模式的基础。

批量客户化（Mass Customization）则是对迈克尔·波特"战略选择不能脚踏两只船"观点的质疑。这种方式通过实现"零存货"降低了成本，同时，通过个性化、差异化的生产方式满足了客户的多样化需求。

1990年对美国西南航空的研究显示：同行业不同企业之间的业绩差异远大于行业间的差异，这使得产业组织学派过于关注对行业的选择，而忽略了对企业内部因素的分析，从而使其模式陷入困境。

## 四、核心资源学派

进入20世纪90年代以后,创新成为新经济竞争的主要手段。日本企业的成功使人们认识到内因在竞争中的关键作用,管理学家因此更加重视从企业内部寻找解释企业业绩的理论依据。同时,许多企业由于意识到难以在多个领域都成为世界级竞争者,开始清理非核心业务,出现了"归核化"(Refocusing)的趋势。这些因素共同促使战略学者寻求新的战略理论模式,以应对不断变化的市场环境。

在这样的背景下,资源基础论(Resource-Based View)应运而生。它将企业视为一系列独特资源的组合,而非简单的同质"黑箱"。其基本假设如下:

①企业拥有不同的有形与无形资源,这些资源具备转化为独特能力的潜力。

②资源在企业间是不可流动的且难以复制,这些独特的资源与能力是企业持续获得竞争优势的关键。

③当企业拥有独特、难以复制和替代的资源时,它将相较于其他企业拥有更大的竞争优势。

1990年,普拉哈拉德(C.K. Prahalad)和哈默尔(G. Hamel)发表了题为"公司核心竞争力"的文章,从而奠定了核心竞争力理论的基础。这一理论与资源基础论有相似之处,但更侧重于强调:战略管理的主要任务是培养企业对自身所拥有的战略资源的独特运用能力,即核心竞争力。企业战略管理的关键在于识别、培育、扩散和应用核心竞争力。

然而,核心资源学派也存在一定的局限性。首先,人们难以准确评估,在企业众多资源中,哪一种或哪一组资源对企业的成功起决定作用。其次,该学派缺乏分析工具,导致在实际操作中的指导性不足。此外,它还忽视了对外部环境的分析,尽管外部环境是影响企业竞争力的重要因素之一。最后,核心资源学派也容易忽视如何创造新的资源。

纵观这四种典型的战略管理理论学派，规划设计学派首先确立了内外环境相互匹配的基本战略逻辑和方法。面对环境的不确定性，环境适应学派则主张动态应变和试错总结的原则。随后，规划设计学派也吸纳了环境适应的思想。产品组织学派则突破了适应环境的分析框架，将产业分析置于核心地位，并以竞争战略为重点。核心资源学派则进一步提出，通过培育核心竞争力来赢得长期竞争优势。后两者均属于竞争战略理论模式。

四种学派均基于对环境的不同假设，从不同角度提出了战略管理的思想和方法。规划设计学派和产业组织学派认为环境可预测且相对确定，因此企业应事先制定战略规划或选择有前景的产业。而环境适应学派和核心资源学派则视环境为难以预测，强调企业应灵活调整以适应变化，或培养核心竞争力以应对万变。此外，规划设计学派和核心资源学派更侧重于内部资源和能力的战略重点，而产业组织学派和环境适应学派则更关注外部产业和市场环境。

当前，企业面临的环境不确定性日益加剧，产品及技术创新不断加速，企业间的相互作用也在增强，由此催生了动态竞争战略、敏捷战略等新兴战略思想与理论。然而，每种理论都有其独特的假设和适用场景，既有优势也有局限性。因此，企业应根据自身实际情况，结合战略管理的基本思想、框架和方法，建立适合自己的战略管理体系（见图1.6）。

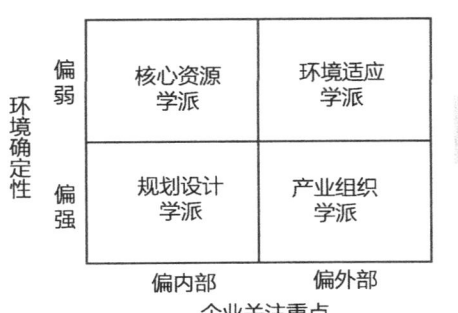

◆ 随着环境不确定性加剧，创新加速和企业间相互作用加强，动态竞争战略思想和理论应运而生……

◆ 对企业而言，关键要在理论基础上，结合自身实际，按照战略管理的思想、框架和方法，建立自己的战略管理体系……

图1.6 企业应建立自己的战略管理体系

# 第三节
# 中国企业战略管理的常见误区

## 一、摸着石头过河，带有明显的个人意志和盲目性

不可否认，很多企业在创业初期是依靠创始人的摸索与尝试逐步成长的。然而，如果摸索的方向有误，企业便可能面临失败。进入发展期后，有些企业仍采取"脚踏溜冰鞋"的策略，随遇而安，或者认为外部环境充满不确定性，因此认为事先制定战略规划并无必要，更倾向于采取"兵来将挡，水来土掩"的临时应对方式。

这类企业的业务发展呈现出明显的盲目性。尽管有时因运气而取得发展，但更多时候，由于未能提前培育能力和准备资源，即便机会来临，也难以抓住。有时企业盲目进入新领域，却缺乏针对性的策略方案，导致局面难以打开，甚至遭受严重损失。在决策层面，主要依赖于老板的个人能力和意志，缺乏对企业自身和外部环境的深入分析与预测。老板的直觉和判断往往缺乏理性分析的支持，这使得决策过程带有较大的随意性。

2016年，笔者前往浙江一家厨房电器企业进行调研。当时，该公司的年营业规模已达20多亿元。公司的业务方向和新产品项目均由老板决策。老板经常环游世界，一旦发现有他认为有潜力的厨房电器，便拍照带回研究，并指示研发部门开发。然而，这种方式导致公司涉足众多厨房电器领

域，其中绝大部分产品均以失败告终。在访谈过程中，采购主管表示工作压力巨大，每天的采购订单如雪片般飞向供应商。财务主管则透露，当时的产品库存高达近20亿元，其中大部分是由于滞销而积压在公司总部和销售区域。该公司早在2007年销售规模就接近20亿元，并随后成功上市。然而，至2020年，其销售额仅达到29亿元，远低于厨房电器行业的平均增长率。如果不是凭借公司起家的厨房电器所积累的竞争力和品牌效应，公司恐怕早已陷入困境。

## 二、只有高层次战略，缺乏战略路径分析，没有面向作战的战术部署

很多企业尽管明确了业务方向，并设定了相应的战略发展目标和基本方针，明确了各业务单位和部门的发展目标和思路，但缺乏针对战略目标的成功路径分析，对目标市场也未加明确，更未制定各目标市场的策略计划。高层战略固然重要，但如果缺乏针对性的业务策略和计划，后续执行时难免各行其是，导致战略无法有效实施。

这种情况，在各行业的头部企业中也屡见不鲜。战略规划和年度经营计划往往是通过"集中开会、分头行动"的方式制订的，缺乏深入的战略过程分析，导致战略较为粗放。在实际执行中，往往只能依靠临时采取的战术措施来应对，这恰恰是我们常说的"用战术上的勤奋掩盖战略上的懒惰"。

近年来，不少企业采用BLM来制定战略，但同样容易出现类似的问题。企业虽然参考了BLM战略框架和关键因素，明确了业务方向（即赛道）和发展思路，但目标市场（即战场）仍不明确，缺乏针对各目标市场的具体作战方案。

## 三、摊子越铺越大，非相关多元化过度，超出了自己的资源能力和整体战略管控能力

一些企业随着规模的逐渐扩大，创始人的雄心壮志也随之增长，这是完全可以理解的。然而，当他们"头脑发热"，过于乐观地看待接连涌现的"大机会"，并且信心满满地不断涉足多个产业，期望未来能够成为横跨多个产业的"巨无霸"时，如果他们忽视了投入足够的时间去稳固和完善战略管控体系，那么这家企业距离破产就不远了。

北京某集团企业与北京邮电大学共同创办了一家信息通信科技公司。这家公司依托北京邮电大学的技术优势，抓住电信运营商大规模建设通信网络的机会，迅速发展壮大，并在A股市场成功上市。由于该集团之前已有涉足其他产业的经验，随着控股公司的上市，其形象和资源得到了极大的提升，于是开始涉足石油、矿产、新材料、农业等多个产业。集团为每个产业都制定了宏大的发展战略规划，看似每个产业都拥有行业内的领军人才，甚至在新材料领域还聘请了诺贝尔奖获得者，似乎核心竞争力的打造指日可待。然而，现实却是残酷的，除了电信软件产业，其他产业的发展均不尽如人意，造成严重亏损，最终连信息通信科技公司也被特别处理。由于集团创始人团队缺乏果断解决问题的决心，局面逐渐恶化，最终只能接受破产重组的命运。

最近，北大方正、清华紫光等企业也先后经历了破产重整，它们的问题与上述集团如出一辙，只是规模和知名度更大一些而已。

## 四、每个业务领域都按大而全模式发展，缺乏聚焦，缺乏组织能力，过于理想化

与非相关多元化战略不同，很多科技型企业选择了相关多元化战略，这确实是一个明智的决策。然而，不少企业在核心业务经历了高速成长期

后，积累了相当的资金，往往容易产生一种错觉，认为只要有足够的资金支持，企业就能顺利地向相关领域扩展，实现"心想事成"的愿景。在这样的心态驱使下，企业往往倾向于采取大而全的发展模式，产品线或产品系列布局过于宽泛。这种做法导致企业从整体上以及各业务领域上都无法有效地集中资源，另外，又常常面临新业务领域所需经营人才和技术骨干的匮乏。有时，企业甚至会将管理能力或技术水平明显不足的人员，仓促地推上实施新业务的关键岗位，这无疑是"赶鸭子上架"的做法。

以成都一家科技型企业为例，该企业以地空通信设备起家，在规模还未达到5亿元的时候，就已经涉足地空通信、卫星导航、海洋电子、航空电子、信息化集成五个领域，并划分了二十多条产品线。从该企业的战略规划报告的市场分析中，我们可以看到，各产品线的市场容量从20多亿元到上百亿元不等，合计起来有1500多亿元的市场空间。但对于一个仅有几亿元体量的企业来说，人才和技术资源都是有限的，选择如此多的领域同时发展，显得过于理想化。事实上，该企业在后续的发展中一直表现不佳。

## 五、放弃梦想和思考，短期行为化，失去发展机会

战略是由梦想和思考激发的，企业家或创始人通过对内外部环境的深思熟虑以及对自身使命的深刻探求，才能树立起雄心壮志，进而形成具有前瞻性和有效性的战略，推动企业的持续发展。然而，现实中有些企业家或创始人满足于当前的状况，甚至在小有成就后便安于现状，不愿或不敢树立远大的目标。他们往往采取一种随波逐流、走到哪里算哪里的"踩西瓜皮"式经营模式，即使制定战略也只是做做样子或应付差事。还有一些老板因为被繁重的日常事务性工作所困，成为"大忙人"，无暇顾及企业的长远愿景、发展方向及战略规划，只关注短期经营，忽视中长期的布局。此外，一些企业在面对新兴事物时，常常抱持怀疑态度或选择视而不

见，从而错失新的发展机遇，这正是马云所说的"面对机遇，看不见、看不起、看不懂、来不及"的四种表现。

这类企业在国内屡见不鲜，无论是国营企业、民营企业还是合资企业，都可能出现这种情况。在短期内，这些企业或许能够维持生存或跟随大势发展。然而，一旦所处产业形势恶化，或遭遇强劲竞争对手的崛起，它们的生存状况就变得岌岌可危。以国内机床行业为例，曾经有国营企业"八大金刚"，由于缺乏进取型战略和战略管理能力，对市场和竞争的应变能力不足，经过一轮市场的洗牌，现在基本上已经消失不见了。

## 六、紧盯市场潮头，不顾能力抓机会，"敢"情色彩浓厚

紧盯市场潮头，企业常常难以抵挡市场上不断涌现的"风口"或"利润增长点"的诱惑，热衷于"哪里热闹哪里赶"的做法，在国内企业中极为普遍。因此，各地纷纷涌现出"生物制药""光伏""半导体""大健康"等遍地开花的"盛况"。有些企业倾向于走"东施效颦"的"捷径"，盲目模仿其他行业或企业的成功战略，不顾及自身是否具备竞争力，仅凭一腔盲目自信行事，这种"跟风"的机会往往以失败告终。例如，杭州一家原本专注于精密零部件的企业，看到市场上智能音箱的热销，便决定举资进入该市场，组建研发团队和营销团队。尽管研发团队规模一度达到四十多人，产品也陆续推出，看似表现不错，但无论是产品力还是营销力，与行业领先者相比都相去甚远。两年多后，该企业无法坚持下去，最终放弃了这个项目，几千万元的投资付诸东流。当然，这家企业的损失还算是小的。有些中大型企业更是在战略和投资上不断追逐潮流，频繁变换方向，如房地产、证券、生物制药、环保、汽车、网络等，摇摆不定，这样的损失往往更为惨重。

## 七、不重视战略管理，缺乏有效的战略管理体系，战略执行不力，应变不足，缺乏风险管理

应该说，在国内建立了系统化、有效的战略管理体系的企业为数不多。这主要是因为很多企业对战略管理的科学性认识不足，认为战略制定只需高层研讨清晰即可，最多在战略执行方面加强绩效管理、经营分析等工作，无须像研发、营销、制造等领域那样构建系统的战略管理体系。还有一些企业看到国内外优秀企业强调战略管理，就觉得自身也应效仿，但往往为战略而战略，只是形成漂亮的战略文本，并未真正反映市场趋势和业务本质，最终这些战略文件被束之高阁，流于形式。

过去，企业面临的机会众多，竞争尚未白热化，企业可以粗放式发展。尤其对于具备先发优势的企业，即使缺乏科学化的战略管理体系，也只是效率稍低，战略决策失误带来的损失较大，尚不会对企业的整体格局造成太大影响。

当然，很多企业由于战略管理不足，仅按照业务惯性运行，导致企业整体运行散乱、效率低下，难以形成合力，企业发展受阻。特别是面对新机遇时，由于没有基于战略提前准备资源和培养能力，进入新领域后，要么失败而归，要么迟迟无法取得突破。

还有一种典型现象：企业战略方向正确，战略设想也合理，且已制定战略规划，但战略执行管理不佳，执行能力欠缺，形成了"战略与执行之间的断层"。因此，既定的战略目标难以实现，甚至可能因环境变化和竞争加剧而导致企业衰败。

此外，众多企业在制定战略后，往往忽视了对战略的及时评估和调整，常常习惯于等到年末，或者仅在遇到重大问题时才考虑进行战略评估。近年来，国内企业常常是在经营遭受严重挫折后，才回头审视企业战略，并总结出一系列"反思"和"忏悔"。然而，企业战略危机的出现并

非一蹴而就，它通常有一个"潜伏期"。在"潜伏期"的早期，企业经营者往往已有所察觉，但由于尚未出现严重偏差，因此不易引起他们的足够重视。由于未能及时进行战略评估，找出潜在问题并采取相应纠正措施，一旦企业外部或内部出现某种"触发因素"，战略危机就会全面爆发，这是不可避免的。

# 第四节
# 企业应构建什么样的战略思维

企业制定何种战略和采取何种行动方案，是受到其思维模式影响的，因此，企业管理层，特别是高中层的战略思维，对企业战略及其实施具有重大影响。在战略咨询实践中，笔者发现，很多企业管理者，包括企业创始人，往往缺乏正确的战略思想和观念。然而，有些企业虽然看似在战略上缺乏条理，并未制定详尽的战略规划，但全体员工对企业未来的发展及成功之道却有着明确的认识，因此企业发展势头良好。当然，如果企业既具备正确的战略思想和认识，又建立了科学化的战略管理体系，那么这将极大推动企业走向持续稳健的发展道路。

关于企业应构建什么样的战略思维，笔者总结如下。

## 一、使命思维

企业能够走多远，最终是由其使命决定的，使命也是战略的基本出发点。做任何事情，都需要明确目的才能取得好的效果。对于企业而言，尤其需要认清自身存在的价值和理由，明确自己追求的终极目标，即企业的使命，并确保这一使命得到组织成员的广泛认同。比尔·盖茨在微软公司创立之初，便提出了"让每个家庭拥有一台电脑，并借助微软的软件实现卓越功能"作为公司的使命，这一使命为微软的发展壮大指明了方向。

与使命紧密相连的是企业愿景。一般而言，使命强调企业为客户或社会创造的核心价值和突出贡献，关注"为什么做"；愿景则体现了企业全体成员的共同理想或梦想，关注"做成什么样子"。例如，华为早期提出的愿景是"成为世界一流的通信设备供应商"。在不少企业中，愿景和使命是融合在一起的，即企业追求的终极目标与实现的理想是一致的，如华为在发展中将愿景与使命更新为"丰富人们的沟通与生活"。

使命与愿景是战略的起点，它们本身构成了战略的最高层次内容，代表着企业的追求、抱负和理想。企业家的基本任务是深入思考并明确企业的使命与愿景，努力在组织中形成广泛共识，进一步激发企业未来发展的雄心壮志，推动制定切实可行的阶段性战略规划。缺乏使命与愿景的指引，缺乏雄心壮志的驱动，企业所制定的战略规划很可能只是表面文章，难以取得实质性的成果。可以说，没有远大的志向，就谈不上真正的战略！

## 二、选择思维

做战略的基本方式就是做选择，必须做出取舍，强调有所为、有所不为，甚至在细分市场上要"选一舍九"。确实，在制定和执行战略时，我们都应保持选择思维，这不仅涉及业务方向和业务领域的选择，还包括目标市场、策略措施、原则方针、人才任用、组织架构、合作伙伴等一系列的权衡和抉择。迈克尔·波特指出，战略是选择自身的竞争定位，并根据此定位选择一系列独特的经营活动。

在战略选择的各个层次中，业务方向和业务领域的选择无疑是最关键的。企业一般可以依据波士顿矩阵的市场吸引力和企业竞争力两个维度进行分析，以辅助决策。在业务选择时，哪个维度更为重要？基于大量咨询案例的分析，笔者认为，对于大多数企业来说，竞争力应优先于吸引力。因为多数企业的资源能力并不强大，如果贸然进入市场空间巨大的业务领域，这些领域往往已有强大的竞争者。如果企业自身无法迅速形成竞争力，胜算便微乎其微。例如，某音频芯片领域的龙头企业，曾尝试进入市场容量更大的视频芯片领域，但因面对强大对手而不得不选择退出。然而，当其后来进入LED驱动芯片领域时，由于该技术与原有技术共用性高，仅用时两年便构建了产品竞争力，最终获得成功。当然，对于少数大型企业而言，人才和资金资源已经相当充裕，在选择业务领域时，可以将市场吸引力置于优先位置，特别是在新领域与原有技术积累或渠道存在相关性时。

## 三、聚焦思维

资源聚焦应是企业追求商业成功的基本原则，这与军队在战争中取得胜利的原则相契合。克劳塞维茨在《战争论》中明确指出，集中兵力是战略上既重要又简单的准则，他强调数量上的优势，在战术和战略层面，都是取得胜利的最普遍因素。因此，在关键的战斗中，应尽可能地集中兵力。

令人遗憾的是，企业在战略与经营实践中常常采取"分散兵力"的做法。这表现为无视资源限制，过度涉足多个业务领域，或者在某一业务领域选择过多的细分市场，开发过多的产品或服务。在相同行业中，国内企业产品数量过多的现象尤为普遍。笔者曾对比过多家中国企业与行业内全球领先企业的状况，发现国内企业的产品数量通常是国外领先企业的10倍左右，但其销售额仅为对方的1/10左右。

关注聚焦原则，华为已明确提出：不在非战略机会点上耗费战略资源。如今我们可见，华为业务涉及2B和2C，战线广泛，但从时间维度观察，这些业务是逐步且有序地发展起来的。在空间维度上，每项业务在资源投入上也充分展现了聚焦原则。

企业在进军新领域时，更应强调聚焦原则。很多企业新业务的成功秘诀在于选择某一细分市场，集中资源开发一款产品。例如，小米进入手机市场就是通过"三个一工程"——选择一个客户群，推出一款产品，采用一个渠道，从而取得了成功。业界将这种现象概括为新领域的"单点突破"原则。

## 四、定位思维

定位（Positioning）理论由美国著名营销专家艾·里斯（Al Ries）与杰克·特劳特（Jack Trout）在20世纪70年代提出，其核心观点是客户心智是企业营销竞争的最终战场。因此，企业成功的关键在于，在客户心智中塑造自己独特的竞争定位，甚至成为某一品类的代名词。

虽然定位理论最初是作为品牌运作和广告传播的理念提出的，但很快就得到了营销理论和战略理论的广泛接纳。菲利普·科特勒是首先将定位理论引入营销领域的重要人物，作为STP（Segmentation, Targeting, Positioning）的重要组成部分之一。而迈克尔·波特将定位理论引入企业战略，强调企业首先要明确自己的竞争定位，并认为"定位始终是战略的核心"。

特劳特和里斯进一步提出了战术决定战略的观点。他们认为，战术是企业在竞争中的核心焦点，其定义是寻找竞争差异的心智角度和位置，以便在客户心智中区别于竞争者。战略则作为一致性的经营方向和行动，旨在支持战术的实现。特劳特曾形象地比喻道：战术如同钉子，战略则是将战术打入客户心智的锤子。这种观点似乎与我们通常认为的战略决定战术的观念相悖，但实际上只是从另一角度对战略和战术进行了定义。确实，围绕竞争中的战术焦点整合资源和行动，更有利于竞争胜利。这与传统上在办公室制定战略规划，然后执行的做法不同，它更强调在市场上找到竞争战术，并确保战略行动的一致性和连贯性。这种自下而上的战略思维对我们具有启示作用。

然而，定位理论过于强调客户认知是难以改变的，甚至是无法改变的。因此，它建议企业应集中精力专注于一项业务，从而在客户心智中占据一个独特概念，并不断加强自身的定位。同时，企业应避免涉足与自身定位不相关的领域，因为有舍才有得。然而，很多企业过于刻板地接受这种观念，面对新机会时，认为无法改变客户认知，因此变得过于谨慎和保守，最终错失发展良机。例如，佛山某企业接受某定位咨询机构的建议，确立了"大理石"瓷砖的定位，短期内取得了成效，但也因此局限于单品类瓷砖产品，未能及时向相关品类拓展，导致其营业规模远小于佛山其他两家同时起步的瓷砖企业。

## 五、商战思维

商场如战场！对于企业来说，竞争之道与作战之道有着相通之处。因此，里斯和特劳特提出了企业在面对竞争时应该采用的四种"营销战"（Marketing Warfare）策略：防御战、进攻战、侧翼战和游击战。

### 1. 防御战

一旦企业成为某个领域的领导者，就必须考虑打一场防御战，以确保新的定位能够得以持续发展。

- 第一条防御战原则：只有市场领导者才能打防御战。
- 第二条防御战原则：最佳的防御就是有勇气攻击自己。
- 第三条防御战原则：强大进攻必须加以封锁。

### 2. 进攻战

适用于处于市场第二位或第三位的企业，这类企业应具备足够的力量，以便对领域领导者发动持久的进攻。

- 第一条进攻战原则：领导者的强势地位是一个重要的考量因素。
- 第二条进攻战原则：从领导者强势领域中的弱点发起攻击。
- 第三条进攻战原则：尽可能地收缩战线。

#### 3. 侧翼战

侧翼攻击是商战中最具创新性的方法。

- 第一条侧翼战原则：最佳的侧击行动应该在无竞争地带进行。
- 第二条侧翼战原则：战术奇袭应成为作战计划中最重要的一环。
- 第三条侧翼战原则：追击与攻击同等重要。

#### 4. 游击战

在商业中，游击队也能拥有很多战术优势，使小企业在巨头林立的市场中生存发展。

- 第一条游击战原则：找到一块小得足以守得住的阵地。
- 第二条游击战原则：无论多么成功，绝不能像领导者那样行动。
- 第三条游击战原则：随时准备撤退，游击队只要活下来就可以再战斗。

企业在各个行业或不同的细分市场中，市场地位不同，面对的主要竞争对手不一样，可以参考这四种商战形式制定竞争战略与战术。

## 六、合作思维

在现代企业的产业链中，技术日益复杂，分工逐渐细化，链条逐渐延长。通常情况下，一家企业仅专注于产业链中的一个或数个环节。选择哪些环节进行经营活动，哪些环节自主完成，哪些环节与合作伙伴共同执行，以及哪些环节可以通过外包或合作的方式实现，这些都是企业需要做出的战略决策。

借助合作伙伴的力量，形成强强联合，往往是企业提升竞争力的有效方式。例如，华为在智能手机业务中，与德国徕卡公司合作开发摄像系统，充分利用徕卡在摄像领域的技术底蕴，显著增强了产品竞争力。同样，苹果公司借助中国众多企业的制造与交付优势，实现了高质量产品的快速生产与交付。

有些企业采取产业链垂直整合战略，这本质上仍是一种合作策略，只是将外部合作转变为内部合作。虽然这种策略有助于提升市场响应速度和降低成本，但也可能带来无法充分利用其他企业的资源优势，以及竞争压力传递不足等问题。

## 七、创新思维

战略的本质是创新和突破。创新涵盖商业模式、产品技术、营销模式、生产方式、管理方式等多个方面的革新，既包括持续改进和优化提升，也强调突破性创新，而战略更加聚焦于实现后者。

当前时代，产品创新已成为制胜的关键，产品成为业务成功的核心要素。而产品依靠的是关键技术，特别是核心技术。因此，在战略制定中，产品与技术战略显得尤为重要。我们看到一些杰出的企业家，如比尔·盖茨、乔布斯、马斯克、马化腾等，都将主要精力投入产品与技术的研发上。马斯克甚至曾表示，他并不重视营销推广和宣传，而是一门心思把产品做好。

现在，企业特别是科技企业愈发重视产品创新，但对技术创新的重视却显不足，未能提前展开产品创新所需的关键共性技术的研发。这导致在产品开发过程中需要临时攻克技术难题，从而引发产品开发进度滞后和稳定性问题。同时，由于技术开发缺乏足够的关注和投入，技术积累和进步速度较为缓慢。美的集团在2012年确立的"产品领先、效率驱动、全球运营"三大战略中，将"产品领先"视为核心战略。在贯彻这一战略的过程中，特别强调先行研发（包括个性技术研发、共性及基础技术研发、前沿技术研究三个层面），目前已有近50%的研发人员投身于先行研发工作。

产品与技术创新的前瞻性越来越重要。一方面，创新的复杂性和难度日益增大；另一方面，关键新兴技术的突破和应用需要较长的周期。因此，对于未来可能出现的新兴产品以及这些产品所需的关键新兴技术，通常需要提前五年以上开展研究工作。在华为等公司，这通常表现为产品预研和技术预研工作。方太当年就开展了中式洗碗机预研，提出了水槽洗碗机的概念，并随后着手研发水槽洗碗机所需的关键技术，特别是压力泵技术。当中式洗碗机最终开发完成时，已经过去了整整八年。但经过长时间的持续创新突破，该产品一经商业化上市就成为一款开创性的爆款产品。

## 八、动态思维

鉴于外部环境的不确定性，特别是在未来的VUCA时代，战略制定与实施必须转变为一个动态的过程。如前所述，环境适应学派在战略理论发展中一直占据重要地位，战略需要动态应变与调整的观念已得到广泛认同。然而，当今时代对战略和执行的动态性要求更为严格，因此我们常强调："战略一旦展开，往往就需要进行调整，战略是通过实践来逐步完善的。"

1994年，理查德·戴维尼（Richard D'Avani）提出了"超级竞争"的观点，他认为持续优势是不存在的，只有通过不断打破现状，才能获取一系列短暂的优势。因此，长期的成功依赖于动态战略，即不断创造、毁灭又再创造短期优势。竞争战略的有效性不仅在于抢得先机，更在于预测竞争对手的反应以及改变需求或竞争规则的能力。

面对戴维尼对战略定位和持续竞争优势的质疑，迈克尔·波特在1996年的《什么是战略》一文中指出："面对当下瞬息万变的市场和科技进步，曾被视为战略基石的定位观念因被视为过于静态而被抛弃。依据新的观点，竞争者能迅速复制任何市场定位，因此，任何竞争优势都只是暂时性的。"迈克尔·波特驳斥了那些错误观念，认为它们正引导越来越多的企业走向相互毁灭的竞争之路。他称"超级竞争"实际上是"自残行为，而非竞争模式演进的必然产物"。

客观而言，超级竞争战略体现了以客户为中心的战略思想，这是一种由外向内的战略思考方向，专注于客户需求及其满足方式。它将维系客户或比竞争对手更好地满足客户需求作为企业发展的基石，并以此推动企业变革以满足这些需求。这种思想对当今企业的营销和产品创新具有重要的指导意义，与集成产品开发中"市场驱动产品创新"的观点相契合。

在当今的信息与知识时代，坚守"客户心智认知无法改变"的旧观念已不合时宜。然而，这并不意味着不需要定位，而是竞争定位需要分层次、分时段进行动态调整。当前时代也是"没有最好，只有更好"的时代，客户需求在不断演变，产品创新和营销创新必须紧跟其步伐。

## 九、系统思维

在企业战略管理实践中，单一或孤立地采纳某一战略思维和战略模式，往往是片面、局部的。战略及其管理的问题是一个复杂的系统性问题，仅凭"头痛医头，脚痛医脚"的做法无法有效解决它，而需要系统思考，运用系统的解决方案。因此，优秀的企业往往会建立系统的战略管理体系，并在体系运行中融入战略思维，根据内外环境的变化制定战略并付诸实施，以管理体系的确定性来应对外部环境的不确定性。

华为总裁任正非曾说"华为没有战略"，这真的如此吗？其实，这既反映了华为在某些业务进入"无人区"后的困惑，也反映了一种戏谑的轻松，与他说"我不懂管理"的说法颇为相似。事实上，华为不仅有战略，还建立了完善的战略管理体系，有按照体系运行形成的全面细致的战略规划与年度经营计划，并付诸实践。有人曾回顾，自华为建立系统化、专业化的DSTE战略管理体系以来，十多年来在战略层面几乎无失误。虽然这种说法可能有些夸张，但确实展现了科学化战略管理体系的强大作用。

很多企业家或创始人尽管重视战略规划和战略管理，但认为建立系统化、规范化的战略管理体系并非至关重要。这可能源于几个原因：一是对战略的复杂性理解不足，将战略简单等同于设定方向、选择业务和分解目标，认为通过几次研讨会和布置任务就可达成；二是对自身能力过于自信，认为自己对内外环境最为了解，仅凭自己做出判断和决策，然后让团队执行；三是没有意识到战略管理是一个需要各级组织协同合作、集思广益、共同运行、达成共识并提升能力的组织管理工程。

事实上，从战略执行运营的角度来看，它涉及滚动预测与计划、经营分析、组织绩效管理、重点工作运营等多项工作，因此建立系统高效的战略管理体系显得尤为重要。IBM前CEO郭士纳曾言："人们不会做你希望的事情，只会做你检查的事情。""执行就是检查、检查、再检查。"从这个角度来看，战略管理体系也是一种用于跟踪和检查战略规划及年度经营计划执行情况的系统。

## 华为早期的战略与战略思维

华为，作为中国企业管理的标杆，其战略管理备受关注。从"农村包围城市"到全球化战略，从"贸工技"到"核心技术领先"，从"模仿式开发"到"薄产品，厚平台"，从"MM方法论"到"BLM"，从"青纱帐"到"面对一个城墙口饱和攻击"……华为的战略转变历程丰富而独特。那么，华为早期的战略是如何构建的？其背后的战略思维是什么？又是如何逐步进化到后来的DSTE战略管理模式的？

1994年，华为凭借C&C08在技术先进性、性能和稳定性方面的优势，成功进行市场渗透，取得了巨大的成绩。当年预计销售达到30万线（加上HJD48 15万线，JK1000 5万线，当年预计共销售交换机55万线）。在此期间，公司逐渐建立了一支实力雄厚的研发、市场和管理团队。

然而，华为的产品在当时还处于较低的层次（如农话C5），缺乏真正的万门局设备，C&C08的价格偏高，且存在不少质量问题。此外，当时的行业政策对民营企业并不利。

公司下一步的发展路径应如何规划？未来的战略方向、研发重点、营销对策又将如何确定？……

为此，公司责成总裁办、综合计划部组织公司高层、研发、营销等部门高层对未来经营环境进行分析，就未来公司战略及规划、产品策略、营销策略等提出初步方案。

在1994年12月27日—31日这五天时间里，华为的高层齐聚广州市百花山庄，召开了一场战略研讨会，旨在明确未来三年（1995—1997年）的公司战略规划。

### 一、环境分析

1. 行业分析

预计未来中国数字程控电话市场将保持在每年约2300万线的规模，并呈现出增长势头（见图1.7）。鉴于中国自主数字程控交换机产业取得了显著突破，加之国家大力进行爱国主义教育，国家将积极鼓励购买国产交换机，并对此给予政策上的倾斜支持。

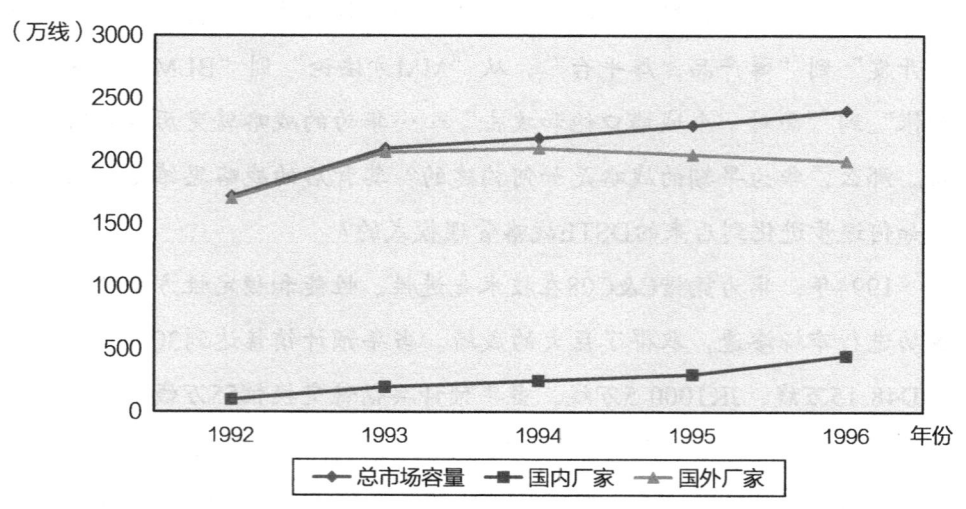

注：1995年、1996年为预测数。

图1.7 当初，对中国数字程控电话市场容量预测

## 2. 竞争结构分析

按照迈克尔·波特的五力模型,我们进行了竞争分析(见图1.8)。

购买者:即客户,包括中国电信、专网

- 虽然市场规模庞大,但客户数量相对较少。面对众多的供应商,这些客户具备较强的议价能力。
- 由于市场受到行业标准的驱动,客户的转换成本较低。然而,客户仍倾向于保持较少的供应商数量,以便人员的培训、网络管理和建立长期关系。这一点体现在每年的设备选型中。
- 客户对于新产品的评价会在有限的用户群体中迅速传播。
- 鉴于中国的国情,客户关系往往显得尤为关键。
- 随着市场竞争的加剧,对产品的质量、功能、价格和服务等方面提出了更高的要求。
- 政府主管部门在政策上鼓励购买国货。

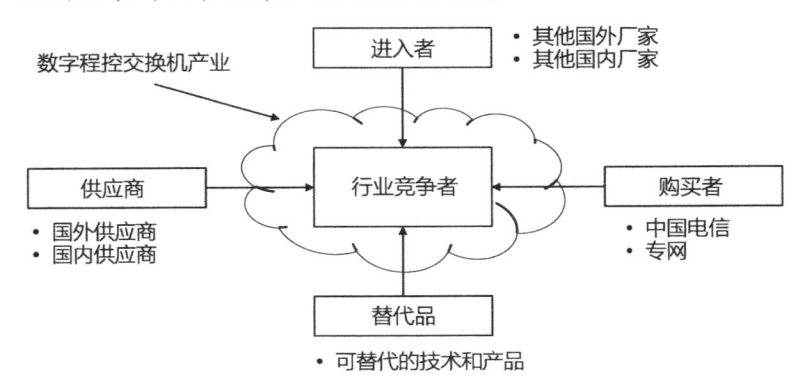

图1.8 按照迈克尔·波特的五力模型进行的竞争分析

行业竞争者:巨龙、华为、大唐、中兴、上海贝尔、国外厂家

- 价格竞争将成为交换机市场竞争的主要特征之一。因此,对企业来说,占有高的市场份额并获得规模经济对其成功至关重要。
- 每个厂家的设备都或多或少存在问题,因此大家都面临着不断提升质量、性能和功能的压力。

- 为保持盈利能力，各厂家必须不断努力降低成本。
- 鉴于华为的产品目前处于C5阶段，其主要竞争对手为巨龙和大唐。巨龙起步较早，背景雄厚，得到电子部的支持，但设备问题较多。而大唐虽然起步晚，规模相对较小，却享有邮电部的全力支持。此外，还有中兴、华光等公司，但目前尚未形成明显的竞争力。

供应商：IC、电子元件、PCB、机柜等厂家

- 半导体市场价格呈现下降趋势，但时常发生波动。鉴于许多IC和电子元件的国外供应商数量有限，因此与他们进行议价的能力受到一定限制。
- 电子元件的采购规模如果扩大一倍，价格大约可降低7%。
- 国内大多数厂家在加工工艺和质量控制方面存在不足，这对交换机质量产生了影响。

潜在进入者：

- 国外设备厂家（包括合资企业）虽然有可能进入低端市场，但这种可能性相对较小。
- 国内其他厂家若想进入该市场，由于技术和规模的限制，所面临的障碍会很大。

替代品：

- 在C5、C4市场基本没有替代品的威胁。

3. 竞争优势分析

从六个方面进行了竞争力分析，华为的优势主要体现在改进和创新、质量/性能、服务支持等方面，如图1.9所示。

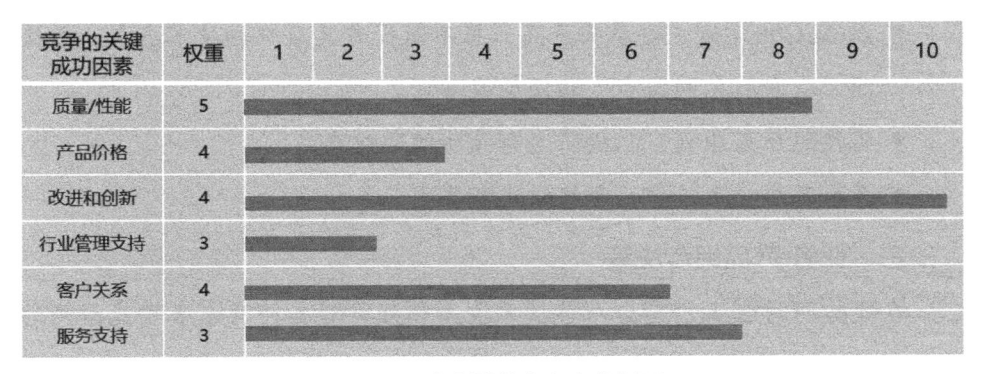

| 竞争的关键成功因素 | 权重 | 1 | 2 | 3 | 4 | 5 | 6 | 7 | 8 | 9 | 10 |
|---|---|---|---|---|---|---|---|---|---|---|---|
| 质量/性能 | 5 | | | | | | | | | | |
| 产品价格 | 4 | | | | | | | | | | |
| 改进和创新 | 4 | | | | | | | | | | |
| 行业管理支持 | 3 | | | | | | | | | | |
| 客户关系 | 4 | | | | | | | | | | |
| 服务支持 | 3 | | | | | | | | | | |

图1.9 六个方面的竞争力分析图

**4. 企业资源能力和SWOT**

对外部机会、威胁以及自身优势、劣势进行了简要的归纳，如图1.10所示。

| 优势（S） | 劣势（W） |
|---|---|
| 1. 体制和机制<br>2. 产品开发和营销能力<br>3. 制造能力 | 1. 财务资源<br>2. 上层关系 |
| 机会（O） | 威胁（T） |
| 1. 政策支持国货<br>2. 主要竞争者设备不稳定 | 1. 主要竞争者降价<br>2. 邮电部和电子部扶持竞争者 |

图1.10 外部机会、威胁以及自身优势、劣势分析

## 二、战略方向及目标

在战略研讨会上，我们明确提出了公司未来的发展方向："高举民族通信企业旗帜，为中国通信产业做出突出贡献"，并致力于"以先进的技术，优质的质量和服务，成为一流的通信企业"。同时，确定了未来的战略目标：实现通信领域的多元化发展，通过提升技术水平来避免在低层次上与竞争对手的恶性竞争，并将我们的产品逐步向国际水平看齐。

- 抓住有利时机，迅速发展，确保未来三年平均销售额增长率达到90%左右。

- 以C&C08作为主要拳头产品，将不断提升其层次和技术水平，并遵循"从农村包围城市"的发展战略。
- 将按照压强原则，积极研发新领域的通信产品。
- 开展高层公关工作，积极组建08集团。

### 三、业务/产品组合决策

在战略研讨会上，与会人员按照波士顿矩阵对当前及未来可能涉足的业务/产品领域进行了深入的讨论与分析，并最终基本达成共识，如图1.11所示。

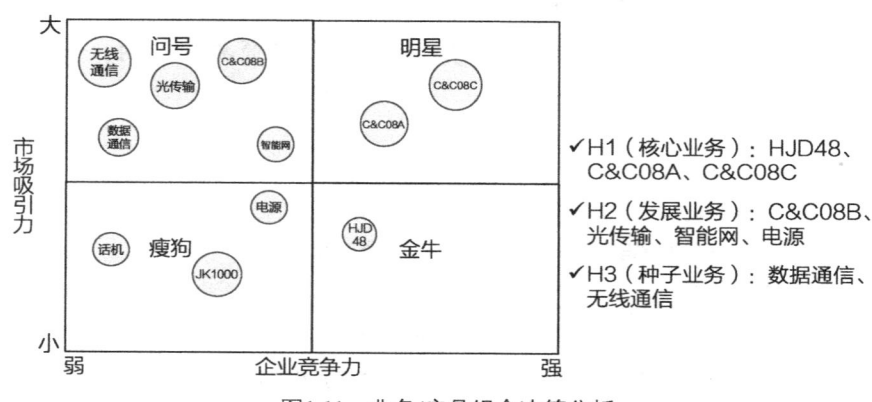

图1.11 业务/产品组合决策分析

波士顿矩阵中：
- 问号象限：无线通信、光传输、数据通信、智能网、C&C08B
- 明星象限：C&C08C、C&C08A
- 瘦狗象限：话机、JK1000
- 金牛象限：电源、HJD48

✓H1（核心业务）：HJD48、C&C08A、C&C08C
✓H2（发展业务）：C&C08B、光传输、智能网、电源
✓H3（种子业务）：数据通信、无线通信

注：HJD48为空分用户交换机，JK1000为空分局用交换机。C&C08为局用交换机，A型为小容量，C型为中大容量，B型为中小容量具综合接入功能。智能网包括114排队机、智能平台等。数通包括路由器、交换机等。

会议决定：

- 维持HJD48、C&C08A的市场地位，同时适当控制投入；
- 集中力量发展C&C08C、C&C08B型机；
- 积极投入并开拓智能网、光传输业务；
- 对无线、数据通信业务进行跟踪探索；
- 电源业务独立发展，或考虑寻求合作机会；
- 逐步退出JK1000业务；

- 不进入电话机业务。

## 四、产品和技术战略

产品战略：

- 确立"国产最好的通信设备"的定位；
- 借助C&C08C、C&C08B型机，向高层网络发展，并逐步接近国际水平；
- 重点攻克智能网、光网络设备领域，形成新的增长点；
- 集中力量解决现有产品的质量问题，并持续改进；
- 开展ETS（Enterprise Transmission System，企业级传输系统）、GSM无线通信系统前期产品研发工作。

技术战略：

- 以数字程控交换作为基本的产品平台；
- 以软件、芯片等核心技术为基础；
- 主要在DXC/SDH光端机、ATM、无线交换系统、芯片、数据通信、图像、DSP（Digital Signal Processing，数字信号处理技术）、多媒体、计算机网络、数据库技术等领域进行研究和储备。

## 五、营销战略

营销方针：由以往以猛打猛冲、抢占市场为主的策略，转变为以树立华为技术先进、高品质和服务优良的新形象为主。同时，注重营造大环境并树立公司整体形象。

市场定位：市场的重点是C5，制高点是C4，而专网将成为新的市场重点。我们将确立C&C08在市场上作为最好的国产机的地位。

推广策略：如图1.12所示。

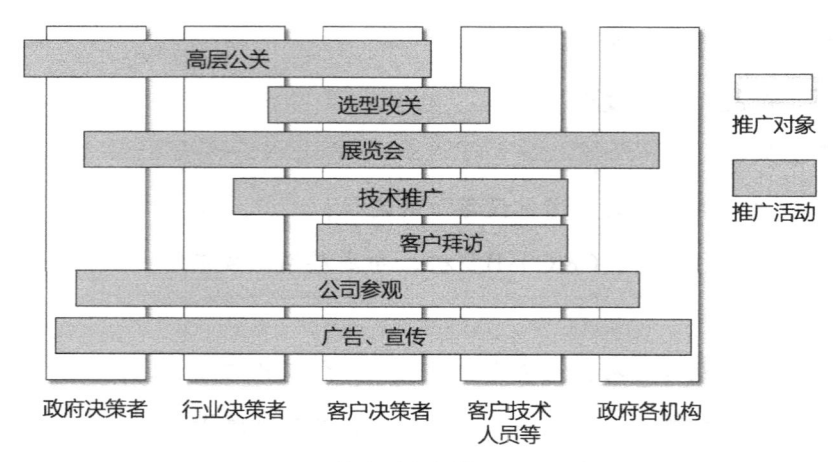

```
        高层公关
            选型攻关
        展览会
            技术推广
                客户拜访
        公司参观
        广告、宣传

  政府决策者  行业决策者  客户决策者  客户技术   政府各机构
                              人员等
```

推广对象

推广活动

图1.12　推广对象与推广活动组合

## 六、战略实施效果

华为以1994年底制定的战略规划为指导，踏上了腾飞的征程，并根据环境变化不断调整战略。终于在1998年，在国内有线通信领域取得了第一的市场份额。

- 1995年完成了110万线的销售计划，市场份额接近巨龙。
- 1996年C&C08B型机取得了成功，与C&C08C型机一同进入C4网和市话网。
- 1997年SDH（Synchronous Digital Hierarchy，同步数字体系）传输设备迅速崛起，成为公司第二大支柱业务。
- 智能网业务份额持续上升，且利润率较高。
- 公司推出了ETS，然而由于仅面对过渡性市场且产品稳定性欠佳，该业务未能取得预期成效，可视为一次失败的业务尝试。
- 无线业务的投入重点转向GSM，并于1998年底推出自主研发的全套商用GSM，即M900/M1800数字蜂窝移动交换系统。

值得一提的是，华为按照该战略规划，逐步将研发投入比例提升至占销售收入的13%（原为5%），而市场投入则始终保持在销售收入的12%左右。正是得益于研发与市场的高额投入，以及公司高效的战略执行力和有效的管理，公司业务得以快速发展，盈利水平也显著提升。

华为在1995—1998年间，研发、市场、利润占销售收入的具体比例如图1.13所示。

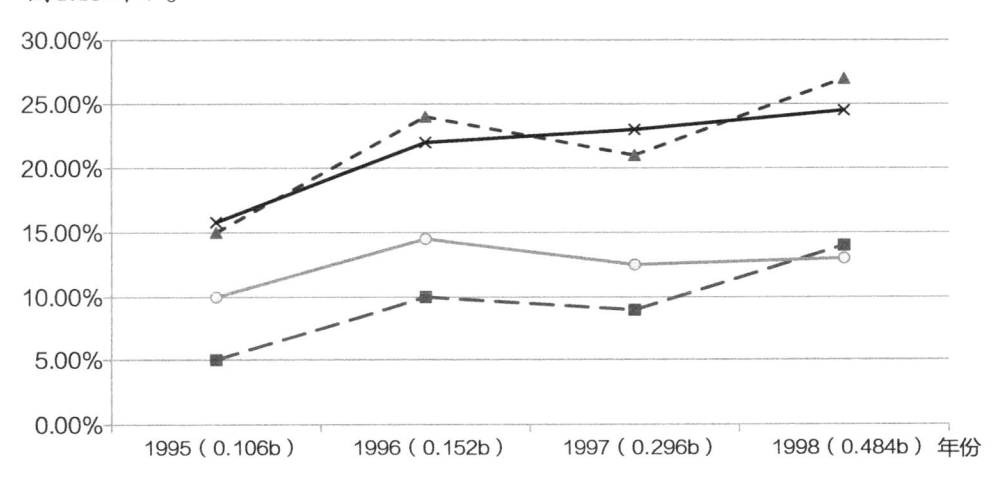

图1.13　1995—1998年研发、市场、利润占销售收入的比例

**案例分析：**

华为于1988年正式创立，至1994年短短六年多的时间里，已展现出了显著的管理意识。早在1993年，公司便成立了管理部，制定了一系列基础制度。在战略管理方面，尽管尚未建立规范且专业的战略管理体系，但已超越了仅凭高层决策的阶段。公司意识到需要通过战略研讨会的方式，集结集体智慧，为未来制定发展规划。当时，笔者担任华为生产总部总经理，并兼任综合计划部部长，有幸成为这次为期五天战略研讨会的组织者之一。会议期间，讨论热烈且不乏争论，通常白天集中开会，晚上则分组研讨或整理总结材料。如今回首，印象最为深刻的是，尽管那时的华为尚显年轻，却已展现出清晰且全面的战略思维。

会议明确提出了"高举民族通信企业旗帜，为中国通信产业做出突出贡献"以及"以先进的技术，优质的质量和服务，成为一流的通信企业"

的目标，这实质上就是公司初步的使命与愿景的陈述。在1997年华为制定《基本法》时，正是基于这些理念，进一步明确了公司的使命与愿景：

使命：在电子信息领域实现客户的梦想。

愿景：成为世界一流的设备供应商和世界级企业。

在业务选择上，华为坚持抓住发展机遇，同时聚焦于通信设备产业，且采取有所为、有所不为的策略。1994年前后，深圳的房地产行业发展势头迅猛，众多公司纷纷涉足此领域并取得了可观的收益。然而，华为对此并未动摇，不仅未涉足房地产领域，也未投入资金用于购地、圈地，而是将所有资金集中用于研发创新和市场营销。由于JK1000交换机选择了空分技术而非数字技术，未能顺应市场需求的演变，公司因此果断决定退出JK1000交换业务。尽管当时电话机业务存在良好的收购机会，但经过评估发现，该市场竞争激烈且主要依赖于成本控制，这并非华为所擅长，因此决定不进入该领域。

战略思维是对成功之道进行思考与总结的过程。当时，华为的高管们或许未曾深入学习，甚至未曾听闻特劳特和里斯的定位理论。然而，经过研讨，他们提出的"国产最好的通信设备"以及"确立C&C08是市场上最好的国产机"等营销战术切入点和定位思想，与特劳特和里斯的理论不谋而合。同样，尽管高管们并未学习过特劳特和里斯所提的防御战、进攻战、侧翼战、游击战这四种战法，但在实际的商业竞争中，当公司业务面临挑战者地位时，他们自然而然地采取了"猛打猛冲、抢占市场"的进攻策略。C&C08A型机与C型机已在市场上取得了显著的领先优势，并开始强调"以树立华为技术先进、高品质和服务优良的新形象为主，注重营造大环境和树立公司整体形象"。

在合作层面，华为准备组建08集团，旨在与客户构建利益共同体，并寻求电源业务的合作发展。同时，华为加强与高校、研究机构的技术研发合作。这种合作的思维始终贯穿于华为的发展进程中。

持续创新无疑是华为战略的基本思想与原则。针对市场发展，华为基于电信网络的层次结构以及国外竞争对手的资源投入和市场布局，创造性地选择了"农村包围城市"的发展路径。在产品及技术创新方面表现尤为突出，华为不仅具有以市场为导向的产品创新意识，还非常重视产品平台和核心技术的创新，并致力于面向未来的前瞻性新产品和新技术的研究与储备。

随后三年的战略实施情况表明，原先预定的业务方向与发展设想与未来发展趋势较为吻合，然而也有个别领域与原先的预期存在显著差异。例如，原本预期ETS将拥有广阔的市场空间和较长的生命周期，业界对ETS这种"二哥大"模式抱有乐观态度。然而，随着技术的快速演变，GSM无线接入技术迅速崛起，标志着"大哥大"时代的到来。在此背景下，华为迅速调整策略，果断中止了对ETS的投入，转而拥抱GSM无线通信时代，这体现了其快速应变的能力。

回顾华为1994年的战略研讨过程与成果，可以看出公司已初步具备了系统思维，从内外环境的分析到战略定位、业务组合决策、产品及技术战略、营销战略等方面都有所涉及。这对于一家成立仅七年多的公司而言，确实难能可贵。当然，受限于当时的历史条件，华为尚未意识到需要进一步完善系统化的战略管理体系。在当年，华为主要依赖市场机遇实现快速发展，尚未感到构建规范化战略管理流程的紧迫性。

随着时间的推移，华为的业务规模日益壮大，复杂性也日渐提升，因此，我们明显感受到各方面运营急需规范化、流程化。在1995年底，笔者向任正非提出了开展业务流程重整的建议，出乎意料地迅速得到了他的同意和批复。1996年初，笔者整合了华为原有的管理部、信息中心、ISO9000办公室等部门，成立了管理工程部，负责统筹华为全面的业务流程重整和IT建设工作。在战略管理领域，我们开始制定相关的战略规划程序和决策程序，但当时仍缺乏章法，没有系统化的战略方法论作为指导。

直至1998年，华为从IBM引进了IPD体系，这一体系包含了面向市场的业务规划方法论——市场管理。自2000年起，华为开始尝试应用市场管理来编制SP/BP，并在2002年正式建立了市场管理体系，明确了三个层面的业务计划，即公司及产品线战略规划、公司及产品线年度经营计划、产品包业务计划。这一举措使华为步入了系统化、专业化的战略管理道路，战略管理水平得到显著提升，为华为的快速发展提供了有力支撑。

2008年前后，华为从端到端流程体系的角度出发，将市场管理体系更新为DSTE。随后，在2009年，华为又从IBM引入了BLM，这一举措进一步提升了华为在系统性、科学化战略管理方面的能力。到了2019年，有原华为人士回顾了华为过去十七年的发展历程，发现华为在战略目标的设定和达成方面几乎实现了零失误。这一成就与华为持续加强系统化战略思维，以及构建科学化、系统性战略管理体系的努力密不可分。

# 第五节
# DSTE是企业下一个管理变革重点

持续进行管理变革已成为众多企业经营管理中的核心议题，涵盖组织变革、流程再造、人力资源变革，以及IPD变革、LTC（Lead to Cash，线索到现金）变革、供应链整合等诸多方面。变革项目层出不穷，既有众多成功的突破，也伴随着不少失败的教训。

在长期帮助企业进行管理变革的实践中，笔者认为，管理变革的关键在于两方面：首先，要坚持推动业务发展，着力解决业务发展的瓶颈问题；其次，变革的方向应按照集成的思想，努力构建流程化组织。在过去的二十年里，汉捷咨询已帮助众多企业实施了IPD变革、MM体系变革、组织及人力资源管理变革、业务流程变革等项目。近年来，更是帮助不少企业开展DSTE变革，以提升其战略规划与执行能力。笔者愈发坚信一个趋势，即DSTE将成为企业未来变革的重点所在。

## 一、企业战略管理的三个阶段

企业从小到大都会制定自己的战略，只是随着发展阶段的不同以及外部环境的变化，企业所需的战略形式及相应的战略管理方法会有所不同。对此，笔者将其划分为三个阶段，如图1.14所示。

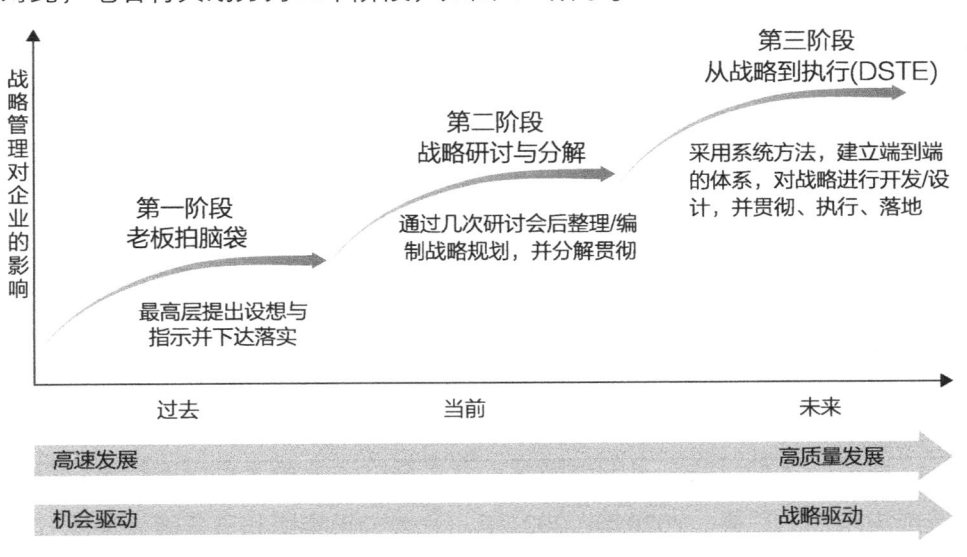

图1.14 企业战略管理的三个阶段

### 第一阶段：老板拍脑袋——战略是老板拍脑袋拍出来的

在企业创业或发展初期阶段，市场及产品的发展方向通常是由创始人或老板直接提出的，并由其亲自指挥团队去执行。由于老板最了解情况，且承担着公司生死存亡的责任，公司需要在一个大致的方向上不断探索。

在这个阶段，老板凭借经验和直觉做出的决策往往是最合适的。此时，公司往往还没有形成书面化的战略，也无须过于烦琐的规章制度。老板会带领团队不断进行机会的判断和调整，如果通过试错找到了可行的商业模式，公司就能进一步发展；反之，则可能面临创业失败的风险。

**第二阶段：战略研讨与分解——战略是研讨与整理出来的**

一般而言，当企业进入发展期或规模达到相当程度时，其战略管理会显现出三个方面的特征：首先，在组织层面，企业通常采用"分头行动，集中开会"的方式，这导致缺乏高效的团队组织方式；其次，在流程层面，企业往往仅有简要的制度或程序文件，而缺乏正式、系统化的流程；最后，从结果来看，虽然会形成战略规划文件，但员工普遍感觉战略不够明确、模糊不清，甚至公司高层也常感叹"公司战略不明确""缺乏战略路径"等，基层员工更是对公司的战略一知半解。

目前，国内多数规模化企业，包括各行业中的众多头部企业，仍处于这一战略管理阶段。为何众多发展势头良好的企业，其战略管理仍显粗放？笔者认为，这与企业所处的外部环境紧密相连。在过去的一段较长时间内，中国经济保持了高速发展，企业只要把握住合适的机遇，加大资本或生产要素的投入，并借助自身优势或高强度的资源投入，就能够实现快速发展。因此，企业无须过分精细地规划战略，只需确保大方向的正确性即可。

当然，这种机会主义的战略模式有可能给企业带来不小的损失，甚至造成灾难性的后果。2020年、2021年，北大方正集团和清华紫光集团分别宣布破产，其背后的原因正是战略上的盲目扩张，缺乏必要的战略管控。更常见的情况是，企业战略不够清晰明确，导致无法形成统一的战略意志和战略共识。在战略执行方面，既定的战略方向和目标往往难以有效转化为行动方案，使得战略难以落地，运营效率低下，常常犯错，甚至需要推倒重来。正如我们常说的那样，"没有时间一次把事情做对，却有时间一错再错"。这种做法虽然可能不至于危及公司的生存,但无疑会对业务发展和经营效率产生极为不利的影响,特别是会阻碍新业务的拓展。

同时,我们必须看到,中国经济乃至全球经济增速已经明显放缓,各行各业的竞争愈发激烈。以新能源行业中的充电桩业务为例,参与竞争且具备一定规模的公司数量竟然高达308家。早在2017年,国家就已提出企业要从高速发展阶段转向高质量发展阶段。笔者认为,中国企业的发展正在从"资本驱动"向"运营驱动"转变,其中的关键在于,企业要从机会成长模式转变为能力成长模式,而战略能力的提升则是这一转变的首要任务。

**第三阶段:从战略到执行(DSTE)——战略是设计并迭代出来的**

企业在经历机会扩张的发展阶段后,面对日益严峻的经济环境和日趋复杂的竞争态势,必须精心设计或开发战略,并通过高效的执行来建立竞争优势,从而在众多竞争者中脱颖而出。这要求企业不仅要运用系统的方法进行战略设计,还需要将战略转化为具体的年度计划与行动,并通过战略执行系统确保其得以实施,即形成从战略到执行的端到端的流程。

当然,战略设计并非一成不变。一旦战略进入执行阶段,就需要根据实际情况灵活应变或做出相应调整。特别是在当前企业面临的VUCA外部环境下,战略管理必须是一个持续动态的过程,战略本身也是在不断的迭代调整中逐渐完善的。然而,从另一个方面来看,既定的战略方向、目标和策略也不能因为外部环境的微小变动而轻易改变。保持战略定力,坚持长期主义的原则,对企业而言至关重要。

## 二、DSTE 管理变革

从战略研讨与分解阶段转变为从战略到执行阶段的战略模式,并构建端到端的DSTE管理体系,这是一场涉及整个公司的深刻管理变革。这一变革主要包括战略流程、战略组织以及战略管理IT化或数字化等方面的变革。

DSTE的过程涵盖了四大环节：战略设计、战略展开、战略执行与监控、战略评估。这些环节共同构成了企业的"战略与运营流"，是领导价值流的核心组成部分，如图1.15所示。

| 战略设计 | 战略展开 | 战略执行与监控 | 战略评估 |
|---|---|---|---|
| 战略规划 | 年度经营计划 | 年度经营计划执行（IPD、LTC等） | 战略管理体系评估 |
| | | 战略执行运营管理 | |

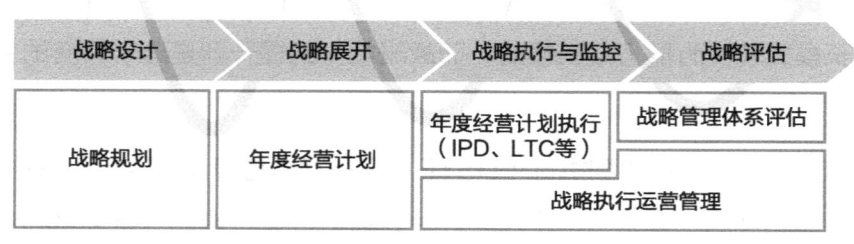

图1.15　DSTE的四大环节

整体来看，DSTE是一个管理框架，它将IPD、MTL（Market To Lead，市场到线索）、LTC、ISC（Integrated Supply Chain，集成供应链）、IFS（Integrated Financial Services，集成财经服务）等流程，包括主价值流、使能、支撑流程等，都纳入其中，并从宏观上引领和协同这些流程的有效运行。DSTE通过确保战略和目标的上下对齐、左右协同、前后贯通，实现了人、财、物三方面的计划集成，从而支撑战略目标的达成。

DSTE不仅可推动从战略到执行的滚动迭代过程，而且可将原先相对松散、割裂的战略管理活动整合成一个有机整体。正如IPD在产品开发上实现了各功能部门的集成与协同，DSTE的"战略与运营流"作为管理的"IPD"流程，也实现了各职能部门（战略、HR、财经、运营、质量等）管理活动的有机集成与协同。因此，管理体系的集成是通过DSTE战略与运营流得以实现的。

在DSTE的四大环节中，战略执行与监控环节至关重要。这一环节通过IPD、LTC等体系来执行年度经营计划的相关业务活动和管理活动。同时，战略层面的执行运营活动也同步进行，包括KPI监控、经营分析、财务预算监控、人力预算监控等。在战略评估环节，我们一方面开展绩效评估、战略规划及经营计划评估，另一方面对战略管理体系的成熟度和运行情况进行全面评估。在DSTE的整体框架中，IPD、LTC等体系分别属于研发管理、营销管理等不同范畴。战略管理体系评估则通常纳入流程管理或战略执行运营的范围。因此，DSTE战略管理实际上可以划分为战略规划管理、年度经营计划管理、战略执行运营管理这三个方面。相应地，DSTE战略管理流程也涵盖了战略规划流程、年度经营计划流程、战略执行运营管理流程这三大流程。

DSTE变革首先是战略管理流程变革，将过去粗放式的战略管理程序，或"布置任务，集中研讨"的临时性做法，转变为系统化的、专业化的业务流程。这些流程包括战略规划流程、年度经营计划流程、战略执行运营流程。通过这些流程，我们能够产生高质量的SP/BP，并通过战略执行运营流程确保战略的高效实施。DSTE战略执行运营流程，同时也体现为组织的绩效管理流程，业界称之为EPM。与过程性绩效管理不同，EPM是战略性绩效管理，它将战略、业务、资源、行动有机结合成一个完整的管理体系。EPM不仅加强了组织绩效管理和个人绩效管理与战略之间的联系，还实现了绩效管理与业务计划运行监控、预算执行监控的深度融合，从而推动了战略目标的达成。因此，在战略管理流程变革中，我们可以引入EPM的思想和方法。

其次，DSTE战略组织也需要经历变革。除了设置并强化战略管理的职能组织，重点在于建立战略管理团队，这些团队主要包括战略决策团队、战略规划团队、职能战略团队，同时确保这些团队的常态化运作。

最后，实施战略管理流程的IT化或数字化变革，以确保DSTE端到端全流程的运行，并促使流程固化并落地。不论是IT化还是更先进的数字化，我们需要针对业务对象、流程、规则进行IT化或数字化改造，建立DSTE领域的4A架构，即BA（Business Architecture，业务架构）、IA（Information Architecture，信息架构）、AA（Application Architecture，应用架构）、TA（Technology Architecture，技术架构），这些都是基础性的工作。在应用系统层面，EPM不仅作为支撑战略执行的管理过程，还涵盖了管理软件的使用。因此，引进或自主开发EPM IT解决方案显得尤为必要，同时实施商业智能平台也能为战略运营方面的数据统计与信息分析工作提供有力支持。

## 三、"四位一体"的DSTE变革管理框架

其实，无论是流程IT建设还是组织变革，DSTE管理变革的核心都是确保其实施落地。因此，笔者提出了一个集"方法工具、业务流程、组织保障、IT使能"于一体的落地式DSTE战略管理解决方案，如图1.16所示。

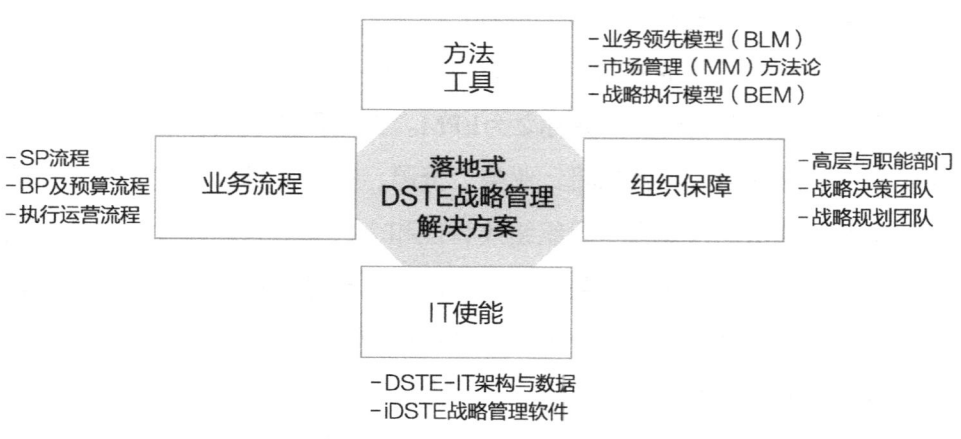

图1.16 "四位一体"的DSTE战略管理解决方案

该解决方案之所以能够有效落地，是因为方法工具、业务流程、组织保障、IT使能四个方面不仅都具备，还能够有机配合，如同桌子通过四条腿的支撑得以稳稳落地。

综上所述，DSTE战略管理变革是企业在面临更加严峻、更加复杂的外部环境时，实现整体集成化、动态化、数字化战略与执行运作转变的重

要过程。如果说过去的管理变革主要聚焦于创新价值流、营销价值流、供应链价值流、人力资源价值链等的重塑,那么DSTE管理变革则注重重塑企业的"领导价值流"和"集成价值流",以此确保企业在未来激烈的竞争中保持领先地位。

# 市场管理

## 第二章

# 第一节
# 集成产品开发与市场管理

## 一、IBM提出了集成产品开发体系与市场管理方法论

20世纪80年代末,美国管理学者提出了IPD(Integrated Product Development,集成产品开发)的概念,该概念强调产品开发应贯彻集成的思想,即集成涉及对产品开发的各方面业务过程、活动、角色、信息等进行运作,以提升产品开发的效率和效果。

与此同时,一些机构和个人提出了多种产品开发管理模式,例如PRTM公司提出的PACE(Product And Cycle Excellence,产品周期优化法),PDMA整理形成的NPD-BOK(一套新产品开发知识体系),以及罗勃特·库珀提出的SGS(Stage-Gate System,门径管理体系)。这些产品开发模式都遵循了集成的思想。

1992年,IBM因产品研发出现严重问题而陷入巨额亏损。为了改变这一困境,IBM决定采纳IPD理念,推行PACE模式。经过四年的努力,IBM在研发变革方面取得了巨大成功,并进而总结形成了IPD体系,其基本框架如图2.1所示。

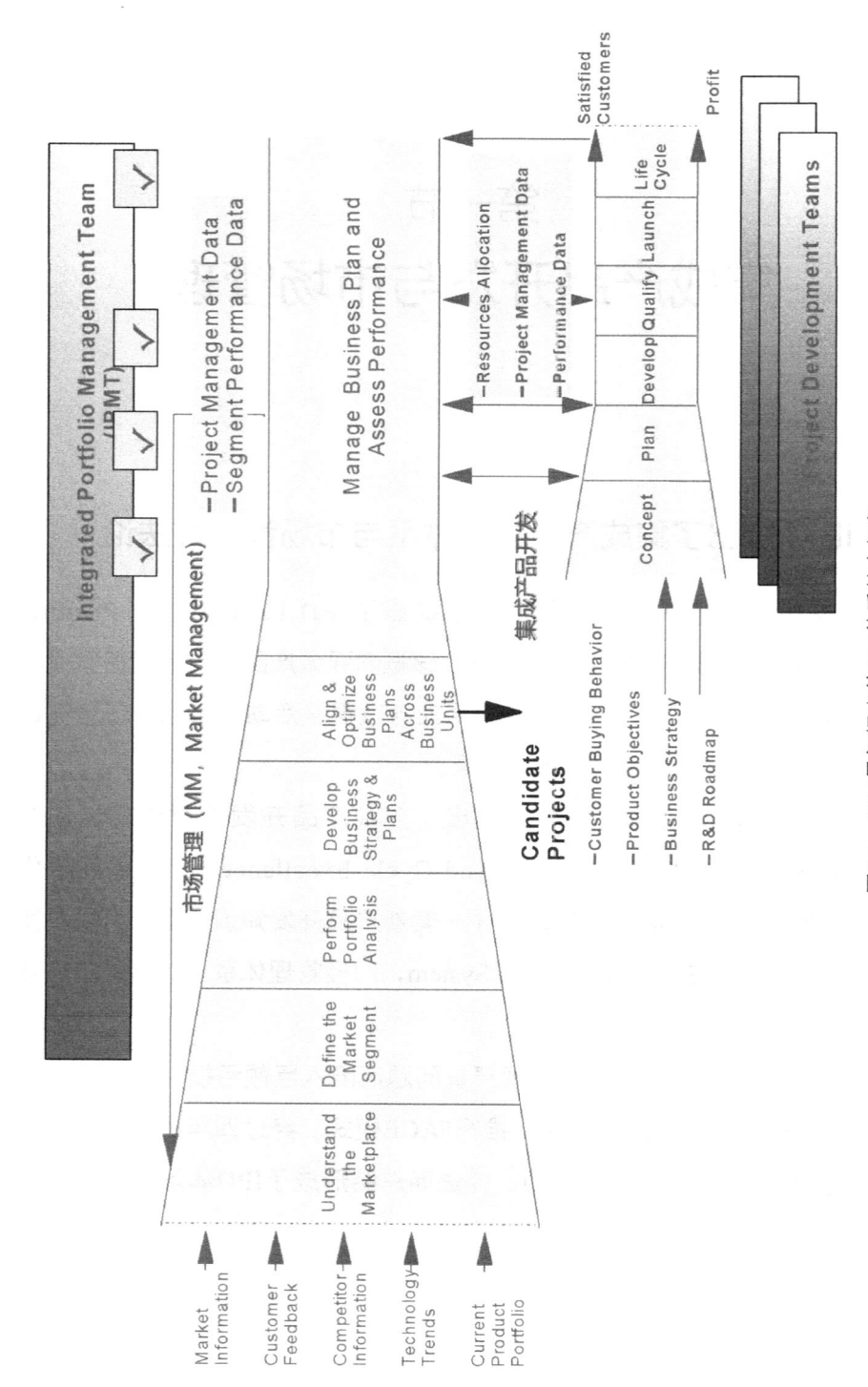

图2.1 IBM最初提出的IPD体系基本框架

从IPD的字面意义来看，我们容易误认为它仅仅是产品开发实现的过程。然而，实际上，要想研发取得成功，首先要确保"做正确的事"，即做好新产品的规划和立项工作，在这之前，还需要考虑业务规划的问题。IBM在总结IPD模式时，自然也将这些方面纳入考量，因此，IPD体系的基本框架包含了前端的MM过程和后端的IPD实现过程。

IBM把MM定义为：一套系统的方法，用于对广泛的机会进行选择收缩，制订出一套以市场为中心的、能够带来最佳业务成果的战略与计划。

华为总裁任正非在1997年圣诞节期间访问IBM时，IBM高层向任正非等人详细介绍了IPD模式。事后，任正非回忆道："当时听了一整天，我一点都不觉得累。这种以市场为导向、强调商业成功的研发模式正是华为迫切需要的。"因此，从1998年开始，华为便引入了IPD体系。在IBM的协助下，经过数年的不懈努力，华为成功实施了IPD体系，并不断对其进行扩充和深化应用，这极大地提升了华为的产品创新能力与核心技术竞争力，推动华为迅速跻身世界级企业行列。自2001年起，笔者带领汉捷咨询团队，帮助国内众多企业（如方太厨电、vivo手机、中集集团、美的集团、阳光电源、宁德时代、士兰微电子、合力叉车、南方路机、金发科技、良信电器、卡斯柯信号系统、亚威机床、金田集团、公牛集团等）成功实施了IPD体系，取得了显著成效，有力推动了这些企业的快速发展。例如，方太厨电的营收规模从2005年的5亿元增长到2017年的110亿元；vivo手机的营收从2008年的20亿元跃升至2018年的破千亿元；阳光电源的营收则从2009年的3亿元规模增长到2018年的破百亿元，并在2023年突破700亿元；宁德时代的营收也从2013年的30亿元增长至2018年的300多亿元。

## 二、华为从自己推行IPD到请IBM这位老师

然而，华为在实施IPD体系的过程中也遭遇了一些曲折。1998年开始推行时，总裁任正非满怀信心，他指示管理工程部和研发部联合组建项目

组，并要求他们尽快根据IPD模式设计出切实可行的解决方案。

IPD项目组主要由一批管理人员组成，这些管理人员大多是华为在两三年前招收的MBA，同时也有少数研发业务人员参与其中。为了提供一个安静的工作环境，项目组被安排在一间酒店内办公。经过两个多月的努力，项目组提出了一套基于IPD的研发体系变革方案，并进行了推广实施，以期公司研发能够按照IPD模式运行。

华为根据新方案调整了组织结构，并在各产品线推行了基于IPD的研发流程和项目管理体系。表面上看，各项目组开始按照IPD模式运作，并积累了一定的经验。然而，实际效果却并未达到预期。这次变革引发了众多抱怨，有人认为变革没有有效解决原有问题，反而带来了新的困扰；有人认为新的流程耗费了过多时间且效率低下；还有人因为难以适应新的工作方式而心生不满。其中，以下问题尤为突出：

首先，变革后的PDT（Product Development Team，产品开发团队）在结构上并非真正的PDT，未能贯穿产品开发的整个过程，且PDT经理的授权并不充分。当时，PDT成员主要来自研发部，生产和服务方面的参与仍在逐步推进中，市场方面仅有一个接口人，且此接口人可能因忙于其他任务，对PDT的市场引导与信息传递作用有限，有时甚至产生误导。公司的PDT目前仍主要以技术为导向，距离市场与用户需求导向的目标存在较大差距。

其次，新转型的各部门及各职位职责尚未清晰定义，且缺乏有效的绩效考评指标。在实际操作中，有时并未提高效率，反而导致效率下降。尤为突出的是，产品线与资源线之间的关系尚未明确界定和理顺。PDT并未获得真正的项目预算，导致PDT经理无法通过经济杠杆来调动资源，而是需要通过协调或行政手段从资源部门争取资源。

此外，多数PDT经理来自研发部，技术实力较强，但管理方面的培训或技能相对不足。由于个人业务经验的局限，他们常以技术为导向处理问题，对市场与用户角度的产品开发考虑不足。包括部分PDT经理在内的PDT成员普遍较为年轻，缺乏全流程开发经验，且参与PDT工作前未接受全面深入的培训，普遍缺少正规PDT运作所需的技能，特别是项目管理和跨部门沟通方面的技能。

在研发流程方面，对研发全过程的考虑尚显不足，流程在实际运作中存在诸多不合理之处。具体而言，流程的整体架构和层次不够清晰，主流程和子流程之间存在脱节现象，流程间的关系不够顺畅。在流程的实际运作过程中，职能部门所扮演的角色相较于产品线显得更为重要，这导致流程被人为割裂，如研发流程、中试流程、生产流程等。这些随组织结构而制定的各种流程之间的接口较为松散，导致一些问题无人负责，一些问题又有多方插手，因此在这些接口上，PDT需要投入大量精力进行协调与沟通，造成了人力、物力的浪费。

显然，华为对IPD变革的复杂性和艰巨性估计不足。华为原以为自己的管理基础扎实，拥有一批优秀的管理人才，且执行力强大，凭此可以顺利消化IPD，摸索出一套适合自身的研发管理解决方案。然而，通过自身的摸索，华为对IPD的理解有了显著提升，并总结出了一些有效的方法和经验，并在实际工作中得到了应用。

遗憾的是，华为未能真正消化并理解IPD的核心思想和方法。在各方面的准备上，尤其是员工的思想和技能方面，存在明显不足。在解决方案的设计过程中，华为采取了急于求成和闭门造车的做法。因此，最终提出的解决方案存在问题，实施时困难重重，导致IPD变革一度陷入困境。

面对这种情况，总裁任正非深刻认识到IPD体系的推行是一项长期的系统工程。仅仅通过消化一些资料和依靠自身力量来推行是难以成功的。因此，他决定请IBM这位"老师"来帮助华为。而首要的任务就是请IBM专家对华为高层进行IPD培训。1998年9月22日全天，华为的所有高层领导齐聚深圳蛇口明华培训中心，参加了由IBM的两位专家Tony和Bob主持的"IBM-华为业务战略研讨会"。实际上，这是一次IPD的培训会议。当时，笔者担任华为公司管理工程部总经理兼总裁办主任，负责组织了这次培训会议。以下是当天下午培训会议的会议纪要：

## "IBM IPD流程培训"会议纪要

会议名称：IBM-华为业务战略研讨会

时　　间：1998年9月22日下午

地　　点：明华培训中心二楼明锋厅

议　　题：IBM IPD流程报告

报 告 人：IBM顾问组Bob

与会人员：任正非　孙亚芳　李一男　郭　平　胡红卫　李晓涛

　　　　　洪天峰　周　劲　费　敏　郑树生　胡厚崑　聂国良

　　　　　陈小东　纪　平　张燕燕　姜明武　张建国　陈会荣

　　　　　黄耀旭　徐文伟　袁　曦　徐直军　胡彦平

　　　　　IBM顾问专家组

　　　　　ITS&P与IPD核心项目组全体成员

记　　录：李婉丽

尽管我们的IPD方法不一定是唯一的、最好的，但我们确实是这样实践的，现在向大家简要介绍。希望通过下面的讲解，能够激发大家的思考，启发一些新的想法。

IBM自1994年起便开始采用这一IPD流程，而该流程也在不断地优化与改进，最近的一次调整是在今年7月31日。我们在持续学习的过程中，也在不断地对其进行适应和调整。华为是除IBM外，首个得知这一IPD流程的公司。

这个IPD流程主要包含两个部分：MM和产品研发。Tony已经详细讲解了MM部分，接下来我将重点介绍产品研发部分。

在产品研发过程中，我感觉最重要的是如何有效发挥跨部门的协同作用。跨部门的决策需要三方面的支持，具体如下：

①位于公司最上层的IRB（Invest Review Board，投资评审委员会）负责审议重大项目，例如新厂房的建设、新产品线的引入以及整体大型投资计划，同时也在同一产品线上对新产品投资进行决策。以个人电脑为例，这一产品线包含多种类型，如手提型、家庭型、办公型等。

②IPMT（Integrated Portfolio Management Team，集成组合管理团队）则负责确定具体要引入的产品。

③PDT（Product Development Team，产品开发团队）则负责具体项目的开发工作，从研发初期到产品推向市场全程参与。

另一个决策是，一个产品的不同部分将由不同的小组分别负责开发。

PDT包含以下三个层面：

①第一层是项目小组领导；

②第二层是专职人员，他们可能在不同时间加入；

③第三层是支持职能部门，项目进行到哪一步需要哪个职能部门的支持，该部门就会随时到位。

以上三个层面的考评均保持一致，其中最关键的方法是采用平衡计分卡。平衡计分卡主要考量以下几个方面：客户（主要参考点包括满意度、投诉情况、市场份额的增长、市场领先地位的稳固程度）、财务（主要参考点包括客户服务和支持成本，成本是考评和激励的重要依据，同时考虑产品上市时间、盈利速度、是否盈利）、业务流程、学习与成长。

问：在产品量产之前，考核上述四个指标时难以获取相关数据，而待新产品进入市场后，原考评小组往往已解散。

答：测评工作是在每个阶段的末尾进行的。

因此，为实现上述目的，产品研发需要采取以下管理步骤：结构化开发、决策检查点、异步技术开发、管道管理，以及IPMT和独立的PDT之间统一的正式文件。这些步骤需要相互协调、整合，方能确保取得成功。

结构化开发：整个研发过程被划分为6个步骤和25个小步骤，涵盖了众多活动，其中很多活动和步骤是并行的。IPMT在每个步骤结束时进行检查，以确定下一步的行动方向，而非一次性决定整个后续阶段的计划。在每个步骤结束时，项目小组需要回答四个问题：是否严格遵循了时间表？成本是否超出了预算？新产品是否值得投入如此多的成本？市场状况有无变化？如果对这四个问题的回答令人不满意，则需要慎重考虑。如果在某一阶段发现新产品已无法适应市场变化，应立即停止开发。我们的总原则是，一旦发现某产品应停止开发，就应尽早做出决策，以免在推向市场后造成更多的财力和人力浪费。每个步骤都必须在获得必要信息后方能推进至下一步，这些信息包括文档的整理。每个检查点都是单行门，无法回头。

为减少产品开发时间，从项目开始就应明确产品需求，知道设计目标。如果在开发过程中发生需求变化，将导致时间浪费。

…………

异步技术开发：IBM将新技术开发与新产品开发进行区分，此举旨在降低新产品延误的风险。当某些基础性部件尚未就绪时，我们如何确保产品研发能按时完成呢？

…………

接下来，我们聚焦于研发人员，为确保工作的高效进行，需要制定一系列规则，每位成员都应严格遵守。

无论身处何地，我们都采用标准化的IT工具和系统，旨在优化产品开发流程并减少不必要的数据交换。这些工具和系统包括项目管理工具、设计工具、工作平台、产品数据管理以及成本管理工具。

其中，一个核心理念是"虚拟产品设计工具"。我们不能轻易浪费时间和精力在新产品的设计上，因为失败的代价是巨大的。在美国的飞机和汽车制造业中，已有企业采用这种工具。华为也应积极考虑采纳这一观念。

在软件和硬件的开发过程中，不同研发小组均采用相同的工具和统一的标准进行考评。同时，文档的格式和规则也保持一致。

正如我之前所述，即使是IBM，也处于持续变革中。因此，我们应铭记：我们正处于不断探索和优化的旅程中。

IBM在初期，有的资源已经具备，有的部分拥有，有的则缺乏。例如，当时每个部门都有自己的数据库，但缺乏一个统一的IBM综合数据库。然而，整合所有数据库的优点在于，能够从供应商那里进行大量采购以获取利益。IBM花费了3~4年的时间，才完成了上述的调整工作。我们也聘请了外部顾问公司来帮助我们进行变革。当时，像华为一样，我们也有许多产品并行开发，我们在实践中学习并总结经验，然后将这些经验推广到全公司。那时，我们面临的问题与今天的华为有许多相似之处。不过，当时我们面临的一个问题是华为所没有的：有些人心胸狭窄，对于他人提出的即使是好的意见也不予接受。还有许多问题与今天的华为相同，例如产品开发周期过长、产品未能充分满足客户需求、产品成本过高、新技术延迟了产品开发等。我们已经基本解决了这些问题，从而大幅缩短了产品开发周期。最理想的情况是22周。当然，实际情况可能有所不同，但这至少可以作为一个参考。我们认为华为有改进的空间，但这并非一蹴而就的事情，需要一段时间才能看到成果。我们期待看到华为的进步。如今，华为正面临着强大的竞争对手和WTO的问题。但我相信，通过努力，华为一定会取得成功。

几点展望：

第一，对产品经理的展望。我们从四个方面对产品经理进行考评：项目时间安排、项目成本、产品成本、市场对产品的需求。其中，有一个新观点称为EAC，即大概完成时成本。由于新项目开展时，往往未将整体成本核算纳入考虑，因此在项目结束时对整个成本的考量较为欠缺。IRB负责资金拨款，而IPMT则根据每个完成步骤向产品研发小组拨款，这使得考评变得困难，因此我们需要进行大概的估算，即EAC。

第二，对产品研发人员的展望。与产品经理需要统筹考虑50个人的工作不同，研发人员主要关注自己的工作。对研发人员的考评主要包括四个方面：工作是否按计划完成、新产品的功能表现、需求是否有变化并是否严格遵守研发规则、零部件的设计等。

第三，对管理层的展望。管理层需要关注人力资源的配置、如何控制开支、未来产品的毛利率、产品预计上市时间（通过产品研发的六个步骤，可以大致预测产品上市时间），以及需要审查项目组的六个步骤设计是否合理。

改变一个人的习惯确实不易，因此我们需要借助顾问公司的帮助。最关键的是，在产品设计阶段就应将稳定性和服务功能纳入考虑。

波音777是最成功的设计机型之一。它采用了计算机虚拟模型进行设计，在计算机上测试成功后才实施。这是一种新技术，并非每个公司都采取这样的做法。如果一个产品从设计、研发、测试到推向市场的过程中耗时过长，可能会导致市场变化或产品开发失败，这样的代价是巨大的。因此，波音公司得以节省了10亿美元。

问：IBM对产品周期的管理是如何进行的？

答：产品周期管理的关键在于检查点，管理层必须参与。如果整个设计周期为22周，而在最后时刻提出任何变动，这是不被接受的。因此，这是一个需要转变的理念。

问：一共有几个IRB？

答：只有一个。它由高层管理者组成，具有宏观性和跨部门性。

## 第二节
# 市场管理概述

市场管理（MM）是一套系统的方法，用于对广泛的机会进行选择收缩，制订出一套以市场为中心的、能够带来最佳业务成果的战略与计划。

图2.2反映了MM方法论的整体概况。

应用MM方法论是通过一个包含六个步骤的流程来实现的，其目的在于，及时、有效地将市场需求转化为具有领先地位的产品包/解决方案，从而满足或超越客户的期望。产品包/解决方案是指产品或服务提供给客户时的总体交付物或全方位展示，它可细分为核心产品、服务产品、无形产品三个层面：

- 核心产品包括功能、性能、特性、效率、价格、包装等因素。
- 服务产品包括售前服务、售中服务、售后服务、免费保修、设计、交付时间/地点/方案、可获得性（如渠道、营销、推广等）、解决方案/建议、附加品、财务融资等。
- 无形产品包括公司形象、组织方式、产品品牌、对质量的认知、声誉等方面。

在MM流程中，产品包/解决方案是根据市场需求来制定的，它体现在业务计划中，并最终通过管理业务计划得以实现。因此，MM流程实质上就是制订与管理业务计划的流程，而MM方法论则是指导我们制订业务策略与计划，并管理业务计划的方法论。

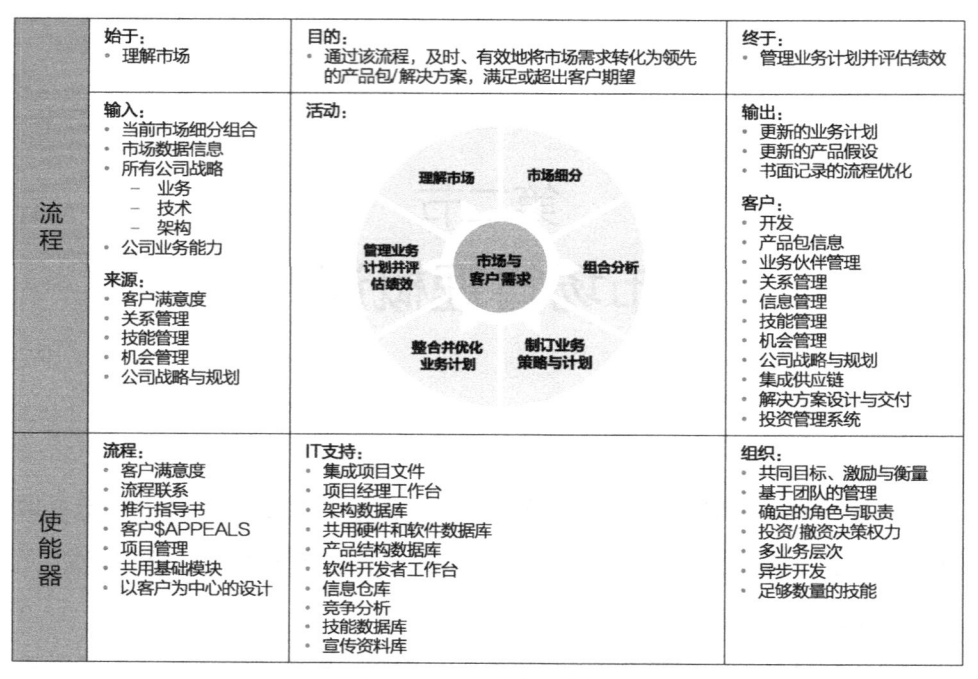

| | 始于：<br>• 理解市场 | 目的：<br>• 通过该流程，及时、有效地将市场需求转化为领先的产品包/解决方案，满足或超出客户期望 | 终于：<br>• 管理业务计划并评估绩效 |
|---|---|---|---|
| 流程 | 输入：<br>• 当前市场细分组合<br>• 市场数据信息<br>• 所有公司战略<br>　– 业务<br>　– 技术<br>　– 架构<br>• 公司业务能力<br>来源：<br>• 客户满意度<br>• 关系管理<br>• 技能管理<br>• 机会管理<br>• 公司战略与规划 | 活动：<br>（理解市场、市场细分、组合分析、制订业务策略与计划、整合并优化业务计划、管理业务计划并评估绩效——市场与客户需求） | 输出：<br>• 更新的业务计划<br>• 更新的产品假设<br>• 书面记录的流程优化<br>客户：<br>• 开发<br>• 产品包信息<br>• 业务伙伴管理<br>• 关系管理<br>• 信息管理<br>• 技能管理<br>• 机会管理<br>• 公司战略与规划<br>• 集成供应链<br>• 解决方案设计与交付<br>• 投资管理系统 |
| 使能器 | 流程：<br>• 客户满意度<br>• 流程联系<br>• 推行指导书<br>• 客户$APPEALS<br>• 项目管理<br>• 共用基础模块<br>• 以客户为中心的设计 | IT支持：<br>• 集成项目文件<br>• 项目经理工作台<br>• 架构数据库<br>• 共用硬件和软件数据库<br>• 产品结构数据库<br>• 软件开发者工作台<br>• 信息仓库<br>• 竞争分析<br>• 技能数据库<br>• 宣传资料库 | 组织：<br>• 共同目标、激励与衡量<br>• 基于团队的管理<br>• 确定的角色与职责<br>• 投资/撤资决策权力<br>• 多业务层次<br>• 异步开发<br>• 足够数量的技能 |

图2.2　MM方法论整体概况

MM流程具体包含以下六个步骤：理解市场、市场细分、组合分析、制订业务策略与计划、整合并优化业务计划、管理业务计划并评估绩效，如图2.3和图2.4所示。

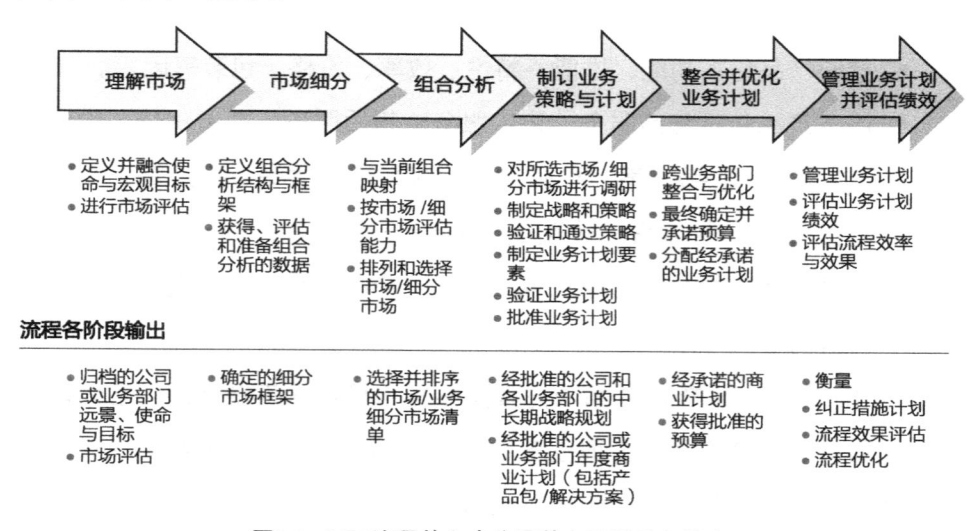

| 理解市场 | 市场细分 | 组合分析 | 制订业务策略与计划 | 整合并优化业务计划 | 管理业务计划并评估绩效 |
|---|---|---|---|---|---|
| • 定义并融合使命与宏观目标<br>• 进行市场评估 | • 定义组合分析结构和框架<br>• 获得、评估和准备组合分析的数据 | • 与当前组合映射<br>• 按市场/细分市场评估能力<br>• 排列和选择市场/细分市场 | • 对所选市场/细分市场进行调研<br>• 制定战略和策略<br>• 验证和通过策略<br>• 制定业务计划要素<br>• 验证业务计划<br>• 批准业务计划 | • 跨业务部门整合与优化<br>• 最终确定并承诺预算<br>• 分配经承诺的业务计划 | • 管理业务计划<br>• 评估业务计划绩效<br>• 评估流程效率与效果 |

**流程各阶段输出**

| | | | | | |
|---|---|---|---|---|---|
| • 归档的公司或业务部门远景、使命与目标<br>• 市场评估 | • 确定的细分市场框架 | • 选择并排序的市场/业务细分市场清单 | • 经批准的公司和各业务部门的中长期战略规划<br>• 经批准的公司或业务部门年度商业计划（包括产品包/解决方案） | • 经承诺的商业计划<br>• 获得批准的预算 | • 衡量<br>• 纠正措施计划<br>• 流程效果评估<br>• 流程优化 |

图2.3　MM流程的六个步骤的主要活动与输出

第二章 市场管理

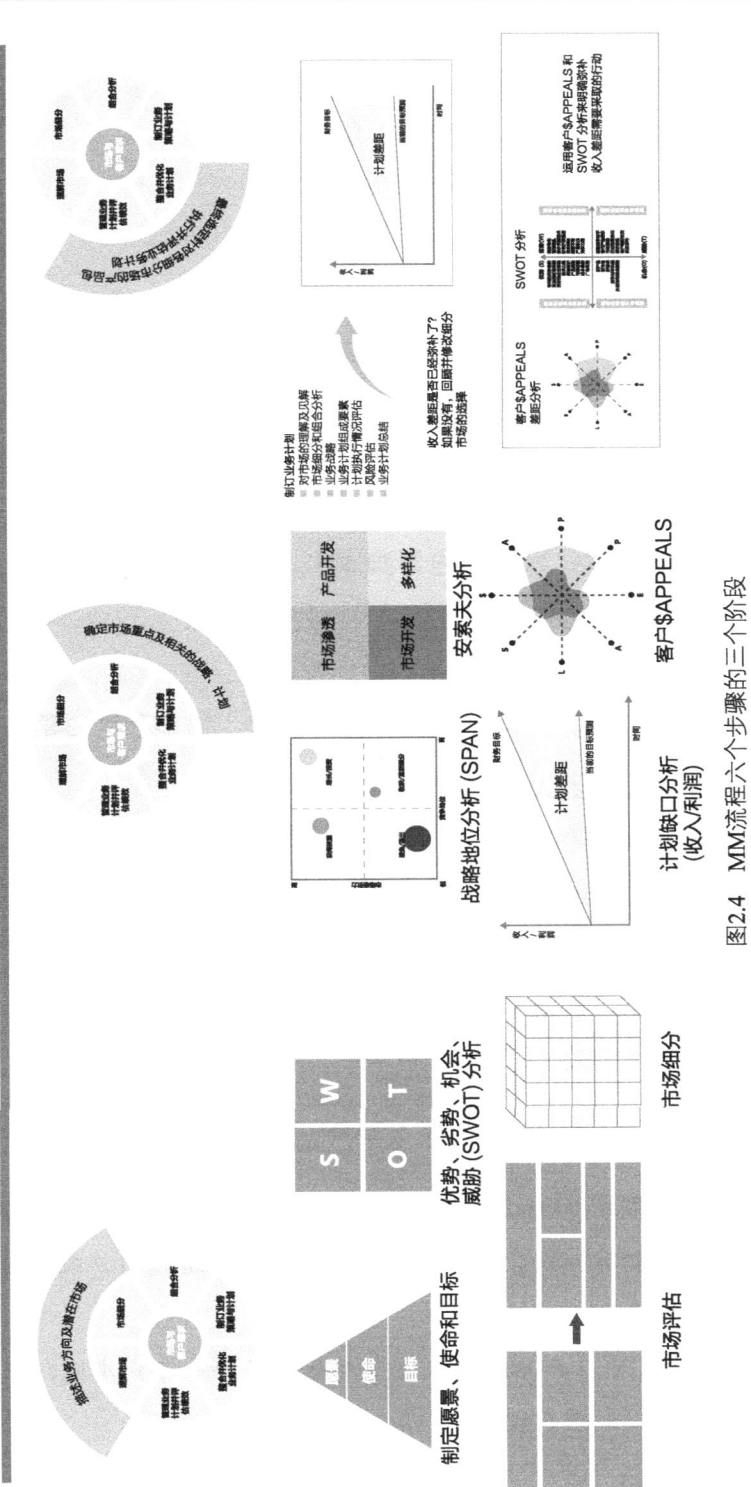

图2.4 MM流程六个步骤的三个阶段

MM流程的主要角色包括：
- 集成组合管理团队（IPMT）角色；
- 市场管理协调员（MMC）角色；
- 市场分析（MA）角色；
- 财务分析（FA）角色；
- 组合管理团队（PMT）角色。

流程角色与岗位头衔并不等同。通过明确角色的定义，流程得以保证其通用性，从而使得各类组织都能有效地应用这一流程。但理解一点至关重要：任何受过正规培训的专业人员都能够在需要时履行流程中的角色（这就像在剧本、歌剧或电影脚本中，不同的演员可以扮演同一个角色）。有些流程角色能够找到与之对应的明确头衔和职业，而另一些角色则目前尚未有明确的头衔或职业与之匹配。

以下是关于市场管理流程主要角色的职责、技能和培训要求的概述。

### 集成组合管理团队（IPMT）角色

集成组合管理团队角色负责产品线、细分市场或产品包/解决方案层次的产品包组合的业绩管理。IPMT角色通过确立产品线愿景、使命和目标，为跨职能部门团队指明了方向。IPMT角色作为跨职能部门团队的成员之一，由来自研发、营销、销售、范围、订单履行、采购、财务和其他职能领域的高层人员组成。

## 什么是产品线

通常，产品线（Product line）是指具有相同特点的一类产品的集合。它们或者功能相似，或者用户相同，或者分销渠道相同，或者同属于一个价格幅度，等等。

在IPD模式中，产品线是从公司整体层面和业务角度进行划分的，它代表了一种业务单位（Business Unit），可涵盖以下内容：

- 公司直接设立的产品线，如无线产品线；
- 公司内部的非独立产品事业部，如高压设备事业部；
- 公司设立的独立事业部，尽管公司对这些事业部实施战略或经营管控。

在IPD/MM体系中，产品线以BU/PL或BUPL或PL来缩写代表。

公司向IPMT提供战略和架构的指引，负责组建跨职能部门的高层团队来管理产品线组合和产品包开发。这些团队的主要职责是，在选定的细分市场中，根据业务增长、可盈利性、资源可获取性和风险状况，做出持续的业务投资决策，并开展市场管理流程中的多数审批和高层决策活动。他们需要对细分市场和为满足其中客户需求而开发的产品包/解决方案承担主要责任，通过正式的决策评审来合理调整产品线组合，审批并执行战略和业务计划。

IPMT角色负责及时解决业务团队结构内产品线管理和关键跨产品线项目所面临的问题。他们将营销和业务计划与产品包/解决方案的开发紧密结合，以确保产品包/解决方案的开发得到提前关注。

IPMT的所有成员都确保拥有专业的项目管理技能和规程来管理产品包/解决方案的开发。他们获得承诺和未承诺的资源清单，并在IPD决策评审点将这些资源分配给IPD项目开发团队角色（PDT）。此外，他们还负责激励和管理PDT的绩效和表现，并对表现优秀的PDT给予适当的奖励。

**市场管理协调员（MMC）角色**

市场管理协调员角色专注于在产品线内有效推行流程。该角色通常作为IPMT的成员，担任负责在产品线内推行市场管理的经理或高层职务。该角色向产品线提出改进流程推行和执行的建议，评估流程的推行状况，总结经验教训，以加大产品线内流程推行的力度。此外，该角色还需要根据产品线的具体情况，对市场管理流程进行适度的剪裁，并负责产品线流程的归档工作。

**市场分析（MA）角色**

市场分析角色负责调查和分析产品包、竞争情况、经济/人口因素、市场调研数据，需要掌握调查、分析和咨询的技能，并能运用这些技能为 **IPMT和PMT提供支撑和建议**。

执行市场分析角色的人员需要支持多个细分市场和产品包/解决方案，他们是支撑某个范畴或产品线的分析员"核心组"的重要成员。该角色负责详细描述市场状况，获取并分析细分市场和产品包数据，进行产品线或细分市场的市场调研。工作内容包括理解市场环境、竞争态势、客户需要和需求、客户购买行为、销售渠道、客户满意度和忠诚度要求等。此外，还需要根据市场吸引力、竞争定位、战略定位、市场和/或产品包的差距来评估细分市场的能力。该角色还需要负责将每个分配的细分市场和/或产品包/解决方案的市场评估结果归档于市场评估文档或数据库中。该角色还需要与市场专家合作，验证业务计划的可行性，并分析业务计划的执行绩效。

## 不同的市场分析角色

- 竞争性/竞争对手分析和市场情报的角色
  - 向公司提供关于其他竞争对手的竞争性分析，涵盖新的联盟和合作对竞争对手的潜在影响，以及这些变化对××产品线可能带来的影响。
  - 提供竞争产品的发展方向，以便了解竞争对手未来的产品。
  - 分析其他竞争对手具体产品的竞争性，提供详细的市场竞争分析。
  - 借助顾问报告分析市场趋势，给出见解，并分析这些趋势对我们产品线的影响。
  - 观察竞争对手及其产品动态，对比竞争对手的产品与我们产品线的组合情况，并根据竞争对手的产品分析，提出我们产品线产品销售的策略建议。

- 市场细分角色

根据营销团队各成员的调查和所提供的信息细分客户。

- 市场需求角色
  - 管理市场调研项目，了解客户购买行为、产品特性需求和采购决策标准，包括谁、为什么、如何、何时等。
  - 执行需求管理流程的前三个步骤，即收集、分析和分发，并将需纳入业务计划的产品线层次的需求有效地整合进业务计划中。
  - 开发和管理市场需求。

- 客户情报分析角色
  - 管理客户数据库的开发。
  - 提供市场管理人员所需的各项活动的专门报告。
  - 根据客户销售数据，分析行业纵向联合、购买行为、产品销售和特色组合等发展的趋势。

- 销售渠道/业务伙伴角色
  - 接触销售渠道和业务伙伴，了解他们客户对解决方案的需求，并将这些需求反馈给PMT，作为PDT的输入。
  - 制订并执行计划，将产品作为销售渠道和业务伙伴解决方案的一部分。
  - 开发营销项目来协助渠道销售活动。

- 解决方案开发角色
  - 与产品线和业务项目的接口。了解他们的客户对解决方案的需求，并将这些需求反馈给PMT，作为PDT的输入。
  - 制订和执行计划，将我们产品线的产品作为项目解决方案的一部分。
  - 开发营销项目来支持业务项目的销售活动。
  - 与产品线合作，制订多产品解决方案，并将需求反馈给组合团队。

- 联盟发展角色
  - 列出可以合作的公司，并结成联盟。
  - 管理与所确定的公司间的所有活动。
  - 制定战略和举措，结成联盟，来应对其他公司的销售和营销活动。
  - 确定××产品线组合的产品应测试并认证的相关的内部和外部硬件和软件平台。
- 计划员角色
  - 规划产品的系统管理需求。
  - 研发和其他产品线及供应商之间的接口。
- 技术角色
  - 技术需求和新技术。

### 财务分析（FA）角色

财务分析角色负责进行财务分析，以支撑市场管理流程，通常由具备财务专业背景的财务分析员担任。他们负责收集、分析相关财务数据，作为**IPMT**和**PMT**的顾问，提供有关战略和计划的财务成本信息，以协助制订业务计划。此外，他们还根据业务计划目标，持续进行绩效分析和评估工作。

### 组合管理团队（PMT）角色

组合管理团队角色负责定义所选细分业务的市场细分架构，并确立组合模型的标准与权重。该角色利用组合分析数据对相关的子细分市场进行优先排序，同时负责制订业务战略和计划，分析业务计划的绩效，并提出相应的纠错措施。PMT经理指导市场细分的方法，并在多数情况下会进行审批。

有三类人员承担PMT角色：

- 营销副总裁，负责制订该集团或范畴的战略计划。
- 营销副总裁或营销经理，负责制订产品线和/或细分市场的战略计划。
- 营销经理，负责制订某具体产品包/解决方案或产品包/解决方案组

## 第二章 市场管理

合的战略计划。

根据产品线、细分市场和/或产品包/解决方案的规模和范围，各角色的职责和任务会有所不同。

PMT角色负责协助制订战略计划。该团队成员具备专业的营销技能，以协助完善战略计划中的具体业务计划要素。他们来自与营销职能相关的部门（如营销管理、市场情报、分销渠道营销、技术支援营销和综合市场宣传）。

PMT成员对市场分析角色和财务分析角色下的不同角色负有责任。在执行MM流程的过程中，PMT经理会协调团队执行流程中各个角色的任务。例如：

第一步：理解市场。竞争/竞争对手分析、市场情报角色、市场需求角色、客户情报分析角色在竞争对手分析和市场分析中发挥着重要作用。

第二步：市场细分。由市场细分角色负责完成市场细分活动。

市场分析角色和财务分析角色中的所有角色都将参与后续步骤。

上述关于MM的角色与职责划分可能显得有些理论化，下面将通过一个实际例子来加以说明。HY公司是一家汽车电子公司，公司根据产品用途划分了多条产品线，并构建了跨部门团队组织架构，以支撑MM流程的运行，如图2.5所示。

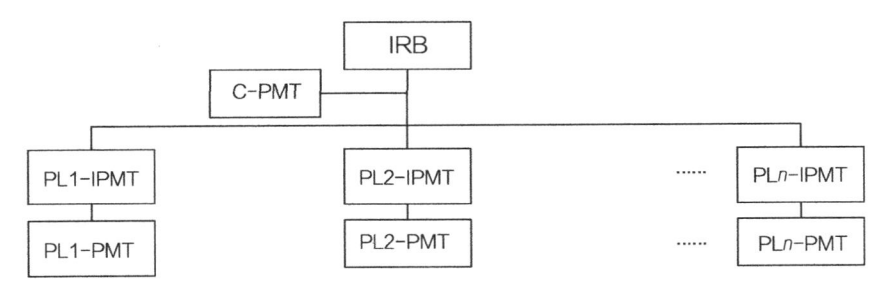

图2.5 HY公司MM跨部门团队组织架构

公司的每条产品线均设有一个IPMT，负责进行产品组合决策和投资评审。在多个IPMT之上，需要成立IRB（投资评审委员会），以负责跨IPMT的战略与投资管理工作。在运作层面，IRB由公司组合管理团队（C-PMT）提供支持，而各产品线IPMT则由产品线组合管理团队（PL-PMT）提供支持。以下是各团队的主要职责划分：

IRB主要职责：

- 公司战略/产品线战略和规划；
- 冲突管理和人员任免；
- 审批产品线战略规划并监控实施；
- 管理跨产品线产品和技术的投资；
- 公司级新机会管理；
- 管理行业标准计划的计划和实施；
- 推动组织变革。

C-PMT主要职责：

- 开发公司使命、愿景、战略规划；
- 管理跨产品线业务；
- 管理和监控公司级新机会；
- 管理和监控各个产品线战略规划；
- 确保规划方法论的统一；
- 规划和管理公司产品预研。

IPMT主要职责：

- 管理产品线战略和规划；
- 审批产品线战略规划/产品规划并监控实施；
- 产品线内的新机会管理；
- 研发项目过程中的决策；
- 人员培养和分配；
- 对研发团队和职能部门进行绩效考核；
- 推动组织变革。

PL-PMT主要职责：

- 开发产品线使命、愿景、战略规划及产品规划；
- 管理和监控产品线级新机会；
- 制定和维护产品线战略规划及产品规划；
- 制定和维护产品组合与路标；
- 制定项目任务书；
- 确保规划方法论和公司要求一致；
- 规划和管理产品线内部的产品预研。

## 一、理解市场

管理市场（MM）是一种面向市场的业务规划方法论，其强调从市场出发，因此，第一步便是"理解市场"。这一过程主要通过深入的市场调研与分析，获得对市场的全面理解，进而洞察市场动态。

当针对企业某条产品线进行业务战略及规划时，该步骤的基本概况如表2.1所示。

**表2.1 理解市场的基本概况**

| | |
|---|---|
| 目的 | • 获得对市场的深入理解与洞察 |
| 活动 | • 明确业务使命（我们介入哪些业务，不介入哪些业务）<br>• 定义我们进入的市场<br>• 分析政治、经济、社会、技术对这个市场的影响<br>• 对市场、公司和竞争动态进行评估<br>• 进行全面的市场 SWOT 分析<br>• 明确技术生命周期的定位<br>• 明确现有业务设计，以及竞争对手的业务设计<br>• 描绘市场地图，评估客户的购买行为特征，并分析客户的购买选择如何影响其购买行为<br>• 评估现有业务设计的可行性，并根据客户需求的变化，确定必要的业务设计变更内容 |
| 输出 | 市场评估 |

### 1. 定义并融合使命、愿景和目标

该步包括在业务领域中，IPMT成员一致认可并形成的使命、愿景和目标。这些使命、愿景和目标为产品线在未来几年内指明了大致的发展方向。同时，它们也为制订业务计划提供了坚实的架构。使命描述是对目标的持久性阐述，它从产品、市场和服务等维度展现了产品线当前及未来的业务活动。需要强调的是，使命描述并非仅限于营销推广或形象塑造，而是市场驱动的市场管理流程的核心。在描述使命时，团队应特别关注使命描述的关键因素，如附加价值、与竞争对手的差异化优势点，以及利润和战略控制角度。使命描述能够激发在所设定范围内开发未来业务的创造力。愿景、使命和目标的描述如图2.6所示。

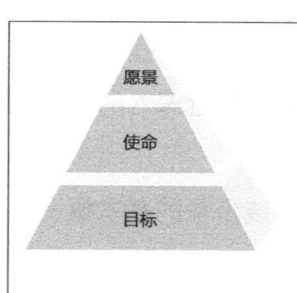

图2.6 愿景、使命与目标的描述

在确定愿景、使命和目标的过程中，团队获得高层协助和指导是至关重要的。PMT角色应负责访谈产品线的高层，并收集他们对于产品线使命、愿景和目标的反馈意见。随后，PMT需要将收集到的高层反馈进行整理，并归档至使命和目标模板中，然后提交给产品线IPMT进行审批。经过审批通过的愿景、使命和目标将正式发布，作为PMT日后制订业务计划时所依据的框架。

### 2. 进行环境、竞争、公司自身、市场分析

该步通过全面调研，旨在深入理解市场。基于所收集的信息，对市场

动力（包括经济、行业、竞争对手和客户等方面）进行全面评估。这一步为后续分析活动提供了必要的基础数据。

收集所有有助于理解市场的相关信息，这些信息来源于多个渠道，包括但不限于：资料调查、内部调查、市场专家访谈、财务报告分析、行业顾问咨询、客户分析、重点客户群访谈、新闻杂志阅读和竞争标杆研究。由于所有后续分析都基于所收集的信息进行，因此数据收集成为至关重要的一步。然而，数据收集应作为市场管理流程中的一项持续性活动。后续分析的质量直接取决于所收集数据的准确性与完整性。此外，需求流程也为本步骤提供输入，它通过收集的信息提供客户需求和喜好，并将这些信息输入市场管理流程中。

在收集信息时，应避免过于详细的描述，以免因信息过载而忽略其他重要因素。目标是保持平衡，并提供内容充实的概要描述。因此，在收集信息时，应根据业务经验判断重要的知识差距，并据此进行后续的调查与确认。

收集到信息后，需要进行必要的分析。这可以从多个维度和相关要素出发，以提供分析框架，帮助组织有效地整理和分析所收集的信息。如图2.7所示，这些维度和要素为信息的收集和有效分析提供了指导。

```
环境分析
  - 政治
  - 经济
  - 社会
  - 技术
  - 金融
  - 法律
  - 规章制度
  - 宗教
  - 全球性
```

```
竞争分析
  - 主要的竞争对手
  - 他们的目标及目的
  - 市场行为
  - 市场份额
  - 增长情况
  - 服务质量
  - 定位
  - 业务运作和资源
  - 营销组合及战略
```

```
市场分析
  - 市场总规模
  - 增长及趋势
  - 特征及趋势
  - 特征及发展情况：产品、渠道、客户、沟通、行业
  - 客户细分/需求
  - 购买者的行为
  - 中间渠道
  - 价值网
```

```
公司自身分析
  - 公司的目标和目的
  - 市场份额
  - 增长情况
  - 服务质量
  - 业务运作和资源
  - 财务分析
  - 营销组合及战略
```

图2.7　环境、竞争、市场、公司自身四个维度的分析框架

(1) 环境分析

环境分析旨在概括描述市场环境。在此过程中，评估环境变化可能对产品线产生的潜在影响至关重要。在分析时，应聚焦于那些对业务真正具有实质性意义的事件。尽管显而易见的技术变革是重点之一，但我们也必须意识到，许多其他领域同样可能发生重大变化。因此，主要应关注以下领域：

- 政治：金融政策、法制、力量集团、公有制、政府变故、工会参与、制度等。
- 经济：国家、全球、行业、经济增长、利润率、汇率、通货膨胀、就业、能源价格、关税等。
- 社会：文化、宗教、生态、人口、教育等。
- 技术：新产品、新工艺流程、行业新市场、能源节约、替代技术和标准。

(2) 竞争分析

通过竞争分析，我们需要深入理解市场上的主要竞争对手。为了制订出可行的业务计划，团队必须对竞争对手有全面的认识。这种认识应达到能够可靠地预测其未来行动的程度。团队的任务在于确定规划阶段的主要竞争对手，并描绘出他们的能力和意图。

团队应通过深入了解竞争对手的战略、目标、业务模式、价值陈述和战略控制来达成这一目标。同时，团队还需要从实用角度出发，考虑从结构或组织变化、合并、技术和产品变迁，或者服务和市场关注点的重新整合等过往活动中进行推断。这些活动都能反映出竞争对手是如何驱动其市场的。对于收集到的有关竞争对手的所有信息，团队应进行竞争分析。关键在于能够根据关于竞争对手的零散信息，预测其可能的行动。通过这样的分析，团队能够明确竞争对手的优势和劣势，而这些优势和劣势又进一步反映了产品线所面临的机会和威胁。

# 第二章 市场管理

竞争分析中会涉及以下主要问题：

- 谁是主要的竞争对手？谁可能进入市场？替代产品是什么？
- 竞争对手的规模、资源和市场份额如何？
- 他们提供什么样的产品或服务？其市场定位是什么？他们如何为客户创造价值？
- 竞争对手未来的发展规划和意图是什么？
- 客户从竞争对手那里购买了哪些产品，又有哪些产品没有购买？
- 在哪些细分市场中，竞争对手处于优势地位？又有哪些市场处于劣势？
- 竞争对手的活动对我们的产品线战略会产生怎样的影响？
- 我们的产品线应如何制定策略，以从竞争对手那里赢得市场份额？
- 在竞争对手中，哪些目标最容易成为我们的攻击对象？
- 对于我们的产品线战略，竞争对手可能做出怎样的回应？
- 面对未来的战略调整，竞争对手可能如何回应？

有一些常用的分析模型用于竞争分析，其中应用最广泛的是迈克尔·波特的五力模型（见图2.8）。该模型涉及五个方面：供应商、行业竞争者、购买者、潜在进入者、替代品。一旦明确了行业中的这五个方面，团队就能够通过研究它们的能力来评估行业的竞争环境。这五种力量具体指的是供应商的议价能力、行业竞争者的竞争程度、购买者的议价能力、潜在进入者的威胁、替代品的威胁。通过深入分析这五种力量，我们能够明确行业中的机会与威胁，以及竞争对手的优势与劣势。五力模型为市场分析和组合管理团队的角色在组织信息收集以及进行更精确的分析方面，提供了一个实用且有效的方法。

迈克尔·波特的五力模型塑造的一个行业

```
                供应商的议价能力    ┌──────┐
                                  │供应商│
                                  └──────┘
                                     ↓
┌──────────┐         ┌──────────┐         ┌──────┐
│潜在进入者│         │行业竞争者│         │替代品│
│潜在进入者│ →       │行业竞争者│       ← │替代产品│
│的威胁    │         │的竞争程度│         │的威胁│
└──────────┘         └──────────┘         └──────┘
                                     ↑
                                  ┌──────┐
                                  │购买者│  购买者的议价能力
                                  └──────┘
```

图2.8　迈克尔·波特的五力模型

（3）公司自身分析

进行公司自身分析时，首要任务是，概述产品线情况，并提供对产品线当前状态的深入理解。从收集到的信息中，我们可以洞察公司目前的优劣势。自身分析主要聚焦于以下四个方面：

①本年度和三年目标。确认根据使命和目标所设定的本年度和三年目标仍然有效（如有必要，需要进行更新），并指出最重要的目标。

②财务状况。通常采用收入和营业利润作为衡量财务表现的主要指标。同时，也可以使用其他衡量指标，如财务比率（如开发费用与收入之比、毛利率等）。

③产品组合。对产品线现有产品组合进行基本描述。

④产品生命周期。通过分析产品线内各主要产品的生命周期，我们可以突显它们在市场中的不同表现。产品生命周期的不同阶段要求管理层采取不同的应对策略，以便识别并抓住现有或潜在的机会。例如，以开发为导向的团队可能更加关注产品的引入和扩展，以延缓其衰退阶段。通过实施与产品生命周期阶段（成长、成熟、饱和和衰退）相匹配的市场渗透和市场扩展活动，结合市场细分和服务差异化等多种方法，可以有效地针对创新接受曲线中的后期接受者，如图2.9所示。

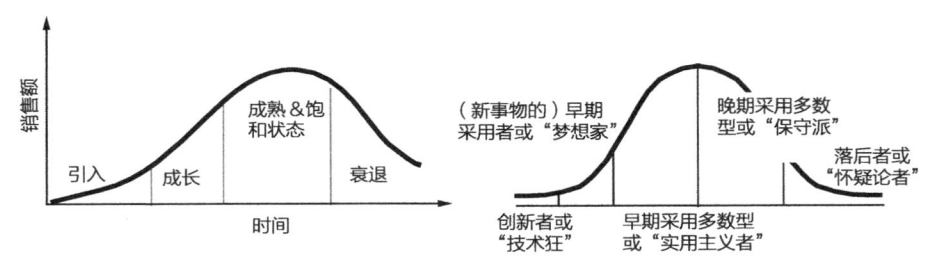

图2.9 产品生命周期

公司自身分析中需要涉及的主要问题:

- 我们的业务细分(产品)具体是怎样的?
- 关于我们的市场地位和市场份额,情况如何?
- 客户为何选择购买我们的产品?有哪些优势?
- 客户为何选择不购买我们的产品?存在哪些劣势?
- 导致我们失去客户的原因是什么?
- 过去我们采取了哪些措施,从而成功赢得了较多的客户?
- 我们面临着哪些局限性?
- 未来我们可以预见到哪些产品和基础性投资?
- 我们应如何改进本产品线内部的运营?

团队在执行公司自身分析时,需要从核心产品和周边产品包的角度综合考虑产品组合。核心产品主要是指那些开发人员开发出的具有关键特性和功能的产品。然而,研究已经证实了帕累托效应的适用性,即80%的客户效益往往来源于仅提供20%效益成本的产品,这些效益通常出现在周边产品包中。

通常情况下,周边产品包涵盖了服务产品包和无形产品包。服务产品包包括售前和售后服务、设计、交付、建议、财务、担保、保修等内容。无形产品包则涉及公司形象、质量状况、声誉、组织等方面。一个完整的产品包如图2.10所示。

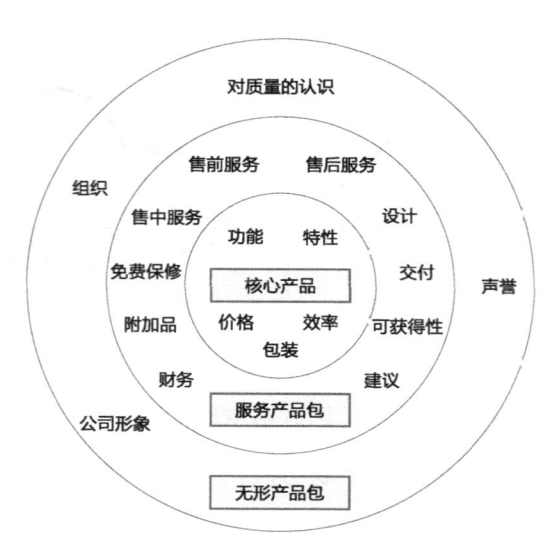

图2.10　产品包包括核心产品、服务产品包、无形产品包

（4）市场分析

市场分析旨在确定市场的驱动力和主要趋势。市场指的是正在被满足的客户需求和需要。在进行市场分析时，应着重关注整个市场的规模、增长和趋势，以及从产品、渠道、客户、沟通和行业等多个角度进行特点和拓展的探讨。此外，还需要关注客户细分市场/需求、购买者行为、中介和价值网等方面。

市场分析中涉及的主要问题如表2.2所示。

表2.2　市场分析的主要问题

| | |
|---|---|
| 市场 | • 哪些正在出现或可能出现的发展会对市场选择产生影响？<br>• 市场或细分市场吸引我们的因素是什么（例如其大小、增长潜力、可盈利性或其他方面）？ |
| 客户 | • 需求和需要——他们购买的原因（他们购买了什么）？<br>• 产品设计旨在满足客户的哪些需求？<br>• 在客户的购买决策中，关键成功要素有哪些？<br>• 他们选择购买你的产品的原因是什么？<br>• 他们选择不购买你的产品的原因又是什么？ |
| 销售渠道/合作伙伴/价值网 | • 对于你而言，哪些形式的中介会或可能会显得尤为重要？为什么？<br>• 哪些企业必定会或仍然是我们的竞争对手？ |

## 3. 进行市场SWOT分析

在通过环境分析、竞争分析、自身分析和市场分析收集到相关数据和信息后，应进一步进行综合分析，以便更深入地理解和认识市场。在此过程中，首要任务是识别市场上针对本产品线的主要机会（O）和主要威胁（T）。其次，应评估与主要竞争对手相比，自身的优势（S）和劣势（W）。SWOT分析的具体内容如图2.11所示。

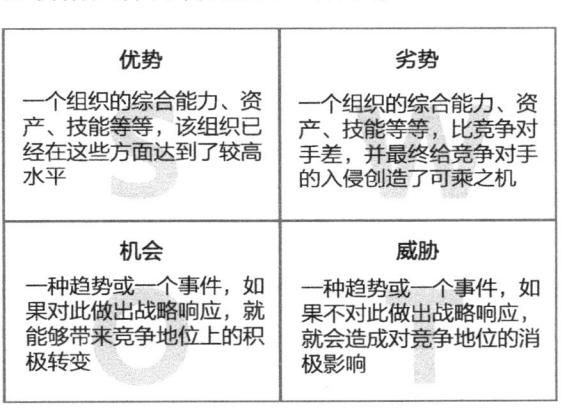

| 优势 | 劣势 |
|---|---|
| 一个组织的综合能力、资产、技能等等，该组织已经在这些方面达到了较高水平 | 一个组织的综合能力、资产、技能等等，比竞争对手差，并最终给竞争对手的入侵创造了可乘之机 |
| 机会 | 威胁 |
| 一种趋势或一个事件，如果对此做出战略响应，就能够带来竞争地位上的积极转变 | 一种趋势或一个事件，如果不对此做出战略响应，就会造成对竞争地位的消极影响 |

图2.11　SWOT分析

（1）优势和劣势（S&W）分析

通过收集并分析信息，团队能够评估产品线的优劣势。在此过程中，团队应基于竞争与公司自身分析，明确识别主要的优劣势，并针对各主要竞争对手进行深入分析。请注意，避免将普通的表现或能力误归入显著的优势清单中。此外，在这一阶段（理解市场）中，优势和劣势的分析主要侧重于定性分析。随后的"组合分析"将为优劣势分析增添定量内容。团队在思考优势和劣势时，可以从以下几个方面进行考量：

- 产品；
- 促销/形象；
- 定价/条款；
- 渠道/分销；
- 订单履行；

- 服务和支持。

一旦列出了优劣势，接下来的步骤就是根据客户的重要性对它们进行优先排序。当绘制出优劣势与客户重要性矩阵后，团队应着重指出对客户而言尤为重要的优势作为优势点。同时，对于客户认为重要的劣势点，团队需要确定补救措施。这些优势点和补救方法将成为后续设计行动计划的依据，同时也是构建业务计划的基础素材。优势与劣势分析与优先级排序如图2.12所示。

| | 优势 | 劣势 |
|---|---|---|
| – 在客户重要性矩阵图上划分出你的优势与劣势 | | |
| – 考虑扭转劣势的成本/实用性 | | |
| – 考虑是否需要画另一个矩阵来记录对"合作伙伴"来说什么是重要的 | | |
| – 确认那些对客户/合作伙伴很重要的关键优势，并注意那些似乎可以扭转的劣势 | | |
| 对客户非常重要 | | |
| 对客户较为重要 | | |
| 对客户不重要 | | |

图2.12　优势与劣势分析与优先级排序

（2）机会和威胁（O&T）分析

通过外部分析（环境、市场和竞争分析）获取的信息，团队能够识别产品线所面临的机会和威胁，以及影响业务的关键因素。与优劣势分析类似，团队需要对机会和威胁进行优先排序。这一排序应主要基于这些机会和威胁对产品线的潜在业务影响及其出现的可能性。关键是要确定那些出现概率高且对产品线影响显著的机会和威胁。机会与威胁分析与优先级排序如图2.13所示。

根据机会和威胁，团队需要进行如下考虑：

- 产品线当前的目标是否适宜。
- 确定市场和竞争产品的核心驱动力。
- 针对本产品线目前及未来三年，识别差异化优势的关键机会点。
- 在选定的机会领域中，分析本产品线所面临的潜在威胁。

- 简述市场上你未考虑争取的领域及其原因。

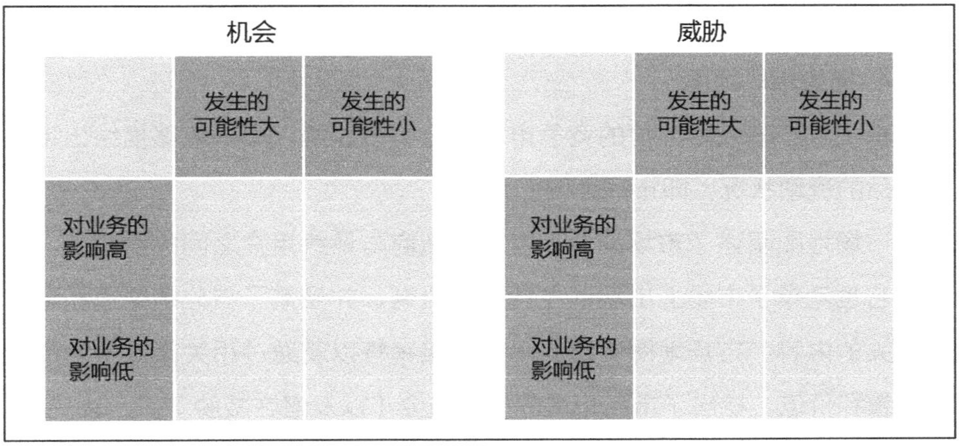

|  | 机会 | | | 威胁 | |
|---|---|---|---|---|---|
|  | 发生的可能性大 | 发生的可能性小 |  | 发生的可能性大 | 发生的可能性小 |
| 对业务的影响高 |  |  | 对业务的影响高 |  |  |
| 对业务的影响低 |  |  | 对业务的影响低 |  |  |

图2.13 机会与威胁分析与优先级排序

经过上述的考虑，我们能够得出对未来几年主要市场驱动力的一些新见解。团队基于这些主要市场驱动力，提出了一些近期的设想，并需要制订计划来响应这些设想。在后续的步骤中，对这些设想的响应将成为制订业务计划的基础材料。

在此，团队应根据所有收集到的信息和分析，对使命、愿景和目标进行重新评估。因为这一步骤可能会揭示出当前业务方向中的重大不足。团队应在执行市场管理流程的过程中，详细收集有关这些不足的信息，并设法解决这些缺陷。主要涉及的问题包括：

- 使命、愿景和目标是否适合于将来的成功？
  - 是否完整？
  - 是否具备挑战性和积极性？
  - 是否清晰地描述了即将实现的变化以及将形成的价值和控制点？
  - 是否渴望取得比以往更高的成就？
- 在市场评估的上下文中，业务的竞争力如何？
  - 我们的机会和威胁点是否足够振奋人心？

- 我们3~5年的竞争定位是否清晰明确，其吸引力如何？
- 我们是否已考虑新成果在市场上的潜在影响？

### 4. 描绘市场地图

基于对产品线所经营的竞争市场的分析与理解，团队能够描绘出市场上产品的流动状况，即市场地图。

市场地图阐述了市场动力，以及制造商与最终用户之间的价值链。同时，它也考虑了市场上出现的各种购买机制，并涵盖了与分销渠道和影响者相关的内容。市场地图着重展示了直接销售以及通过相关渠道分销的产品数量和价值，指出了市场拓展的潜在机会（以及潜在威胁）。

尽管我们的主要销售对象通常是采购者（如经销商），但在描绘市场地图时，通常应包含最终用户的信息。否则，我们可能忽视产品必须适应的一些客户需求、观念和行为。

团队可以着手描绘市场地图，首先聚焦于与自己业务相关的布局图，确保涵盖现有和潜在客户群、渠道机制以及主要的影响者/建议者。如果存在两个或更多不同的产品/服务，它们通过不同渠道服务于不同客户，则应使用独立的市场地图进行描绘。

在描绘过程中，应细致地用线描绘出当前产品上市的实际路径（某些框不必相互连接），并注明每条线每年所承载的价值（或适当情况下，为销售量）。随后，使用不同的颜色，在底部添加最近三个竞争对手或竞争对手群的信息，包括他们的不同渠道合作伙伴和主要客户。绘出他们的上市路径，并标明所携带的价值。

低压产品线的市场地图如图2.14所示。

### 5. 业务设计

理解市场这一阶段的最后一部分是评估产品线当前的业务设计，如图2.15所示。

## 第二章 市场管理

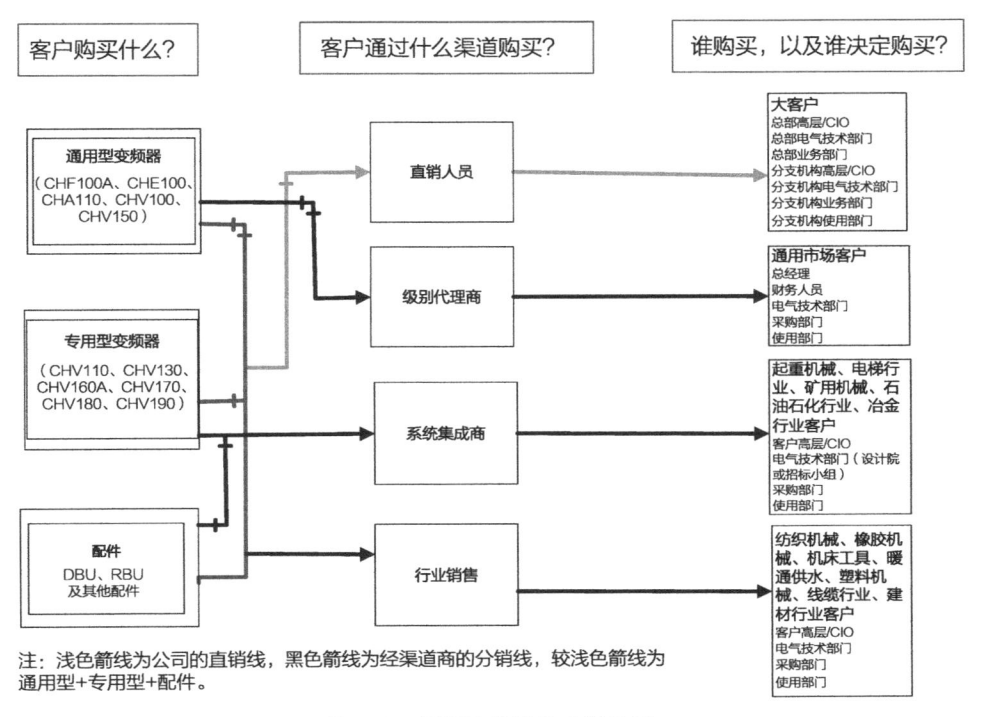

图2.14 低压产品线的市场地图

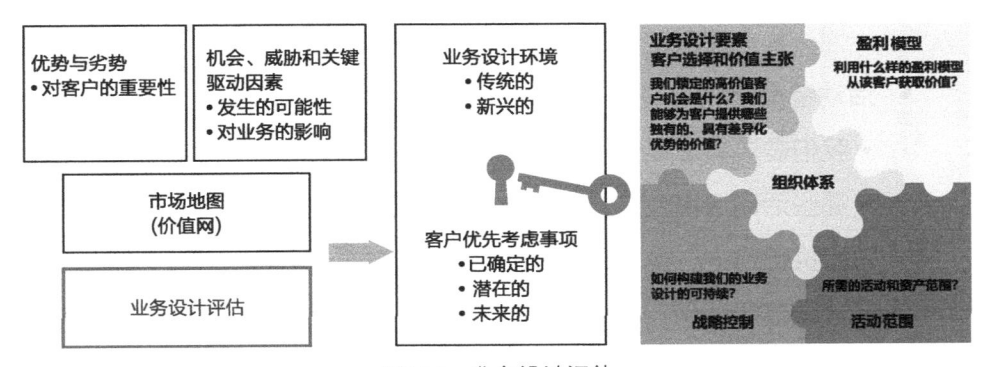

图2.15 业务设计评估

业务设计评估关注于五个领域：

- 客户选择和价值主张
    - 我们可以为哪些客户增加实际价值并同时实现盈利？
    - 哪些客户我们不愿意提供服务？
    - 客户选择举例：大小公司、早期及晚期实践者、器件供应商及装配者、采购及业务部领导等。
- 价值主张举例：提供便利的渠道、提供捆绑解决方案、低成本优势、系统成本节约、冲突减少等。

- 盈利模型
  - 我们如何获取由我们所创造的一部分价值作为利润？
  - 我们的盈利模型是怎样的？
  - 盈利模型举例：单位价格、消耗品销售、后续服务、特许执照费、正式价值分配、版本定价等。

- 战略控制
  - 客户为什么会选择购买我们的产品？
  - 我们的价值主张与其他竞争对手相比有何不同？
  - 我们的战略控制具体体现在哪些方面？
  - 我们应采取何种措施来保护自己的利润流？
  - 战略控制举例：价值网控制、稀有资产控制、专利、技术优越性、客户关系、应用知识等。

- 活动范围
  - 我们需要销售哪些产品、服务和解决方案？
  - 哪些活动应由我们自己独立完成，又有哪些活动应与合作伙伴共同执行？
  - 活动范围举例：仅设计、完全集成的设计和生产、管理、服务、仅装配等。

- 组织体系
  - 什么样的组织体系能给业务设计提供最好的支持？要考虑的因素包括但不限于：绩效评估、组织结构、文化、主要技能、人员要求、与公司的关系等。

## 对业务设计的解读

业务设计主要从四个方面——客户选择和价值主张、盈利模型、战略控制、活动范围，整体回答了业务如何成功，反映了业务成功之道，是战略规划的核心环节，也可以说战略设计的落脚点就是业务设计。其框架如图2.16所示。

图2.16　业务设计的框架

客户选择和价值主张：我们的主要产品主要针对哪一类客户群体？又有哪些客户群体不在我们的服务范畴内？我们如何协调现有市场与新兴市场群体的需求？我们的客户价值主张有何独特之处？企业应如何打造竞争优势？

盈利模型：企业是如何实现盈利的？是通过传统的产品销售、服务协议、许可证、使用费，还是知识产权销售？在我们的业务领域内，主要的盈利来源是什么？我们是否探索了其他盈利模型？

战略控制：企业应如何确保长期为客户提供持续的价值增值？如何有效保护自己的盈利模型和利润流？为了持续为客户提供核心利益并确保自身盈利，我们需要具备哪些核心资源或核心能力？

活动范围：我们为客户提供哪些产品、服务和解决方案？在价值链中，哪些活动由我们自己承担？哪些活动需要与合作伙伴共同完成？我们对共同获利的合作伙伴（如渠道合作伙伴和供应商）的依赖程度如何？我们如何制定和执行自己完成活动的策略及方式？

在这四个要素中，客户选择和价值主张、盈利模型是我们经常提及的。价值是指我们相对于竞争对手能够为客户提供的核心利益，简单来说，就是客户选择购买我们产品或服务的理由。盈利模型则包括产品销售、服务收费、解决方案、品牌增值、许可费等多种方式。而战略控制、活动范围这两个要素在传统战略规划中较少被提及。那么，除了从上述角度理解战略控制和活动范围，我们还能从哪些方面来解读它们呢？在长期的战略咨询实践中，笔者建议企业可以通过与已熟悉的概念进行比较来加深理解，同时借助举例或案例来进一步认识。当然，更为关键的是要在战略规划实践中加以应用并把握。

### 一、战略控制vs核心竞争力或核心能力

普拉哈拉德和哈默尔提出核心竞争力（Core competency）概念后，迅速在企业战略管理中得到应用。核心竞争力指能够直接为企业带来突出竞争优势且竞争对手短期内难以模仿的资源或能力。然而在实践中，核心竞争力的识别缺乏有效的方法论，加之受迈克尔·波特三种竞争战略（差异化、低成本、集中化）影响，竞争优势被理解得过于粗放或模糊，导致企业定义了形形色色的核心竞争力，如研发能力、销售渠道、核心技术、管理能力、领导力、团队协作能力、资源整合能力、品牌塑造能力、学习能力、模仿复制能力等等，这些能力要么过于笼统，要么似是而非，要么言不由衷，这也使得核心竞争力理论在企业战略管理中实操性不强。

从业务设计四要素的逻辑关系来看，战略控制首先是企业确保为客户长期提供核心利益的资源或能力，这是与核心竞争力概念相一致的，同时，战略控制还需要确保企业盈利模型的持续性，这又赋予了战略控制更多的内涵。那么概念上的相似性，是否会导致战略控制的设计也会出现核心竞争力识别模糊或泛滥的问题呢？在汉捷咨询战略咨询实践中，我们发

现这个问题可以明显得到缓解。首先，在业务设计模型中，基于客户选择基础上就是明确价值主张，只要从客户购买和竞争角度深入分析，不难给出客户购买我方产品的理由，即价值主张。其次，企业可以从业务价值链和财务角度设计自身的几种盈利模型，再进行因果分析，这样从逻辑上就可以识别出支撑价值主张和持续盈利的具体的战略控制。

## 二、战略控制vs护城河

企业每日都在苦思冥想一个问题——如何在竞争激烈的市场中比对手赚得更多。沃伦·巴菲特将这种能力形象地称为企业的"护城河"。然而，遗憾的是，巴菲特并未对"护城河"这一概念进行深入探讨。全球领先的评级机构晨星公司则将无形资产、转换成本、网络效应、成本优势和规模效应视为"护城河"的五大表现，为我们理解商业"护城河"提供了重要的参考。

战略控制的目的之一在于确保企业能够拥有稳定的利润流，不受竞争对手的侵扰。从这个角度来看，它与"护城河"的概念颇为接近。但值得注意的是，战略控制不仅具有保护利润流的防守功能，还需要考虑支撑价值主张、推动客户选择我方产品及服务的进攻作用。因此，简单地将战略控制等同于"护城河"是不全面的。

价值主张是推动客户购买产品及服务的关键，是产品销售、服务收费等盈利模型的起点。同时，价值主张与产品服务盈利模型又构成了其他盈利模型的基础。因此，战略控制的进攻与防守两个方面其实是相互依存、相辅相成的。例如，某企业业务的价值主张之一是高性能，这不仅是其扩大销售并实现更高定价的基础，也是实现品牌溢价盈利模型的前提。而背后的战略控制则依赖于在某一领域的核心技术积累与持续研发，这既有进攻的一面，也有防守的一面。正所谓攻中有守，守中带攻。

在战略设计的过程中，战略控制的设计显得尤为重要。那么，企业通常可以构建哪些战略控制？这些控制的攻守强度又如何呢？

### 三、战略控制（举例）

表2.3列举了通常的战略控制，按照战略控制强度指数排序，反映了不同战略控制攻守强度的差别，也反映了保护利润力度的不同。

表2.3 典型的战略控制与指数

| 保护利润的力度 | 指数 | 战略控制 | 例子 |
| --- | --- | --- | --- |
| 高 | 10 | 拥有标准 | 高通、ARM |
| 高 | 9 | 价值链控制 | 微软、苹果 |
| 高 | 8 | 一系列超级优势地位 | 可口可乐、腾讯、亚马逊 |
| 中 | 7 | 客户关系 | 通用电气、IBM、华为 |
| 中 | 6 | 品牌、版权 | 宝马、LV、Canon |
| 中 | 5 | 两年的产品开发提前期，或技术领先一年 | 村田、Intel（FAB）、戴森、华为5G |
| 低 | 4 | 一年的产品开发提前期，或功能、性能、品质领先 | 大金、格力、方太 |
| 低 | 3 | 具有10%~20%成本优势 | 西南航空、美的、富士康 |
| 无 | 2 | 具有平均成本 | 无数 |
| 无 | 1 | 成本劣势的商品 | 无数 |

### 四、活动范围vs独特运营活动

如何持续为选定的客户提供核心利益？如何持续盈利？如何构建战略控制？这些都是明确活动范围的重要依据。反之，通过设计和实施运营活动，我们能够实现价值主张、盈利模型和战略控制。汉捷咨询在协助企业进行业务设计四要素分析时，发现活动范围的界定具有较大的弹性。它不仅可以总体上回答运营价值链中哪些活动由企业自身完成，哪些活动通过外包或合作完成，还可以进一步明确这些活动的基本方式，甚至对运营活动进行详细的展开设计。如果根据价值主张和战略控制的需求对运营活动进行精心设计，那么这就涉及了迈克尔·波特所强调的独特运营活动。

继《竞争战略》《竞争优势》《国家竞争优势》三部曲之后，迈克尔·波特于1996年在《哈佛商业评论》上发表了《什么是战略》一文，这是他对"战略"概念的总结性文章。迈克尔·波特认为,竞争战略的核心在于与众不同,它要求我们有目的地选择一套与竞争者不同的运营活动,从而创造一种独特的价值组合。因此,战略的实现依赖于一系列独特的运营活动。

为了识别这些独特的运营活动,业界开发了VCW(Value Creation Web,价值创造网)方法。该方法依据企业的战略定位,明确为客户提供的价值创造元素,并进而分析实现这些价值创造元素所需的特别属性(见图2.17)。这些特别属性反映了支撑战略的独特运营活动。关于VCW方法的具体应用,汉捷咨询将另文详细介绍。

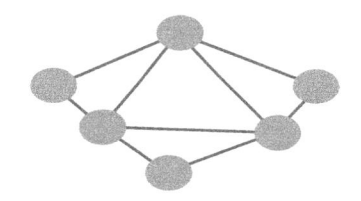

价值创造元素通过连接表明不同元素之间的关系。连接显示了元素组合将比单个元素产生更大的共同价值。

特别属性是指企业为成功实现价值创造元素所必备的能力,是创造、执行及改进企业资源和活动的结果。它们是使一个企业的业务模式有别于其他企业的几项关键所在。

图2.17　VCW方法

## 五、活动范围设计的典型案例

### 案例一:西南航空公司

西南航空公司虽然身处竞争激烈的航空市场,但通过有效的战略定位和独特的运营设计取得了显著成功。公司专为商务乘客、家庭和学生提供短途、直飞的旅行服务。为了实现低价、准时多班、方便快捷的价值主张,并在保持价格低廉的同时实现盈利,其创始人团队精心设计了运营模式和活动。首先,公司的飞机不提供托运行李与转机服务,乘客上飞机后可自选座位,飞行途中不供餐,机场服务人员训练有素、快速高效,这既确保了航班的准时性,又实现了15分钟内完成登机过程。为控制成本,公司减少了中间费用,通过减少旅行社订票并更多采用自动售票机,同时采用统一的波音737飞机,这不仅享受了批量采购的价格优惠,还大幅降低了维护费用。此外,公司还通过员工股权分享计划和福利待遇提高员工积极性,从而打造出精简高效的员工队伍。公司因差异化的战略定位和独特活动范围设计,赢得了"飞行巴士"的美誉。

**案例二:华为"小灵通手机"**

华为因战略选择失误,曾错失"小灵通"即无线市话市场的机遇。而UT-斯达康凭借小灵通迅速崛起,并通过软交换、光网络和无线(GSM/CDMA)产品的开发,逐渐侵入华为的市场领域,对华为构成了巨大的潜在威胁。

为应对UT-斯达康的竞争,华为决定进军小灵通手机市场,力求抢占小灵通业务的核心份额,降低对手的利润,防止其进一步扩张。为此,华为采取了快速且低价的市场策略。鉴于华为强大的研发实力,开发小灵通手机并非难事,关键在于成本控制、销售渠道和售后服务。因此,华为决定集中力量针对主流消费群体,开发有限的几款机型,既有助于形成规模成本优势,也有利于保障产品质量。在销售渠道上,华为选择与运营商合作,采取捆绑销售的方式,因自建渠道并不现实。至于售后服务,华为采取了一种创新的方法:机器故障则直接更换,不再提供维修服务。这样做能迅速推动小灵通业务的发展。当时,华为无线固定台的损坏率仅为1%左右,即使小灵通手机的损坏率高出一倍,也仅为2%。这意味着,每销售100台手机,华为仅需额外提供2台作为售后替换,成本相对可控。

这种独特的售后服务模式后来也被应用于华为的数据卡和早期智能手机业务,为华为终端业务的蓬勃发展做出了重要贡献。

在客户选择与价值主张中,通常从价值传递或营销的角度来陈述为客户带来的差异性价值,即价值主张。简言之,价值主张就是我们要向客户传递的独特价值,以及帮助实现的关键价值。更具体地说,它旨在给市场和客户带来哪些独特的益处。企业的每项业务都应拥有其独特的价值主张。

关于盈利模型的具体内容,将在第三章第三节中做进一步的阐述。

# 二、市场细分

MM流程的第二步是"市场细分",这一步主要是确立市场细分纲要,以便进一步发掘各细分市场的潜在机会。通过深入分析各细分市场的机会,产品线可以根据优先级来排列各细分市场的顺序,进而设计符合自身特点的业务计划。

当面向企业某产品线进行业务战略及规划时,该步骤的基本概况如表2.4所示。

表2.4 市场细分的基本概况

| | |
|---|---|
| 目的 | • 针对"市场定义"中所描述的市场,为业务单元制定具体的"市场细分" |
| 活动 | • 制定"市场细分",从三个维度进行明确:<br>• 在我们的市场中,购买商品的客户究竟是谁?<br>• 客户在我们的市场中主要购买哪些商品?<br>• 客户选择从我们的市场购买的原因是什么(他们追求的是什么样的利益)?<br>• 确定"细分"的定义<br>• 评估选定的市场细分在实际操作中的可行性<br>• 运用"发现利润区"的概念,提出以下问题:<br>• 在哪些细分市场中,我们能够提供真正的增值并实现战略控制?<br>• 是哪些因素使得我们能够提供真正的增值? |
| 输出 | • 6~8个最具吸引力的潜在细分市场,这些将是下一步"组合分析"的主题 |

## 1. 市场细分的基本原理

市场细分是对市场中的客户或潜在客户进行分类,形成不同组别或细分市场的过程。这些细分市场内的客户具有相同或相似的需求,并可通过明确的产品和营销组合来满足。

通常,市场细分的方法多种多样,每种方法都有其优劣之处。明确市场细分的基本原理和描述,有助于管理者对市场细分价值的期望进行合理管理。

**人口统计细分**。根据背景变量,如年龄、收入、公司规模、公司成长等进行的划分。该方法的优点是便于识别不同维度的信息,并可通过公开渠道获得，从而有针对性地制定策略。其缺点是只能回答"谁"的问题，难以解答"为什么"和"什么"的问题。

**行为/所有权细分**。基于客户对所感兴趣产品的使用或拥有情况，如购买行为进行的划分。其优点是能提供市场机会和规模的有效信息，并可能与人口因素相关联。其缺点是缺乏解释"为什么"的信息，且如果细分市场的定义未与人口紧密结合，则目标性可能不够明确。

**需要细分**。根据客户对产品/服务相关需要的相对重要性，如方便、可靠、安全等，以及选择的实用性进行的划分。其优点是能清晰地指明销售方向和定位策略。其缺点是这种细分方法通常难以凸显目标市场的特征。

**消费心态细分**。基于客户的普遍态度、兴趣和不同生活方式进行的划分。其优点是能清晰地描绘出不同人群的特征，并在人口因素上实现有针对性的策略。其缺点是细分市场与产品或服务的关联度较低。

市场细分分析的另一个重要考虑因素是产品的生命周期。当产品进入生命周期的新阶段，最终客户开始接纳新技术时，目标细分市场会随之发生变化。我们可以根据客户类别来选择不同的细分市场，而这些客户在生命周期曲线中所处的位置可能导致他们具有系统化的不同业务需求、购买标准、态度、认知和行为。

通常，市场细分在市场进入成长期时才会出现，因为在引入期，创新者通常构成一个特定的细分市场。随后，随着市场利润增长、竞争加剧以及市场日益复杂化，我们必须针对生命周期的每个阶段制定新的市场细分模型和策略，如图2.18所示。

市场细分分析的另外一个考虑要素为产品的生命周期。当产品进入生命周期的一个新阶段、最终用户开始接受新技术时，目标细分市场会发生变化。可以根据购买者类别选择不同细分市场，根据他们在生命周期曲线中所处的位置，可能会有系统化的不同业务需求、购买标准、态度、认识和行为。

进入市场的客户类型

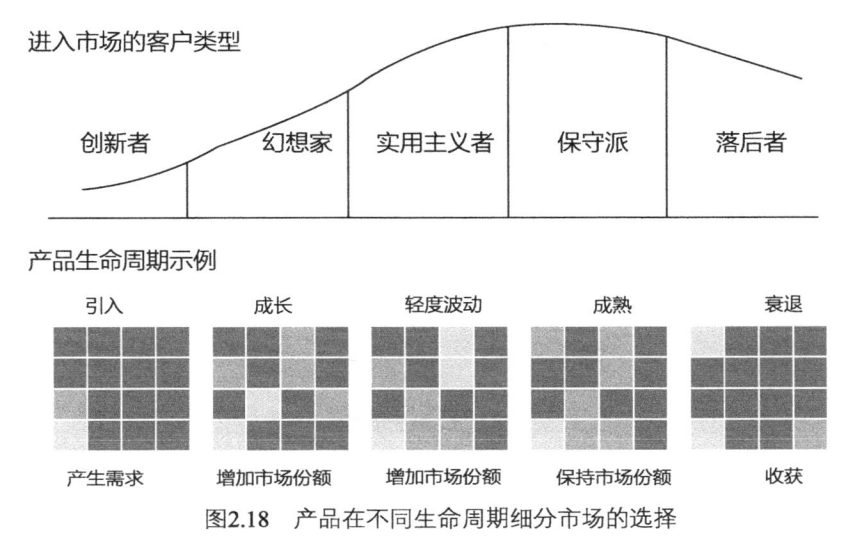

创新者　幻想家　实用主义者　保守派　落后者

产品生命周期示例

引入　　　成长　　　轻度波动　　成熟　　　衰退

产生需求　增加市场份额　增加市场份额　保持市场份额　收获

图2.18　产品在不同生命周期细分市场的选择

用古老的军事例子做比喻，指挥官或业务经理为了确保业务计划以市场为导向，必须引导团队有效利用市场情报，精心策划战斗准备，以获取最大优势。从商业视角出发，团队应通过集中培育竞争优势，力求最大化团队努力的成效。因此，团队应选定目标细分市场的"高地"，为即将到来的竞争冲突做好充分准备。

从企业家的"天赐灵感"到客户市场上由大量数据驱动的模型，市场细分的过程多种多样。该流程建立在团队迄今为止所做工作的基础上，以新闻记者传统问题列表中的"谁、什么、哪里、什么时间、怎样和为什么"为结构框架，来识别和评估独特的、有价值的客户群。

## 2. 市场细分流程

市场细分流程如图2.19所示。

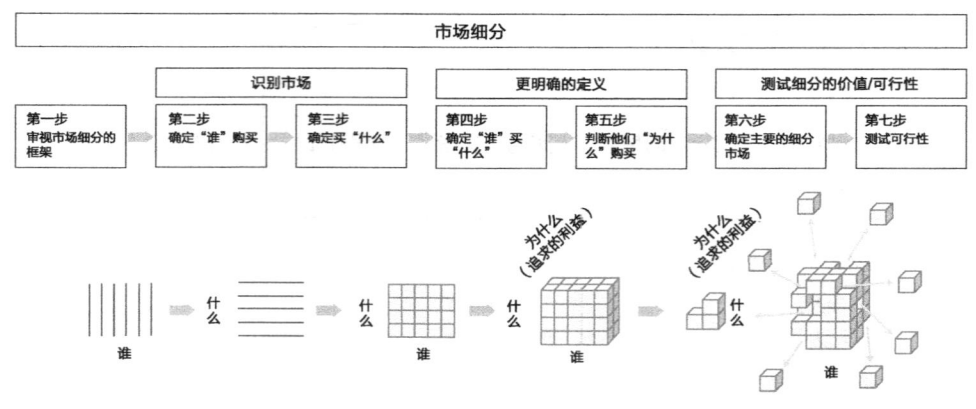

图2.19　市场细分流程

该流程使团队能够结合客户需求与业务目标，有效管理复杂问题，并从众多决策要素中识别出关键决策要素，进而确定主要关注的细分市场，使规划结果更具可信性。为了获得有效的市场细分，团队成员必须积极贡献自己的知识、判断、创新和勇气——这一充满活力的过程，既是科学又是艺术。完成市场细分后，团队应能明确识别哪些细分市场具有吸引力，应作为目标市场，同时排除那些不具吸引力的细分市场。然而，对于未选择或未进入的细分市场，团队不应轻易放弃，因为这些市场在未来可能成为提供市场增长和新产品开发的"空白市场"机会。

市场细分流程为我们提供了一种有效方法，用于选择和确定未来的关键细分市场，并按阶段描绘出潜在细分市场的概貌。鉴于团队需要在复杂的市场环境中进行选择，每一步都应将要素数量控制在与产品线业务最具前景的少量要素范围内。然而，团队在推进过程中应随时准备调整或扩大要素或定义。关键在于，虽然要约束要素数量，但不应排除真正有潜力的机会，所有这些优质机会都应纳入考虑范围。

**第一步：审视市场细分的框架**

有时，公司会通过市场细分来探索和排列投资机会的优先级。在进行市场细分时，不受任何约束，且可能尚未制订具体的战略业务计划。在此过程中，应从公司高层获得明确的指导，理解各种市场细分框架的影响，以及其他可能影响或指导市场细分选择的"首要因素"。

如果团队要描述和细分所定义的全部市场，可能会因为结果的复杂性、所需的时间以及对不够熟悉领域的信息需求，而带来一定的风险。然而，情况并非一概而论，有时在选择之前，考虑"谁会购买"中的全部客户，既是合乎逻辑的，也是必要的。

尽管如此，我们的方法还是预期80/20效应，或类似的市场"帕累托效应"，即主要关注最佳机会，以减少其复杂性。

战略市场细分有多种方法，包括从"公司级"的市场细分到"加强现有细分市场"的策略。前者允许利用现有的结构或力量基础来推动真正的变革，后者则更多是营销或开发部门独立、局部采用的方法。

最具挑战的是寻找"首要因素"，这些因素能够精准地描述产品线细分市场。在此过程中，需要注意每个维度"关键因素"的筛选。例如，当探讨"为什么要买它"时，团队是否已列出购买标准（如质量、服务与价格）？依据客户业务目标，寻求能为其带来的益处？目前尚未满足的需求？

可能大家已注意到，营销文献中介绍的经证实有用的细分市场，通常能直观感受到，它们都是可感知且近乎明显的。团队应简化复杂选择，使其既合理又清晰，便于针对其采取行动。

市场细分的艺术在于选择最能精准描述我们业务客户群组的标识符。这项任务在于确定鉴别器，使其能独特地匹配我们的业务能力。应剔除那些无法有效满足的标准，以及仅作为入门需求的标准。

选择业界标准的分类或指标并非明智之举，因为这些很可能也是竞争对手的目标。同样，将所有潜在细分市场通用的关键因素纳入其中，只会使细分变得更为复杂，因此应避免。

在选择标识符时，我们应明智地考虑其市场机会的空间大小。如前所述，确保最终选定的目标细分市场足够大且可衡量至关重要。我们的目标是找出最有用的标识符，而非编制一个详尽复杂的列表。

通常，市场细分框架应涵盖以下三个维度：

①"谁"。这一维度涵盖了客户类型和规模，用以描述市场要素。

②"什么"。这一维度致力于回答"什么""哪里""怎样"的问题，旨在揭示产品组合的差异化特性。

③"为什么"。这一维度主要基于为客户业务带来的好处多少顺序来驱动，深入剖析影响购买决策的关键因素。

**第二步：确定"谁"购买**

在这步，团队需要寻找的是单独分类或分类组合，并且可能发现公司已经使用了类似或相同的分类。例如，按地域、业界标准化、工作/职责、公司规模、责任主体、内部流程或IT继承性等进行分类。

在消费者市场中，通常使用人口（如年龄、性别、家庭环境、收入等）、地理或心理（如社会阶级、生活方式和个性）等因素对"谁"进行描述。

当然，"谁"必须代表有潜力满足我们对细分市场定义的群组，所选群组应被公认为最具潜力的业务机会。作为指导，初步收集"谁购买"细分市场的数量建议控制在最多10个以内。一个理想的做法是对大约20个有质量保证的细分市场进行头脑风暴，然后根据自己的看法给它们打分，以确定最有吸引力的细分市场，如表2.5所示。

在建立"谁购买"的初步优先级列表时，可以利用市场评估过程中制定的市场地图（即确定具体是谁，具体做出购买决策的人是谁）。优先选择那些真正对你的产品做出采购决策的公司/客户。

注意：虽然市场地图在描述市场时所使用的术语可能相似，但市场细分必然会产生新的分组、组合、子集。

表2.5 确定"谁"购买

| （客户描述，企业规模和功能） |
| --- |
| A. |
| B. |
| C. |
| D. |
| E. |
| F. |
| G. |
| H. |

**第三步：确定买"什么"**

在这一步，团队需要考虑"在市场上买什么"，包括地点、时间和方式。为确保分析得充分和准确，团队必须列出所有相关产品/产品包，无论是否由我们提供，并仔细将每笔采购的重要组成部分进行分类，以获取对所采购产品的全面分解。当发现其他供应商所采用的方式与我们不同时，请记录这些领先供应商的名称以供参考。

正常情况下，我们采用以下步骤并按列表的方式完成"买什么"的分析：

①列出所有重要的产品/产品包。

②抛开与前面清单的联系，描述购买产品的渠道（注：不包括影响者和顾问等，他们将在后续的购买部门中考虑）。

③列出与采购频率/环境相关的主要因素，以及采购方法和采购部门，并具体说明涉及的人员、影响者和决策者。

在列表中，团队可以进一步筛选，去除那些本来就是和将要成为进入市场的基本要求的因素。

团队在获得了对市场在产品/产品包环境中运作的简明描述后，必须找出客户使用的主要特性或特性组，这些特性或特性组在采购时能够将产品包与其他产品区分开。

团队已经确定了一组未来市场上具有潜力的产品或产品包，并且团队能够向一些或全部所选的"谁会购买"的潜在目标提供优于竞争对手的认识到的和实际的客户价值。

注意团队的目标是获得初步的"谁买什么"的市场细分。因此，团队必须在该阶段做好准备，从影响选择的众多关键因素中进行选择。因此，建议团队尽早开始查找"首要因素"，最好在讨论"什么"的时候就开始。团队应结合代表最大业务潜力的产品/产品包来选择这些因素，可以考虑以下因素：

- 机会的规模、本质和增长潜力；
- 竞争地位；
- 可持续竞争优势的潜力——通过提供卓越的客户价值和建立控制点。

最后，团队应就10~15个优选清单达成一致，描述"买了什么"并将其记录在列表中，如表2.6所示。

表2.6 确定买"什么"

| 购买了什么？ | 如何购买？（购买的组织） | 什么时候？（购买的场合） | 在哪里？（购买的渠道） | 购买潜力（高、中、低） |
|---|---|---|---|---|
| 1. | | | | |
| 2. | | | | |
| 3. | | | | |
| 4. | | | | |
| 5. | | | | |
| 6. | | | | |
| 7. | | | | |
| 8. | | | | |
| 9. | | | | |
| 10. | | | | |

**第四步：确定"谁"买"什么"**

现在团队需要根据所选的每个"谁"，确定真正重要的"买什么"的组合，既要承认现有的好业务，也要识别出未来业务的新机会。团队应综合考虑现有挑战和新挑战。此外，所确定的"细分市场"还需要与自身能力及之前定义的使命和目标保持一致。

从理论上讲，得出的小瀑布会产生大量的（大约100个）"微型细分市场"。为了减少这些微型细分市场的数量，必须甄别各因素的吸引力和重要性、合并重复内容、取消虚假或多余的组合。

与其他事项一样，"流程"不应阻碍创新、新思考或水平思考。接下来，细分市场数量的缩减和选择必须依赖于勇气、企业家的眼光和业务才干。

考虑当前的价值和市场情况确实有助于确定谁是获胜者。如前所述，团队必须将"谁买什么"的选择数量缩减至12~15个最具吸引力的"初步细分市场"，以确保流程的可管理性，如表2.7所示。

表2.7 确定"谁"买"什么"

| 谁购买? | 购买什么? | 关键性的差异性特征（KDF） | 销售机会 | 推理 |
|---|---|---|---|---|
| A. | | | | |
| B. | | | | |
| C. | | | | |
| D. | | | | |
| E. | | | | |
| F. | | | | |
| G. | | | | |
| H. | | | | |

团队可能需要借助正式的评分过程，以实现对初步细分市场的高质量选择并达成共识。随后，针对每个"谁"的问题，在采购流程中（从市场角度出发），团队应将"什么"按照重要程度降序排列，进而确定出"分隔点"。

显然，我们可以充分利用市场调研数据或判断来确定优先级。在此环节，团队必须挑选几个主要的描述符，以描述"谁买什么"的情况，从而准备一个简洁的市场细分矩阵,为下一步工作做好准备。

**第五步:判断他们"为什么"会购买**

团队现在需要通过分析初步客户群体的行为,为所选细分市场增加更多具体且可操作的定义与选择。

"客户购买的不是产品,他们寻求的是获得好处。"——这是营销的基本理念。在市场细分这一步,团队应更明确地关注我们可能具备的潜在特殊优势,或相反方面的劣势。

团队应牢记以下定义:

- 特性——某物的本质或组成成分(如特氟隆)。
- 属性——某物所能实现的功能(如不粘锅底)。
- 好处——客户通过某物获得了他们想要和需要的东西(如易于清洁和烹饪,食物味道更佳)。

对好处进行分类是有益的:

- 公司带来的好处:源自供应商。
- 标准上的好处:源自产品特性,与品牌无关。
- 差异化带来的好处:某一竞争对手所特有的。

对于每个"初步确定的细分市场"(12~15个),团队需要明确并列出能够激励客户购买,同时我们具备或即将具备高度竞争力且能够满足客户需求的主要属性。当两个或更多细分市场中存在共同的属性时,团队应建立它们之间的联系或按逻辑顺序记录事实,如表2.8所示。在这一步骤中,团队可以进行以下操作:

- 考虑客户的优先需求;
- 从竞争对手的资料中搜寻有逻辑且吸引人的潜在原因;
- 审视并理解市场评估中确定的机遇与市场驱动力。

**表2.8 判断他们"为什么"会购买**

市场细分示例：

为什么购买 ➡

谁购买什么 ⬇

| | 质量/个性化/应用 | 服务 | 性价比 |
|---|---|---|---|
| 自主品牌 SUV 车厂 / 组合仪表 | S1 | | S2 |
| 自主品牌 SUV 车厂 / 智能化仪表 | S3 | | |
| 自主品牌客车车厂 / 多功能仪表 | | S4 | S4 |
| 合资品牌轿车车厂 / 组合仪表 | S5 | | S6 |
| …… | | | |

在理想情况下，团队如果能够获得充足的市场数据，执行此分析应是一项直接且简单的工作。然而，实际情况往往需要团队付出更多努力，并借助团队成员的专业知识，方能达到满意的结果：

- 团队需要基于真正需要的好处来考虑"初步确定的细分市场"——我们如何能够充分满足该细分市场所追求的目标。同时，团队还应考虑未得到满足的需求，以及相应潜在的新客户与流失客户的需求。
- 经过清单的合理化处理，应通过合并与清除来明确关键的"为什么"会带来好处的描述，或者确定与我们差异化能力相匹配的属性。
- 团队应考虑在市场评估总结中确定的机会与市场驱动力之间的关联性。
- 团队应采用逆向思维来推导"为什么"，将竞争对手与自己的促销主题转化为更为深入的见解。通过运用"哪些意味着那个"和"那又怎样"的流程，确定面对客户的共有好处，并将其加入清单中进行考虑。

**第六步：确定主要的细分市场**

在这一步，团队应详细描述并解释选择大约10个细分市场的原因。这将是定义和选择过程的最终成果。建议为各个初步确定的细分市场选择明确、简洁且易于记忆的名称，以确保其独特性，如表2.9所示。

表2.9 确定主要的细分市场

| "初步的细分市场" | 描述 | $价值和选择的理由 |
|---|---|---|
| A. | | |
| B. | | |
| C. | | |
| D. | | |
| E. | | |
| F. | | |
| G. | | |
| H. | | |

**第七步：测试可行性**

团队必须验证所选的各个细分市场，确保其具备独特性、重要性、可衡量性、持久性和可识别性（见表2.10）：

- 细分市场应具备独特的成本和资本需求、客户购买标准和行为，从而能够证明通过实施有针对性的差异化策略来服务不同细分市场群体的合理性。这基于一个假设，即可以建立起阻止竞争对手进入各个细分市场的门槛。

- 细分市场应达到一定规模，以使得投入更多成本为其制定专门的策略（如差异化产品、大型市场活动与服务）变得值得。

- 能够衡量这些细分市场的当前销量规模与增长率。

- 细分市场应具有足够长的时间跨度，以确保采用独特策略所带来的差异不会在实现潜在的利润之前就消失。

- 细分市场应易于识别，以便通过目标明确的销售与宣传活动，高效地覆盖各个独特的客户群体。

表2.10 测试可行性

| "初步的细分市场" | 细分市场1 | 细分市场2 | 细分市场3 |
|---|---|---|---|
| 独特的? | | | |
| 重要的? | | | |

续表

| "初步的细分市场" | 细分市场1 | 细分市场2 | 细分市场3 |
|---|---|---|---|
| 可衡量的? | | | |
| 持久的? | | | |
| 可识别的? | | | |

此外，团队还需要测试每个细分市场的可行性：

- 是否能够界定这个细分市场，并通过一组共同标准将其与其他市场明确区分——能否详细描述它们？（如名称、描述）
- 是否能够使用一组可衡量的参数来评估和追踪该细分市场（如数量、价值、客户数），这些衡量参数具体是什么？
- 细分市场的规模是否足够大，以使其成为值得追求的重大商业机会？——该细分市场的当前规模（以及潜在规模）如何？
- 是否可以将该细分市场作为通用的销售和/或渠道？
- 团队是否能够通过独特、低成本且高效的宣传策略，如促销、直销和广告等，来识别和覆盖该细分市场？
- 我们能否开发出适当的产品包、结构和信息系统，以有效服务于该细分市场？我们是否准备进行必要的内部调整来专注于这一机会？主要需要做出哪些调整？

### 3. 记录评估和准备组合分析模型数据

记录评估和准备组合分析模型数据的目的是为接下来的组合分析工作奠定基础。团队应确保掌握所选细分市场的充足数据，以便顺利进行组合分析活动。如果有必要，团队还需要进一步开展调研，确保所选细分市场数据的完整性和准确性。

在启动组合分析之前，团队必须对每个所选细分市场进行简要描述。简言之，概述就是对团队进行的市场细分活动的书面总结。概述应涵盖以下关于各细分市场的信息：

名称、机会、增长率、市场份额、主要买家、增值/业务模型、业务驱动力、客户面临的业务问题、当前产品包、购买标准、主要竞争对手。

这些信息可整理成每个所选细分市场的细分市场概述表，具体如表2.11所示。

表2.11 细分市场概述表

| 细分市场的名称 | 当前收入机会 | 未来3年逐年的增长率（CGR+计算自然伽马值） | 当前市场份额（我们的市场份额） | 关键的购买者（明确本细分市场内的实际客户） |
|---|---|---|---|---|
| 描述如何在本细分市场里赚钱（公司以及关键竞争对手的增值/业务模式） | | | | |
| 描述最重要的5个业务驱动因素（本细分市场里客户最关心的事项） | | | 描述本细分市场里，客户面临的主要业务问题 | |
| 描述本细分市场内现有的产品包和竞争对手提供的产品包 | | | | |
| 按照每项客户$APPEALS类别，描述客户的关键购买标准 | | | 描述主要的竞争对手以及市场份额 | |
| 价格<br>可获得性<br>包装<br>性能<br>易用性<br>保证<br>生命周期成本<br>社会接受程度 | | | | |

团队利用客户$APPEALS[1]框架来识别并满足客户的欲望与需求，这有助于团队：

- 全面应对目标细分市场中客户的所有欲望与需求；

---

1 $APPEALS 是一个英文缩写词，它与购买标准的8个方面有关：价格（$）、可获得性（Availability）、包装（Packaging）、性能（Performance）、易用性（Ease of use）、保证（Assurances）、生命周期成本（Life cycle costs）、社会接受程度（Social acceptance）。

- 构建以客户为中心的需求集合，作为投资的主要焦点；
- 确立在所选细分市场中取得成功所必须达到的关键标准；
- 明确能够促使客户选择我们产品包的主要差异点。

客户$APPEALS购买标准如表2.12所示。

表2.12　客户$APPEALS购买标准

| $ 成本，价格 | 可获得性 | 包装 | 性能 |
|---|---|---|---|
| 受下述因素的影响：<br>- 设计<br>- 可生产性<br>- 技术<br>- 原料<br>- 生产<br>- 供应商<br>- 加工<br>- 元器件<br>- 人工成本<br>- 管理费用<br>- 设施 | 能够按照客户需要的时间、地点和方式，提供客户需要的东西：<br>- 营销<br>- 销售<br>- 渠道<br>- 分销<br>- 提前期<br>- 广告<br>- 配置<br>- 选项<br>- 定价<br>- 客户化 | 客户看到的物理形状、几何形状：<br>- 风格<br>- 大小、数量<br>- 几何设计<br>- 模块化<br>- 架构<br>- 表面<br>- 机构原理<br>- 标识<br>- 图形<br>- 内部、外部 | 产品预期的功能运行得怎么样？<br>- 功能<br>- 规格<br>- 功率<br>- 速度<br>- 容量<br>- 灵活性<br>- 大小 |
| **易用性** | **保证** | **生命周期成本** | **社会接受程度** |
| 考虑到所有的用户、购买者、操作者、分销商：<br>- 用户友好性<br>- 控制器<br>- 显示器<br>- 人机工程学<br>- 培训<br>- 文档<br>- 帮助系统<br>- 人性因素<br>- 界面<br>- 操作 | 在可预见的条件下，保证运作性能：<br>- 可靠性<br>- 质量<br>- 安全性<br>- 误差范围<br>- 完整性<br>- 强度<br>- 灵活性<br>- 动力学<br>- 负荷<br>- 冗余度 | 以下各项功能的生命周期成本：<br>- 使用期限<br>- 正常运行时间／故障时间<br>- 安全性<br>- 赔偿责任<br>- 可维护性<br>- 服务<br>- 备份<br>- 迁移途径<br>- 标准化<br>- 基础架构<br>- 运行成本<br>- 安装成本 | 除用户外，其他因素的影响效果：<br>- 间接影响<br>- 顾问<br>- 采购代理商<br>- 标准团体<br>- 政府<br>- 社会的认可<br>- 法律方面的关注事项<br>- 政治<br>- 股东<br>- 管理层<br>- 工人、工作场所 |

团队针对细分市场确定相应的产品包，即团队需要：

- 明确将向各个细分市场销售的我们产品/产品包与竞争产品/产品包；
- 根据竞争对手的情况，分析各产品/产品包在细分市场的相对市场份额；

- 了解我们哪些产品/产品包适用于不同的细分市场,并据此为细分市场的财务分析建立分配方法。

细分市场与产品包对应图如图2.20所示。

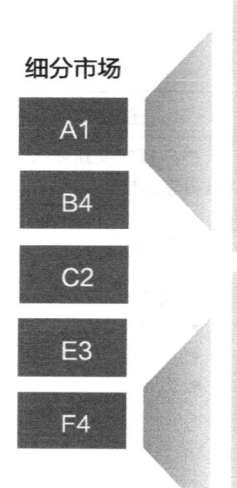

**细分市场 A1**

| 公司 | 预计的市场份额(%) |
|---|---|
| 我司产品包1 | 45 |
| 我司产品包2 | 15 |
| 竞争对手A的产品包1 | 20 |
| 竞争对手B的产品包1 | 10 |
| 竞争对手B的产品包2 | 10 |
| 总计 | 100% |

产品包与细分市场对应图【细分市场 A1】

**细分市场 F4**

| 公司 | 预计的市场份额(%) |
|---|---|
| 我司产品包4 | 25 |
| 我司产品包5 | 35 |
| 竞争对手A的产品包4 | 5 |
| 竞争对手B的产品包4 | 15 |
| 竞争对手B的产品包5 | 20 |
| 总计 | 100% |

产品包与细分市场对应图【细分市场 F4】

细分市场:A1、B4、C2、E3、F4

图2.20 细分市场与产品包对应图

## 市场细分的经典案例与启示

市场细分是业务战略的基础,对业务与产品创新的成功具有至关重要的影响。市场细分是将潜在客户划分为不同群组的过程,在划分过程中需要从谁购买(Who)、购买什么(What)、为什么购买(Why)三个维度进行分析。从概念和方法上看,市场细分似乎比较清晰,但由于客户特征和需求的复杂化及多样性,而且市场细分要为产品创新和营销策略提供具体依据,所以实际上的市场细分是很复杂、很困难甚至颇具艺术性的。正因如此,汉捷咨询认为除了掌握市场细分的过程和方法,了解业界相关企业成功的市场细分案例,对于企业做好市场细分工作很有实际指导意义。

### 一、华为市场细分的案例

我们通常总结华为创业成功就是"以农村包围城市",这正是华为早期的细分市场策略。华为进入通信市场的时候，中国的电信市场非常广阔，用户的需求多种多样，繁杂无比，但竞争也比较激烈，尤其面对强大的国外和合资品牌厂商。华为作为市场后入者和挑战者，不可能在市话市场上与强大对手硬碰硬，所以华为选择了对手的薄弱环节——农话市场作为突破口。这时华为细分市场的依据是"地理差异"，同时也包含了"需求差异"。

随着华为实力的增强，华为以接入网逐步切入市话市场，面对竞争对手的远端接入模块，它细分市场的依据是"标准差异"，即强调"V5接口有利于建立灵活而相对独立于各制造厂商的接入网体系"，从而赢得崇拜这一技术的用户需求。

当华为以接入服务器进入数据通信产品市场时，它细分市场的依据是"需求差异"，即根据自身对中国电信网络的了解，满足国内运营商对适合国情的接入服务器的需求。

当华为提出"宽带城域网"概念时，它细分市场的依据则是"地理差异""需求差异""心理差异"综合考虑的结果。宽带城域网能顺应城市信息化的发展趋势，能满足运营商网络改造的需求，能迎合国内运营商因担心国外运营商竞争而"先下手为强"的防御心理。

可见，华为的业务（产品和营销）策略，始终是在市场细分的基础上进行的。

### 二、迈瑞市场细分的案例

迈瑞进入医疗设备市场时，根据自身资源的优劣势选择中端细分市场切入，这个市场中，国内还没有企业能开发产品或者开发的产品问题很多。低端市场竞争已经非常激烈，大家都在打价格战，迈瑞很难在价格上与别人竞争。国外厂家主要定位在高端市场，虽然也有中端产品，但在产品和服务上存在弱点，如产品开发不能针对中国市场的特点，售后服务周期冗长。

迈瑞针对中端市场开发针对性的高性价比产品，并设立了24小时的服务反应机制，大获成功。

### 三、苹果市场细分的案例

当苹果iPAD推向市场时，业界很多专家对该产品都表示怀疑，认为这个产品明显有很多缺陷，如没有USB接口、没有物理键盘、没有摄像头、在编辑长文档的时候比较痛苦、不能执行多任务等等。后来，媒体记者带着专家们的质疑采访乔布斯，他的回答揭示了问题的真相："iPAD是为信息消费者而不是为信息制造者开发的！"

很显然，苹果将电脑客户划分信息消费者和信息制造者两大细分市场，iPAD的目标客户就是信息消费者，他们的主要需求是上网、方便、炫酷、快速、玩游戏、分享照片等。事实证明iPAD对目标客户的核心需求都满足得非常好，成为革命性的一个产品。曾经风靡一时的上网本走的也是类似的细分思路，可惜没有持续创新和做得不到位。

### 四、三星市场细分的案例

在20世纪90年代早期进入中国之初，三星在中国各省市都设立了销售处，但三星很快发现小城市的客户收入不足以购买三星的产品。2000年，三星决定把它的业务重点完全放在北京、上海和广州，从此成功地重新将自己定位为中国的高级品牌。此后，三星更清晰地了解了中国客户，并开始有选择地在某些城市（如成都）重新设立市场销售处，以期重新进入中国。

### 五、宇龙酷派市场细分的案例

宇龙是以传呼机设备起家的，后来传呼市场不行了，然后转战到PDA市场，后面又转到手机市场。一开始它也像波导、TCL等厂家一样，什么手机流行就做什么，尝试后这条路行不通，因为自己实力有限。经过与客户的深入沟通，它发现中国联通建立CDMA网络后，对于如何推广CDMA业务很头痛，除了打健康牌以外缺乏其他的亮点，另外如何吸引原来建设的GSM网络用户转向CDMA网络也是一个问题。于是，宇龙先后提出了双模手机和双待手机的概念，并解决了相关的技术问题，开创了双模双待手机市场，并成为了这一领域的领导者。

**案例的启示**

笔者认为，尽管各家企业有不同的细分市场方式，但也存在共性的地方，而这些共性的方面正是值得企业思考和借鉴的。

首先，细分市场是以机会为出发点的。企业需要考虑：这个市场上有哪些机会？哪些客户群的需求没有得到满足？是否存在新的客户群？哪些客户群是竞争对手服务不好的？华为进入强手如林的通信市场，经过细分机会分析，显然农话市场是它赖以生存和发展的基础。迈瑞则根据国内外竞争对手的分析和自身技术实力，找到中端医疗设备市场作为自己的突破口。

其次，要深入分析和理解客户的需求差异，而不是停留在表面特征划分上。笔者发现很多企业往往只是按照行业、地域、规模、年龄、性别等显性特征细分市场，这样的细分有作用，但是一般缺乏针对性的指导意义。高质量的细分需要在对市场和客户需求充分调研的基础上，对客户需求的各种差异反复分析和理解，直到找到能充分区分需求差异又与自身能力相匹配的细分维度。苹果对于平板电脑市场没有按照年龄、收入水平等维度细分，而是用途差异（信息消费和信息制造）来细分，这也与苹果一贯在界面、速度响应等方面的优势是匹配的。

再次，企业在细分市场和选择目标市场时需要聚焦。须知企业的资源是有限的，尤其对于创业和成长期的企业。宇龙进入手机市场后聚焦于中国联通双模双待手机市场，三星进入中国市场后聚焦于"北上广"三个特大城市，都是非常有效的市场策略。

最后，细分市场是动态发展的。企业进入不同的业务，细分方式需要结合客户需求和竞争状况的不同，采用不同的细分方式。华为在交换机、接入网、接入服务器、宽带城域网四个业务领域分别采用了网络层次细分、技术标准细分、需求差异细分、心理需求细分三种细分方式。另外，企业在业务发展的不同阶段也需要不同的细分方式。随着在中国市场的发展，三星逐步向一、二线城市拓展。宇龙在双模双待手机市场成功后，随着实力的增强，逐步覆盖至各种制式的智能手机市场。迈瑞现在已全面发力全球中高端医疗设备市场。

# 三、组合分析

组合分析所选的"初步细分市场"旨在明确产品线的目标细分市场。借助SPAN（Strategy Position Analysis，战略定位分析）和FAN（Financial Analysis，财务分析）工具，团队能够识别出未来几年内产品线的关键目标细分市场，并围绕这些细分市场制订相应的业务策略与计划。

在进行企业某产品线的业务战略及规划时，该步骤的基本概况如表2.13所示。

表2.13 组合分析的基本概况

| | |
|---|---|
| 目的 | • 将在第二步"市场细分"中确定的细分市场进行优先级排序 |
| 活动 | • 获取高层领导对第二步市场细分定义结果的反馈、见解与指导<br>• 对各个细分市场进行战略定位分析：<br>• 评估各个细分市场的市场吸引力<br>• 从客户的角度，迅速审视各细分市场的关键成功要素，以明确在竞争中所处的位置<br>• 进行客户$APPEALS分析，以评估产品包在各个细分市场中相对于客户需要与欲望的位置<br>• 利用客户$APPEALS分析，重新评估SPAN竞争地位<br>• 确定并排序以下各点，以明确主要业务驱动因素：<br>• 各细分市场的优势与劣势<br>• 各细分市场的机会与威胁<br>• 明确细分市场的概貌<br>• 确定市场调研需求 |
| 输出 | • 选择细分市场，并针对这些细分市场制定并执行战略<br>• 制订市场调研行动计划 |

团队所选择的目标细分市场应当具备吸引力，拥有广阔的市场潜力，并且我们的产品线在这些细分市场中应占据强有力的竞争地位。同时，这些细分市场应能为产品线带来诱人的财务回报。因此，团队需要对先前的"初步细分市场"进行深入的战略定位分析与财务分析，从而精准选择目标细分市场。

**1. 战略定位分析**

战略定位分析（SPAN）旨在帮助产品线明确针对每个细分市场的宏观战略态势。通常，我们可采用以下四种宏观战略态势：

①增长/投资。在这一态势下，细分市场持续盈利，具有吸引力，且产品线具备显著的竞争优势。此时，产品线可考虑以回报换取增长，主要战略行动在于防止新对手的进入。

②获得技能。当细分市场尚未盈利，但具有吸引力，而产品线的竞争优势相对较弱时，应采取此态势。主要战略行动是提高产品线的竞争地位。

③收获/重新细分。面对仍盈利但吸引力不足的细分市场，尽管产品线拥有强大的竞争优势，但仍需要提高回报。此时的主要战略行动是整合不同机会，提升细分市场的运作效率。

④避免/退出。当细分市场几乎总是亏损，既缺乏吸引力，产品线的竞争优势又较弱时，应采取此态势。此时，产品线应退出这些无法盈利的细分市场，主要战略行动在于管理这些细分市场的现金流和回报。

战略定位分析清晰地展示了每个细分市场的吸引力（纵轴）与产品线在细分市场上的竞争地位（横轴）（见图2.21）：

- 关于市场吸引力，我们需要综合考虑市场规模、增长率、潜在利润及其对产品线的战略价值。
- 对于竞争地位，产品线在细分市场上的地位主要源于其差异化能力以及保持成本/资产优势的能力。

根据各细分市场在SPAN图上的定位，我们应针对性地采取不同的行动措施，这些措施涉及分销、成本控制、生产、研发、市场份额、产品、定价、促销、人力和运营资本等多个方面。

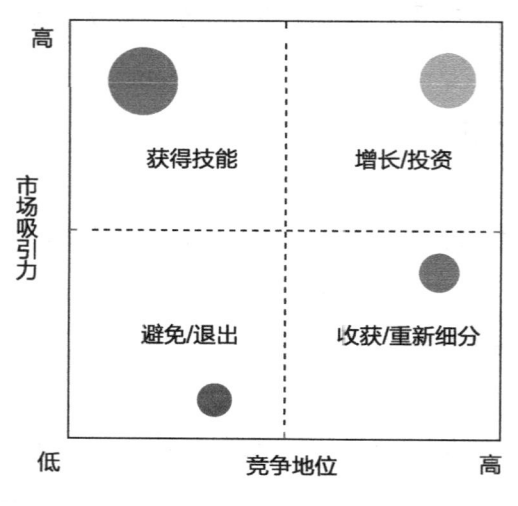

图2.21　战略定位分析

各细分市场所处的位置有助于我们明确针对该细分市场所需采取的行动及方向，如表2.14所示。

对于位于SPAN图右上象限，即"增长/投资"的细分市场，产品线应拓展分销渠道，进而扩大这些细分市场的吸引力。同时，加大针对这些细分市场的生产和投资力度，并严格控制成本，以获取规模增长带来的效益。在研发上，产品线应继续投资，并增加这些细分市场上的产品种类，以建立差异化的市场地位。此外，产品线可以加大在这些细分市场上的营销力度，包括价格策略、促销活动和销售推广等。这些行动旨在充分利用产品线在细分市场上的竞争优势，从而从有吸引力的市场中获取最大回报。

对于处于SPAN图左上象限，即"获得技能"的细分市场，在建立更强的竞争地位之前，应限制其分销范围，并严格控制成本。在这些细分市场上，产品线的主要行动是投资生产、研发和人力资源，以建立竞争优势。同时，还应积极采取市场策略，包括定价和促销，以获取市场份额。

## 表2.14 各细分市场的位置与所采取的行动及方向

| SPAN 图上的细分市场位置 | 在增长市场投资 | 保持市场地位，设法赚钱 | 有选择的 | 设法获得现金 | 机会主义的开发 |
|---|---|---|---|---|---|
| **策略要素** | | | | | |
| 分销 | 扩大分销 | 保持广泛分销的模式 | 细分市场 | 逐渐撤出分销 | 有限的覆盖 |
| 成本控制 | 严格控制——寻见规模经济 | 强调消减成本——可变成本 | 严格控制 | 极力减少固定成本和可变成本 | 严格控制，但不要影响企业家的风格 |
| 生产 | 扩大投资（有节奏地扩大产能） | 产能利用最大化 | 提高生产率 | 放开产能 | 投资 |
| 研发 | 扩大投资 | 重点放在一些项目上 | 有选择地投资 | 无 | 投资 |
| 市场份额 | 保持增强优势 | 砍掉不够成功的，主要细分市场形成差异化优势 | 有选择地保证，细分市场 | 放弃份额，赚取利润 | 有选择地投资，获得份额 |
| 产品 | 扩展差异化的产品线 | 保持或为了收入略微减少 | 强调产品质量——差异 | 大量消减 | 扩展差异化的产品线 |
| 价格 | 领先——获取份额，采用具有攻击性的价格 | 稳定提高/价格 | 保持或提高 | 提高 | 用具有攻击性的价格获取份额 |
| 促销 | 大力营销 | 限制 | 有选择地保持 | 最小化 | 大力营销 |
| 人事 | 在主要功能领域优化管理 | 保持，奖励效率，严格控制组织 | 分配主要的经理 | 削减组织 | 投资 |
| 投资 | 增加投入 | 限制回固定投资 | 有选择地投资 | 机会主义投资最小化或不投资 | 增加投入 |
| 流动成本 | 减少过程除账 | 严格控制信贷，减少应收账，提高库存周转 | 减少 | 大量缩减 | 投资 |

对于位于SPAN图右下象限，即"收获/重新细分"的细分市场，产品线应维持现有的分销模式。这些细分市场的重点在于提升运作效率，包括充分发挥产能和控制成本，以降低可变成本。在这些细分市场上，应限制营销活动，且研发活动应重点关注降低成本。这些举措有助于产品线巩固在细分市场上的竞争地位，并有效防止竞争对手进入。

对于位于SPAN图左下象限，即"避免/退出"的细分市场，产品线应逐步撤销分销渠道，并大力削减这些细分市场上的固定和可变成本。换言之，应尽量减少或停止产能、研发费用、营销活动和运营资本，将资源重新分配到其他更具潜力的细分市场中。在这些细分市场上，产品线的重点应是实现利润最大化，市场份额可暂时放在次要位置。

有四个要素用于评估每个细分市场的吸引力：

**市场规模。**该要素的评级（高、中、低）体现了细分市场的相对收入潜力。需要明确每个细分市场的高、中、低评级的具体定义。

**市场增长率。**该要素的评级（高、中、低）反映了细分市场未来三年的年度复合增长率，以评估年份为基准。中等评级意味着该细分市场的增长大致与整体市场持平。

**利润潜力。**这一要素可细分为以下三个子要素：

①直接/间接竞争。这一子要素的评级（高、中、低）体现了一个细分市场上直接和间接竞争的激烈程度。直接或间接竞争的激烈会导致利润潜力的减少。在对一个细分市场进行评级时，请考虑以下竞争因素以及其他可能影响利润潜力的显著特点：

- 领导者的市场份额。如果市场份额的主要领导者占据较大份额，则竞争就很激烈。

- 竞争对手数量。如果争夺市场份额的竞争对手众多，则竞争就很激烈。

- 差异化程度。如果客户认为不同竞争对手的产品包之间差异不大，则竞争就很激烈。

这导致那些具有价值的解决方案要素的定价灵活性受到限制。

- 替代解决方案。如果存在众多替代解决方案，并且新技术的引入速度快，则竞争就很激烈。

②进入威胁。这一子要素的评级（高、中、低）反映了竞争对手进入该细分市场的可能性，进而影响利润潜力。较高的进入威胁将降低利润潜力。在对一个细分市场进行评级时，请考虑以下指标以及其他可能影响利润潜力的因素：

- 细分市场参与者平均税前收益。如果细分市场上参与者的利润率高，则进入威胁就很大。
- 初始资本。如果初始成本低，则进入威胁就很大。
- 渠道市场获得的数量。如果存在众多可能的渠道且易于获取，则进入威胁就很大，因为竞争对手能够轻松接触客户。反之，如果潜在渠道少且难以获取，则进入威胁就不是很大。
- 架构标准。如果架构标准严重缺乏，则进入威胁就很大。如果存在架构标准且由少数厂家控制，则进入威胁会降低。

③客户/供应商压力。这一子要素的评级（高、中、低）反映了客户和供应商对细分市场盈利能力的压力程度。高客户和供应商压力会导致利润潜力的降低。在对一个细分市场进行评级时，请考虑以下客户/供应商压力指标以及其他可能影响利润潜力的因素：

- 价格敏感性。客户对价格的高度敏感性会导致价格降低，从而对利润潜力产生负面影响，这时客户压力较大。
- 客户数量。当细分市场上的产品包只能吸引少数潜在购买客户时，客户压力较大；相反，当产品包能吸引大量潜在购买客户时，客户压力较小。
- 供应商对关键资源的控制。如果供应商对价格和/或生产产品包所需关键资源具有较强的控制力,则供应商压力较大。

**战略价值。**这一要素的评级(高、中、低)反映了这一细分市场对产品线和整个公司的战略价值/重要性。市场吸引力要素价值评分如表2.15所示。

表2.15　市场吸引力要素价值评分

| 细分市场吸引力要素名称 | 要素描述 | 要素权重 | 细分市场1 | 细分市场2 | 细分市场3 | 细分市场4 | 细分市场5 | 细分市场n |
|---|---|---|---|---|---|---|---|---|
| | | | 价值等级 | 价值等级 | 价值等级 | 价值等级 | 价值等级 | 价值等级 |
| 市场空间 | 细分市场机会的相对空间 | | | | | | | |
| 市场增长率 | 细分市场机会的相对增长率 | | | | | | | |
| 获利潜力 | 子要素1:直接/间接竞争 | | 1: | 1: | 1: | 1: | 1: | 1: |
| | 子要素2:进入威胁 | | 2: | 2: | 2: | 2: | 2: | 2: |
| | 子要素3:客户/供应商压力 | | 3: | 3: | 3: | 3: | 3: | 3: |
| 战略价值 | 参与该细分市场对华为的战略价值 | | | | | | | |

团队在评估完每个细分市场,并对每个细分市场的每个要素进行评级(高、中、低)后,接下来需要确定每个要素的权重系数。这些权重系数的总和应为100。将高、中、低评级分别转换为5、3、1的分数后,团队可以将这些分数与对应的权重系数相乘。相乘的结果即SPAN图中每个细分市场的市场吸引力得分。

对于竞争地位的评估,可以使用"客户关键成功要素"来对每个细分市场进行衡量,具体包括如下七步:

①确定并列出关键成功要素,以及我们产品包和业界最佳竞争对手的

产品包。

②按照100分制对关键成功要素进行优先级划分。

③针对每个关键成功要素，使用1~10的评分标准（10为最佳，1为最差）对我们产品包和业界最佳产品包进行评级。

④将关键成功要素的优先级乘以我们的得分，计算出每个关键成功要素的我们得分。

⑤将关键成功要素的优先级乘以业界最佳的得分，计算出每个关键成功要素的业界最佳得分。

⑥计算我们和业界最佳的总分。

⑦将我们的总分除以业界最佳的总分，得出竞争地位比率。

具体如图2.22所示。

还有一个更复杂的方法来衡量竞争地位，即应用客户$APPEALS。客户$APPEALS利用客户欲望和需求框架，进行细分市场以深入了解购买行为和产品包竞争力。$APPEALS是八类购买标准的缩略语，具体如下：

①$——价格。这一要素表示客户期望支付给一个令人满意的产品/产品包的价格。在根据这一标准对各厂家进行评分时，应综合考虑客户基于所支付价格所获得的实际或感知价值，包括技术、低成本厂家、物料、人工成本、一般管理费用、体验、自动化、简易性等方面。

②A——可获得性。这一要素表示客户在购买过程中的便利性和效率，即让客户"随心所欲"。在根据这一标准对各厂家评分时，应评估整个购买体验的优劣程度。

③P——包装。这一要素表示客户对产品视觉属性的期望，包括设计质量、性能和外观。对于软件产品，它指的是产品包中各组件的集合以及功能的提供（捆绑）。在根据这一标准对各厂家评分时，应考虑客户对形状、设计等方面的看法，以及这些属性如何增强产品的吸引力。包装方面应综合考虑风格、组件化、集成、质地、颜色、图形、工业设计等因素。

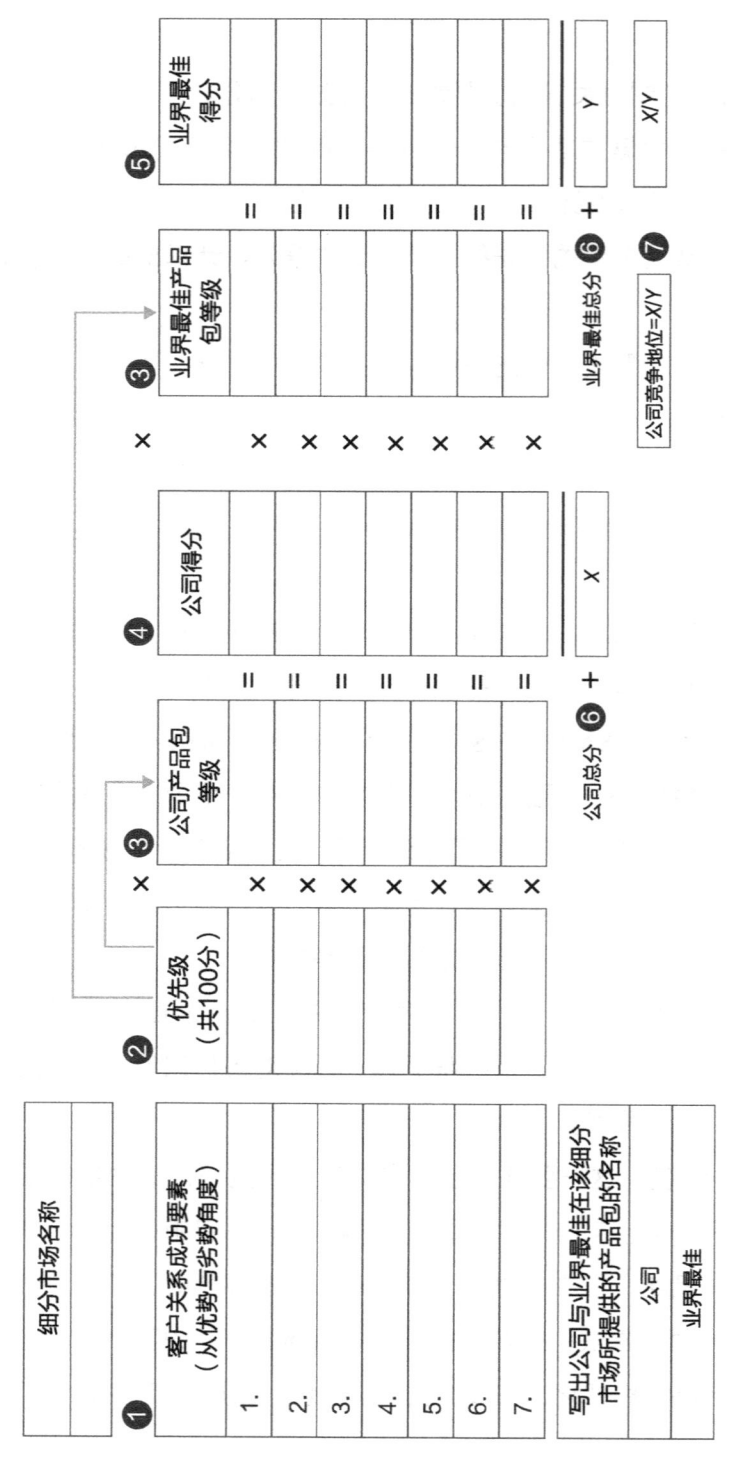

图2.22 用客户关键成功要素评估各细分市场的竞争地位

④P——性能。这一要素表示客户对产品线应具备的功能和特性的期望。在根据这一标准对各厂家进行评分时，应评估产品在实际和感知层面上，在客户期望的功能和特性方面的表现。产品是否能有效完成其工作？产品是否包含了所有必需的以及客户期望的特性？客户在评估如速度、功率和容量等属性时，产品表现是否优异？

⑤E——易用性。这一要素表示产品线的易用性特点。在根据这一标准对各厂家打分时，应考虑舒适性、学习曲线、文档完善性、支持服务、人机工程、显示清晰度、传感输入/输出效率、界面友好度以及"直觉"操作等因素。

⑥A——保证。这一要素表示产品在可靠性、安全和质量方面的保证。在根据这一标准对各厂家进行评分时，应关注客户在可预测的使用条件下，对产品性能方面的信心如何，以及整个产品的综合保证情况。

⑦L——生命周期成本。这一要素表示产品在使用生命周期内的总成本。在根据这一标准对各厂家打分时，应综合考虑安装成本、培训费用、服务支持、供应稳定性、能源效率和产品的折价价值等因素。

⑧S——社会接受程度。这一要素表示影响购买决策的其他因素。在根据这一标准对各厂家进行评分时，应思考如何通过口碑传播、第三方专家意见、顾问报告或观点、品牌形象、政府或行业标准、法规合规、社会认可度、法律要求和产品质量责任等方面来积极影响购买决策。

对客户$APPEALS的各个类别进行检视，如图2.23所示。

在评估产品线竞争地位时，可以运用"价值差异化"评估方法。这种评估方法基于客户$APPEALS，旨在明确关键的客户购买标准和产品包性能。针对每个目标细分市场进行"价值差异化"评估，以便准确判断竞争地位等级。客户"价值差异化"分析主要包括以下六个步骤：

①针对客户$APPEALS中的八项内容，逐一确定主要的客户需求。这些定义应尽可能基于直接的客户调查。

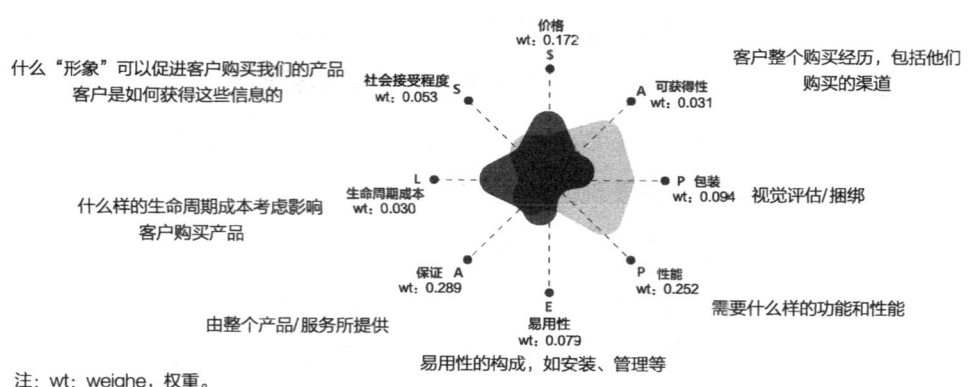

图2.23 对客户$APPEALS的各个类别进行检视

②对第一步中确定的客户需求进行分类，并按照优先级划分为以下三类：

- 基本需求。如果此类需求得不到满足，细分市场上的客户将不会考虑该产品包。
- 令人满意的需求。此类需求超出基本需求范畴，能为细分市场上的客户提供差异化和增值效果。
- 吸引人的需求。此类需求能为客户带来独特或额外的利益和价值，是基本需求和令人满意的需求所无法满足的。

③为客户$APPEALS中的每一项分配权重，以反映其对于细分市场客户的相对重要性。

④根据每个产品包在满足客户$APPEALS中定义的各项需求方面的表现，评定我们与业界最佳竞争对手的产品包。

⑤计算每一项的我们得分和业界最佳得分，并累加得出我们和业界最佳竞争对手的唯一整体分值。

⑥将我们的整体分值除以业界最佳竞争对手的整体分值，得出最终的"客户价值差异化"要素值。

客户价值差异化比率的计算如表2.16所示。

通过"价值差异化"评估，团队能够更深入地了解产品线与其竞争对手之间的差异。在后续策略制定过程中，差距分析将成为关键输入之一，为团队提供对客户需求的全面理解。这一分析不仅有助于产品线洞察客户需求，而且通过反复研究，还能使产品线更清晰地把握竞争对手对市场趋势的看法。

团队应明确，差距分析的目的并非简单地将产品线与竞争对手进行对比，而是深入探究产品线和竞争对手在满足客户需求方面的表现差异。即使产品线和竞争对手在某些方面均未能完全满足客户需求，了解其中的"为什么"将有助于产品线获得竞争优势和差异化优势。此外，差距分析也可能揭示产品线在满足客户需求方面的卓越表现。因此，产品线需要明确如何保持这一优势，并有效应对直接竞争对手、新兴竞争对手以及客户可能考虑的替代解决方案。

表2.16 客户价值差异化比率的计算

第三步到第六步确定了 $APPEALS 要素的权重，定义了客户对公司与业界最佳产品包满足其欲望与需要情况的看法，并对最终差异比率进行了评估。

| 细分市场名称 | | 公司产品名称/描述 | | 业界最佳产品名称/描述 | |
|---|---|---|---|---|---|
| 客户 $APPEALS 要素 | 第三步：要素权重 | 第四步：公司产品评分（1~10分） | 第五步：公司产品得分（要素权重乘以评分） | 第四步：业界最佳竞争对手产品评分（1~10分） | 第五步：业界最佳产品得分（要素权重乘以评分） |
| $ 价格 | | | | | |
| A 保证 | | | | | |
| P 性能 | | | | | |
| P 包装 | | | | | |
| E 易用性 | | | | | |
| A 可获得性 | | | | | |
| L 生命周期成本 | | | | | |

续表

| 客户$APPEALS要素 | 第三步：要素权重 | 第四步：公司产品评分（1~10分） | 第五步：公司产品得分（要素权重乘以评分） | 第四步：业界最佳竞争对手产品评分（1~10分） | 第五步：业界最佳产品得分（要素权重乘以评分） |
|---|---|---|---|---|---|
| S 社会接受程度 | | | | | |
| | | | 公司总分 | | 业界最佳总分 |

公司与业界最佳产品包的评分换算值：
8= 不寻常的，突破性的质量；7= 独立的领先者；6= 与前 1~2 名竞争对手共享领先地位；5= 与前 3~5 名竞争对手共享领先地位；4= 非常好，大多数人完全接受；3= 一般，80% 的购买者可以接受；2= 勉勉强强，只有 65% 的购买者会接受；1= 分界线，质量差。
第六步：最终的客户价值差异化比率 = 公司总分 / 业界最佳总分 = ××%

SPAN图中的竞争地位得分反映了在关键成功要素或客户$APPEALS要素方面，我们与竞争对手的相对地位。当每个细分市场的市场吸引力和竞争地位得分都确定后，团队可以将这些细分市场映射到SPAN图上。最后，SPAN图中的圆圈大小代表了第三个维度——每个细分市场的市场空间大小，从而清晰地展示了不同细分市场的相对规模。

### 2. 财务分析（FAN）

财务分析是对进入的每个细分市场进行量化的经济评估，通过对比每个细分市场的预期收益比例与累计收入来实现：

**收益比例**。细分市场的内部收益率是税前利润或现金流与某个细分市场上销售的所有产品线产品包的比率。

**累计收入**。基于每个产品包的收入，每个细分市场的预期收入。它可以用来衡量产品线在某细分市场上竞争所产生的运营现金流出。较高的累计收入将产生较高的现金流。

通过将收益比例和累计收入映射到FAN图，团队可以根据财务结果对每个细分市场进行定位描述。FAN图直观地展示了相对于公司资本成本或最低投资回报率，细分市场的财务收益状况。

SPAN和FAN工具共同为每个细分市场提供了财务分析、市场吸引力分析和竞争地位评估。它们相互补充，共同构成了一个框架，用于确定细分市场的吸引力并量化财务收益。当前的SPAN和FAN地位可以作为基线，用于预测战略行动的结果以及每个细分市场的目标和意图，如图2.24所示。

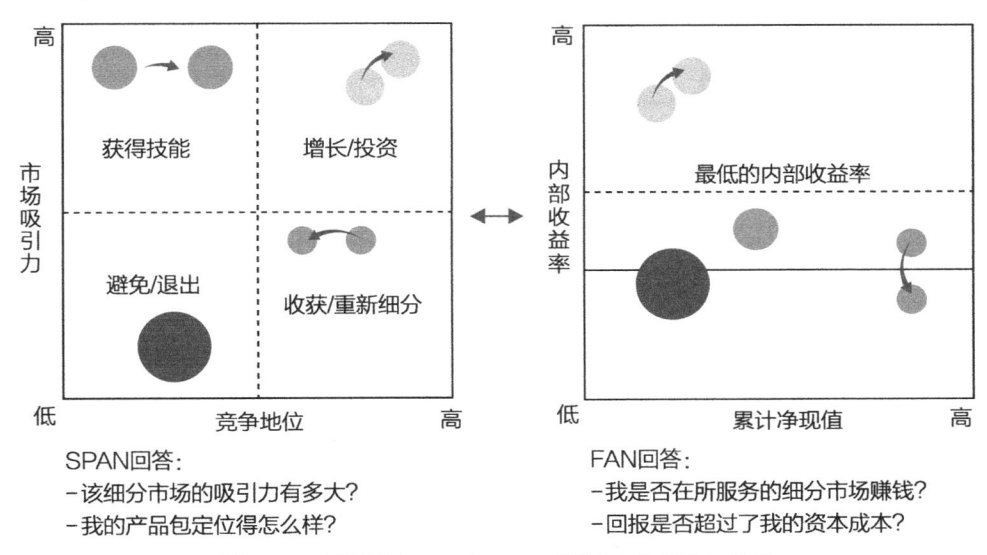

图2.24　基于当前SPAN与FAN，预测未来行动与结果

SPAN回答：
- 该细分市场的吸引力有多大？
- 我的产品包定位得怎么样？

FAN回答：
- 我是否在所服务的细分市场赚钱？
- 回报是否超过了我的资本成本？

每个细分市场完成SPAN和FAN后，团队应能够深入理解关键组合分析、业务状况、策略规划和不确定因素，进而帮助产品线优化其策略。

### 3. SPAN与FAN相结合，确定目标市场

对候选的细分市场进行SPAN与FAN的综合分析，结合产品线目标要求，团队能够针对每个细分市场确定相应的定位与策略，进而选定目标细分市场，如图2.25所示。

此外，在完成组合分析之后，针对每个目标细分市场，应进行相应的SWOT分析，以明确每个细分市场的关键驱动因素。

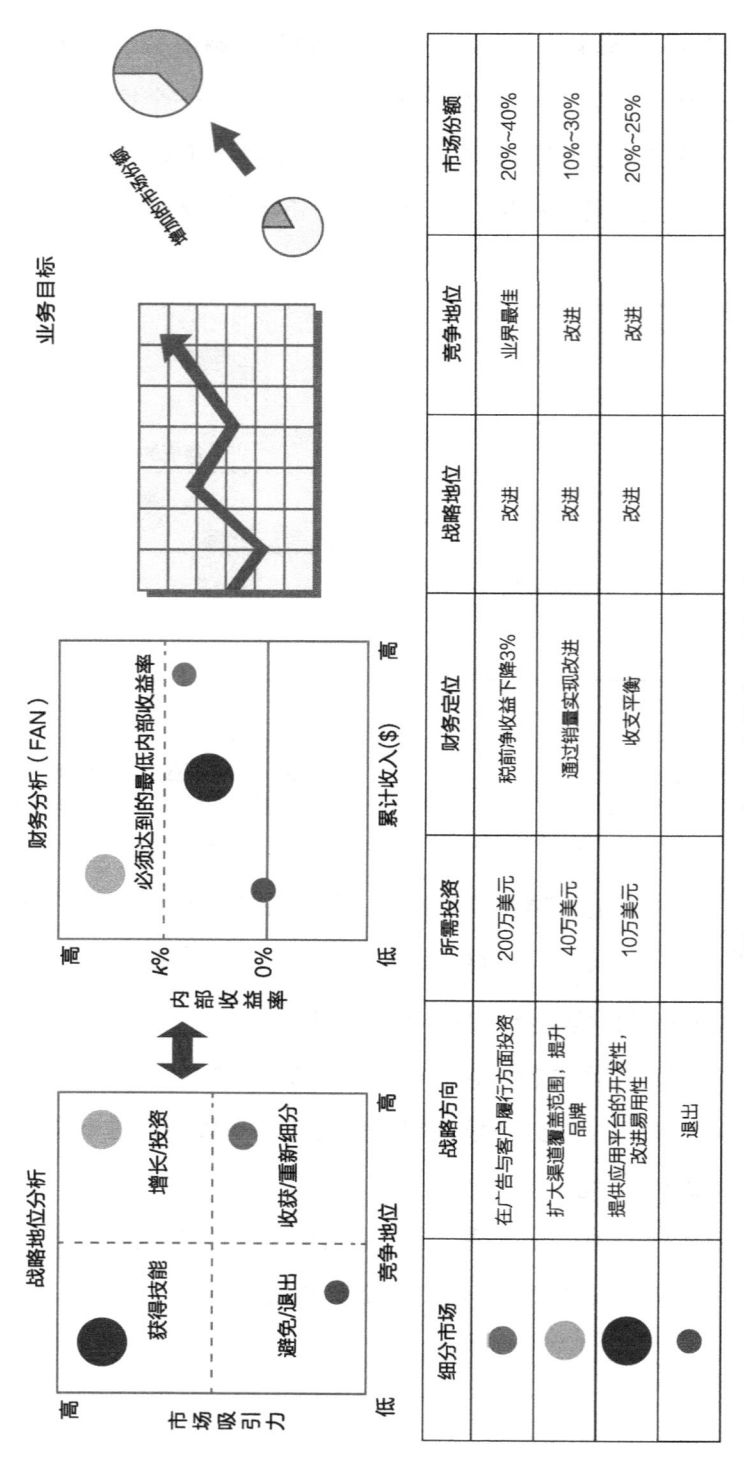

| 细分市场 | 战略方向 | 所需投资 | 财务定位 | 战略地位 | 竞争地位 | 市场份额 |
|---|---|---|---|---|---|---|
| | 在广告与客户履行方面投资 | 200万美元 | 税前净收益下降3% | 改进 | 业界最佳 | 20%~40% |
| | 扩大渠道覆盖范围，提升品牌 | 40万美元 | 通过销售实现改进 | 改进 | 改进 | 10%~30% |
| | 提供应用平台的开发性，改进易用性 | 10万美元 | 收支平衡 | 改进 | 改进 | 20%~25% |
| | 退出 | | | | | |

图2.25 SPAN与FAN相结合，确定目标市场

## 四、制订业务策略与计划

MM流程的第四步是"制订业务策略与计划"。在这一步中,基于第一步和第三步的成果,我们制定并确定产品线的业务目标与策略。重点在于针对各个细分目标市场,制订具体的细分市场业务策略与业务计划。

当我们面向某产品线进行业务战略与计划时,该步骤的基本概况如表2.17所示。

表2.17 制订业务策略与计划的基本概况

| | |
|---|---|
| 目的 | • 确定业务的备选方案,重新界定收入目标,并考虑收入差距<br>• 制定高层次的战略并制订相应的行动计划 |
| 活动 | • 获得评审点上高层主管对第三步完成的组合分析结果的反馈意见、见解和方向指示<br>• 进行安索夫差距分析,确定各细分市场的收入目标<br>• 确认重新界定的业务目标<br>• 进行细分市场收入差距分析<br>• 进行财务分析<br>• 记录关键的前提假设<br>• 审视技术生命周期的定位<br>• 审视并应用业务设计评估结果和"利润区"的概念<br>[根据IPMT的要求,必要时重复以上步骤和活动]<br>• 审视新的市场调研中的发现(变更的目标或市场情况假设)<br>• 针对每个细分市场,制定价值定位/价值主张<br>• 制定高层面的战略,并针对业务计划的每个要素制订行动计划<br>• 设定业绩目标<br>• 完成风险评估<br>• 确定业务计划各要素在资源及成本方面的需求<br>• 编写20页左右的细分市场业务计划 |
| 输出 | • 确认过的业务目标及相关的策略<br>• 制订最终的细分市场业务计划,用于提交给高层主管审批 |

### 1. 确定业务目标和策略

该步的工作旨在根据前面几步所得信息与调查结果,确立产品线的业务目标和策略。业务策略的制定应基于第三步"组合分析"中所选定的细分市场。重点在于把握第一步"理解市场"中确定的市场机遇，旨在明确产品线未来几年的业务发展方向，并设定产品线的业务目标（如收入、利润、市场份额等）。

在制定业务策略时，团队可从多个维度入手。以下列举的一些维度是常见的推荐方式。对于"业务策略"的定义多种多样。一般而言，策略包含两个核心要素：未来目标计划和自身优势。策略中应概括描述为获取竞争优势所需采取的行动。

随后，团队可根据制定出的策略，进一步确定产品线的宏观目标、战术和具体目标。

- 宏观目标。广义上期望的最终结果，如满足股东的需求和期望。
- 战术。根据策略制订的具体、详细的行动计划，即为实现宏观目标所采取的适宜手段和策略。
- 具体目标。对宏观目标进行限定范围、具体化、短期化、可衡量化和实用化的最终期望结果。

**确定业务策略的初始方案**

制定业务策略涉及确定产品线方向的方案。结合市场评估、市场细分与公司内部投资潜力及选择，应能揭示几种适合业务发展的、可能具有吸引力的选项。

在此步骤中，团队可能需要通过研讨会来探讨产品线未来的可能情景。先前的研讨会可能已自然帮助团队识别出几个有吸引力的未来选择。当然，这种判断应基于坚实的差异化竞争力与变化的市场环境之间的对应关系。团队应汇总前期工作中确定的提议，并了解我们与主要竞争对手的历史表现（胜败模型）。

如果团队在推进至先前熟悉的部门时需要寻求帮助，那么可沿用相同的方法来明确替代方案。首先通过简短的头脑风暴，然后让团队对各项方案进行排序，在此过程中，可能发现某些要素同样具有重要意义，如同下列所列举的要素：

- 内部职能领域的优化成果，如业界领先的服务水平；
- 目标客户的需求及其优先级排序；
- 新法规或关税的变动；
- 对特定竞争对手及其市场形象的策略性攻击；
- 业界标准的制定；
- 市场增长领域；
- 为客户提供新技术引领的解决方案；
- 合作与渠道策略。

在建立方案的过程中，团队考虑的选项包括：适用于产品线产品组合与市场细分的成本/业务模型、增长策略、利润管理。团队应致力于发现并获取新的价值和控制点，以实现持续的竞争优势和利润增长。随后，团队可根据确定的情境，选择最具吸引力的方案进行深入的分析。

当团队拥有初始方案后，即可明确产品线的具体目标（如收入或利润）。接着，团队将基于初始方案中设定的财务目标和产品线目标预测，进行缺口分析。此外，团队还需要将产品线当前的收入趋势与速度以图表形式记录，并标明总体收入与预测收入在新选定的细分市场中的分布情况。

值得注意的是，团队通常还需要在利润层面进行缺口分析，但这需要待行动计划的成本明确后才能进行。对利润的考量有助于团队深入了解各细分市场的主导业务模型，并确保规划中成本的合理性。

### 2. 填补缺口的关键行动

团队可利用安索夫矩阵作为缺口分析的工具。一旦识别出规划缺口，团队就应针对各个目标细分市场，明确弥补缺口的策略，如图2.26所示。

此外，团队应明确并记录支持初始目标的主要假设。此举旨在日后当这些关键影响因素的实际结果显现时，能够回顾并对照原计划。这些假设对于近期工作审查者同样具有参考价值。在执行一段时间后，如六个月后，当计划需要更新时，记录这些假设的重要性便凸显出来。经过六个月的执行，对所选目标假设的有效性评估将增加我们的经验并深化认识。

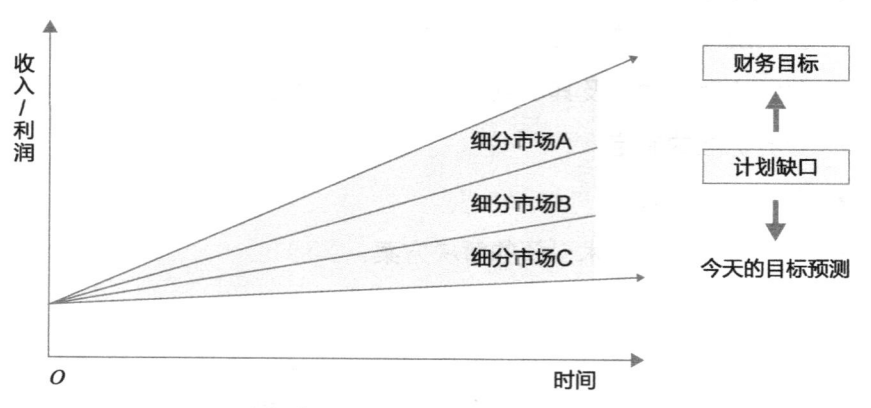

图2.26　设定财务目标，进行细分市场的收入差距分析

最后，团队需要记录不同目标细分市场的准备性指示器（indicators）。这些指示器的选择取决于所采用的分析方法。收集和分析准备性指示器将为各细分市场的战略制定提供坚实基础。其中涉及的指示器包括：

- 下一规划期的收入差距（以百万美元为单位）；
- 下一规划期的目标市场份额百分比；
- 细分市场的主要机会；
- 安索夫战略和原理；
- 战略定位分析对战略的指示；
- 技术生命周期对战略的指示；
- 利润区对战略的指示；
- 客户$APPEALS的优先级；
- 财务分析对战略的指示。

预备行动指示如表2.18所示。

表2.18 预备行动指示

| 细分市场的名称 | |
|---|---|
| 2001年的收入差距（百万美元） | |
| 2001年的市场份额（%） | |
| 细分市场的主要机会 | |
| 安索夫战略和原理 | |
| 战略定位分析对战略的指示 | |
| 技术生命周期对战略的指示 | |
| 利润区对战略的指示 | |
| 客户 $APPEALS 的优先级 | |
| 财务分析对战略的指示 | |

在规划的这一步，所有团队的工作与形成的见解开始结合。工作清单使得团队能够考虑（起初可能以头脑风暴形式为主）规划各部分的结论和建议，确保在每个选定的细分市场中取得成功。该清单并非详尽无遗，当其他输入（如主要威胁）出现时，需要适时补充。我们的目标是形成制订策略和行动计划的顶层驱动因素。因此，需要确定初始清单的优先级，并仅在工作清单上输入高优先级的项目即可。

（1）安索夫矩阵

安索夫矩阵是一个2×2的矩阵，通过评估公司所面临的增长策略选择，为支持目标提供了一个框架，如图2.27所示。安索夫矩阵的两个维度分别是：

- 细分市场的新旧。即市场/细分市场是早已建立的，还是新的。
- 产品的新旧。即产品是早已存在的，还是新的。

当确定一个细分市场的新旧时，团队应思考以下问题："需要多长时间才能让他人了解我们的独特竞争能力？"如果产品线进入该细分市场的时间短于问题的答案所表明的时长，那么它便被视为新细分市场。简言之，团队需要探询的是：产品线是否已全面理解该细分市场的客户需求？考虑因素包括：是否已与客户（及其需求）建立了沟通渠道；产品线是否已在该细分市场上推出过产品。此外，团队还需要评估产品线是否已具备所需能力（如销售渠道、技术、交付能力等）以在该细分市场中开展竞争。

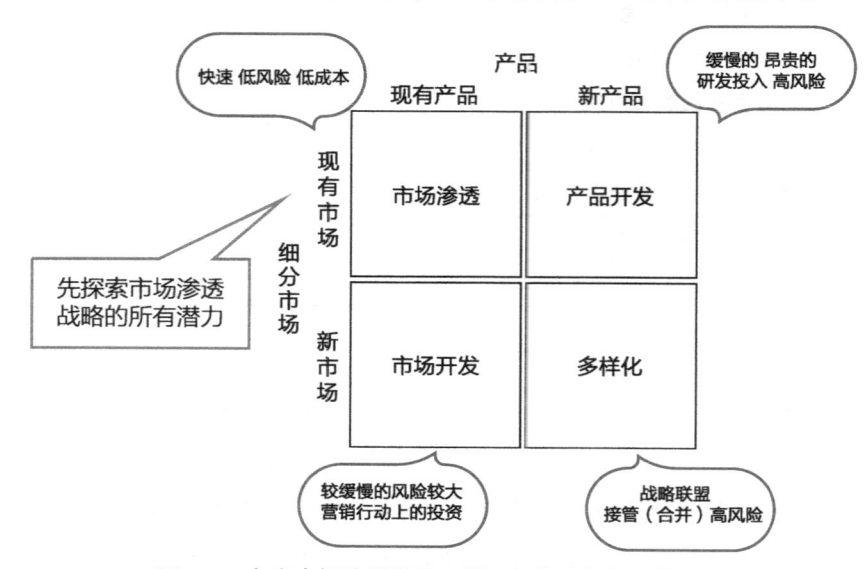

|  | 产品 | |
|---|---|---|
| | 现有产品 | 新产品 |
| 现有市场 | 市场渗透 | 产品开发 |
| 新市场 | 市场开发 | 多样化 |

- 现有市场／现有产品：快速 低风险 低成本
- 现有市场／新产品：缓慢的 昂贵的 研发投入 高风险
- 新市场／现有产品：较缓慢的 风险较大 营销行动上的投资
- 新市场／新产品：战略联盟 接管（合并）高风险
- 先探索市场渗透战略的所有潜力

图2.27　安索夫矩阵提供了支撑目标和弥补差距的框架

在判断产品的新旧时，应从客户的角度出发。新产品意味着产品线需要从头开始开发信息（如市场计划、规格、服务计划和其他IPD交付件），而不仅仅是修改现有信息。例如，如果某一产品为产品线在市场上首次推出，而竞争对手早已在市场上部署了产品，那么它仍被视为新产品。而那些仅增加了一些小特性的特性更新，则不应视为新产品。

安索夫矩阵有助于团队为每个目标细分市场设定营销目标。针对所选的细分市场（最多6~8个），营销目标应专注于确定哪些产品/产品包适合进入哪个市场。根据安索夫矩阵，营销目标主要分为以下四类：

①市场渗透——在现有市场中销售现有产品；
②市场开发——将现有产品引入新市场；
③产品开发——向现有市场推出新产品；
④多样化——在新市场中推出新产品。

安索夫矩阵的目标分类有助于探索其他填充规划缺口的方法。缺口分析是确定实现目标的起点，它勾勒出了全面的远景，但并不深入处理每种替代方法的细节。这种分析提供了一个非常宝贵的框架，当与团队成员的专业知识以及结构化的市场评估工作相结合时，能够为公司面对的实际市场潜力提供全面而深刻的见解。寻找解决确定缺口的其他方法，可以从以下两个方面考虑：

- 运作缺口，包括效率提升和市场渗透，通常以最低的成本和最小的风险确保销售增长。提高产出实际上解决了运作缺口中的效率问题。一般而言，效率缺口可以通过调整定价、降低成本以及采用新的销售组合来填补。市场渗透则侧重于通过优化营销组合（包括促销、地点和价格）来进一步将现有产品渗透到已建立的市场。
- 新策略上的缺口，包括市场开发、产品开发和多样化。这方面无疑需要更多的深入思考。通常，新细分市场或新产品应与公司的自身优势和能力相契合。

如上所述，团队应首先通过图表记录产品线当前的收入方向与速度。随后，团队可以利用安索夫矩阵为各目标细分市场在初始情境下设定未来三年不同的收入目标，如图2.28所示。

为了确定初始方案下的目标，需要按照安索夫矩阵的市场渗透和市场开发象限来执行一系列关键步骤。团队需要审视市场渗透与市场开发的收入机会。当市场渗透和/或市场开发无法弥补缺口时，可考虑将针对现有细分市场的产品开发作为收入的来源。在确定哪些细分市场有助于填补收入缺口后，应对收入缺口进行总结，并明确主要的弥补行动措施。选取营销目标，并对其承诺进行定量和定性的描述，例如：

- 既定规划期的绩效标准，如销量、获利能力指标、关键比率等。
- 到既定时间应达成的状态，如市场份额、与一定数量的高质量既定渠道伙伴建立合作关系等。

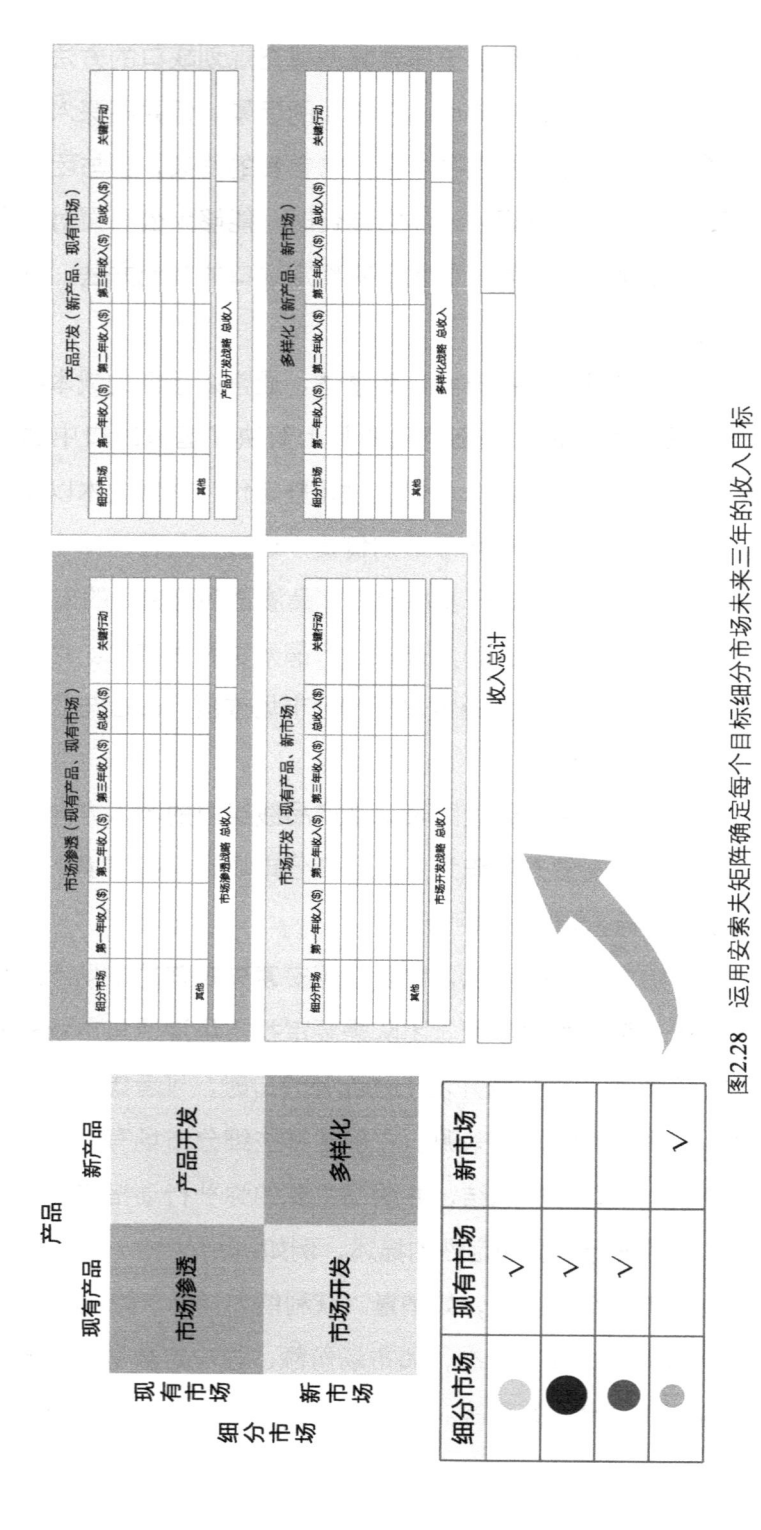

图2.28 运用安索夫矩阵确定每个目标细分市场未来三年的收入目标

目标旨在指明产品线整体（即所有动态市场上的所有产品/产品包）欲达成的目标，以及在选定细分市场中规划达成的成果。在此阶段，团队应重新审视产品线现有的核心目标，并从财务回报、可实现性，以及长期市场参与和控制的角度，综合考虑如何最为适宜。

总结起来，整个分析可以分为12步：

①确定未来三年的收入目标。

- 根据当前的发展方向与速度；
- 根据最初设定的目标及其对应的数值。

②审视作为分析目标的细分市场。

③明确区分哪些细分市场是现有的，哪些是新的。

- 要判断目标市场是否为新市场，需回答以下问题："需要多长时间才能让他人了解我们的独特竞争能力？"
- 如果产品线进入该细分市场的时间短于上述问题的答案所表明的时长，则视为新市场。

④针对现有的细分市场（请按照第4~11步的顺序，首先处理第一年的情况，随后是第二年，最后是第三年）。

- 识别与现有细分市场相匹配的产品包；
- 分析各个细分市场在战略定位分析中的定位；
- 探究客户$APPEALS中存在的差距，确定潜在的行动方案，并分析它们对收入和成本的潜在影响。

⑤对于现有细分市场：

- 确定各细分市场和产品包组合的预计收入；
- 评估是否可以在效率方面采取行动以提升收入；
- 审视未来三年各细分市场的收入和利润变化趋势；
- 明确主要行动方案，确保实现预计的收入目标。

⑥对于现有细分市场：

- 列出各细分市场及其在安索夫市场渗透象限（左上象限）的收入；
- 计算安索夫市场渗透象限内的总收入总和。

⑦现有细分市场的检查点：

- 检查是否已填补收入缺口，如果未填补，则需要寻找其他收入来源。

⑧对于新细分市场：

- 确定新细分市场的范围；
- 分析各细分市场在战略定位分析中的定位；
- 分析客户$APPEALS中的差距，明确潜在行动方案，及其对收入和成本的潜在影响。

⑨对于新细分市场：

- 确定每个细分市场的预计收入；
- 注意，一个新的细分市场可能直到第三年才能形成新的收入，或者到第三年仍无法形成新的收入；
- 审视各细分市场未来三年的收入与利润趋势；
- 确定主要行动方案，确保实现预计的收入目标；
- 计算安索夫市场开发象限（左下象限）的收入总和。

⑩新细分市场的检查点：

- 检查收入缺口是否已填补，如果未填补，则需要寻求其他收入来源。

⑪对于新产品：

- 确定潜在的新产品包；
- 将潜在的新产品包与现有或当前细分市场进行匹配；
- 预估新产品包的收入；
- 审视各细分市场未来三年的收入与利润趋势。

⑫新产品的检查点：

- 检查收入缺口是否已填补，如果未填补，需要寻找其他收入来源。

总之，要根据各细分市场目前在安索夫矩阵中的位置，确定其收入。

接下来，需要将现有和新的细分市场与现有和新产品进行映射。通过映射，团队将确定出能够实现收入目标并填补规划缺口的细分市场与产品包组合。一旦明确了哪些细分市场能为弥补收入缺口做出贡献，就应对收入缺口进行总结，并确定主要的行动措施以弥补缺口。随后，这些确定的主要行动措施将成为业务战略与计划的基础，其执行方式则构成战略计划。具体细节如图2.29~图2.31所示。

图2.29 确定各细分市场在安索夫矩阵中的位置与收入

图2.30 在安索夫矩阵中，细分市场与产品包的对应

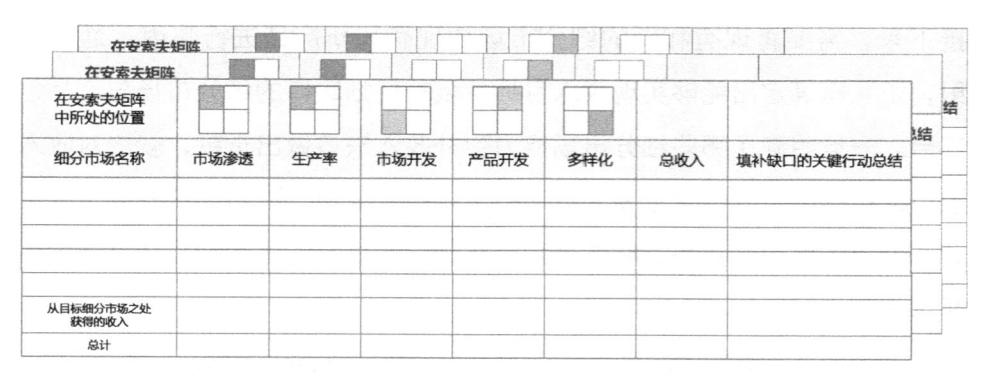

| 在安索夫矩阵中所处的位置 | | | | | | | |
|---|---|---|---|---|---|---|---|
| 细分市场名称 | 市场渗透 | 生产率 | 市场开发 | 产品开发 | 多样化 | 总收入 | 填补缺口的关键行动总结 |
| | | | | | | | |
| | | | | | | | |
| | | | | | | | |
| | | | | | | | |
| 从目标细分市场之处获得的收入 | | | | | | | |
| 总计 | | | | | | | |

图2.31　按照细分市场，明确填补收入缺口的关键行动

（2）技术生命周期

这个概念源自杰弗里（Geoffrey A. Moore）及其Chasm Group的教材。基于对近期（成功）采用技术的历史（通常是在IT行业）的研究，他提出了一些极具价值的概念。在制订业务计划时，技术生命周期是团队需要考量的另一重要维度。当团队确定产品应优先关注的市场机会时，技术生命周期为团队提供了诸多考虑因素。它是帮助团队制定业务策略的一个工具。通过考虑技术生命周期，团队能够对市场以及产品线可能采取的战略行动形成一定的见解，如图2.32所示。

进入市场的客户类型

| 创新者或"技术狂" | 早期使用者或"梦想家" | 早期多数型或"实用主义者" | 晚期多数型或"保守派" | 落后者 |
|---|---|---|---|---|
| 引入 | 成长 | 市场波动（裂谷） | 成熟 | 衰退 |

概念来自：Geoffrey A. Moore

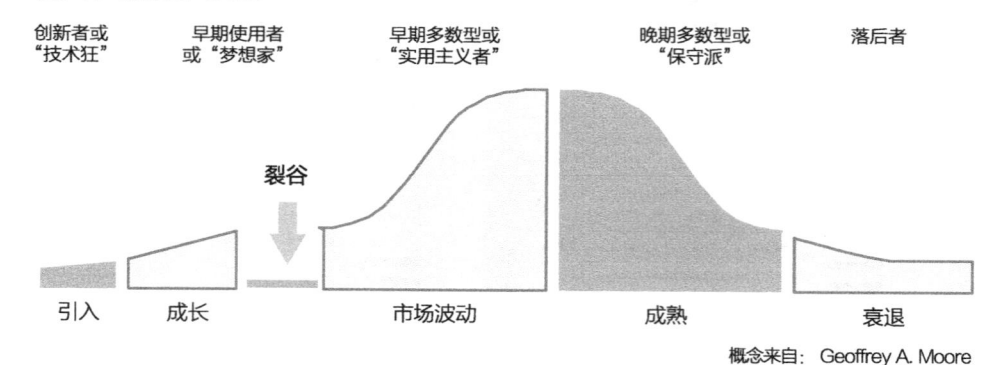

图2.32　了解我们在技术生命周期中所处的位置有助于形成战略

在审视技术生命周期时，团队往往会发现确定产品包在生命周期中的位置颇具挑战。如果遇此难题，可提出以下问题——与我们合作的客户属

于何种类型？他们是否为早期接受者？能否满足客户的行为与需求，决定了我们在技术接受曲线上的位置，而非我们在此领域的活跃时长或个人主观判断。

在考虑市场细分时，同样可运用技术生命周期的概念。某些细分市场贯穿产品或产品包的生命周期，但可能从未被选中。可能因买主类别的不同而选择不同的细分市场，根据它们在生命周期曲线上的位置，可能呈现出不同的业务需求、购买标准、态度、认识和行为。

一般而言，市场仅在进入成长阶段时（创新者通常要求1：1的关系，因此形成一个细分市场）开始细分。如此，当市场变得有利可图、竞争激烈且日益复杂时，我们需要针对生命周期的每个阶段，制定新的市场细分模型及策略管理反应。

然而，客户接受新技术的原因在于新技术的出现，通常由负责公司基础架构的人员确保轮船前进时龙骨的平稳，这本身也是从实用角度出发的。

早期市场主要由"技术狂"和"梦想家"构成。后者是首次将资金投入其中，企图在这场博弈中获胜。对于那些对他们持怀疑态度的实用主义者而言，他们并不能成为很好的参考。

在整个周期的前端，通常存在大量昂贵的技术，这些技术需要丰富的服务和远见才能使其为客户发挥效用。

随着产品逐渐成熟，服务也被整合进产品中，形成了整体产品，这使得产品更易于被实用主义者所接受。整体产品的显现更为显著，其价值也更为突出，因此实用主义者开始采纳它。最终，随着服务内容的减少，产品变得全面集成且价格更为亲民，从而吸引了主流市场。实用主义者往往倾向于跟随大多数人的选择。

为了跨越裂谷（见图2.33），必须研发一套完整产品，以满足当前尚未得到很好满足的特定需求。这需要提供令客户信服的购买理由。必须通过整体产品来满足这些需求。因此，在市场尚未准备好转向大而全的需求之前，单纯设计一个大而全的产品以服务于整个广大市场是无效的。这就像应对龙卷风一样。要深入龙卷风的核心，首先设计易于实现的、满足客户需求的产品，让它们逐个被市场接受——然后才能征服整个市场。完整产品的演变如图2.34所示。

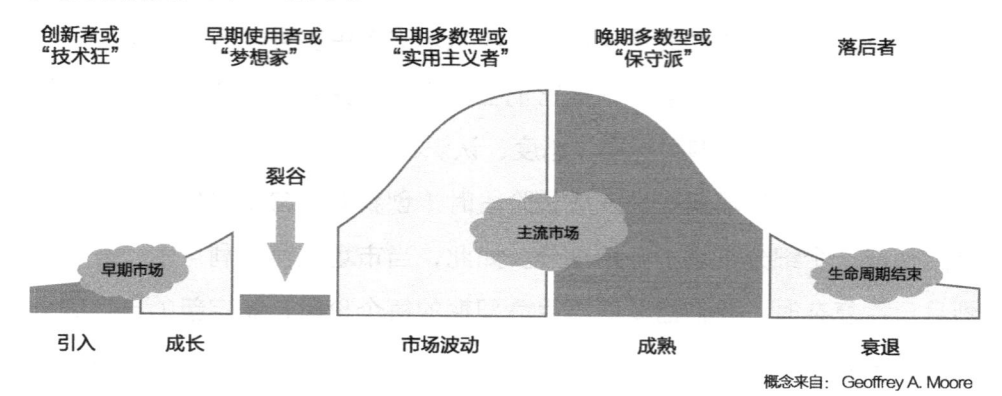

图2.33 跨越裂谷

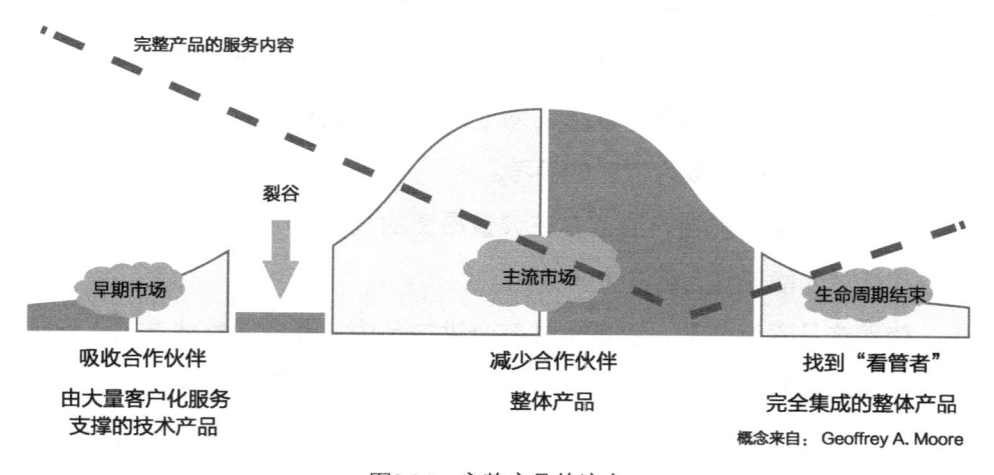

图2.34 完整产品的演变

技术采用生命周期的图示如图2.35所示。

一般情况下，技术采用生命周期的六个阶段是这样划分的：

①早期市场。"技术狂"和"梦想家"希望成为首批使用新款设备的人群。

②裂谷。在这一阶段，早期市场的购买兴趣逐渐减弱，同时主流市场对解决方案的不成熟性表示不满。

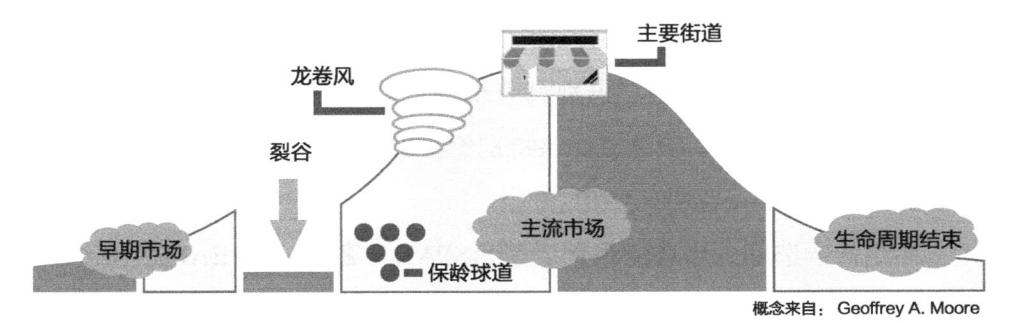

图2.35　技术采用生命周期的图示

③保龄球道。这一阶段出现在大众化市场接受之前，客户根据产品是否适合自己而进行选择。此阶段受客户需求和供应商根据具体需求专门制造整套产品的意愿驱动，采用基于价值定价的方式以实现利润最大化。

④龙卷风。市场开始大规模采用新技术，大众市场转向新的基础架构模式。此时，定价方式转变为基于竞争情况，以实现市场份额的最大化。

⑤主要街道。这是市场后期的拓展阶段，此时已经形成了基本的架构，目标是充分挖掘其潜力。同样采用基于价值定价的方式来实现利润最大化。

⑥生命周期结束。此阶段标志着全新模式进入市场。

在各个阶段中，保龄球道阶段尤为重要，因为此时市场"跨越了裂谷"。而且，正是在保龄球道阶段，产品开始逐渐完善，最终转变为完整产品。保龄球道阶段的目的是使邻近的客户接受产品，这样最终可以收回开发通用基础产品的所有成本。每位客户都代表着向龙卷风进发的滩头和平台。实际上，开发出整套产品最有效的方法是逐个设计应用，以满足一些特定的购买需求，从而促使那一部分客户接受产品。当某一特定客户接受了产品后，就可以通过向邻近的客户发起攻势，进而完成整个产品的开发。这样，我们就可以利用在一个客户群体上的成功来逐步推进，而无须同时满足所有需求。

可以通过分析保龄球道阶段来明确目标细分市场，并采用"保龄球棒"的方法，选择相应的策略。事实上，MM流程与"保龄球棒"方法能够很好地衔接起来：

**确定潜在的细分市场。** 识别具有相似主要需求的、有吸引力的客户群，这些客户群我们能够通过提供特别价值来满足。这一步与市场管理流程中的第二步"市场细分"相似。

**评定各候选细分市场的级别。** 使用SPAN与客户$APPEALS为每个潜在的细分市场评分，从中筛选出最具吸引力、获利能力和可行性的细分市场。这一步与市场管理流程中的第三步"组合分析"是一致的。

**制定"保龄球棒"模型与球棒的策略说明。** 以得分高的"头球"为核心构建"保龄球棒"模型。利用营销对照检查表来制定策略。这一步与市场管理流程中的第四步"制订业务策略与计划"相匹配。

**通过调研来验证和量化。** 通过访谈目标客户、合作伙伴以及其他具备相关知识的第三方，验证假设的正确性。

保龄球道式的市场拓展如图2.36所示。

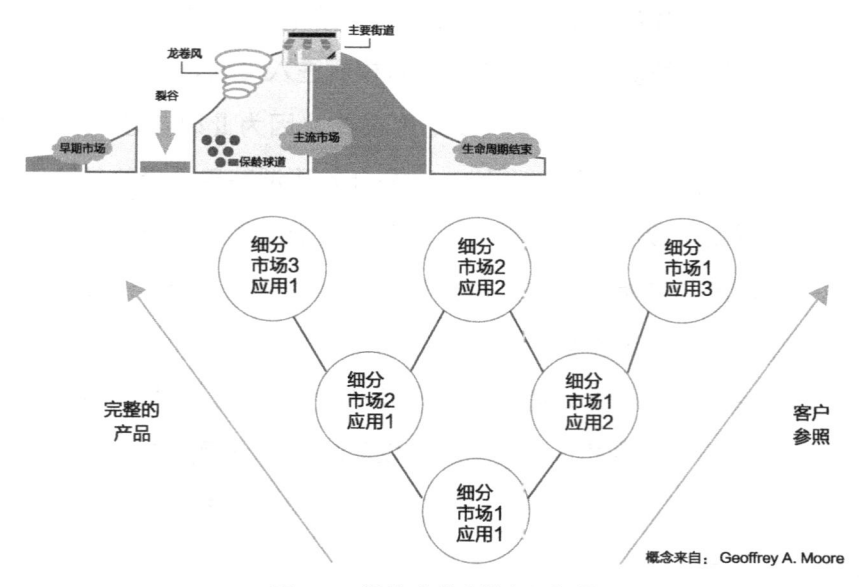

图2.36 保龄球道式的市场拓展

技术生命周期的不同阶段，价值会有所区别，这直接影响着产品线的业务策略。举例来说，在早期市场阶段，产品领袖主要关注技术领先、特性、好处、质量以及可能的合作伙伴关系。当市场进入保龄球道阶段时，与客户的亲密关系变得与产品技术领先同等重要。此时，需要更加关注市场趋势，以及产品质量、支持、热线服务以及可靠性。随着市场进一步进入龙卷风和街道阶段，运作的优化将逐渐成为主要关注点。市场需求将转向覆盖范围、低成本拥有、本地渠道、培训、最低价格以及基于"开发"的标准等方面。此外，不同阶段的目标客户、驱动性购买理由、整体产品组成、合作伙伴与联盟、分销、定价、竞争、定位以及下一个目标客户等战略考虑也会有所不同（见表2.19）。

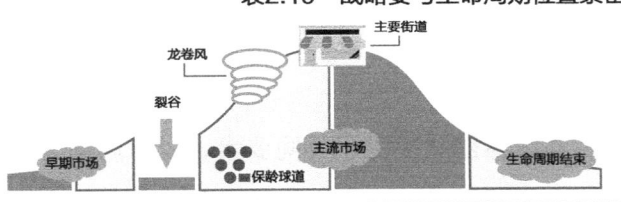

表2.19　战略要与生命周期位置紧密联系起来

|  | 早期市场战略 | 保龄球道战略 | 龙卷风战略 | 主要街道战略 |
|---|---|---|---|---|
| 目标客户 | 幻想家型的企业高层主管 | 实用主义者，部门经理 | 实用主义技术型购买者 | 最终用户 |
| 购买的显著理由 | 强大的竞争优势 | 修补对使命很关键的有缺陷的流程 | 用上新的基础架构 | 在不带来风险的条件下提供更好的价值 |
| 整体产品 | 关注应用，差异化特征 | 关注应用，标准化特征 | 关注产品，标准化特征 | 关注产品，更多的差异化特性 |
| 合作伙伴和同盟 | BPR（业务流程重组）与SI（系统集成）服务供应商 | 寻找合作商，提供专门的完整产品 | 开始赢得市场，要减少摩擦 | 最少化或最好没有 |
| 销售渠道 | 直销（深度分销不常见） | 增值型小型机代理商（解决方案提供商） | 向更高销售量推进 | 低成本，高可获得性（就如货架上的现成商品一样） |

续表

|  | 早期市场战略 | 保龄球道战略 | 龙卷风战略 | 主要街道战略 |
|---|---|---|---|---|
| 定价 | 基于价值的，呈上升型的定价［如果（客户）他们自己做，会花费多少成本？］ | 基于价值 | 基于竞争 | 基于竞争 |
| 竞争 | 类别与类别之间的竞争 | 市场与市场之间的竞争 | 公司与公司之间的竞争 | 产品与产品之间的竞争 |
| 定位 | 技术上的领先地位 | 专业市场的领先地位 | 市场份额的领先地位 | 最终用户有更好的体验或幻想 |
| 下个目标客户 | 不同行业的企业的高层主管 | 接近专业市场 | 新平台、渠道、区域 | 下一个大型的专业市场 |
|  | 特别注意：不进行细分 | 特别注意：现在进行细分是非常关键的 |  |  |

（3）利润区与业务设计

与技术生命周期相似，利润区为团队提供了不同要素，以考虑何时制定业务战略。利润区的主要概念在于采用"以客户为中心"的业务设计。简言之，客户的优先需求至关重要，他们甚至愿意为此付费；反之，如果无法满足其优先需求，他们可能会转向其他供应商。因此，我们需要投入时间与客户交流，识别出哪些客户的要求最为严格，哪些客户最为不满，以及哪些客户对未来具有更敏锐的洞察力。从客户的角度出发，我们深入探讨他们的问题和首要需求，并自我提问："我需要了解什么？""我害怕发现什么？"这些问题的答案将为我们对未来业务的重新设计提供最多的见解。关键在于，我们必须洞察客户的变化趋势。

作为一条指导原则，最佳的业务模型应当将客户相关性与高获利能力相结合：

- 我们如何能够增加特别的（相关）价值？
- 形成对主要客户/目标细分市场和价值链各方的深入理解。

## 第二章 市场管理

- 向正确的客户提出正确（开诚布公并有创造性）的问题。
- 预测未来的优先级和"潜在需求"（如经济规律）。
- 牢记客户为了获得好处，付出的不仅仅是金钱，还包括时间与精力。

不同行业中，市场价值的驱动器都是相同的，主要包括销售回报、利润增长、资产密度与战略控制。所谓的"利润区"，其实就是在探讨获利能力与投资回报的结果。团队在思考时，应关注以下问题：目前我们的获利能力和投资回报率处于何种水平？又是如何实现这些成果的？对于未来，我们期望达到的获利能力和投资回报率目标又是什么？

利润与投资回报率，这两者是聪明的业务设计所带来的结果。因此，团队在制定业务策略时，需要明确解决以下问题：

- 在本行业中，产品线的哪些部分最有可能实现利润？
- 哪种客户与产品/服务组合最具增长潜力？
- 在成本管理、定价和资产密度方面，我们需要考虑哪些因素？
- 我们的主要竞争对手和潜在的合作伙伴分别是谁？
- 客户为何会选择从我们这里购买产品？（可能的原因包括品牌效应、专利保护、版权优势、技术领先、成本优势、对分销渠道的控制、产品或供应链的价值，以及我们掌握的客户信息流等。）

团队还需要深入思考客户是如何为他们所获得的好处付费的。当客户购买和使用产品或服务时，是客户经济系统这个"大盒子"促成了产品包这个小盒子的产生。以20世纪90年代初期的大型表格消费客户为例，如银行和医院，他们发现每在表格上花费1美元，就会额外花费20美元用于填表、拷贝、分发、储存和丢弃这些表格。因此，问题不仅在于购买纸面表格的费用，更在于投资于能发挥同样作用的电子件以及参与这场革命性变革的表格公司。

正如在第一步"理解市场"中所描述的，业务设计的重点在于（见图2.37）：

**客户选择和价值主张。** 针对我们锁定的高价值客户机遇，我们提出了哪些独特的、差异化的客户建议？

图2.37　把业务重新设计到利润区中

- 我们是否对有意向进入的市场有了清晰明确的界定？
- 我们是否针对目标市场进行了明确的映射？是否阐明了产品/服务的流动情况、总量与价值、我们的市场占比，以及其他关于我们的重要结论？
- 我们是否对各细分市场进行了清晰的描述，并进行了量化分析？相信有大量客户群体拥有相同或类似的需求，而不仅仅是少数。
- 我们是否对这些细分市场的真实需求进行了合理的量化？并明确界定了这些需求的相对重要性？

**盈利模型。** 我将选择哪种盈利模型以从客户处获取价值？

- 我们的目标与战略能否实现既定的利润目标？
- 预算是否承接上述逻辑，还是仅作为补充？

**战略控制。** 我将如何确保可持续性"融入"业务设计之中？

- 与竞争对手相较，我们是否对这些需求的满足情况进行了明确的量化分析？
- 是否根据细分市场清晰地识别了机会与威胁？

**活动范围。**对活动和资产的范围有何具体要求？

- 在划分各细分市场时，是不是基于它们未来三年的相对利润增长潜力，并结合我们在各细分市场的相对竞争地位来确定的？
- 这些目标是否与它们在组合中的定位相符？（如销量、价值、市场份额、利润）
- 这些战略（包括产品、服务和解决方案）是否与设定的目标保持一致？
- 是否已经清晰地阐述了所有部门需要解决的关键问题？

**组织体系。**能够最佳支持业务设计的组织系统是什么？需要考虑的因素包括但不限于绩效考核、组织结构、企业文化、关键技能/员工需求以及与公司之间的关系等。

在考虑未来业务设计时，团队需要考虑一系列因素，以全面回答业务设计五个领域的问题。这些因素包括：

- 创新与再发明；
- 以客户为中心；
- 价值链与增值；
- 系统经济；
- 盈利模型；
- 资产效率；
- 真正的竞争对手；
- 战略控制。

根据利润区的概念，公司可采用的盈利模型共有22种。团队在策划业务策略时，应参照这22种盈利模型。考虑不同的盈利模型，应能为产品线的业务设计提供一定启示。

①客户解决方案模型。投入资金，深入了解客户的经济系统，为其量身定制解决方案，并与其建立稳固的关系。这种与客户保持良好关系的方

式将成为获取利润的主要驱动力。

②产品金字塔模型。认识到客户收入与偏好的差异，构建产品组合：底部是低价格、大销量的产品，顶部则是高价格、低销量的产品，以此获得大部分利润。底部的品牌产品起到了"防火墙"的作用，作为屏障，有效阻止竞争对手的进入。

③多部件盈利模型。在一台设备中，可能有一个或几个关键器件占据了大部分利润。尽管如此，可能需要在多个领域参与，以形成市场份额与品牌知名度。因此，应将绝大部分精力放在高利润的器件上。

④配电盘模型。这是一个通过单一渠道集中多条沟通路径的高价值中间媒介，有助于买卖双方降低成本。随着其不断发展，配电盘模型的价值也日益凸显。

⑤速度盈利模型。先行者的优势使其能够在模仿者侵蚀利润之前，凭借自身的独特性设定额外高价。此模型要求你快速形成并保持至少两年的市场领先地位。

⑥卖座大片（巨资投入）模型。在诸如制药业等行业，所有利润均聚焦于巨额投入的项目。项目成本差异可能达到平常的五倍，但收入却可能高达五十倍。

⑦利润倍增模型。通过在同一产品、商标、品质等上的反复收获实现利润增长。此模型通常适用于强大的消费者品牌，这些品牌虽具有价值，但同时也是易碎的资产。

⑧创业式盈利模型。公司维持利润中心，以实现公司直接与客户接触、承担责任和极度节俭的优势。这些动机牵引着部门的绩效，并提供特别的奖金。

⑨专业化盈利模型。公司借助自身的专业化来获得利润。所有公司在建立之初都会在某一方面表现出色。这种聚焦能够在多个方面带来可观的利润。通过循序渐进的专业化道路实现增长，是一种极为有效的获利方式。

⑩基础产品模型。通过建立庞大的现有客户群体，然后在此基础上享受高利润收入。

⑪行业标准模型。通过利用公认标准获取利润，当越多的对手采用该系统时，该标准的价值也随之提升。网络经济下，规模带来的回报逐渐增大。那些未能在标准设定之战中获胜的友商，可能会面临利润率的下滑。

⑫品牌模型。通过在品牌建设上投入，为客户提供正面体验，从而促使客户愿意支付更多费用。

⑬独特产品模型。新产品刚上市时往往能够以高价销售，但随着产品逐渐商品化，其价格会相应下降。由于产品的生命周期受专利保护、竞争等因素影响，因此选择新产品研发项目至关重要。

⑭地区领先模型。部分公司的经济和成本结构具有本地化特点，对于这些公司而言，成为某一地区的领导者比成为全国范围的领导者更为重要。在地方获得的丰厚利润可以支持公司的持续发展。

⑮大额交易模型。某些行业的增长依赖于交易量的提升。在多数情况下，随着交易规模的增大，成本的增长速度并未超过收入的增长速度。因此，所有利润主要来源于大型交易，尤其是规模最大的交易。

⑯价值链定位模型。通过在价值链中的特定位置获取利润，利润往往集中在价值链的某些环节。以PC行业为例，利润主要集中在微处理器和软件方面；而在汽车行业中，利润则主要来源于下游的金融服务以及延伸保修服务。

⑰周期性盈利模型。许多行业具有周期性的特点，利润水平受周期影响。然而，在周期内，通过优化成本和定价策略，仍可实现利润增长。

⑱售后盈利模型。必须意识到利润从产品本身向下游迁移的时机，如金融、服务和附加品等下游业务。

⑲新产品盈利模型。新产品的利润主要来源于其提供的新功能和销售增长。随着产品逐渐成熟，利润开始下滑。然而，成功的公司能够随着产

品生命周期的变化,将投资转向下一代产品,从而保持竞争优势。

㉑相对市场份额盈利模型。相较于竞争对手,获得更大的市场份额有助于形成定价和多种成本上的优势。

㉑经验曲线型盈利模型。随着公司在产品制造或服务提供方面的经验积累,每次交易的成本会逐渐下降,使得利润相较于缺乏经验的公司更高。

㉒低成本业务设计盈利模型。低成本业务设计通常能够战胜依赖经验积累的公司。即便拥有丰富的经验,如果业务模型设计不当,公司的成功之路也将难以持久。

"利润区"理念同样要求团队在制定业务策略时深入考虑"价值链"。价值链揭示,任何产品或服务的价值源自其满足客户优先需求的能力。对于客户而言,满足其有限需求至关重要,他们愿意为此支付高价。如果需求无法得到满足,他们会在必要时选择更换供应商。

价值链着重强调了供应商的作用,旨在阐述价值链中各参与方如何为行业或特定职能部门贡献价值并进而获得收益。这些上下关系主要体现在供应商(或潜在竞争对手)的核心竞争力上,即它们通过提供更好、更便宜或更快的解决方案来实现价值的再分配。

这种方式通常由技术发展所驱动。然而,从客户的视角来看,其局限性显而易见,因为客户的需要和优先需求范围广泛,其中任何一个都潜藏着增值的新机会。理解这些多样化的需要与优先需求极为不易,因为它们通常分散于公司的各个部门,且客户往往不会主动向供应商表达(可能认为供应商对此不感兴趣)。

"现代价值链"是由客户需要、行为、决策过程、价格敏感度和偏好等多个要素构成的复杂拼图。为了提升竞争水平,发掘这些潜在机会,我们必须积极寻找并解读那些被忽视的客户优先需求,进而做出相应反应,设计新的业务模式。这听起来可能有些激进,但历史不乏这样的成功案例,同时也伴随着对现有供应商的排斥。

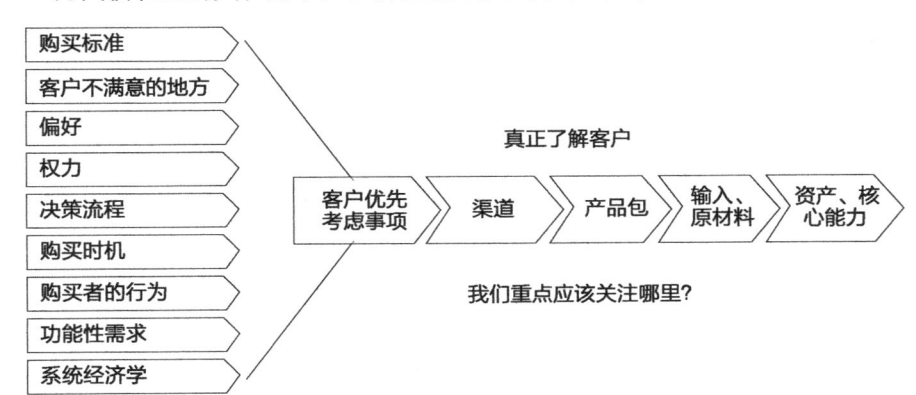

现代价值链清晰地揭示了价值的创造与支出点，如图2.38所示。

图2.38　现代价值链——展示了价值是在哪里创造和支出的

如果既有的市场调研数据和当前客户接触仍未能揭示全局，我们就必须寻求新的数据并设定其优先级。在这种情况下，我们可能缺少的是业务/营销方面的信息，而非技术层面的内容，因此我们的焦点应转向以下几个方面：

- 现有挫折与不足。通过开放性和创造性的提问，发现批评意见与潜在机会。我们需要深入发掘客户那些未表达的问题和优先需求，像咨询员或诊断医师一样，探究愤怒、消极等情绪表现，以及更直接和积极的热情、主动性等。
- 客户公司与个人的优先需求和偏好。
- 客户的经济体系和价值链，特别是如何服务于客户。在此过程中，我们应关注延迟、纷争和成本等关键因素。
- 所有近期的成果、计划中的开发项目，以及那些已准备妥当、准备向愿意听取合理建议的供应商提出的建议。

在根据价值链进行思考时，获取价值的机会可能源于技术领先或新服务与解决方案的提供。然而，为了全局考虑，团队必须明确客户在何处感受到压力，以及客户业务的重点优先项。通常情况下，价值链代表了两个维度的选择：

- 降低成本或提升价值；
- 通过自身活动或借助其他方的活动来实现。

团队可以通过自身行动，增加附加活动或服务来提升自身价值。在必要时，采取必要的行动以降低客户成本、减少延迟或纷争。另外，通过与客户共同考虑的其他部分来转移成本，也有助于客户降低成本。最后，公司可以将价值链其他部分的价值转移过来，以加强对客户的增值效果，如表2.20所示。

表2.20　价值链选项

|  | 成本 | 价值 |
| --- | --- | --- |
| 自己公司的行动 | （为客户）减少成本/延迟/激烈的争论 | 在自己实施的行动中增值 |
| 针对其他竞争对手的行动 | 转移客户业务其他环节的成本等等 | 取代其他竞争对手提供的价值* |

\* 不要把公司的其他领域（产品）的价值替代掉。

在思考如何为客户增值时，团队应分析客户的优先需求，并自我审视以下问题，以确定产品线在哪些领域能更有效地超越竞争对手，满足这些优先需求：

- 竞争对手目前正满足哪些优先需求？又有哪些需求他们尚未实现或未意识到？
- 在这些需求中，哪些我们能做得更好？
- 哪些需求我们能以更低的成本来满足？
- 如果我们满足了客户的每一个优先需求，他们愿意为此额外支付多少费用？
- 哪些优先需求可以同时满足，从而为客户提供最大的价值？

围绕这些问题的头脑风暴可能首先引导我们思考如何通过技术、解决方案或服务来提供这些好处。这种思路是自然的，但仅仅是个起点。团队应该进一步拓宽视野，聚焦于客户的一线业务目标，而不是仅考虑如何针对假定的问题或机会提供一个解决方案。如果我们能同时考虑技术角度和客户业务目标，那么寻找新价值的努力就更可能取得成功。之前在市场评估（SWOT分析）和市场细分（客户为什么会购买）方面所做的工作，将为我们提供这里所需的一些重要思考角度。客户业务目标的例子包括：

- 有竞争力的客户服务/关系。
- 对重大事件的应对（如合并与收购）。
- 推动增长。
- 实现兼容。
- 从竞争对手处夺取市场份额，实现自身份额的增长和/或扩大市场。
- 改善周期时间——产品上市时间。
- 优化管理/控制。
- 降低成本/减少延迟/纷争（内部或与客户的），例如：
  - 取消过多的层级；
  - 加快交易速度；
  - 增加销量；
  - 提高员工的产出；
  - 与客户接触时，授予决策权；
  - 提供更多优质的服务/合理的价格。
- 增强对突发情况和变化的应对能力。
- 积极启动既创新又逻辑清晰的项目。
- 实施复杂的交叉销售或通过信息共享建立"伙伴关系"。
- 通过提升客户价值来增强品牌价值。

在前面的各个步骤中，团队应该已经对市场形成了深入的理解（第一步"理解市场"），并确定了市场机会（第二步"市场细分"和第三步"组合分析"）。将从前面各个步骤获取的信息对应到本步骤介绍的不同框架（安索夫矩阵、技术生命周期和利润区）后，团队应该能够明确使产品线实现自己业务目标的前进方向和所需的行动措施。这些目标与行动措施共同构成了产品线的业务策略。

### 3. 制订业务计划并归档

这一步将确定的业务策略进行定义并文档化至业务计划中。业务计划应当包括产品/解决方案、定价/条款、分销、综合营销传播、支持和订单履行等关键要素。业务计划应清晰地描述产品线如何把握市场机会，以实现其设定的业务目标。

PMT依据既定的业务策略来制订业务计划。IPMT角色应为业务计划的制订提供必要的输入。随后，IPMT角色应审批由PMT所制订的业务计划。待业务策略和计划得到批准后，IPMT需要针对业务计划中的六个核心要素所制定的每一项行动，指派责任人。

（1）对制定策略相关的活动进行评审

通过这一步，团队应当对产品线客户、客户优先级、价值迁移和外部环境因素有新的见解和看法。团队应当能够回答以下问题，同时了解战略背景：

- 产品线将主要聚焦于哪些行业、地区和客户类型？
- 这些客户的优先级发生了哪些变化？
- 价值迁移模式是什么？哪些竞争对手最能满足客户需求？
- 哪些外部因素可能对产品线的业务产生最大影响？主要的不确定因素又有哪些？

（2）制订业务计划——分细分市场

制订业务计划包括四步：归档并评估准备性指示器；制定战略意图陈述；为每个细分市场制定价值陈述；根据业务计划要素制定细分市场策略。

**第一步：归档并评估准备性指示器**

准备性指示器是前面所讨论的针对目标细分市场的不同考虑（见表2.21）。其中包括：

表2.21 准备性指示器的分析与收集

| 细分市场名称 | |
|---|---|
| 2022年的收入差距（百万美元） | |
| 2022年的目标市场份额（%） | |
| 细分市场的主要机会 | |
| 业务设计评估要点 | |
| 安索夫战略和原理 | |
| 战略定位分析对战略的指示 | |
| 客户$APPEALS的优先级 | |
| 技术生命周期要点 | |
| "信息规则"要点 | |

- 收入差距/目标市场份额。
- 重要市场驱动要素，包括来源于以下分析的市场SWOT：
    - 公司（自我）分析；
    - 竞争对手分析；
    - 市场分析；
    - 形势分析。
- 业务设计评审（利润区）。
- 分细分市场的SWOT分析。
- 分细分市场的安索夫矩阵定位。
- 战略定位分析。
- 技术生命周期和利润区。
- 客户$APPEALS的差距揭示了各细分市场的关键优先级。

一旦团队归档了准备性指示器，团队就应针对每个目标细分市场进行头脑风暴，探讨应采取哪些行动以帮助产品线解决相关问题。这些行动可能涉及产品/技术的开发，或流程/能力的提升（如IPD、ISC、CRM的实施、扩大制造能力等），还可能涉及组织重整。同时，团队还应明确与这些行动相关的成本和风险,如表2.22所示。

表2.22 评估完主要的指示后确定候选行动

| 细分市场名称 | 战略行动 | 行动理由<br>(如来自SPAN、$APPEALS差距、利润区、FAN、细分市场的SWOT分析) | 行动的开发费用 | 行动的销售和一般管理费用 | 行动要素风险、可实施性、时间、依赖关系 |
|---|---|---|---|---|---|
|  |  |  |  |  |  |
|  |  |  |  |  |  |
|  |  |  |  |  |  |
|  |  |  |  |  |  |

**第二步:制定战略意图陈述**

战略意图陈述针对每个细分市场,描述了产品线如何通过为目标客户提供独特价值,以取得卓越业绩(产品线将如何构建持久的竞争优势并实现显著利润)。战略意图"展现出期望的领导地位,并设定组织用以规划其发展的标准……同时,战略意图并非仅仅是远大的抱负……这一概念还涵盖了一个积极的管理过程,包括:将组织的重心置于如何取得胜利;通过宣扬目标价值来激发员工的积极性;促使个人和团队充分发挥潜力;随着环境变化,提供新的运作定义以保持热情;并始终用战略意图来指导资源的分配……对于一个组织而言,战略意图的范围十分广泛,当前的能力和资源往往难以满足其需求。这促使组织更具创新精神,最大限度地利用有限的资源。尽管传统的战略观念主要关注现有资源与当前机会之间的协调匹配,但战略意图可能导致资源和宏伟目标之间存在极大的不匹配……"(加里·哈默尔和C.K. 普拉哈拉德,哈佛商业评论,1989)。

总的来说,战略意图陈述应控制在60字以内或不超过10点。它应简明扼要,明确描述实现成功所需的关键目标、活动和时间。每个陈述应被视为一个承诺(而非仅仅是愿望),并将成为产品线针对每个选定细分市场的行动计划的基础，如表2.23所示。

表2.23　制定简要的战略目标描述

| 细分市场的名称 | |
|---|---|
| 战略目标描述 | 我将做什么？（明确2~3个目标描述。）<br>-<br>-<br>-<br>我们将如何执行我们的战略目标？（明确2~3项概要的行动描述。）<br>-<br>-<br>-<br>为了实现我们的战略目标，我们将使用哪些战略控制点？（请描述。） |

针对战略意图陈述的构思，团队可考虑以下主要主题：

- 选定的细分市场上的产品、产品包或解决方案（含确定的主要新开发项目）；
- 创新或转型的举措；
- 渠道或伙伴关系的建设，包括设立的里程碑及时间安排；
- 竞争地位的规划；
- 需要完成的内部（我们自身）变革，包括相关的时间安排。

**第三步：为每个细分市场制定价值陈述**

针对每个细分市场，团队应当深入了解的关键因素是"客户为什么选择从我们公司购买产品"。在构建价值陈述时，团队应明确知晓，建立品牌价值所需的努力以及品牌价值如何转化为实际的价值，如图2.39所示。

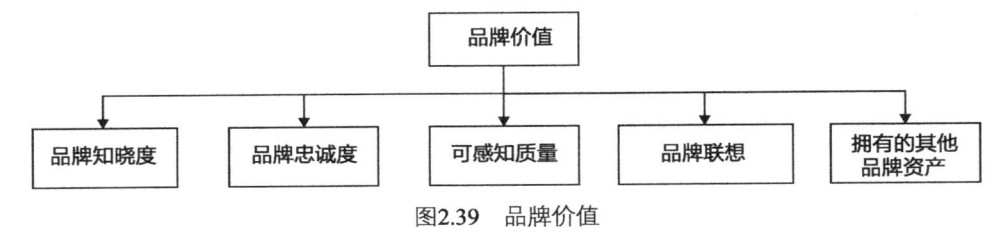

图2.39　品牌价值

营销的艺术，其核心在于品牌的建设。如果某物缺乏品牌，很可能被视为普通商品，此时价格便成为决定性的因素。一旦价格成为唯一关键，那么只有成本控制得当的厂家能够胜出。然而，仅仅拥有一个品牌名称并不足够。这个品牌名称究竟意味着什么？它会引起人们怎样的联想，关联到哪些特性和期待？它能激起多大的偏好？如果它仅仅是个品牌名称，那么它便不能称之为真正的品牌。

品牌价值是与品牌名称和标记紧密相连的一系列资产（及负债），它们能够提升（或降低）产品包或服务为公司及其客户所创造的价值。通常而言，品牌价值涵盖：

**品牌知晓度。** 与品牌知晓度相关的价值体现在：能够激发人们的多种联想；带来熟悉感和喜爱感；作为公司实力与承诺的标识；作为"备选品牌"的考虑对象。

**品牌忠诚度。** 与品牌忠诚度相关的价值体现在：降低营销成本；利用交易杠杆；通过增强品牌认知或提供信心吸引新客户；对竞争对手威胁的快速响应。

**可感知质量。** 与可感知质量相关的价值体现在：作为购买决策的依据；形成差异化与定位；影响价格设定；对渠道成员的利益；品牌延伸的潜力。

**品牌联想。** 与品牌联想相关的价值体现在：辅助流程/信息回忆；作为购买决策的依据；塑造特定的品牌态度与情感；品牌延伸的可能性。

最终，这四类品牌价值将为客户及我们公司带来实际价值。以下是为客户创造价值的几个具体实例：

- 简化信息处理过程；
- 增强购买决策的信心；
- 提升使用满意度。

对于我们公司而言，品牌价值能够带来以下益处并促进：

- 营销项目的效率与效果；
- 品牌忠诚度；
- 价格优势与利润增长；
- 品牌延伸的潜力；
- 交易杠杆的增强；
- 竞争优势的巩固。

在准备价值陈述时，团队应明确品牌能为客户带来的好处（价值）。品牌的价值陈述旨在阐述该品牌为客户提供的在功能、情感和自我表现方面的益处与价值。一个有效的价值陈述应构建品牌与客户的紧密关系，并推动购买决策。

**功能好处**。这基于产品特性——能够为客户提供实用的功能。此类好处通常与提供的产品和服务的实际功能直接相关。功能好处，特别是基于特性的功能好处，与客户的决策过程和使用体验紧密相连。

**情感好处**。当特定品牌为客户带来正面的情感体验时，即表明该品牌提供了情感好处。卓越的品牌往往融入情感好处。情感好处使品牌的拥有和使用变得更有意义且深刻，从而可能创造出与众不同的使用体验——一种充满情感的体验，使品牌更具分量。

**自我表现好处**。品牌和产品可以成为个人自我概念的象征。通过提供一种方式，让个人能够传达其自我形象，品牌便能提供自我表现好处。当品牌提供自我表现好处时，品牌与客户之间的联系便更有可能得到强化。

在进行具体定位时，产品线应考虑以下可能的来源：

**特性定位**。一个公司根据某些特性来定位自己。例如，一家啤酒公司可能声称自己是历史最悠久的啤酒生产商；一家饭店则可能宣称自己是本市最高的饭店。然而，仅仅根据一个特性进行定位通常并不理想，因为它缺乏明确的好处。

**优点定位**。产品包声称具备某项优点。比如，汰渍洗衣粉可能强调其洗得更干净；沃尔沃则可能强调其汽车的安全性。销售人员主要倾向于使用优点定位方法。

**使用/应用定位**。将产品包定位为在某个特定应用中表现最佳。例如，耐克可能将其一款鞋描述为最佳跑鞋，而将另一款鞋描述为最佳篮球鞋。

**用户定位**。产品包针对特定的目标用户群进行定位。比如，苹果电脑可能将其电脑和软件描述为最适合图表设计人员；Sun微系统则可能宣传其工作站计算机是设计工程师的最佳选择。

**竞争对手定位**。产品包表明其相对于竞争对手产品的优势或差异性。例如，Avis（一家汽车租赁公司）可能宣称自己是一家"更卖力"的公司（暗指比Hertz更努力）；7 UP则可能将自己定位为非可乐产品的领先品牌。

**品类定位**。一家公司可能将自己描述为某个品类的领导者。例如，柯达与胶卷紧密相关；施乐则与复印机紧密相关。

**质量/价格定位**。产品包根据一定的质量和价格水平进行定位。例如，香奈尔5号可能定位为高品质且价格高昂的香水；而Taco Bell则可能强调其墨西哥煎玉米卷具有高性价比。

在利用价值陈述进行具体定位时，团队应当避免以下几个在品牌定位过程中常见的误区：

**定位过低**。过度强调购买该品牌的强大好处或原因。

**定位过高**。定位过于狭窄，导致一些潜在客户可能因觉得品牌过于高端而忽视该品牌。

**混淆定位**。宣称品牌拥有两个或两个以上相互矛盾的优点。

**不相干定位**。宣称一种较少有人关心的优点。

**令人怀疑的定位**。宣称某种优点，但消费者对品牌或公司能否真正提供这一优点产生怀疑。

一般来讲，价值陈述旨在全面阐述品牌价值的各个要素，并解答客户心中的疑问："我为什么从你那里购买产品？"它包括七个核心要素：目标客户、需求、产品/产品包名称、类型、关键利益、主要竞争对手产品、主要的差异化优势，如图2.40所示。因此，在撰写价值陈述时，应遵循以下结构：

对于（目标客户）而言，当面临（需求）时，（产品/产品包名称）正是（类型）中能够提供（关键利益）的理想选择。相较于（主要竞争对手产品），我们的产品具有（主要的差异化优势）。

| 目标客户 | 电信运营商 |
| --- | --- |
| 需求 | 需要高质量和可操作性的视频会议系统，向企业客户提供视频会议服务 |
| 产品/产品包名称 | 视频会议解决方案 |
| 类型 | 电信增值服务 |
| 关键利益 | 使运营商能够向企业客户提供完整的视频会议服务，增加业务收入和利润 |
| 主要竞争对手产品 | H公司、T公司的解决方案 |
| 主要的差异化优势 | 清晰度高，满足远程会议要求；易操作；支持的终端数更多 |

图2.40　价值定位应该回答"我为什么从你那里购买产品？"（示例）

**第四步：根据业务计划要素制定细分市场策略**

策略是指为实现产品线目标"所要做的正确的事情"。正如迈克尔·波特所描述的，通常而言，成功的策略主要有三种：

①成本领导策略；

②产品包差异化优势策略；

③专注于客户的营销策略。

在确定每个细分市场的策略时，团队应重点考虑在六个业务计划要素方面所需采取的各项行动措施，如表2.24所示。

表2.24　业务计划各要素——有代表性的选项

| 产品包 | 销售渠道 | 订单履行 |
|---|---|---|
| • 延伸 | • 覆盖率 | • 可获得性 |
| • 包装 | • 渠道 | • 交付方式 |
| • 性能 | • OEM | • 库存水平 |
| • 质量 | • 销售队伍 | • 退货 |
| • 整合 | • 集成的程度 | • 升级 |
| • 利用杠杆作用或进行组合 | • 主要客户群 | |
| • 竞争迁移 | | |
| • 新技术 | | |
| **定价/条款** | **技术支持** | **综合营销传播** |
| • 财务 | • 客户支持 | • 品牌价值 |
| • 保修 | • 技术支持 | • 定位 |
| • 促销 | • 协议 | • 广告 |
| • 激励 | • 专门人员的培训 | • 营销宣传 |
| • 条件 | • 服务水平 | • 推销 |
| • 定价及运作总成本 | • 销售计划资源 | • 推荐书/样板点 |

（如果你对自己目前的市场地位不满意，可以对业务计划的构成要素进行组合，针对目标客户或合作伙伴进行一次业务模式转变。）

**产品包**。产品包包括增加、减少和修改了什么、设计、包装、品牌、定位和技术。可以考虑以下行动：延伸、包装、性能、质量、整合、杠杆或合并、竞争迁移及新技术。制订产品包策略和计划包括以下活动：

①制定初步的产品包/解决方案策略；

②分析当前和潜在的产品包/解决方案；

③分析产品包/解决方案差距；

④评审当前的命名策略；

⑤制定技术策略；

⑥文档化确定产品包/解决方案策略；

⑦产品包/解决方案需求陈述；

⑧制定开发基础架构策略；

⑨制定命名策略。

**销售渠道**。渠道（包括内部、外部和业务伙伴）与销售队伍共同构成了分销销售体系。分销销售涉及以下行动：确定范围、选择渠道、与原始设备制造商合作、管理销售队伍、实现一定程度的集成以及关注主要客户。制订分销策略和计划涉及以下活动：

①分析不同的分销方案及其成本；

②评估市场及细分市场的特性；

③评估产品包或解决方案的特性；

④分析当前的分销计划；

⑤制订分销计划；

⑥文档化并确定渠道的运作原则；

⑦确定分销的财务影响；

⑧文档化分销策略和计划的制订。

**订单履行**。订单履行包含以下行动：确保产品可获得性、确定交付模式、管理库存水平、处理退回的产品以及进行产品升级。而制订订单履行策略和计划则涉及以下活动：

①确定订单履行策略和计划的具体内容；

②将确定的订单履行策略和计划进行文档化记录。

**定价/条款**。涉及定价相关内容。在定价/条款方面，可以采取以下行动：财务规划、保修政策、促销活动、市场推广、条款制定、定价策略以及全面成本控制。制订定价/条款策略和计划包括以下活动：

①明确定价和促销策略和计划；

②确定财务策略和计划；

③确立特有条款和保修策略和计划；

④将定价/条款（包括定价、促销、财务、特有条款和保修）的策略和计划进行文档化记录。

**技术支持。**涉及客户服务级别的相关内容。在技术支持方面，可开展以下活动：客户支持、技术协助、协议管理、特殊培训、服务级别设定以及销售计划资源的调配。制订产品包策略和计划包含以下活动：

①明确支持和服务策略和计划；

②确立培训策略和计划；

③确定销售专家所需的销售计划要素；

④制定技术策略——协助进行技能培养差距分析，并评估技能建设方面的可行方案；

⑤将确定的支持策略和计划进行文档化记录。

**综合营销传播。**针对公司和事业部市场的宣传和推销工作。在综合营销传播方面，可开展以下活动：品牌价值塑造、市场定位、广告投放、市场宣传、促销活动以及证据点的构建。制订综合营销传播策略和计划涉及以下活动：

①明确目标受众；

②将确定的宣传信息和主题进行文档化记录；

③将综合市场宣传策略和计划进行文档化整理。

一旦为每个目标细分市场制定了策略，团队就应仔细审查与这些策略相关的风险。风险评估在制订行动计划时至关重要。一般而言，风险可以分为以下三类：

①市场风险，这会影响产品包在市场上的接受度以及整个市场规模。

②技术风险，这会影响所确定的技术性能或产品的及时可获得性。

③财务风险，这会影响产品的日常成本和利润率，或者开发费用和投资回报周期。

最后，团队应当在"策略总结电子表"中，结合业务计划框架，对策略进行归档。

细分市场的业务计划与初步的产品线业务计划应涵盖所有业务计划要素的策略和计划，包括产品包、销售渠道、订单履行、定价/条款、技术支持、综合营销传播（见表2.25）。

表2.25　明确业务计划各要素的具体行动

| | |
|---|---|
| 产品包方面的行动 | |
| 销售渠道方面的行动 | |
| 订单履行方面的行动 | |
| 定价/条款方面的行动 | |
| 技术支持方面的行动 | |
| 综合营销传播方面的行动 | |

完成业务计划的制订后，团队便可将计划与IPMT进行沟通交流，并争取获得IPMT对业务计划的批准，如图2.41所示。

## 五、整合并优化业务计划

MM流程的第五步是"整合并优化业务计划"。在此步骤中，团队将在第四步和初步的产品线业务计划的基础上，对业务计划要素进行系统整合与优化。特别地，我们将专注于产品包要素的项目组合和路标规划，以确保制订出产品线的业务策略和业务计划。

# DSTE——从战略到执行

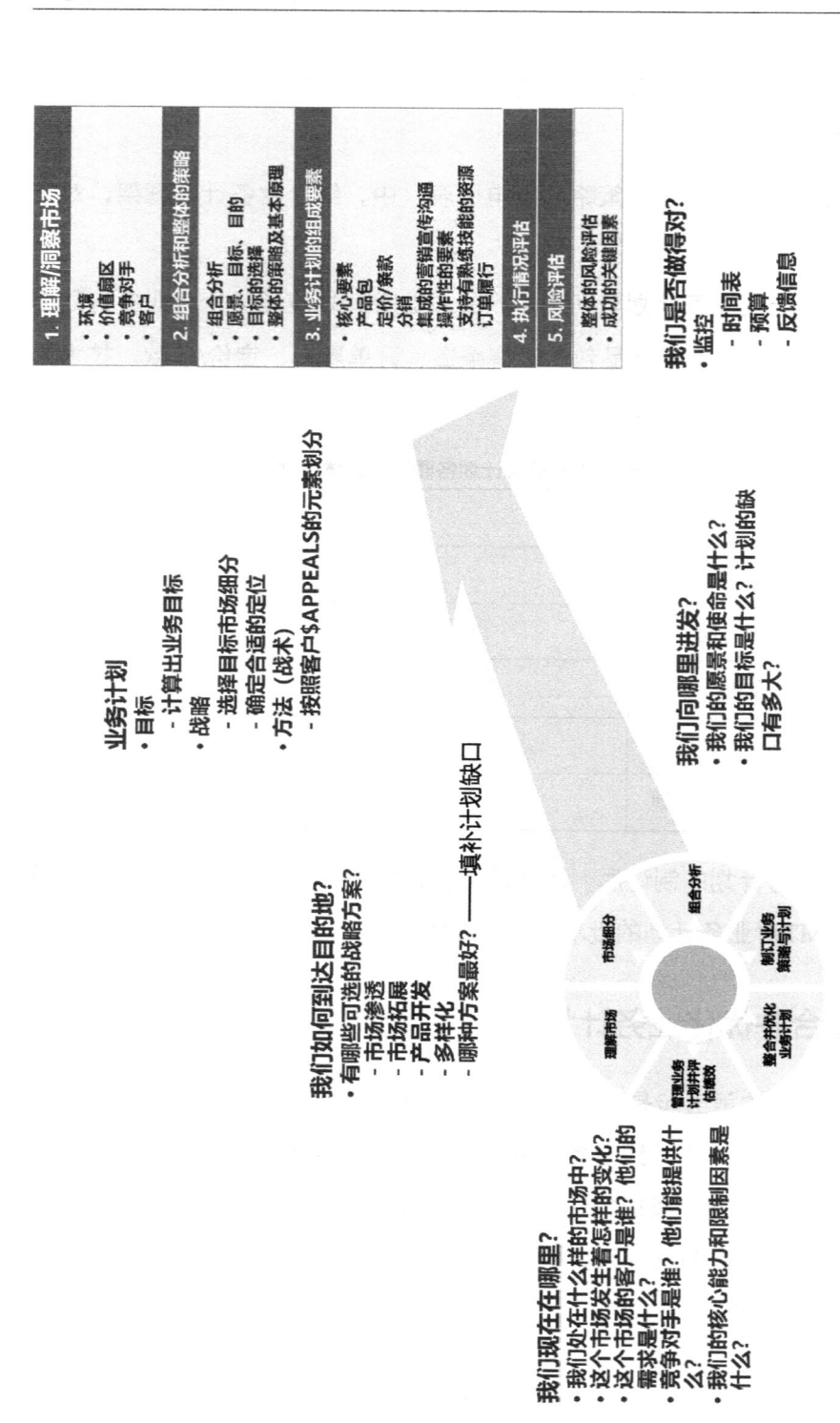

## 1. 理解/洞察市场
- 环境
- 价值细分
- 竞争对手
- 客户

## 2. 组合分析和整体的策略
- 组合分析
- 愿景、目标、目的
- 目标的选择
- 整体的策略及基本原理

## 3. 业务计划的组成要素
- 核心要素
- 产品包
- 定价/条款
- 分销
- 集成的营销宣传沟通
- 操作性的要素
- 支持有熟练技能的资源
- 订单履行

## 4. 执行情况评估

## 5. 风险评估
- 整体的风险评估
- 成功的关键因素

**我们是否做得对?**
- 监控
  - 时间表
  - 预算
  - 反馈信息

**业务计划**
- 目标
  - 计算出业务目标
- 战略
  - 选择目标市场细分
  - 确定合适的定位
- 方法 (战术)
  - 按照客户$APPEALS的元素划分

**我们如何到达目的地的战略性方案?**
- 有哪些可选的战略方案?
  - 市场渗透
  - 市场拓展
  - 产品开发
  - 多样化
  - 哪种方案最好? ——填补计划缺口

**我们向哪里进发?**
- 我们的愿景和使命是什么? 计划的缺口有多大?
- 我们的目标是什么?

**我们现在在哪里?**
- 我们处在什么样的市场中?
- 这个市场发生着怎样的变化?
- 这个市场的客户是谁? 他们的需求是什么?
- 竞争对手是谁? 他们能提供什么?
- 我们的核心能力和限制因素是什么?

(轮盘图: 理解市场 / 市场细分 / 组合分析 / 制订业务策略与计划 / 整合优化业务计划 / 管理业务计划并评估绩效)

图2.41 业务计划框架

当我们针对某一产品线进行业务战略及规划时，该步骤的基本概况如表2.26所示。

**表2.26　整合并优化业务计划的基本概况**

| 目的 | • 整合并优化产品线业务计划，在产品线和公司范围内，对业务计划中识别出的产品包进行优先级排序，并建立产品包路标，以明确所需的投资 |
|---|---|
| 活动 | • 获取评审点上高层主管对第四步完成的业务计划结果的反馈意见、见解及方向指示<br>• 识别细分市场业务计划中的产品包<br>• 将产品包划分至不同的产品线<br>• 在产品线内部整合并优化业务计划<br>• 预算/资源分配<br>• 组合决策标准<br>• 跨产品线整合并优化业务计划<br>• 确定产品线的产品平台<br>• 进行管道管理<br>• 输出产品包路标 |
| 输出 | • 优化的产品线业务计划<br>• 产品线的项目组合<br>• 产品线的产品包路标<br>• 整个公司的产品路标 |

### 1. 内部衔接和优化业务计划

细分市场业务计划旨在制定针对特定细分市场的具体活动和策略。在这一步，各细分市场业务计划与产品组合策略将在产品线内部进行整合优化，以确保组合能够达成或超越产品线经营目标。根据可用资源（包括预算、人力资源、现金流），产品线将对业务计划中的不同业务要素进行整合，特别是产品包要素。

产品线业务计划是细分市场组合与产品组合战略计划及财务承诺的书面表达。经过"白皮书"或产品线业务计划概要的总结，形成产品线业务计划（以胶片形式），随后提交给IPMT/IRB进行评审。这一过程需要与公司业务战略和预算保持协同。一旦与业务战略和预算相协调的组合提案获得批准，即可将产品线业务计划分发给其他流程的使用者以执行实施。

此步骤涉及对资源、细分市场和产品包/解决方案策略的整合。

产品线根据公司下达的总体要求，进行目标分解和费用分配，并在各产品族/产品间进行资源的调配和优化。

费用的预算是依据财务的预算流程来执行的，作为MM流程的重要支撑，它提供了业务计划所需的所有财务核算与预算的数据，并将这些数据纳入产品线的业务计划中。主要的财务支持包括：

- 产品线/产品/解决方案历年来的损益数据（涵盖销售收入、销售成本、服务成本、制造毛利率、销售毛利率、直接费用、税前利润、税前利润率、研发费用、销售费用、研发费用投入产出比等）；
- 主要解决方案/产品历年来的盈亏数据；
- 主要解决方案/产品的成本及其变化情况；
- 主要竞争对手相关产品/解决方案的财务情况；
- 产品线/产品/解决方案年度规划目标的损益数据。

人力资源预算是通过管道管理流程来确定的。基于客户对产品包/产品版本的特性需求，利用人力预算工具对所需开发人力进行精确测算。PMT根据测算结果，并结合业务目标的预测情况，提出相应领域的人力资源计划及其分配建议。

### 2. 制定项目组合与产品路标规划

这一步旨在制定一套经过战略和投资计划调整的产品组合，以优化我们的总体业绩目标。该计划将体现各方达成共识的收入、费用、资源和项目。此步骤的重点在于对产品线内的不同产品包（包括新的和现有的）进行优先级排序。基于排序结果，PMT将根据可用资源，向IPMT提出产品线的投资领域建议。特别地，需要根据优先排序和依赖关系，把握客户需求，确定产品及产品组合的节奏，明确投资时间，并制定相应的产品路标。

PMT将提出投资优先级建议和产品路标，IPMT将对这些建议进行审批，并对投资和路标进行承诺。对于全新产品，还需要向IRB进行汇报。

（1）版本火车计划

PMT根据产品包路标规划的结果，以及版本配套关系和迁移策略，制订本领域的产品版本火车计划，即在某个规划时间点上，在不同时间启动开发的配套产品/版本/技术的开发项目，以及可能的合作项目要在这个时间点上统一完成，并配套组合为完整的产品包/解决方案。这种对整体产品包或解决方案配套版本的规划，称为版本火车计划。

（2）组合决策标准

PDC（Portfolio Decision Criteria，组合决策标准）是一种通过大家一致认可的决策标准，对不同产品包进行优先级划分的方法。该方法包含六个步骤，如图2.42所示。

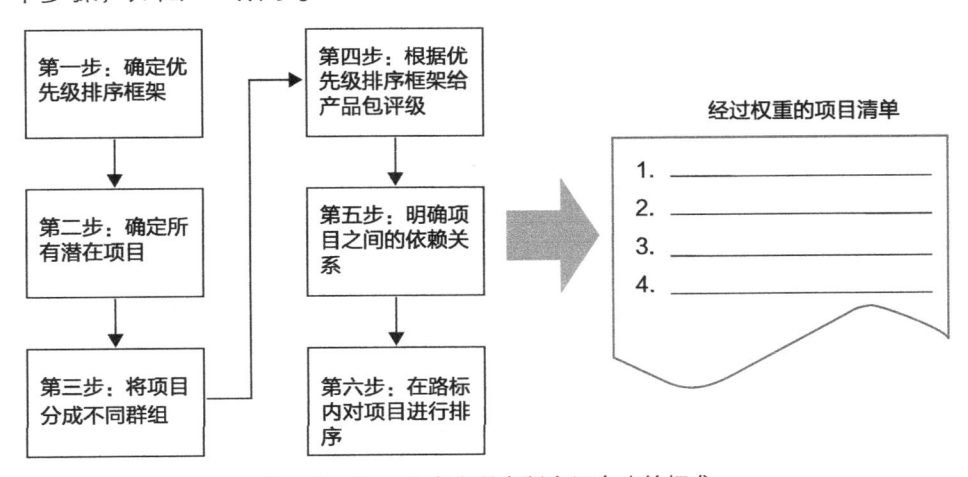

图2.42　按照六步流程来制定组合决策标准

**第一步：确定优先级排序框架**

确定优先级排序框架本身有三个子步骤。

①明确分类模型。团队应使用不同的模型对不同产品包进行分类，鉴于每个产品包具有不同的性质，需要赋予不同的权重作为评估依据。为区分产品性质，建议采纳两种方法。一是运用安索夫产品模型（见图2.43，与先前

提及的安索夫矩阵相似），二是进行战略定位分析与财务分析。安索夫产品模型要求从市场成熟度和产品包成熟度两方面对产品包进行分类。

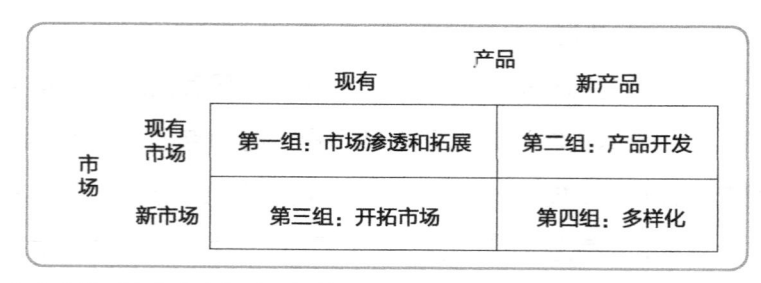

|  | 产品 | |
|---|---|---|
| 市场 | 现有 | 新产品 |
| 现有市场 | 第一组：市场渗透和拓展 | 第二组：产品开发 |
| 新市场 | 第三组：开拓市场 | 第四组：多样化 |

注：安索夫产品模型和安索夫矩阵之间的区别是，安索夫矩阵关注市场机会，即细分市场，而安索夫产品模型关注产品包。

图2.43　安索夫产品模型

②确定评估属性和要素。团队应当深入分析产品包为产品线所带来的利益与成本，并确立一套完善的评估标准，包括属性及其要素，以便对不同产品包进行有效评估。在考虑评估要素时，团队应特别留意避免要素重叠，如收入和毛利，确保每个要素的独特性。建议包含以下属性及评估要素，具体如图2.44所示。

属性　　　　评估要素　　　　评估子要素

市场吸引力
- 市场规模
- 竞争强度
  - 客户/供应商压力
  - 直接/间接竞争
  - 进入威胁
- 市场增长
- 战略价值

竞争地位
- 市场份额
- 产品优势
- 品牌优势
- 成本结构

财务
- 开发费用
- 增加的税前收入
- 对现金流的贡献

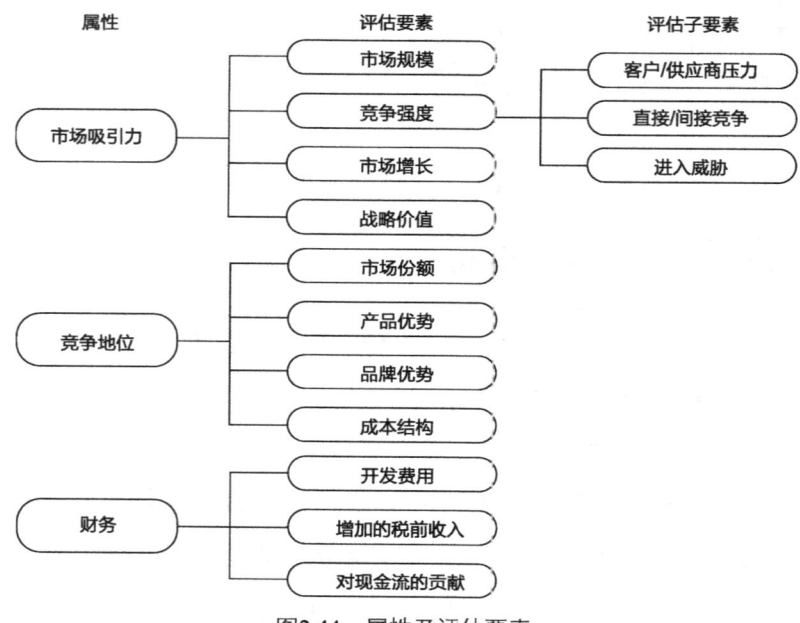

图2.44　属性及评估要素

- 市场吸引力：市场规模、市场增长、竞争强度和战略价值。
- 竞争地位：市场份额、产品优势、品牌优势和成本结构。
- 财务：开发费用、增加的税前收入、对现金流的贡献。

③为每个要素分配权重。根据分类模型，团队应确定不同分类群中各评估要素的权重。举例来说，对于新市场中的新产品，由于其主要目标可能仅仅是进入该市场，因此财务要素在此情境下应被视为次要考量。

**第二步：确定所有潜在项目**

在这一步，团队应列出产品线业务计划中建议的所有产品包，涵盖新产品包与已成熟的老产品包。具体细节应包括：简单的项目描述、当前所处的IPD开发阶段、预期的一般可获得性目标日期、预计收入、预计税前利润率、预计的开发费用等。

**第三步：将项目分成不同群组**

根据分类模型所确定的两个方面，团队应当将产品包划分为不同的群组。在决定是将产品包定位于新市场还是现有市场时，可考虑以下要点：

- 核心问题是：产品线是否深入理解了客户对产品的欲望和需求？是否建立了有效的客户沟通机制来回应这些需求？产品线是否已在此市场有销售记录？如果已有产品在该市场销售，则此市场为现有市场。
- 现有市场意味着产品线已具备必要的竞争力（如销售渠道、技术实力、订单履行能力等）以在此市场进行角逐。
- 现有市场同样可指那些我们已被公认为关键参与者的市场。

在确定产品包为新产品包还是现有产品包时，团队需要考虑以下几点：

- 该产品包在产品生命周期中所处的阶段（如导入、增长、成熟或衰退）。如果该产品包在整个市场中（不仅限于我们）处于导入或增长阶段，则视其为新产品包。反之，如果处于成熟或衰退阶段，则属于现有产品包。
- 新产品包需要涉及全新的产品线开发资料，如市场计划、规格、服务计划和其他**IPD**交付件，而非仅对现有资料进行修改。例如，即使某产品包为产品线在某一市场的首个产品，但如果竞争对手已在市场上推出类似产品，它仍被视为新产品。

- 单纯的特性升级或增加少数小特性，不应视作新产品包。

根据安索夫分类方法，所有产品包可以分为四类：

第一类：市场渗透或扩展——现有市场中的现有产品。

第二类：产品开发——现有市场中的新产品。

第三类：开拓市场——新市场中的现有产品。

第四类：多样化——新市场中的新产品。

**第四步：根据优先级排序框架给产品包评级**

随后，团队需要根据第一步所确立的评估要素，对每个产品包进行评级。只要确保所有项目采用统一标准，即可采用"高—中—低"评级标准。由于团队是在相对基础上对不同产品包进行比较的，因此"高—中—低"评级标准足以区分各产品包。团队应通过研讨会共同进行排序工作，确保所有关于产品包的假设前提和考虑因素在研讨会中得到充分讨论。鉴于某些评分较为主观，研讨过程中团队成员达成共识至关重要。同时，对于其他要素（如财务要素），支持各产品包评级所需的数据各有不同，结果的质量将直接取决于团队所搜集数据的准确性。

完成每个产品包级别的确定后，团队应将结果输入组合决策标准模型。模型将根据输入的评级情况，为每个产品包提供组合决策标准得分。该得分综合考虑了所有相关因素，反映了产品包对于产品线的重要性，从而明确了产品包的优先级。

**第五步：明确项目之间的依赖关系**

团队应明确各产品包之间的依赖关系，因为这些关系将影响组合路标。得分较高的产品包可能对其他产品包存在严重依赖。团队在确定依赖关系时，应重点关注技术依赖性，即分析在开发过程中是否需要使用其他

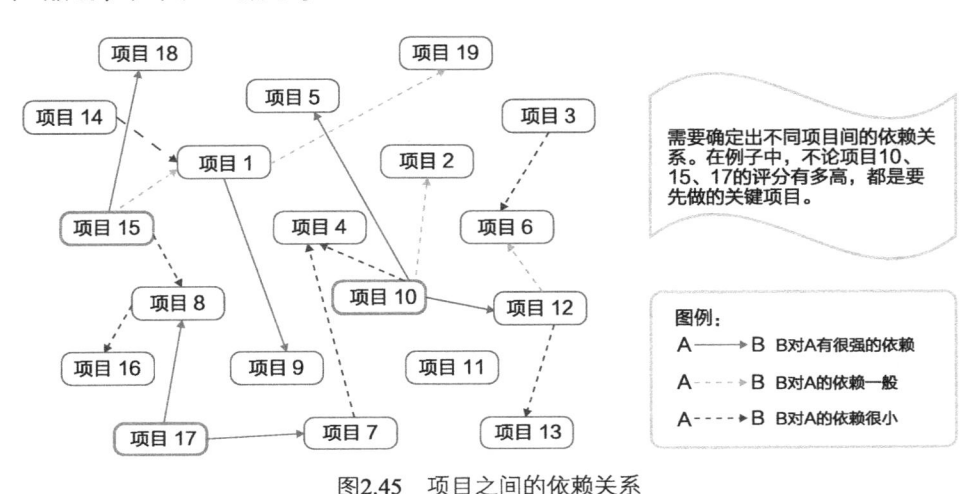

产品包,如图2.45所示。

图2.45 项目之间的依赖关系

**第六步:在路标内对项目进行排序**

经过前面五个步骤,团队现在应获得两个分数:每个产品包的组合决策标准得分及依赖关系得分。这两套信息将帮助团队确定优先级排序。如前所述,组合决策标准得分反映了产品包对产品线的重要性。而依赖关系得分则通过解决相关的先决条件问题,确保组合决策标准得分较高的产品包能够顺利推进。

基于规划阶段所分配的可利用资源,团队可设定下一阶段的"截止线"。随后,团队可绘制下一阶段的产品包开发路标:

- 位于"截止线"上方的新的和现有产品包应纳入路标,并优先处理组合决策标准得分较高的产品包;
- 对于"截止线"下方的新的和现有产品包,需要重新评估其是否继续留在组合中。如果决定保留,则需要调整"截止线";而在下一规划期间,位于"截止线"下方的新产品包将不予考虑。然而,团队可考虑将这些产品包留至后续阶段,因环境可能变化,使这些产品包变得更具吸引力。

所有产品包可以分为四类:

- 买进。对这些产品包进行投资，并将其列为重点产品。
- 持有。继续对这些产品包进行投资，并监控其进展情况。在资源变得紧张时，可考虑将其从组合中移除。
- 观望。在下一组合中暂时不考虑这些产品包，待下一阶段评估时再做考虑。随着资源的释放，可考虑重新将这些产品包纳入组合。
- 卖掉。完全不考虑这些产品包在组合中的位置，并放弃相关想法。

基于优先级排序后的项目清单，会有不同的IPD流程考虑，如图2.46所示。

### 3. 总结并整合产品线业务计划

完成组合分析后，团队应明确产品线路标中的不同产品包。此时，团队应归档各产品包的概要信息。为支持产品线IPMT的决策流程，团队应使用产品线预测表，汇总所有产品包的相关信息。

从上述模型可见，团队需要收集与产品包相关的以下信息：

- 当年产品表现情况（各R版本，即各产品型号），涵盖上市月数、平均目标价格、当年收入（国内和国际）、成本（开发费用、基本制造成本）及销售与一般管理费用（见产品线预测表）；
- 各产品包在各目标细分市场的分解情况；
- 各细分市场当年的市场机会；
- 未来三年细分市场机会的预计增长情况，以及预计在各细分市场上我们的市场份额增长情况。

团队需要将数据汇总进组合模型中，以呈现清晰的组合图。另外，组合模型应列出团队所使用的所有假设前提。假设前提对模型的制定至关重要，因为审视这些假设前提有助于读者评估模型的可靠性。他们可以对假设前提而非模型结果提出质疑。此外，通过调整假设前提，团队和读者可进行情景分析，以探讨不同情景对组合的影响。

将所有数据输入模型后，将生成清晰的图表，展现我们的市场份额、市场份额的增长情况，以及产品线收入的预计。

# 第二章 市场管理

**IPD流程需要考虑的事项（仅作为例子）**

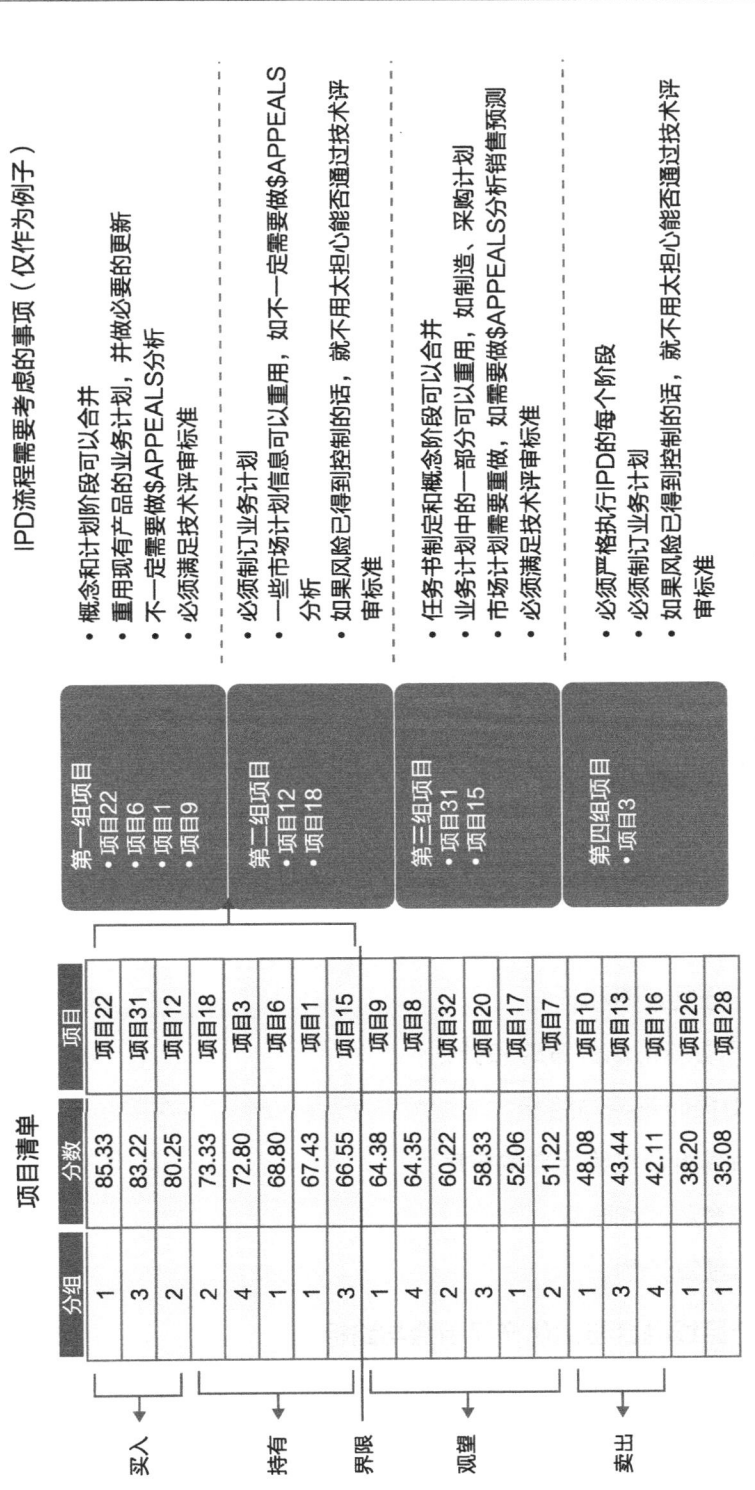

第一组项目：
- 概念和计划阶段可以合并
- 重用现有产品的业务计划，并做必要的更新
- 不一定需要做$APPEALS分析
- 必须满足技术评审标准

第二组项目：
- 必须制订业务计划
- 一些市场计划信息可以重用，如不一定需要做$APPEALS分析
- 如果风险已得到控制的话，就不用太担心能否通过技术评审标准

第三组项目：
- 任务书制定和概念阶段可以合并
- 业务计划中的一部分可以重用，如制造、采购计划
- 市场计划需要重做，如需要做$APPEALS分析销售预测
- 必须满足技术评审标准

第四组项目：
- 必须严格执行IPD的每个阶段
- 必须制订业务计划
- 如果风险已得到控制的话，就不用太担心能否通过技术评审标准

**第一组项目**
- 项目22
- 项目6
- 项目1
- 项目9

**第二组项目**
- 项目12
- 项目18

**第三组项目**
- 项目31
- 项目15

**第四组项目**
- 项目3

**项目清单**

| 分组 | 分数 | 项目 |
|---|---|---|
| 1 | 85.33 | 项目22 |
| 3 | 83.22 | 项目31 |
| 2 | 80.25 | 项目12 |
| 2 | 73.33 | 项目18 |
| 4 | 72.80 | 项目3 |
| 1 | 68.80 | 项目6 |
| 1 | 67.43 | 项目1 |
| 3 | 66.55 | 项目15 |
| 1 | 64.38 | 项目9 |
| 4 | 64.35 | 项目8 |
| 2 | 60.22 | 项目32 |
| 3 | 58.33 | 项目20 |
| 1 | 52.06 | 项目17 |
| 2 | 51.22 | 项目7 |
| 1 | 48.08 | 项目10 |
| 3 | 43.44 | 项目13 |
| 4 | 42.11 | 项目16 |
| 1 | 38.20 | 项目26 |
| 1 | 35.08 | 项目28 |

买入、持有、界限、观望、卖出

图2.46 基于优先级排序的项目清单及项目分组

根据产品包的优先级排序、它们的组合决策标准得分及依赖关系得分，团队可以制定出产品线产品包路标、投资组合建议，以及根据业务需求所需的人力资源投入预算。完成这些后，业务计划即可提交给IPMT进行评审。

经过产品线内部的融合与优化，提交给IPMT/IRB评审的产品线业务计划应包含以下主要内容：

- 产品线订货与收入目标，并将目标分解至所选择的细分市场，确保每个细分市场收入目标实现的可行性；
- 各细分市场的概要行动计划，制定细分市场战略目的陈述，明确细分市场价值主张，确认其与产品线战略的一致性；
- 产品包/解决方案的策略与计划，路标版本实施计划及迁移计划，版本火车及其配套关系，确定重要版本及解决方案的发布策略与计划；
- 分销与合作策略和计划；
- 综合营销传播策略和计划；
- 定价策略和计划；
- 技术服务策略和计划；
- 订单履行策略和计划；
- 业务分层策略和计划；
- 新领域/新市场的策略和计划；
- 技术/预研策略与路标；
- 产品线组合决策标准的排序；
- 人力资源计划预算；
- 费用预算计划。

### 4. 跨产品线融合与优化产品组合与路标

这一步重点是确保在产品线间进行资源的最优分配，以达到最佳的产品投资效果。

IRB在收到并评审完来自每个产品线的所有产品包路标后,便可进行全公司的排序工作。在此过程中,IRB应确认组合决策标准模型中的评估要素及其相应的权重。完成排序后,即可形成我们整体的产品包优先级排序清单。基于跨产品线不同产品包的排序结果,IRB随后就能决定资源的分配方式,如图2.47所示。

IRB在此步骤中扮演关键角色,是跨不同产品线间分配资源的决策主体。IPMT为向其产品线分配资源提供理由,而C-PMT则是此步的具体执行者,从公司整体角度分解业务目标,评估资源投入的均衡性和合理性,并协助IRB进行决策。

各产品线在完成组合决策标准排序和路标制定后,可能会意识到对资源的需求增加。此时,产品线需要向IRB提出追加资源申请及理由。应明确,新增资源可能来自其他产品线。因此,在阐述理由时,产品线应重点分析增加资源能为公司带来的额外利益(如战略、财务等方面)。这些额外利益应超过其他产品线利用相同资源所能带来的好处。

## 六、管理业务计划并评估绩效

MM流程的第六步是"管理业务计划并评估绩效"。这一步旨在监控第五步输出的公司/产品线业务计划的实施情况,同时针对新产品制定产品路标规划,并拟定新产品开发项目的项目任务书,涵盖初始产品包业务计划。此外,本步还进一步评估MM流程的效果与效率。

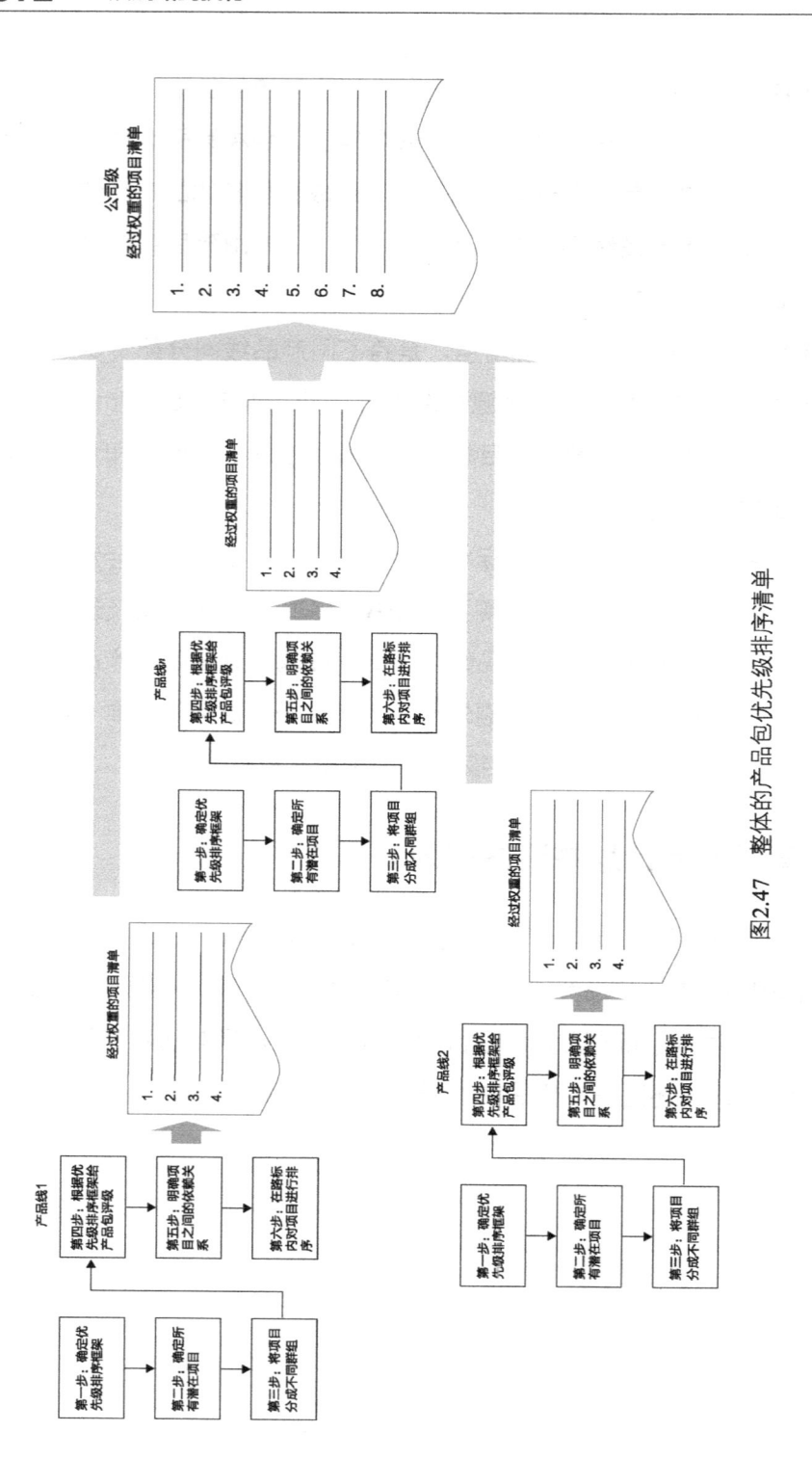

图2.47 整体的产品包优先级排序清单

关于"管理业务计划并评估绩效"这一步骤的基本概况，如表2.27所示。

表2.27 管理业务计划并评估绩效的基本概况

| | |
|---|---|
| 目的 | • 执行业务计划，评估业务绩效，针对存在的差距和问题提出纠正措施 |
| 活动 | • 在评审点上，获得高层主管对第五步完成的产品线路标结果的反馈意见、见解及方向指示<br>• 管理并执行业务计划<br>• 初始的产品包/解决方案业务计划书<br>• 项目任务背景材料<br>• 产品包的项目任务书<br>• 评估业务绩效<br>• 评估流程的效果与效率 |
| 输出 | • 初始的产品包业务计划以及项目任务书背景材料<br>• IPD PDT 项目任务书<br>• 绩效评估及纠正行动<br>• 变革进展指标计分卡与改善行动 |

## 1. 制订产品包任务书与产品包业务计划

产品线业务计划执行的关键环节在于落实产品包/解决方案的路标规划。

组合管理团队将根据产品线业务计划和规划的产品包路标建议的时间，综合考虑市场机会的启动时机和资源可获得性，为所提议的不同产品包准备任务书材料包，并总结形成项目任务书和产品包业务计划。产品包/解决方案业务计划的制订旨在推动新产品包/解决方案进入市场。当IPMT需要根据既定时间启动某产品包/解决方案时，需要对业务计划进行评审并批准。在此过程中，PMT向IPMT提交任务书以待批准。一旦PDT通过立项成立，产品包/解决方案业务计划的所有整合和优化工作将由IPMT或PDT负责。

这一步实现了MM流程与IPD的有机结合。根据任务书，将组建PDT或将任务书提交给现有PDT，后者将根据IPD流程开展产品开发工作。

任务书是对整体材料的总结。按照IPD流程，IPMT需要对任务书做出"继续/终止"的决策。如果决策为"继续"，则该产品包/解决方案PDT即正式启动。任务书将为PDT提供方向和指导。任务书材料包和任务书作为IPD和MPP的关键输入，由PDT维护，并逐步演化为IPD流程中使用的产品包/解决方案业务计划。

整套材料是产品包/解决方案向IPMT提交的投资分析报告。团队凭借此策略，请求IPMT成员为所提议的产品包/解决方案投入资源（财务、人力等）。因此，团队在准备材料时，应着重阐述支持投资的理由及投资效益。团队需要清晰描述投资动机、成本及预期收益。

### 2. 制定绩效目标

C-PMT将在IRB和EMT（Executive Management Team，经营管理团队）批准公司及各产品线业务计划后，负责协同人力资源绩效管理部门制定各产品线的年度个人绩效承诺考核目标和关键执行措施。

各产品线需要形成本部门的重点工作任务清单，其中包括任务项、目标、责任人和过程输出要求等，以此作为本部门重点业务策略落实的基线。同时，各产品线年度个人绩效承诺考核的关键目标及执行承诺应包含衡量指标、纠正行动计划以及流程实施情况的衡量与改进目标。

### 3. 评估与调整业务计划

在完成产品线业务计划、产品组合和路标后，盈亏和预算得到了批准。鉴于市场和竞争环境的持续变化，定期且不间断地对产品线业务计划进行评估显得尤为重要。本步骤与IPD、生命周期管理、营销规划以及盈亏和预算流程均存在紧密的联系。

产品组合管理团队是主要负责评估的团队，他们将每月向IPMT汇报评估分析结果。IRB和EMT将每季度或当有重要变动需要关注时接收这些总结报告。C-PMT的职责在于为其他PMT及IPMT在估算绩效和制定纠正措施方面提供支持。任何纠正措施均须得到IPMT的批准，必要时还需要经过IRB和/或EMT的批准。

务必注意，总结模板需要按时完成，以满足每月审查的需求。然而，一旦市场、竞争对手或公司内部出现显著变动，团队应及时向相关的高级管理团队提供事前和事后的看法。同时，应提交原先获批的模板及其更新内容。如果变动显著，可能需要提交PCR以对受影响的业务计划进行正式更新。

（1）评估市场环境

输入包括已获批准的愿景/使命和目标、市场分析、竞争分析、自身分析、前几月的评估结果、最新的第三方报告，以及来自区域、销售、营销、研发和其他相关职能领域的反馈等。

在分析过程中，团队应当再次回顾根据MM流程第一步所执行的各种活动，以评估未来3~5年的环境条件是否发生变化。

输入还包含更新和建议的愿景/使命和目标、市场分析、竞争分析、自身分析以及汲取的经验教训等。

（2）评估市场细分

输入包括已批准的当前市场领域分析、现有领域档案、客户分析、产品分析、前几月的评估结果、最新的第三方报告，以及来自区域、销售、营销、研发和其他相关职能领域的反馈。

在分析过程中，团队应当再次回顾根据MM流程第二步所执行的各种活动，以评估未来3~5年的环境条件是否发生变化。

输出包括更新及建议的市场领域分析和产品分析。

（3）评估组合分析

输入包括已获批准的SPAN、FAN、新的增长机会、前几月的评估结果、最新的第三方报告，以及来自区域、销售、营销、研发和其他相关职能领域的反馈等。

在分析阶段，团队应当再次回顾根据MM流程第三步所执行的各种活动，以评估未来3~5年的环境条件是否发生变化。特别需要注意的是，一旦新的增长机会得到确认，第三步的整套模板必须完整填写，并且新的增长机会需要再次提交给IRB和EMT进行深入的审查和批准。

输出包括更新后的组合分析、新增长机会分析和相关信息的建议。

（4）评估战略和计划

输入包括安索夫分析、技术生命周期、业务设计、发展战略、前几月的评估结果、最新的第三方报告，以及来自区域、销售、营销、研发和其他相关职能领域的反馈等。

在分析过程中，团队应当再次回顾根据MM流程第四步所执行的各种活动，以评估未来3~5年环境条件是否发生变化。

输出包括更新和建议的战略计划分析、风险评估。

（5）评估投资组合

输入包括已批准的产品组合决策标准、投资组合路线图、组合投资项目、前几月的评估结果、最新的第三方报告，以及来自区域、销售、营销、研发和其他相关职能领域的反馈等。

在分析过程中，团队应当再次回顾根据MM流程第五步执行的各种活动，以评估未来3~5年环境条件是否发生变化。

输出包括更新和建议的优先级划分框架、组合决策标准模型、组合决策标准总结和假设、版本开发路线图、投资组合V/R版本开发路线图细则、盈亏估算。

（6）评估年度业务计划

输入包括已经批准的年度业务计划、前几月的评估结果、最近的业务输入，以及来自区域、销售、营销、研发和其他相关职能领域的反馈等。

在分析过程中，团队应当再次回顾根据MM流程第六步所执行的各种活动，以评估未来一年环境条件是否发生变化。

输出包括更新和建议的年度目标、年度业务计划调整方案。

**4. 评估业务计划的实施情况**

这一步主要根据产品线的业务计划所设定的目标来分析经营业绩，并在必要时制定改进措施，以确保业务计划目标的实现。它与生命周期管理流程紧密相关。

在此步骤中，组合管理团队扮演着关键角色。C-PMT负责监控公司整体业务目标的完成情况，并向IRB报告重要进展及变化情况。产品线PMT与业务部运作管理部门则根据产品线目标的进展情况来评估其业绩。对于PMT提出的任何纠正措施，IPMT/业务体系管理团队需要审批，并提供必要的支持和资源。

根据个人绩效承诺的考核目标及重点工作任务清单，团队需要按月度/季度统计业务目标及重点工作任务的进展情况，及时发现问题，并向IPMT/业务体系管理团队通报。对于重大问题，还需要通报IRB和EMT，以便及时获得支持和改进。

此外，PL-PMT还需要收集组合中每个产品包/解决方案的财务信息，如市场份额、产品收入、毛利等。这些信息应与组合模型中的预测进行对比，以评估实际业绩。如果评估结果显示需要采取纠正措施（如加速或推迟产品开发项目、合并或分拆一个或多个R版本等），团队应制订相应的行动计划，并获得IPMT的批准。任何建议的更改都应通过IPD PCR流程提交给PDT。

输出包括重点业务计划执行情况报告（月度/季度报告）、产品线运营报告（由运作体系提供）以及产品线财经简报（由财务体系提供）。

### 5. 评估流程效果和效率

这一步旨在衡量MM流程在各产品线和整个公司的推行情况。通过运用IPD流程中的变革进展指标，我们能够识别出必要的措施，以提升公司MM流程的效果和效率。

目的：提升公司MM流程的效果和效率，从而推动公司获得更佳的整体经营业绩。

角色：组合管理团队（PMT）在这一步中扮演着关键角色。在评估过程中，PMT应与各产品线的衡量指标协调人紧密合作。对于PMT提出的任何纠正措施，IPMT需要进行审批，并提供必要的支持和资源。

活动：MM流程的变革进展指标主要关注市场规划和组合分析两个领域。此外，变革进展指标问卷也涵盖了MM流程的相关内容。

变革进展指标是对产品线和公司使用MM流程情况的定性评估，旨在衡量各产品线和公司推行MM流程的程度和效果。评估程度包括以下五种：

①试点。受控引入阶段，可能接受强有力的引导，用于测试和检验新流程、使能器和/或工具。

②推行。多个产品线开始推行阶段，执行情况可能不均衡、不协调，需要确定发生了哪些变化，并制定相应的更改策略。

③功能级。大部分产品线均在推行阶段，执行方面有所改进，行为方式开始逐渐转变。

④集成。推行完成阶段，执行质量得到显著提高，MM流程已融入公司文化中。

⑤世界级。MM衡量指标达到业界最佳水平，组织与不断发展的市场需求保持持续整合。

变革进展指标的评估阶段与标准如表2.28所示。

表2.28 变革进展指标的评估阶段与标准

| 标准 | 试点 | 推行 | 功能级 | 集成 | 世界级 |
| --- | --- | --- | --- | --- | --- |
| 推行 | 受控引入（试点） | 正在推行（>20%） | 推行有进展（>60%） | 完全推行（>80%） | 完全推行（100%） |
| 理解市场和市场细分<br>1. 市场调研/市场数据库<br>2. 细分市场分析<br>3. 市场细分标准 | 形成了能力 | 正在开发主要方面的内容<br>建立了数据库 | 进行了调研<br>收集了数据 | 积极主动收集了数据<br>持续更新了数据库 | 根据市场需要的衍变，组织不断与其融合 |

续表

| 标准 | 试点 | 推行 | 功能级 | 集成 | 世界级 |
|---|---|---|---|---|---|
| 组合分析并制订业务策略与计划<br>4. 使用方法<br>5. 业务单位组合<br>6. 财务分析<br>7. 分析工具<br>8. 业务计划<br>9. 决策标准 | 建立了组合 | 所有功能领域经理都知道组合方法论 | 在本业务部门内执行 | 跨业务部门执行 | 无缝的单一MP流程 |
| 管理业务计划并评估绩效<br>10. 度量系统<br>11. 责任人<br>12. 细分市场/验收<br>13. 关联 | 正在选择指标 | 选择了指标 | 跟踪拍标 | 指标成为管理系统不可分割的一部分 | MP指标中达到业界最佳 |

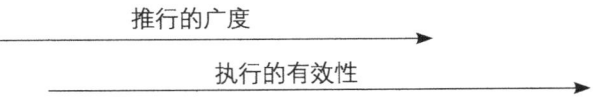

推行的广度 →

执行的有效性 →

针对MM流程的每一步，团队需要着重考虑以下问题：

- 业务计划是否充分反映了未来成功所必需的深刻变革，并有助于组织保持竞争优势？
- 业务计划是否过于侧重于数字和数据的堆砌，而缺乏深入的文字描述和思想阐述？
- 业务计划内部是否保持一致性，各章节之间的逻辑关系是否紧密？
- 战略决策和选择是否建立在扎实的事实分析基础上？
- 设定的目标是否具备实际可行性？
- 业务计划是否与整个公司及产品线的目标相符合？
- 业务计划能否为IPD流程提供有效、有价值的输入？
- 业务计划是否已得到高级管理层的认可与支持？
- 业务计划是否已经得到高级管理层的支持？

# 第三节
# 市场管理是方法论，不是单一流程

IBM于1994年总结IPD体系时，提出了MM方法论和流程，并定义为：MM是一套系统的方法，用于对广泛的机会进行选择收缩，制订出一套以市场为中心的、能够带来最佳业务成果的战略与计划。这套方法在应用时被划分为六个逻辑步骤的流程，如图2.48所示。

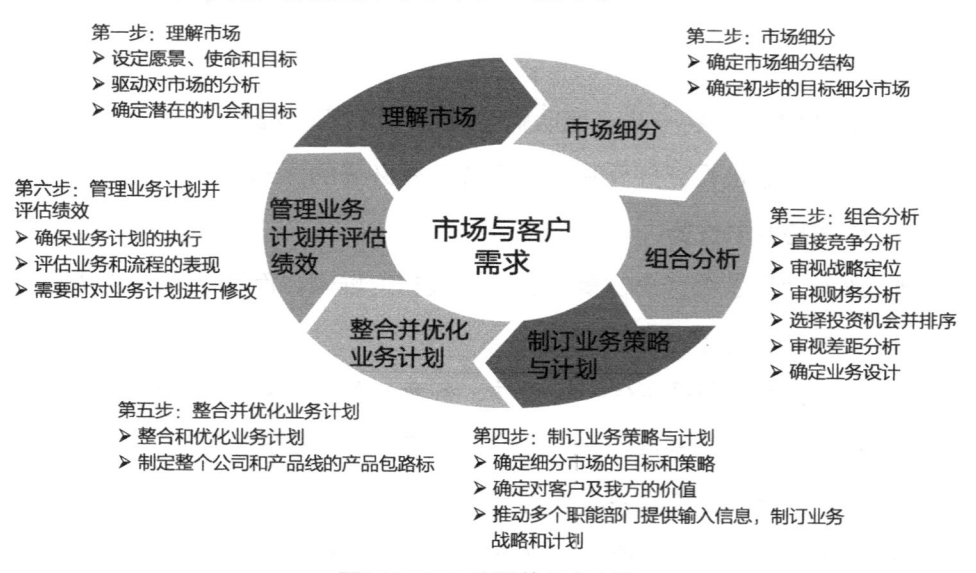

第一步：理解市场
- 设定愿景、使命和目标
- 驱动对市场的分析
- 确定潜在的机会和目标

第二步：市场细分
- 确定市场细分结构
- 确定初步的目标细分市场

第三步：组合分析
- 直接竞争分析
- 审视战略定位
- 审视财务分析
- 选择投资机会并排序
- 审视差距分析
- 确定业务设计

第四步：制订业务策略与计划
- 确定细分市场的目标和策略
- 确定对客户及我方的价值
- 推动多个职能部门提供输入信息，制订业务战略和计划

第五步：整合并优化业务计划
- 整合和优化业务计划
- 制定整个公司和产品线的产品包路标

第六步：管理业务计划并评估绩效
- 确保业务计划的执行
- 评估业务和流程的表现
- 需要时对业务计划进行修改

图2.48 MM流程的六个步骤

MM是一种面向市场开展业务规划的方法论，但并非单一的流程。它可以根据不同的业务对象进行业务规划，从而衍生出相应的流程。例如，

当MM方法论应用于产品线时，便形成了产品线业务规划流程。汉捷咨询在咨询实践中，通常在以下五个业务层面应用MM方法论（见图2.49）：

- 针对公司整体、业务单位或产品线，制订公司与业务单位/产品线的业务计划（包括SP/BP）；
- 针对细分市场，制订细分市场业务计划（SBP，Segment Business Plan）；
- 针对新产品，制定产品路标规划（PRM，Product Roadmap）；
- 针对单一新产品，制定产品包项目任务书，包括产品包业务计划（OBP，Offering Business Plan），并针对新产品开发过程中的营销活动或新产品上市活动，进一步制订新产品营销计划（MP，Marketing Plan）；
- 针对细分市场的营销活动，制订细分市场营销计划（MSP，Marketing Segment Plan）。

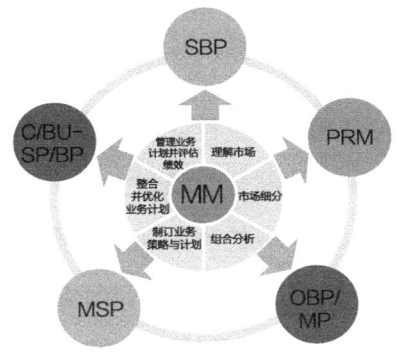

1. C/BU-SP/BP: Corporation/Business Unit – Strategy Plan & Annual Business Plan，公司/业务单位SP/BP
2. SBP: Segment Business Plan，细分市场业务计划
3. PRM: Product Roadmap，产品路标规划
4. OBP/MP: Offering Business Plan/Marketing Plan，产品包业务计划/营销计划
5. MSP: Marketing Segment Plan，细分市场营销计划

图2.49　MM方法论主要应用于五个方面的规划

在编制业务单位/产品线业务计划的过程中，需要考虑到不同细分市场，并针对这些细分市场制订相应的业务计划。因此，上述第1、2层面将整合于DSTE的SP/BP流程中。第3、4层面则分别形成IPD体系中的产品规划流程（RDP，Roadmap Development Process）和任务书开发流程（CDP，Charter Development Process），以及IPD流程的子流程——新产品

上市流程。在华为终端公司，新产品上市流程进一步演变为集成产品营销与销售流程。至于第5层面，它属于营销领域的活动，在华为被纳入MTL体系下的MM流程，其主要输出为细分市场营销计划，又称上市（GTM，Go To Market）规划，具体如图2.50所示。

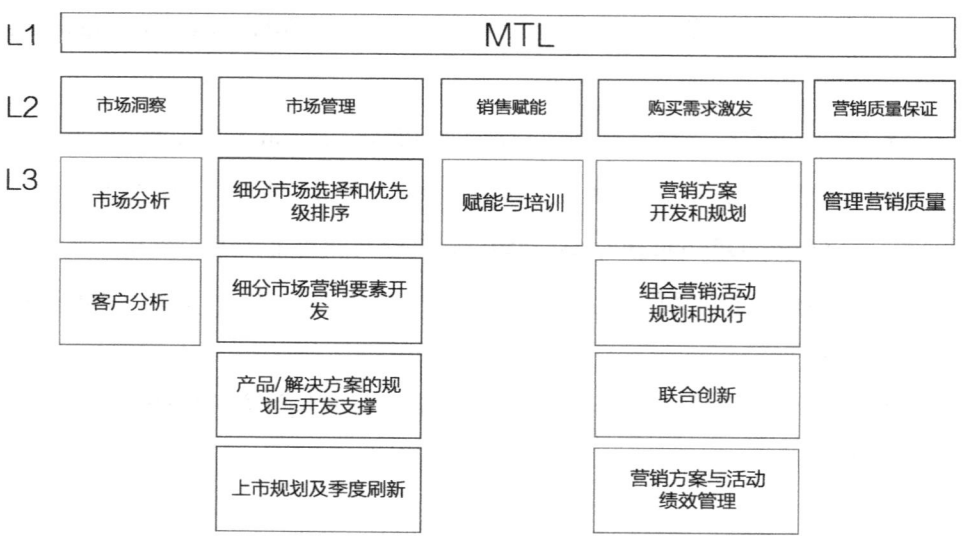

| L1 | MTL | | | | |
|---|---|---|---|---|---|
| L2 | 市场洞察 | 市场管理 | 销售赋能 | 购买需求激发 | 营销质量保证 |
| L3 | 市场分析 | 细分市场选择和优先级排序 | 赋能与培训 | 营销方案开发和规划 | 管理营销质量 |
| | 客户分析 | 细分市场营销要素开发 | | 组合营销活动规划和执行 | |
| | | 产品/解决方案的规划与开发支撑 | | 联合创新 | |
| | | 上市规划及季度刷新 | | 营销方案与活动绩效管理 | |

图2.50　MTL的L1、L2、L3级流程划分

华为自2001年至2008年应用MM方法论构建SP/BP流程，而从2009年起，虽转为使用BLM编制SP/BP，但仍沿用了MM的部分步骤与方法，如市场细分、制订业务策略与计划等。同时，IPD体系中的产品规划流程与任务书开发流程，依旧依据MM的步骤与方法进行。而将MM方法论应用于MTL领域的流程，我们称之为MM流程，这相当于将MM狭义化，可称为狭义的MM流程。

实际上，MM只是方法和工具，关键在于如何应用它来解决问题。MM作为一种面向市场、系统性强且操作性高的方法论，在规划工作中应用极具价值。它有助于我们遵循"先市场后策略"的规划原则，避免陷入"先策略后市场"的规划误区。同时，通过其严谨的逻辑步骤和工具，能形成一套连贯的"组合拳"，帮助我们逐一分析与解决问题，并最终导出行动方案。汉捷咨询在近二十年的咨询实践中，一直运用MM方法论协助企业构建公司级或业务单位级的SP/BP流程、产品规划流程、任务书开发流程及产品营销规划流程。在产品规划方面，汉捷咨询认为，新产品的规划需要基于细分市场、客户需求与竞争分析，同时产品创新也应以平台战略和技术发展为依托。因此，结合MM的规划步骤与方法以及平台与技术分析，我们总结出了"基于市场与平台的产品规划五步法"，如图2.51所示。

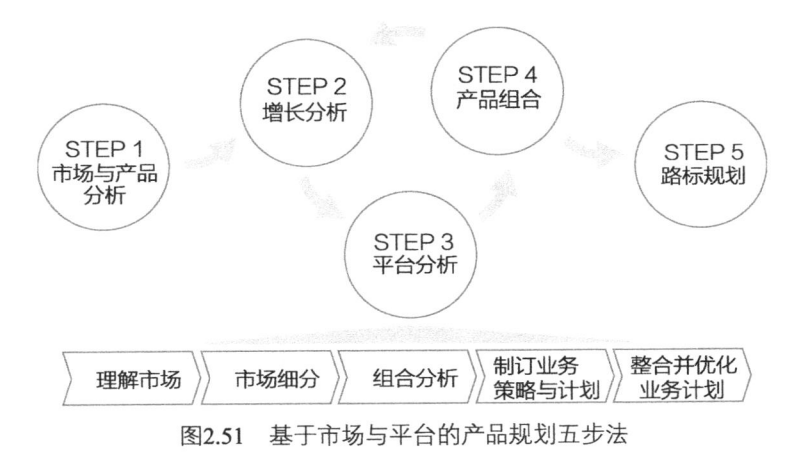

图2.51　基于市场与平台的产品规划五步法

# 第四节
# 市场管理应用实践

在国内，MM方法论最初是由华为从IBM引进的。谈及MM在中国的应用，华为的实践无疑是首屈一指的。

如前所述，华为自1998年起开始推行IPD体系，起初主要聚焦于IPD流程、研发项目管理和重量级团队等方面，强调的是"把事情做正确"。然而，随着时间的推移，华为逐渐认识到"做正确的事"才是前提，这就需要有产品规划的输入，进而需要前面的战略规划。而MM正好提供了面向市场的业务规划方法论。在此之前，华为的一些业务与产品（如ATM交换机）由于没有从市场角度出发，过于注重技术导向，导致遭受损失甚至失败。尽管华为也有一些战略规划和产品路标规划的做法，但这些做法不够系统，尤其是过于强调交付件导向，而市场导向不足。因此，从2001年开始，华为开始应用MM方法论来构建战略管理体系和产品规划流程。

当时，华为的战略管理体系被定义为华为MM管理体系，并在2003年推出了正式的《华为MM管理体系指南》。MM管理体系又称为三层规划体系，即MM-SP、MM-BP、MM-Charter。每年在适当的时间，根据不同的需求，华为会制订特定的计划。例如，中长期战略规划（SP）通常在每年的春季启动，而年度经营计划及预算（BP）则在秋季启动。初始产品包任务书（Charter）的启动则不受此限制，可以根据需要随时启动，如图2.52所示。

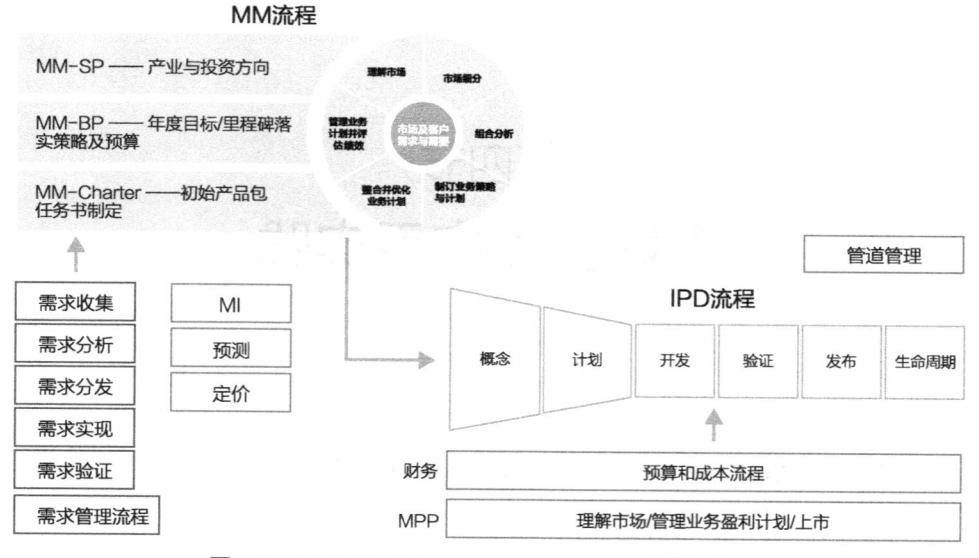

图2.52 MM-SP、MM-BP、MM-Charter三层规划框架

其中，第一层面聚焦于公司与各业务单位的5年战略规划，内容涵盖5年战略目标、公司投资组合、各业务单位的业务组合与战略措施、战略里程碑、5年产品路标以及新机会的发掘（如进入新领域等）。第二层面则是年度经营计划，具体包含公司整体战略里程碑的落实、预算等细节，产品线的经营目标、年度产品路标、里程碑落实、预算等，以及地区部与大客户部的经营目标、市场份额、现金流、回款、预算等要素，同时涉及各职能部门的年度目标、预算等内容。第三层面则是初始产品包的项目任务书，详细描述了新产品目标市场、项目目标、项目里程碑、初始产品包需求、市场与竞争策略以及团队成员等信息。

作为MM体系的重要构成，业务规划的参考框架被提出，为华为及其各业务部门在制订中长期战略规划与年度商业计划时，提供了统一且系统化的方法。此业务规划框架由七个互补部分组成，每部分与MM流程的第一步至第六步紧密对应，具体如图2.53所示。

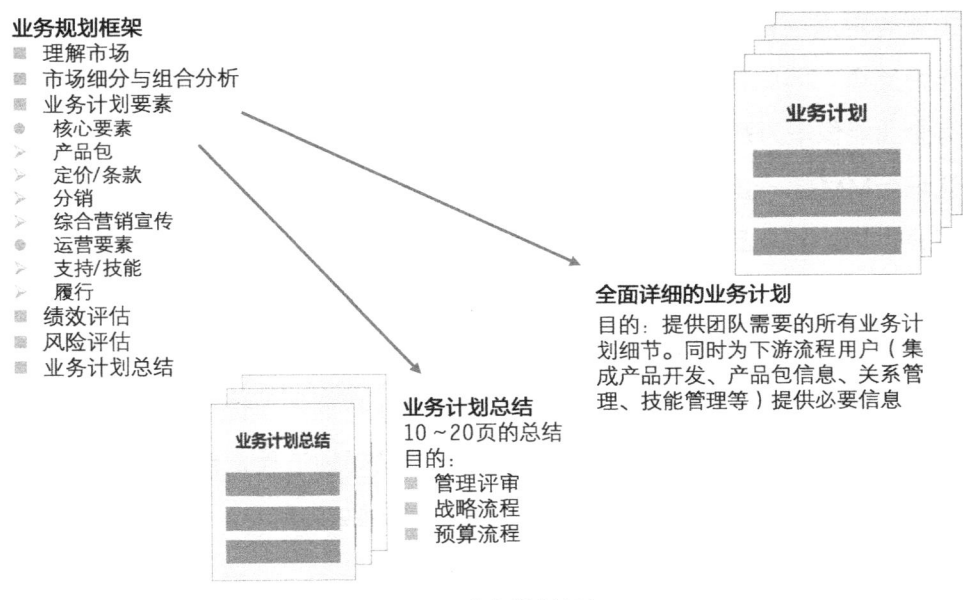

**业务规划框架**
- 理解市场
- 市场细分与组合分析
- 业务计划要素
  - 核心要素
    - 产品包
    - 定价/条款
    - 分销
    - 综合营销宣传
  - 运营要素
    - 支持/技能
    - 履行
- 绩效评估
- 风险评估
- 业务计划总结

**业务计划总结**
10～20页的总结
目的：
- 管理评审
- 战略流程
- 预算流程

**全面详细的业务计划**
目的：提供团队需要的所有业务计划细节。同时为下游流程用户（集成产品开发、产品包信息、关系管理、技能管理等）提供必要信息

图2.53　业务规划框架

业务规划框架用于制订可在公司、产品线（含解决方案）、地区部、大客户部、全球技术服务和相关职能部门之间及其相互之间进行沟通的业务计划。该框架可便捷地在公司、子公司、产品线、地区部、大客户部、全球技术服务及其他职能部门内部和之间传递，有效支持结构相似的各类计划，包括中长期战略规划与年度经营计划。职能部门的业务计划可根据此框架进行必要的修改或增减后加以应用。

华为在应用MM时，首先将其视为统一的业务规划方法和工具，用以面向不同的业务对象（如公司、产品线、地区部、细分市场、产品等）开展规划。其次，从时间维度出发，先制定5年战略规划（含5年产品路标），进而细化为年度经营计划（含年度产品路标）。最后，以产品为核心，将战略落实到具体的产品包业务计划中，使战略得以有效执行，并从整体上构建了基于MM的企业战略管理体系，如图2.54所示。

随着IPD体系在国内的逐步推广，众多企业开始接触并了解MM方法论和流程。然而，大部分企业主要关注应用MM开展产品规划。其中的原因主要有两点：首先，企业在构建IPD流程后，意识到需要前期的产品规划作为支撑，因此自然而然地想到按照MM流程来进行产品规划；其次，鲜有企业能像华为那样投入巨大的精力去深入研究IPD体系和MM方法论，并认识到MM是一套通用且一致的规划方法论，它可以面向公司、产品线、细分市场、新产品等业务对象进行业务规划并执行监控。当我们将各个层面的规划整合起来时，就形成了一个完整的战略管理体系。

汉捷咨询接触到的很多企业是在推行IPD体系的过程中了解到MM方法论的。因此，在多数情况下，我们也帮助企业在业务单位或产品线层面应用MM方法论，并常将其称为市场管理及产品规划流程，用于制定业务单位或产品线的战略规划（包括产品规划），如图2.55所示。

# 第二章 市场管理

## 基于MM的企业战略管理(SP/BP)体系

### MM-管理体系

**SP周期(0~5年)**

- 战略方向
  - 从上市下的指导
  - 公司业务组合分析（跨产品线和新业务）
  - 产品线和业务趋势
  - 新机会深入研究的创意想法
- MM（第1~3步）

**公司 SP**
- 产业进入或退出
- 公司业务组合战略
- 整合产品线地区/职能部门
- 5年业务目标
- 深入研究

**产品线 SP**
（包括0~5年路线图）
MM（第1~5步）

**区域 SP**
MM子集（第1~5步）

新机会深入研究

**职能部门 SP**
（其他流程）

MM（第4~5步）

**BP周期（12个月）**

**产品线 BP**
（包括1年路线图）
MM（第1~5步：市场需求/竞争分析/主要机会/产品组合及路标/关键策略措施/资源及预算/PBC）

**地区部 BP**
MM子集（第1~5步：市场需求/竞争分析/主要机会/客户策略/市场策略/资源及预算/PBC）

**职能部门 BP**
（其他流程）

**公司 CBP**
- 年度业务目标
- 关键措施
- 资源配置
- 预算

MM（第1~5步：市场环境/竞争格局/主要机会/产品组合策略/市场及区域策略/交付/管理提升/关键措施及资源及预算/PBC）

EOL

---

MM 第6步=管理业务计划并评估绩效

初始产品包业务计划
MM（第1~4步）

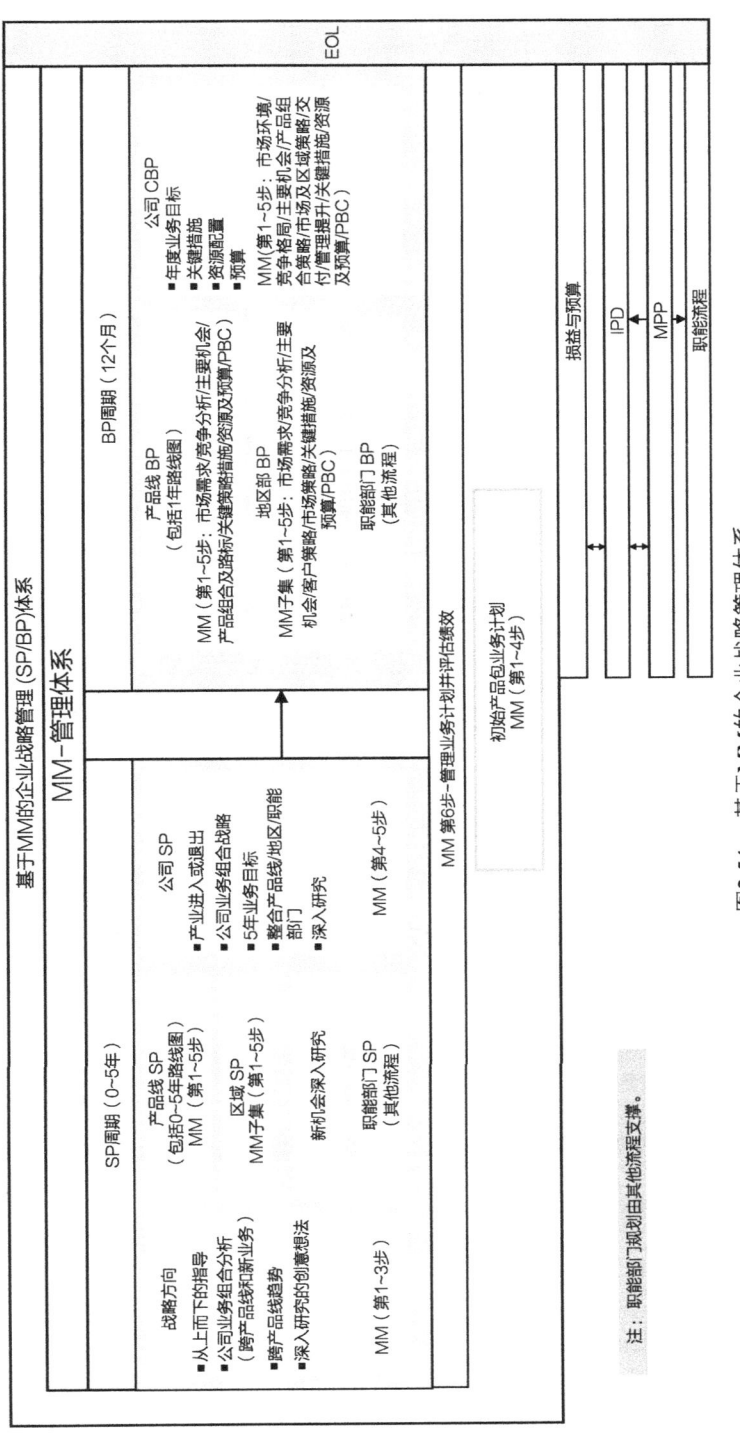

↔ 损益与预算
↔ IPD
↔ MPP

职能流程

图2.54 基于MM的企业战略管理体系

注：职能部门规划划由其他流程支撑。

## DSTE——从战略到执行

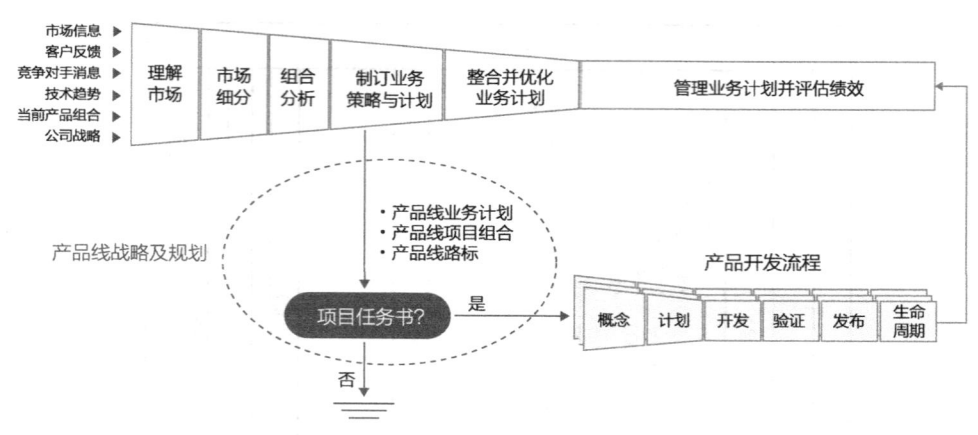

市场信息
客户反馈
竞争对手消息
技术趋势
当前产品组合
公司战略

理解市场 → 市场细分 → 组合分析 → 制订业务策略与计划 → 整合并优化业务计划 → 管理业务计划并评估绩效

产品线战略及规划
- 产品线业务计划
- 产品线项目组合
- 产品线路标

项目任务书？ —是→ 产品开发流程：概念、计划、开发、验证、发布、生命周期

否

图2.55　市场管理与产品规划流程

在长期的咨询实践中，汉捷咨询已帮助vivo手机、合力叉车、士兰微电子、方太厨电、科达科技、胜利软件、雷赛智能、金田铜业等四十余家企业成功构建了市场管理及产品规划流程。这些流程不仅帮助企业有效承接公司战略，还明确了业务单位或产品线的战略规划（业务计划），并输出了详细的产品规划（项目组合、路标规划），从而为IPD流程提供了充足的输入。

例如，安徽合力叉车股份有限公司（简称合力叉车）在2017年与汉捷咨询展开了深入合作，共同推进市场管理、项目任务书开发与产品包需求管理咨询项目。汉捷咨询帮助合力叉车建立了MM公司级跨部门团队的整体架构，如图2.56所示。

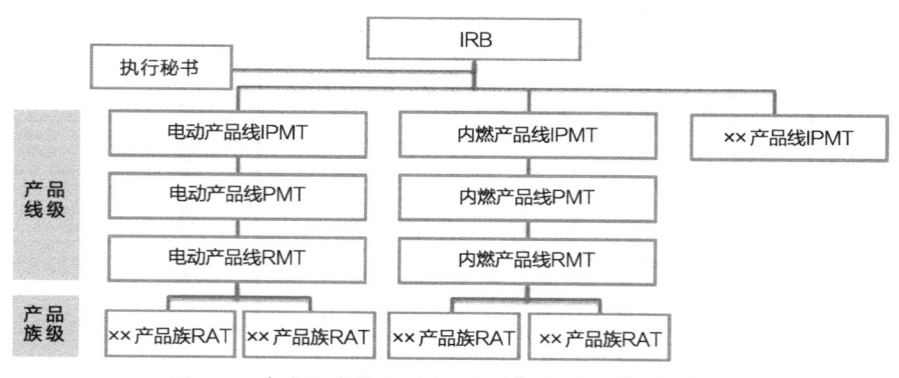

IRB
执行秘书

产品线级：
- 电动产品线IPMT ｜ 内燃产品线IPMT ｜ ××产品线IPMT
- 电动产品线PMT ｜ 内燃产品线PMT
- 电动产品线RMT ｜ 内燃产品线RMT

产品族级：
××产品族RAT ｜ ××产品族RAT ｜ ××产品族RAT ｜ ××产品族RAT

图2.56　合力叉车的MM公司级跨部门团队的整体架构

进一步明确了PL-PMT（产品线组合管理团队）、PL-RMT（产品线需求管理团队）、CDT（任务书开发团队）的角色与职责。PL-PMT、CDT的角色构成如图2.57所示。

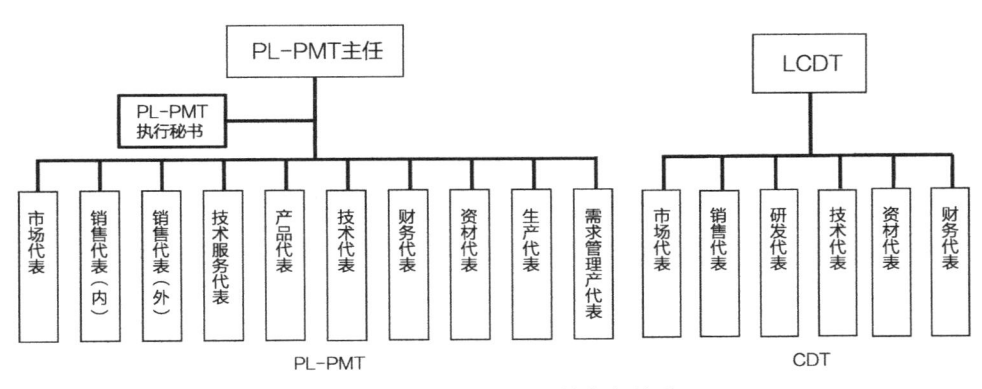

图2.57 PL-PMT、CDT的角色构成

同时，汉捷咨询帮助合力叉车构建了市场管理与产品规划流程，流程的整体概貌如图2.58所示。

图2.58 合力叉车的产品线市场管理与产品规划流程

合力叉车通过市场管理与产品规划流程及其团队的运作，产品线业务规划的清晰度得到了显著提升。特别值得一提的是，他们成功界定了细分市场，制订了各细分市场的业务计划，并根据目标市场的需求与竞争状况制定了产品路标规划，从而实现了市场驱动的产品创新。在激烈竞争的市场环境中，合力叉车成为国有企业高质量发展的典范，近年来持续稳健发展。其营业额2019年破百亿元，2021年达到155亿元。

汉捷咨询作为国内最早推广IPD体系与MM体系的咨询机构，在推广MM方法论的过程中，也帮助不少企业应用MM方法论构建了企业战略管理体系。典型客户包括英威腾科技、三维通信、天奥科技、雷迅防雷等。

以深圳市英威腾科技股份有限公司（简称英威腾科技）为例，该公司运用MM方法论，在公司层面和产品线层面建立了跨部门战略管理团队（如IRB、C-PMT、PL-IPMT、PL-PMT），并制定了战略规划流程、年度经营计划流程，以及相应的流程活动描述、模板与操作指引等。以公司级战略规划为例，他们根据公司战略逻辑（包括战略评估、业务选择、战略计划、实施监控），结合MM流程的六个逻辑步骤，建立了公司级MM流程（C-MM流程），其总体概貌如图2.59所示。

与C-MM流程相配合，我们构建了产品线战略规划流程（PL-MM流程）、职能领域战略规划流程。其中，PL-MM流程按照MM的六个步骤（理解市场、市场细分、组合分析、制订业务策略与计划、整合并优化业务计划、管理业务计划并评估绩效）来构建。

第二章　市场管理

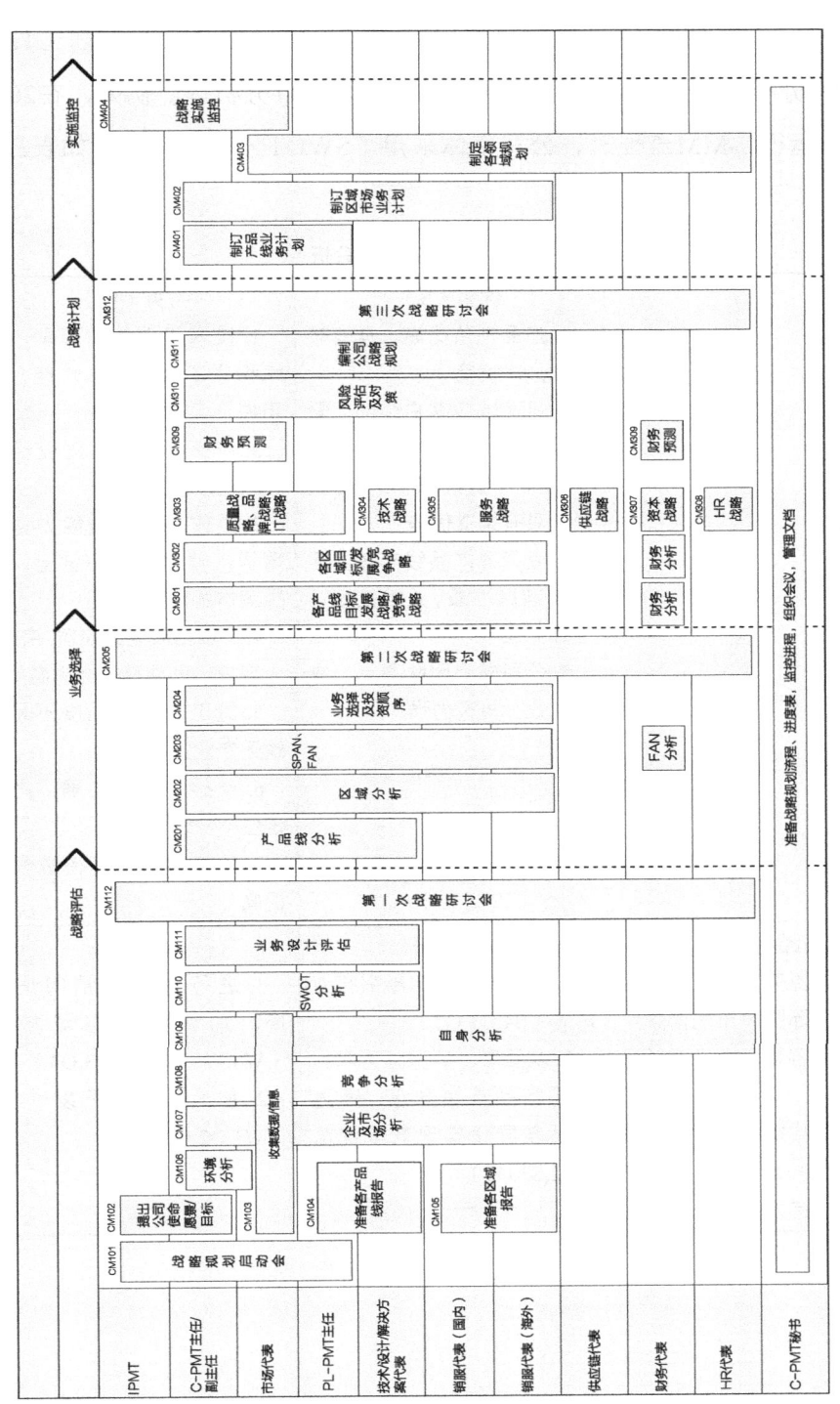

图2.59　公司战略规划（公司MM）流程袖珍卡

实际上，MM方法论汇总了业界一些经典的战略分析与规划工具，如PEST分析、SPAN矩阵（波士顿矩阵）和SWOT分析等。例如，在2010年公司运行C-MM流程时，公司整体采用了SWOT分析，其结果如表2.29所示。

表2.29 公司SWOT分析

| 企业内部条件 / 企业外部环境 | 优势（S） | 劣势（W） |
|---|---|---|
|  | 1. 产品性价比高，具有较强的成本优势<br>2. 迅速响应客户个性化需求，非标定制能力强<br>3. 国内销售服务网络健全，具有渠道优势<br>4. 变频器产品线丰富，客户可选择性强，关键技术可延伸力强<br>5. 公司核心团队稳定，决策高效，执行力强 | 1. 技术研发能力薄弱，技术积累不足，产品性能、适用性、可靠性偏弱<br>2. 产品线单一，对变频器领域过度聚焦<br>3. 整体经营管理能力较为薄弱，管理体系不健全，流程运作亟待优化<br>4. 市场拓展能力偏弱(海外、大客户、大项目、经销商)<br>5. 员工职业化程度不足，缺乏专业人才储备<br>6. 产品规划能力弱，产品定位不清晰<br>7. 品牌影响力有待进一步提高 |
| 机会（O）<br>1. 新能源等新兴行业需求旺盛，国际国内市场前景广阔，市场容量巨大且增长迅猛<br>2. 节能减排和低碳经济成为国际性技术热点，国家产业政策支持力度逐步增大 | SO 战略<br>1. 进入新能源等新兴行业市场（S4,O1,O3）<br>2. 以低碳、环保为诉求，进行产品营销升级，通过产品差异化实现竞争优势（S2,S3,O2） | WO 战略<br>1. 进行海外营销网络布局，加快海外市场拓展（W4,W5,W6,O1,O3,O4）<br>2. 加大技术研发力度（W1,O2,O3,O6） |

续表

| | | |
|---|---|---|
| 3. 登录资本平台<br>4. 国产品牌影响力提升，逐渐得到认同<br>5. 客户价值转移，存在大量的空白市场（国内外）<br>6. 国内相关技术标准不完善，公司有机会建立并引领行业技术标准 | 3. 积极进入空白市场（S1,S2,O3,O6）<br>4. 推进行业标准化建设，引领行业标准（S3,O6）<br>5. 借助资金平台，在国内现有市场加大市场渗透力度，提高市场占有率，扩大规模，进一步提升成本优势（S1,S3,S4,O1,O3） | 3. 逐步实施解决方案战略（W1,W2,O5）<br>4. 借助资本平台，通过产业并购扩充产品线，实现相关多元化（W2,O1,O3）<br>5. 加大大客户、大项目、大经销商的拓展力度（W4,W2,W6,W7,O1,O3,O4）<br>6. 通过产品升级，实施品牌战略(W1,W7,O2,O4) |
| 威胁（T）<br>1. 国外强势品牌加强市场和产业布局，本土品牌快速成长，业内竞争日益加剧<br>2. 关键器件和核心技术由少数国外企业掌握<br>3. 人民币升值，贸易壁垒增加，国际贸易环境有逐渐恶化的趋势<br>4. 知识产权保护加强（专利、商标）<br>5. 成本增加（人力、原材料、汇率等） | ST 战略<br>1. 开发高端产品，与国际品牌展开正面竞争（S1,S2,S3,T1）<br>2. 提高企业运作效率，降低综合运营成本（S1,S5,T3,T5）<br>3. 加强战略供应商的开发及整机器件厂商合作，构建产业链优势（S2,S5,T2） | WT 战略<br>1. 通过 IPD 等管理体系的引进，持续建设及优化经营管理平台（W3,W6,T1,T5）<br>2. 加大高级人才、海外人才引进培养力度（W5,T1）<br>3. 加强与科研、院校机构合作，逐步掌握核心技术（W1,T2）<br>4. 知识产权部署（W1,W7,T4） |

从2010年起，英威腾科技按照公司级、产品线级、职能领域级三个层面，每年滚动制定未来三年的完整战略规划，并确保它们相互衔接。依据基于MM的战略规划流程有序运行，公司明显提升了战略规划质量。每个产品线都制定了详尽的业务战略规划与产品规划，而跨部门的、分层的战略管理团队也真正实现了上下互动、集思广益，有力地推动了公司的稳步发展。至2022年，英威腾科技的销售额已从2010年的7亿多元增长到近50亿元。

自2001年华为开始应用MM方法论以来，总体来看，MM在国内企业的应用情况并不理想。这主要归因于三个因素：首先，MM的名称容易让人误以为它仅适用于市场或营销领域；其次，许多企业在推进IPD时接触到MM，仅将其视为产品开发实现前端的规划流程；最后，华为自2009年开始引进BLM，并将其作为战略管理的基本框架和方法，导致原来应用的MM管理体系部分融入战略管理流程，部分转变为狭义的MM流程，成为MTL之下的二级流程。因此，MM作为战略管理方法论的影响力因缺乏标杆案例而减弱。

国内一些企业在某些咨询顾问的引导下，或者参考华为的MTL流程，在公司层面设立了MM一级流程。此流程涵盖了市场洞察、细分市场、市场定位、客户选择、营销组合、产品规划、需求管理、营销活动规划、产品规划，乃至新产品立项、需求管理、产品开发运营、销售运营等多项活动。尽管这是一种实施方式，但问题在于将本应属于DSTE、IPD、LTC等领域更合理的活动都纳入了MM一级流程中。此举一是破坏了DSTE、IPD、LTC流程的系统性，二是使得MM这个一级流程显得杂乱无章，如同一个大杂烩。

汉捷咨询始终认为MM是一种逻辑严谨、操作性强的战略管理方法论，并长期致力于其推广与应用。这也是本书花费大量篇幅对MM进行深入解读与阐述的原因。BLM是IBM在MM基础上进一步提炼与总结的，与MM是一脉相承的。不过，值得注意的是，MM中的市场细分、目标市场定义、目标市场业务策略与计划等战术性步骤与方法在BLM中并未涵盖。因此，汉捷咨询在战略咨询实践中应用BLM时，认为BLM与MM可以相互补充，应当结合使用。鉴于国内已有多本介绍BLM的图书，本书对BLM的解读就不再赘述。

# 业务领先模型

## 第三章

# 第一节
# 业务领先模型概述

业务领先模型（BLM）是IBM提出的中高层用于战略制定与执行连接的方法与平台，如图3.1所示。

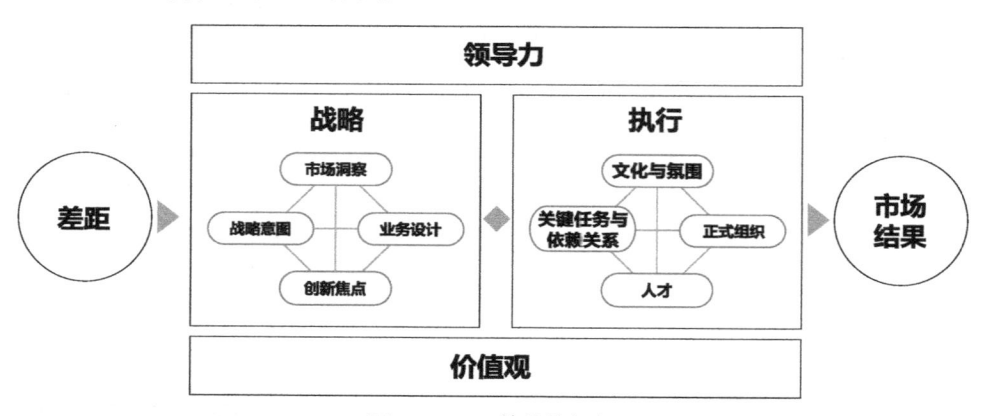

图3.1 BLM的整体框架

该模型以双差（业绩差距与机会差距）作为起点和输入，以领导力和价值观作为根本和基础，主体内容涵盖战略四要素（市场洞察、战略意图、创新焦点、业务设计）以及执行四要素（关键任务与依赖关系、正式组织、人才、文化与氛围）。

乍看之下，"战略"位于左侧，"执行"位于右侧，这可能让人误以为前期主要进行战略规划，后期则纯粹是执行过程，即认为该模型涵盖了从战略到执行的全过程。然而，实际上并非如此。BLM主要是战略规划的方法论，正如前面所述，BLM是"战略制定与执行连接的方法和平台"，而并非仅仅是"战略与执行的方法和平台"。根据通常的定义，战略是关乎全局的选择和行动方案，因此在战略规划时就需要考虑执行方案或活动。按照BLM制定战略规划，不仅要形成战略目标、业务战略、创新模式等，还要输出支撑战略创新的关键任务以及与之相关的人才、组织、文化方面的策略及规划。

因此，BLM中的"执行"并非指战略执行及监控活动，这些活动实际上是通过产品研发、市场营销、生产制造、人力资源管理、财务管理等各个领域的工作来完成的。同时，它也不是指战略执行运营活动。完整的战略执行运营管理涉及S&OP及执行、财务预算监控、人才预算监控、组织绩效管理、KPI监控、重点工作运营、经营分析及监控等多个方面。

为了更准确地帮助大家理解和应用BLM，汉捷咨询通常将BLM的"战略四要素"详细阐述为"战略创新设计的四要素"，同时，将"执行四要素"阐释为"战略执行策略的四要素"。这些要素都需要融入战略规划之中，以确保形成完整且全面的战略规划内容。汉捷咨询一直强调，战略不仅涵盖业务的战略及规划，同样涉及人才、组织、管理变革方面的战略规划。

## 一、战略创新设计的四要素

战略本质上是一种创新，是对未来进行的创新构想和设计。战略创新的前提在于市场洞察，其主要内容包括战略意图、创新焦点和业务设计。

**市场洞察**。涉及对外部环境、内部资源及能力的深入分析和洞察，旨在识别机会、威胁、优势和劣势，并据此开展SWOT分析。特别关注那些符合自身竞争力的细分市场和业务发展机会。

**战略意图**。涵盖愿景使命、中期战略目标和短期战略目标，它代表了高层领导团队对未来发展的坚定信念和宏伟蓝图。

**创新焦点**。根据公司战略目标和资源限制，制定业务组合策略，实施三层业务模型，包括目标市场的选择。明确产品与市场创新、业务模式创新、运营创新的模式和重点，并进一步识别需要深入研究的战略专题。

**业务设计**。作为战略设计的最终落脚点，业务设计旨在揭示业务的成功之道，包括客户选择、价值主张、盈利模型、活动范围、战略控制和风险管理。业务设计应基于客户价值驱动，并随着价值转移不断创新，因此也被称为价值驱动业务设计。

## 二、战略执行策略的四要素

战略经过创新设计后，紧接着是如何实现目标的问题。在战略执行策略中，BLM首先关注业务角度需要开展的关键任务与依赖关系，其次关注支撑这些任务完成的正式组织、人才和文化与氛围建设策略。

**关键任务与依赖关系**。这指的是满足业务设计和价值主张所必需的关键行动，主要包括持续性的战略举措，如业务增长和能力建设，同时明确这些任务间的相互依赖关系。

**正式组织**。明确支撑关键任务的组织结构、流程、关键岗位设置与能力需求，以及资源和权力在组织中的分配方式和管理考核标准。

**人才**。这涵盖了实施关键任务所需的人才需求定义、能力要求与差距、获取策略、激励与保留措施。

**文化与氛围**。明确实现战略目标和关键任务的价值观及行为准则，并识别营造激发员工创造卓越业绩的组织氛围所需的策略与行动。

综上所述，BLM的基本逻辑为：在领导力和价值观的基础上，以双差（业绩差距与机会差距）为输入，按照战略创新设计的四要素与战略执行策略的四要素制定全面的战略规划，并付诸实施以缩小差距，最终实现战略目标。

## 三、BLM 战略管理理念与指导原则

BLM（业务领先模型）不仅归纳了战略规划的框架，提炼了其核心要素，还概括了以下战略管理理念和指导原则：

### 1. 战略是由不满意激发的

如何激励组织投身于具有高度挑战性和风险性的战略决策活动，关键在于不满意。这种不满意源于对现状和期望业绩之间差距的感知。存在两种差距：一是业绩差距，即现有经营结果与期望值之间差距的量化陈述；二是机会差距，即现有经营结果与新的业务设计所能带来的经营结果之间差距的量化评估。

### 2. 领导力是根本——战略是不可授权的，领导力贯穿于战略制定与执行的全过程

IBM在长期实践中发现，使"战略"至"执行"得以运作的，首先是"一把手"的作用，即领导力。如果"一把手"对此不够重视，将任务交给市场部门或战略部门，团队便难以真正深入思考这些问题，特别是在需要跨组织协同的情况下。因此，领导力至关重要。战略是不可授权的，BLM的所有人必须是"一把手"。战略部门和市场部门是专业人士，可协助"一把手"收集信息并提供战略建议。但战略决策是不可替代的，无法由专家或咨询公司代替业务负责人进行决策。因为没有人比业务负责人更了解自己的业务与优势。正如军事作战中，军师/幕僚仅提供建议，最终决策与承担责任的是将军。

### 3. 价值观是基础

如果没有明确的指导原则，各层业务负责人在做决策时就可能出现问题。例如，华为所强调的第一个价值观就是"以客户为中心"。如果没有这一指导原则，业务负责人在制订战略计划时可能倾向于最大化团队利益，而忽视客户的利益。他们可能认为，组织给自己设定的目标需要达

成，因此在进行战略规划、资源利用和战略执行时，会倾向于最大化自己部门的利益。然而，这种最大化并不一定符合客户需求或公司整体战略，甚至可能对其他业务部门造成损害。因此，要求业务负责人从整体角度进行规划的关键在于"价值观"，价值观是我们日常思维模式的重要基础。

在决策过程中，价值观必须贯穿于整个战略和执行的制定过程。整个模型都要求业务负责人从客户的角度审视战略，由外向内，再根据自己的内部能力分析如何实现客户价值。如果不能从客户的角度进行考虑，即使产品再好，也难以成功销售。

### 4. 战略与执行紧密结合，重在结果

战略执行不力确实是许多企业的共同问题，因此我们常说"战略与执行之间存在一道鸿沟"。为了克服这一难题，战略与执行的紧密结合至关重要，其中，首先需要考虑的就是战略与执行的有效衔接。之前已经提到，BLM并不涉及战略执行的运营与监控，而是将战略执行策略的四要素（关键任务与依赖关系、正式组织、人才、文化与氛围）纳入战略规划中，与战略创新设计的四要素（市场洞察、战略意图、创新焦点、业务设计）进行有效衔接，从而共同构成了BLM的"双钻"模型。

重在结果不仅在于追求企业经营成果，更需要关注为客户创造价值。BLM主张业务设计作为战略设计的落脚点，其全称为价值驱动业务设计，并强调业务设计应面向目标客户，以创造价值为核心，特别是为客户带来核心利益。

### 5. 战略规划不只是业务的战略与规划，还包括组织能力的战略与规划

组织能力，即企业开展组织工作的能力，体现在同等投入下，以更高生产效率或更优质量将各类要素转化为产品或服务的能力。它涵盖了反映效率和效果的一系列业务与管理活动能力。从战略层面看，这些能力需要在效率或效果上超越竞争对手，或两者兼具，例如快速开发并上市新产品，或招聘杰出应届生。尽管组织能力依赖于个体能力，但并不局限于特

定个体。以麦当劳为例，其炸薯条的能力，即便更换工作人员，只要经过简短培训，按照标准化流程和原料操作，仍能保持一致的品质。因此，企业制定业务战略规划后，关键在于识别并构建相应的组织能力，以支撑核心竞争力，一旦组织能力构建成功，即可减少对个体的依赖。

尽管BLM未直接提出组织能力的概念与战略，但它其实包含了组织能力的框架与相关内容。实际上，BLM的"执行"部分正是源自Nadler-Tushman组织分析一致性模型（简称NT模型），如图3.2所示。

一致性模型的组成部分
转化过程

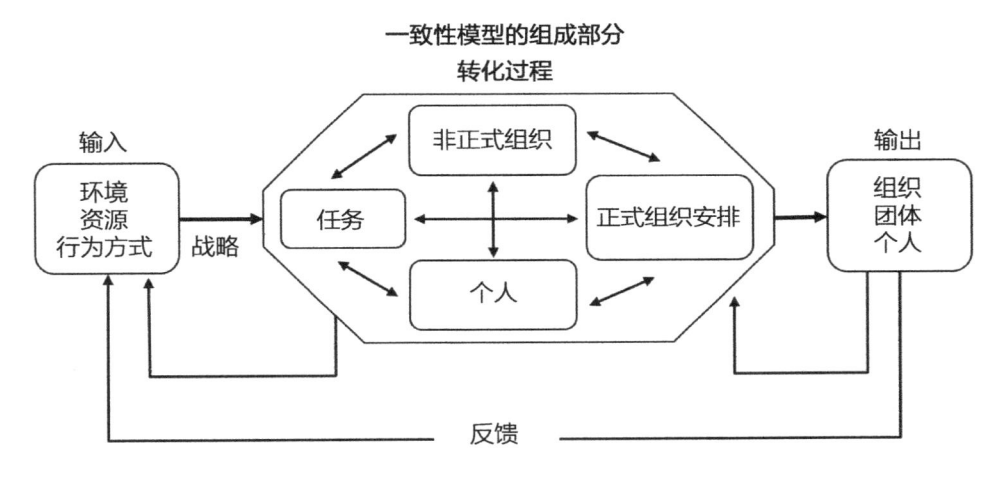

输入：环境、资源、行为方式
战略
任务、非正式组织、正式组织安排、个人
输出：组织、团体、个人
反馈

图3.2　NT模型

NT模型在20世纪70年代末就已经被提出，其输入要素包括环境、资源、过去的行为方式以及组织的战略。在转化流程中，系统性要素包括：

- 任务，在BLM中称为"关键任务与依赖关系"；
- 非正式组织，在BLM中称为"文化与氛围"；
- 正式组织安排，在BLM中称为"正式组织"；
- 个人，在BLM中称为"人才"。

该模型的输出则是组织、团体、个人的行为，并最终决定产品/服务、组织绩效以及有效性，进而形成相应的组织能力。关于NT模型的争议点在于其简单抽象的特点，各要素之间并不穷尽排斥，且逻辑性有待加强。

据闻，IBM在开发BLM方法时邀请了Tushman教授参与。如果此情况属实，那么BLM中"执行"部分高度参考NT模型便不难理解了。此外，BLM中的"战略"与"执行"两部分之间的菱形，被IBM顾问视为组织能力的体现，堪称BLM的"宝石"。

所以，基于BLM的战略规划不仅是业务的战略与规划，还包括由关键任务与依赖关系、正式组织、人才、文化与氛围等要素整合形成的组织能力的战略与规划。在华为应用BLM的实践中，特别强调：战略与规划并不仅限于业务的层面，还包含组织、人才、流程和管理体系的变革战略与规划。同时，我们发现华为对业务战略规划与组织能力战略规划的划分，与BLM要素的划分看似存在差异，而华为尤为重视业务流程（含支撑流程的IT平台）的变革战略规划。其实，在组织能力模型中，"任务"应涵盖已定义流程的任务以及未定义流程的任务，BLM中将"任务"界定为"关键任务"，而"正式组织"则涵盖了流程与管理体系。因此，华为关于组织能力的战略规划与BLM的组织能力要素是相吻合的。笔者认为，组织能力的战略与规划可从以下三个方面来界定：

- 组织建设与变革（包括组织文化/价值观）的战略规划；
- 人才的战略规划；
- 流程及IT（包括数据）与管理体系变革的战略规划。

上面第一、第三个方面同样可以归纳为管理变革战略规划，甚至可以将人才的战略规划也纳入其中。因此，公司战略规划实质上涵盖业务战略规划和管理变革战略规划两个方面。对于当今企业而言，管理变革战略规划在企业整体战略规划中的地位愈发重要，特别是流程与IT/数字化变革的战略规划，这正是华为多年来积累的成功经验。华为始终坚持"以客户为中心的战略"构想，具体包括以下四条：

- 为客户服务是华为存在的唯一理由；客户需求是华为发展的原动力。
- 质量好、服务好、运作成本低，优先满足客户需求，提升客户竞争力和盈利能力。
- 持续管理变革，实现高效的流程化运作，确保端到端的优质交付。
- 与友商共同发展，既视之为竞争对手，也视之为合作伙伴，共同创造良好的生存环境，共享价值链的利益。

由此可见，华为高度重视持续管理变革，并将其置于战略的核心位置，成为践行组织能力战略的典范。

# 第二节
# 双差分析

## 一、双差分析是战略规划的起点

无论是在企业变革还是在战略制定的过程中，差距分析已被证明是一种极为有效的方法。所谓差距分析，就是找出目标与现实状况之间的差距，借此激发团队的紧迫感，并进一步探寻差距的成因，从而启动变革，推动战略规划的开展。

战略是由不满意激发的，这种不满意实际上是对现状与期望业绩之间差距的一种感知。

差距分为业绩差距与机会差距，业务差距分析与机会差距分析合称为双差分析。

- 业绩差距是对现有经营结果与期望值之间差距的一种量化描述。

- 机会差距是现有经营结果与新的业务设计所能带来的潜在经营结果之间差距的一种量化评估。
- 业绩差距通常可以通过高效的执行来填补，而无须改变业务设计。
- 填补一个机会差距则需要新的业务设计。

顾名思义，业绩差距是指设定了业绩目标却未能达成所产生的差距。例如，某产品线年初设定了10亿元的销售额目标，但当年实际仅完成了8亿元，这就形成了2亿元的业绩差距。机会差距则是指为实现未来增长目标，识别市场中的潜在机会，进而形成的差距。例如，当某行业市场产品技术发生更替时，公司可以抓住机遇，利用新技术开发创新产品，实现设备的更换与升级，在未来三年内可能形成6亿元的机会差距。

关于业绩差距、机会差距与未来的绩效目标的关系，可以用图3.3来表示。

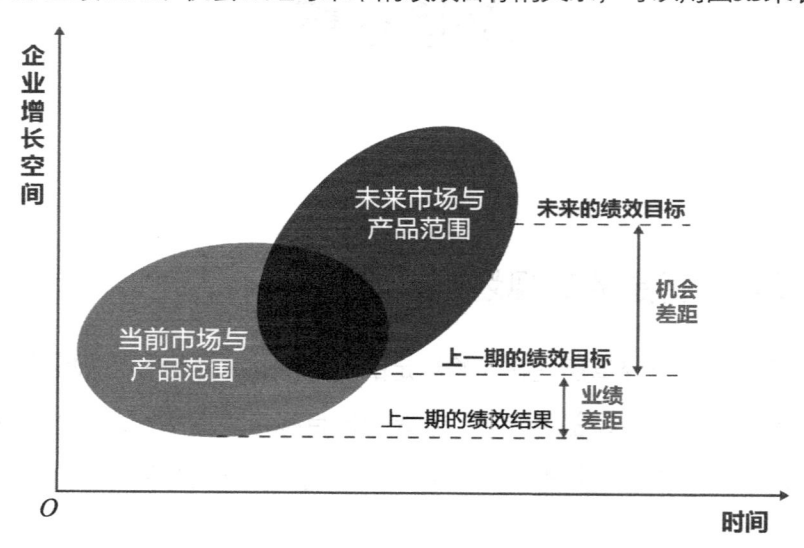

图3.3 业绩差距、机会差距与未来的绩效目标的关系

由图3.3可见，业绩差距是指已经产生的差距，通常被称为"过去的差距"，它往往需要在未来通过高效执行来填补。机会差距则是面向未来的，旨在达成未来绩效目标所需填补的差距，也被称为"未来的差距"。业绩差距可以理解为"未达到"的差距，机会差距则可以理解为"未来需

要达到"的差距。有观点认为机会差距仅仅是"未想到"的差距，这种理解是不全面的。实际上，有些机会原本已被考虑到，但由于当时认为缺乏抓住这些机会的条件，因此并未被列为机会差距。

用业绩差距和机会差距分析问题，已被证实是一种非常有效的工具。一旦我们开始探寻业绩差距，确实能够发现我们在业绩方面存在的诸多不足，以及执行过程中尚未达标的地方。同时，当我们开始思考机会差距，即为了达成更高的企业目标时，我们需要积极开拓新市场，寻找新的机遇。我们惊讶地发现，原来还有如此广阔的市场等待我们去发掘，等待我们去突破。

使用差距分析方法能够激发团队对实现目标的渴望，并与团队共同构建一种使命感和紧迫感。而这种渴望感、紧迫感和使命感，正是组织进行变革、引领变革所需的最基本条件。

双差分析不仅为未来绩效目标的设定提供了依据，同时也服务于战略目标的设立。如图3.3所示，未来的绩效目标是由上一期的绩效结果加上业绩差距与机会差距共同构成的，这也正是需要对业绩差距和机会差距进行量化评估的原因所在。

机会差距与市场洞察之间联系紧密。机会差距是基于对未来市场的全面理解来进行判断和识别的，而机会差距分析的结果又进一步为市场洞察提供了输入。随后的市场洞察应重点针对与机会差距相关的市场机会进行深入分析和洞察，如果发现与机会差距的假设存在不符之处，则需要回过头去修订机会差距分析。

在进行差距分析时，我们可以通过以下几个问题来思考，并将思考结果整理为相应的作业输出：

- 目前存在哪些业绩差距？又有哪些机会差距？
- 在这些差距中，哪些是最重要的，为什么？
- 形成这些差距的主要原因是什么？

业绩差距与机会差距的作业输出,具体如表3.1所示。

表3.1 业绩差距与机会差距的作业输出

| 讨论目标 | • 面向未来3~5年的业务发展,识别目前业务上存在的关键的业绩或机会差距 |
|---|---|
| 问题聚焦 | • 回顾我们设定的战略目标,在一些关键的绩效指标和财务性指标上,是否存在差距?<br>• 与行业内主要竞争对手相比,我们在哪些方面存在差距?<br>• 存在哪些市场机会(机会差距)?(可以先初步讨论,讨论完市场洞察后再来回顾机会差距。)<br>• 哪些是最关键的差距?(考虑结果性大的差距,尽量具体和量化。) |
| 作业输出:差距描述(一个或两句的差距陈述) | • 陈述的是业务结果,如收入、利润/贡献和市场份额<br>• 形成差距的主要原因<br>• 有时间的约束和可量化<br>• 有一个明确的负责人,承担缩小差距的责任 |

## 二、业绩差距与机会差距的识别

业绩差距和机会差距在理论上从业绩、机会、差距这些概念来理解并无困难,但在实际操作中,要确保深入理解并准确识别,尤其是要清晰区分这两者,确实存在一定的难度。对于业绩差距的识别,相对来说较为直观,可以通过对照前期设定的业绩目标(如KPI),逐项对比完成情况来识别。如果发现差距显著,且是后续需要努力弥补的,那么这部分就可以认定为业绩差距。相比之下,机会差距的识别较为复杂,难度也更大。这是因为机会差距并非已经发生的事实,而是涉及未来的可能性,因此存在很大的不确定性。在汉捷咨询的过往咨询经验中,我们曾建议企业从以下几个角度来思考,以分析和识别机会差距:

①从战略意图出发,识别机会差距的最终目标是为了实现战略意图,特别是近期(3~5年)的战略目标。因此,我们可以根据近期目标的要求,逆向推导企业需要寻找哪些新的发展机会,是否需要涉足新的业务领域,是否需要研发新产品,或者开拓新市场等。在战略目标的引导和激励

下，我们可以激发团队的智慧和创意，积极探索和发现未来的机会。

②展望未来行业和市场趋势，这实际上已经构成了初步或整体性的市场洞察。事实上，机会差距与市场洞察是相互影响、相互作用的。机会差距本身就涵盖了未来的市场洞察分析，识别出的机会差距可以作为进一步细化市场洞察的输入，经过市场洞察后再对机会差距进行回顾和修订。

③从回顾过去的角度来看，我们在进行战略回顾和业绩回顾时，除了审视业绩差距，还需要反思我们是否错过了某些机会，以及未来是否应当抓住这些机会。然而，对于已经错过的机会，如果它们已经在业绩目标和策略中得到了考虑，那么它们不应被归类为机会差距，而应在业绩差距的根源分析中探讨为什么未能妥善把握。相反，那些原先未曾考虑且错过的机会，则可以纳入机会差距的范畴。

④从竞争对手比较的角度来看，我们在分析竞争对手时，可能发现对手开发的新产品或新市场取得了显著成效，而我们却未能涉足。这可能是由于我们未曾考虑到这些机会，或者资源条件不允许我们进行开发。然而，如果经过分析和判断，我们认为未来有必要开发这样的市场或产品，那么这些机会便可以被列为机会差距。

归纳而言，业绩差距可理解为过去的差距，即在过去已设定的KPI中，哪些指标的完成情况存在显著差距，并需要在未来进行弥补的。机会差距可理解为未来的差距，即面对未来需要捕捉的机会，或者回顾过去所错失的但未来仍需要把握的机会，通过识别其中的主要机会，进而确定为机会差距。

## 三、造成差距的原因分析

业绩差距指的是现有经营结果与期望值之间的差距，其中期望值通常已体现为绩效目标。如果未能达成这些绩效目标，即便市场机会尚存，也往往表明在执行环节存在问题。因此，我们可以从执行层面进行原因分析，如产品质量控制不到位、过程管理存在缺陷、新产品未能及时推向市场、员工技能不足、IT系统实施效果不理想等。此外，还有一种可能性是市场机会并未如预期般丰富，这同样可以归咎于市场洞察和预测能力的不足。然而，如果市场机会的丧失是由不可抗力因素所致的，那么应及时调整绩效目标，此种情况不应被视为业绩差距。

机会差距是指现有经营结果与通过新的业务设计所能实现的经营结果之间的差距。这意味着，我们需要通过战略设计来把握超出企业现有市场机会之外的增长机会。在此，笔者特意避免使用"新市场机会"这一表述，是因为担心大家对其理解可能存在差异。事实上，从行业的角度来看，企业现有市场机会也可能被视为新市场机会。机会差距是面向未来的，形成这种差距的原因，与其说源于当前存在的问题，不如说未来需要我们去解决的挑战，如市场细分不够清晰、产品开发周期过长、新兴销售渠道不足等。

为了找到业绩差距与机会差距，我们需要探究产生这些差距的原因，特别是那些隐藏在背后的根本原因。在此过程中，5why分析法是一种非常有效的工具。

所谓5why分析法，又称"5问法"，即针对一个问题点连续提出5个"为什么"来追问，以深入探究其发生的根本原因。在使用时，并非必须严格限定只问5次"为什么"，关键在于必须持续追问直至找到根本原因为止。有时可能只需3次提问，有时也许需要10次或更多，正如古话所言："打破砂锅问到底。"

5why分析法的关键在于，鼓励解决问题的人要摒弃主观或自负的假设和逻辑陷阱，从结果出发，沿着因果关系的链条，逐步深入，直至揭示原有问题的根本原因，便于后续的解决。

业绩差距是已经发生的差距，首先分析是什么原因直接"制造"了差距，然后再层层分析背后的原因，包括过程中出现了差距，为什么没有"发现"的原因，为什么没有"纠偏"的原因等。

举个例子：A公司的变频器产品，2017年在福建地区的市场份额为12%，这低于预期目标的20%的市场份额。

第一个"为什么"：为什么会产生这样的结果？因为竞争对手B和C的销售额增速超过了A公司。

第二个"为什么"：为什么竞争对手B和C的销售额增速能超过我们？因为A公司的销售代理商数量不及竞争对手B和C。

第三个"为什么"：为什么竞争对手的渠道覆盖会超过我们？因为A公司没有招募到足够数量的代理商。

第四个"为什么"：为什么没有招募到足够数量的代理商？因为A公司过于专注于线上销售，缺乏渠道发展计划，没有设置专职的渠道管理人员，并且缺乏渠道奖励措施。

第五个"为什么"：为什么没有渠道发展计划、渠道管理人员、奖励措施？因为A公司层面没有进行相应的规划，也没有足够的资源来推动渠道的发展。

所以，当这些"为什么"都被逐一询问并深入思考之后，我们会发现，问题背后的根源在于缺乏具体的市场开拓规划，缺少市场拓展人员，以及没有足够的经费支持。因此，当这些根本问题被清晰地呈现出来时，我们才有可能着手解决这些问题。

机会差距是面向未来的差距，是根据未来业绩目标增长需求所需填补的差距。这种差距，可能源于对过去的回顾，例如，我们可能曾看到某个机会，但由于各种原因未能及时把握而错失，或者可能因"未能预见"而错失的机会。而更多情况下，这种差距是基于对市场和产品的深入判断，结合战略目标的要求，发现的新增长机会。

在机会差距的根因分析中，对于过去错过的机会，通常需要深入剖析错过的原因。例如，一家厨电企业两年前产品部便提出是否涉足集成灶业务，但始终未能付诸行动。与此同时，竞争对手的集成灶业务却取得了迅猛的增长。公司在差距分析时将此视为错过的机会，并决定日后务必夺回这一市场。错过该机会的原因主要有以下几点：首先，高层在决策时认为集成灶业务存在较大的不确定性，且竞争对手的产品相对低端，因此迟迟未做出决策；其次，尽管产品部提出了开展集成灶业务的建议，但在推动高层决策方面显得较为被动；再次，产品部之所以表现被动，是因为对集成灶市场的研究不够深入，特别是对三、四线城市消费者需求演变的认识不足，同时竞争对手的分析也不到位；最后，公司整体上缺乏市场洞察能力，新产品的决策机制尚未有效建立。

无论是错过的机会还是预见到的未来增长机会，根因分析的核心应用应是面向未来，将机会转化为实际业绩所需的条件与能力。弥补机会差距往往意味着对业务设计的变革，如选择新的客户群体，制定新的价值主张，确立新的战略控制。因此，这也是为了实现新的业务设计而进行的根因分析。实际上，这种分析与其说是单纯的原因分析，不如说是针对实现新的业务设计、促成机会变现的组织能力差距分析，这涵盖了所需的人才和技能、组织结构的调整、业务流程的优化、管理机制的调整、激励措施的制定，以及文化氛围的要求等多个方面。

举例说明，某机床企业有一条关于机会差距的描述："中高端市场增长迅速，我们计划开发性价比更高的产品，以对标国内的中高端产品，并预计未来三年内，国内销售额增长18亿元，海外销售额增长37亿元。"针对促成这一机会变现所需的组织能力，我们结合5why分析法进行根因分析：

- 缺乏对中高端机床市场的深入调研与需求分析，没有深入研究国内的中高端产品；
- 研发能力不足，缺乏技术高手的支撑；

- 制造体系尚不足以满足中高端产品的生产需求；
- 人力资源部在高端人才的猎聘方面能力不足，且人力资源部本身缺乏招聘专长；
- 缺乏系统、有效的产品与研发管理体系的支撑。

## 四、业绩差距与机会差距的应用

BLM将双差分析视作战略规划的起点，因此，以双差为起点，后续的各个环节中应充分应用双差分析的结果。战略往往由不满现状所激发，双差分析帮助我们识别了这种差距——它也是增长的机会，从而激起我们制定战略的欲望。有些主管可能已迫不及待想要尽快制订行动方案，但在此之前，我们必须将双差分析与市场洞察紧密结合。

如前所述，机会差距分析与市场洞察是相互作用的。机会差距本身源自对市场的全面判断与深刻洞见，而机会差距的分析结果又为市场洞察提供了明确的范围与指引。经过市场洞察后，我们需要回头审视并修订机会差距，以确保其更加贴合市场趋势、客户需求演变和竞争态势。

双差分析旨在为战略目标，特别是近期目标的设定提供服务。依据双差分析的结论，并结合各项战略KPI的当前状况，我们可以按照"未来KPI=当前KPI结果+业绩差距+机会差距"的公式，初步确定未来的目标值。因此，双差分析中特别强调了量化评估的重要性，以确保未来目标值的设定有依据。然而，许多企业在进行双差分析时，缺乏量化说明，这成为他们在此方面的一个典型不足。

双差分析与创新焦点、业务设计密切相关。例如，针对机会差距，可能需要对业务设计中的客户选择进行调整。同时，业绩差距和机会差距的根因分析为产品及市场创新、业务模式创新、运营创新分析提供了输入。此外，我们更应关注双差分析与关键任务，特别是组织策略、人才策略、文化氛围要求的联系。在双差的根因分析中，大部分背后根源性的原因可归结为组织能力的不足。从某种程度上说，双差分析就是在市场、产品、渠道等业务要素差距分析的基础上，进一步开展组织能力差距的分析，这包括组织设置、流程建设、人才配备、素质技能、考核激励、态度动机、文化导向等方面的差距分析。如果要弥补双差，实现战略目标，关键在于将组织能力的差距与相应对策融入关键任务与执行策略之中。

从战略金字塔的三个层面来看，双差分析通常应用于公司层、业务单位层、销售部门（销售单位也常被视作业务单位），而像华为这样的优秀企业，也将双差分析应用于职能领域层。在职能领域应用双差分析时，业绩差距较易理解，因为各职能部门均会设定KPI，通过与实际达成值进行对比，便可进行业绩差距分析。尽管职能领域一般不直接面对外部市场，因此难以直接与市场机会相关联，但职能部门仍需面对内部市场，为业务单位、销售一线提供内部产品或服务，因此，它们同样可以据此开展机会差距分析。

# 第三节
# BLM战略四要素

## 一、市场洞察

### 1. 市场洞察决定战略管理的深度

应该说，缺乏对市场的洞察，就无法实现有效的企业战略管理。而要获得对市场的洞察，首先就要有对市场的灵敏嗅觉，这种嗅觉就是对客户需求和竞争态势的感觉。那么，这种嗅觉能力来自哪里？华为认为来自客户，面向客户是基础，面向未来是方向。华为的接入网、商业网、接入服务器等概念都来自与客户的交流，实际上就是客户的发明。

如果不面向客户，企业就没有存在的基础；如果不面向未来，企业就没有动力，就可能停滞不前甚至落后。

要做好市场洞察就必须构建和强化市场功能，而这正是很多企业所忽视的。华为将市场功能形象地比喻为"两只耳朵，一双眼睛"：一只耳朵专注倾听客户需求，另一只耳朵则留心行业和技术的发展趋势；一双眼睛则紧盯竞争对手的动态。通过"两只耳朵，一双眼睛"所收集的信息，进行去粗存精、去伪存真、由此及彼、由表及里的分析，这样便能准确理解市场上正在发生的变化，以及这些变化对企业意味着何种机遇与挑战，进而为企业的战略规划提供坚实支撑，有力推动企业的商业成功。

市场洞察的重点在于识别未来三年内的主要市场发展趋势及其可能带来的影响。这一过程主要围绕以下三个方面展开分析和判断：

（1）宏观分析
- 产业格局的变化对我们的影响，包括可能带来的机遇和挑战；
- 对整体市场空间的分析，涉及行业整体趋势、外部环境的影响、产业链特征及变化趋势；
- 新技术的发展趋势及变化，特别关注从产品到解决方案及服务的演进趋势；
- 对本企业在市场中的机会进行全面评估，明确可参与的市场空间。

（2）客户分析
- 我们应该按照哪些细分标准来对我们的客户进行分类？
- 这些客户的战略重点、购买意图、需求偏好以及痛点分别是什么？
- 他们所面临的主要压力和挑战是什么？他们的关键购买因素又有哪些？

（3）竞争分析

- 主要竞争对手的战略规划、价值主张、核心竞争策略或手段是什么？
- 目前的竞争格局是怎样的？与主要竞争对手相比，我们各自的优劣势分别体现在哪些方面？
- 竞争对手在哪些方面值得我们学习和借鉴（进行标杆分析）？

笔者在与众多企业家交流时，市场洞察及其能力的缺乏常被提及，且这一问题在两三年后仍未得到显著改善。究其原因，主要有三个：第一，缺乏有效的组织保障，如市场部门力量薄弱，或逐渐转变为销售支持部门而未能真正履行市场工作职能，销售等相关部门亦未能提供有效信息并积极参与市场分析；第二，缺乏持续的努力与迭代提升，尽管进行了一些信息收集与分析工作，但这些工作往往零散无序，甚至时而中断，难以做到数据的持续积累和分析的迭代优化；第三，缺乏结构化的方法和工具，导致收集到的数据和信息难以有效整理和分析，虽然看似获得了大量信息，包括各种图表，但缺乏提炼和综合，难以与后续的战略选择和策略制定相结合。由于缺乏数据的结构化分析，难以实现知识传承和迭代，市场洞察能力难以得到持续提升。

在MM流程中，理解市场的目的在于深入洞察市场，这需要通过宏观分析、竞争分析、市场分析、自身分析四个方面的数据收集与信息分析来实现，并提供相应的结构化问题和分析工具作为支撑。而在BLM中，则重点强调宏观分析、竞争分析、客户分析、自身资源与能力分析的重要性。华为在实践中，市场洞察的基础分析涵盖了宏观分析、行业/趋势分析、客户分析、竞争对手分析、自身分析五个方面，这被称为"五看"，并开发了相应的分析工具和模板。这种"五看"的分析维度和方法工具已被众多企业借鉴应用，以提升其市场洞察能力。

## 2. 市场洞察的"五看"

（1）看宏观

看宏观环节通常使用PEST分析方法，即重点从四个方面进行宏观分析，必要的时候增加其他方面。

**政治环境（Political）**。通常，政治环境因素包括国际关系、对经济发展的态度、产业发展政策、政治不确定性等。它们不仅会对企业和产业的发展产生直接影响，而且会通过影响供应商、客户等对生产企业产生间接影响。例如，巴黎协议与"碳达峰，碳中和"承诺，促进了新能源替代品的发展。

**经济环境（Economic）**。通常，经济环境因素包括产业结构、经济增长、市场利率、人民生活水平、消费倾向等。它们都会对企业的运营产生显著影响。例如，随着中国人均收入的持续增长，人们的消费能力也相应提升，这为手机行业带来了极为广阔的市场前景。

**社会环境（Societal）**。通常，社会环境因素包括人口构成、家庭统计、文化氛围、民众教育程度等。它们都会影响市场消费者的生活方式，进而塑造他们对产品和服务的需求与期望，最终引发其消费行为的转变。例如，在中国，手机产品已经逐渐演化为一种日常消费品，甚至成为时尚的象征，年轻人更是手机消费的主力军。

**技术环境（Technological）**。通常，技术环境因素包括社会总体科技水平、技术发展趋势等。它们会对产品生命周期以及研发技术的发展趋势产生深远影响。例如，AI技术的飞速发展为企业带来了利用AI技术提升设备故障快速诊断与修复能力的机遇。

**其他宏观因素**。除了PEST四个方面，通常还加上环境因素（Environmental）和法律（Legal）因素，构成PESTEL分析。

（2）看行业/趋势

公司及下属各业务领域不仅受到宏观环境的影响，而且各自处于不同的行业环境中运行。因此，发现和掌握行业运行规律，进而预测未来行业的发展趋势，对于指导行业内企业的战略规划和发展具有极其重要的意义。

行业分析是介于宏观经济与微观经济分析之间的中观层次分析，需要深入剖析行业的构成状况、客户、产品技术、行业竞争力、市场竞争格局、集中度、行业政策等行业要素，以揭示行业运行的内在经济规律和趋势。在探讨行业环境时，我们通常会关注以下问题：

- 行业格局的变化趋势是什么？这些变化将如何影响我们，带来哪些机遇和威胁？
- 该行业的盈利模型是怎样的？是依赖高周转、资本金、大规模、大体量、高负债，还是高科技？利润率如何？
- 当前该行业是否具备盈利能力？未来是否能持续盈利？盈利周期如何？多久能够实现盈利？
- 该行业的风险程度如何？是否存在法律风险？技术风险状况怎样？
- 行业的集中度如何？头部企业在市场中的份额占比是多少？
- 行业政策管控的情况是怎样的？是严格监管、灰色监管，还是较为宽松？

行业分析的结构化方法中，我们熟知的便是迈克尔·波特的五力模型。该模型由迈克尔·波特在20世纪80年代初提出，并已在全球范围内对企业战略制定产生了深远影响。五力模型常用于竞争战略的分析，能够精准地剖析企业的竞争环境。五种力量的不同组合和变化最终会决定行业利润潜力的变动，如图3.4所示。

通常认为，迈克尔·波特的五力模型存在以下两个显著的不足：

第一，该模型主要强调了同行业间的竞争关系，而较少考虑企业间的合作关系。然而，在现实中，企业之间不仅存在竞争关系，更存在多种形式的合作关系（共生关系），并非只有纯粹的你死我活的竞争。

第二，该模型假设行业的规模是固定的，并认为企业只能通过夺取竞争对手的市场份额来扩大自己的市场占有率。但实际上，企业并不总是通过击败对手来获取更大的市场，而是经常通过与竞争对手共同合作，共同扩大整个行业的市场规模。此外，市场本身也可以通过不断的开发和创新来增大其容量。

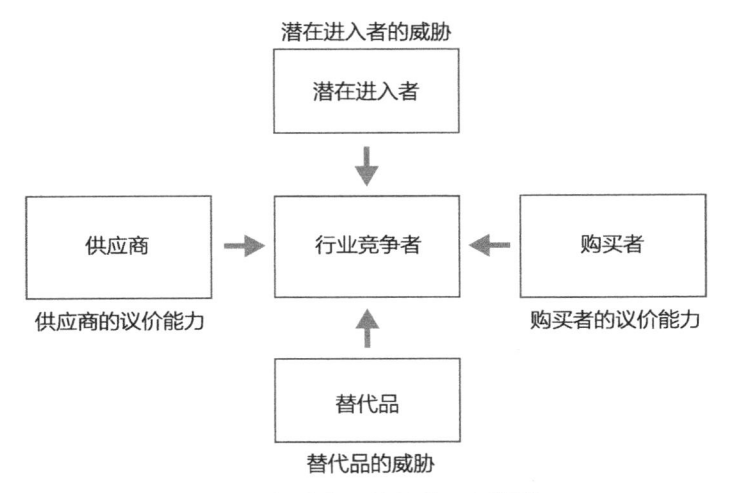

图3.4 迈克尔·波特的五力模型

迈克尔·波特在管理理论领域的主要贡献在于他成功地在产业经济学与管理学之间搭建了一座桥梁。迈克尔·波特的五力模型之所以具有重要意义，是因为它揭示了五种竞争力量的相互作用中蕴含的三类成功的战略思想，即总成本领先战略、差异化战略、集中化战略。

在市场洞察分析时，我们通常会从六个方面来深入剖析行业/趋势，包括变化中的客户偏好、行业间界限的模糊化、全球化/新进入市场的全球性竞争者、突破性的新技术、政策与法规的变化、新的或变化中的盈利模型。尽管其中部分内容与PEST分析存在重叠，但各有侧重。例如，我们会归纳并识别"新技术"的发展动态，而在"政策与法规"部分，我们会对变化后的影响进行精确的量化分析。对于"客户"和"竞争者"的分析，我们将在后续进行更为详细的探讨。

### （3）看市场/客户

包括市场容量与增长分析、市场细分分析、客户决策链分析、客户问题与需求、客户价值转移分析等方面，这些都是了解企业战略与客户的战略或需求匹配性的重要途径。

从机会的角度来看，分析市场首先需要评估我们可能进入的市场机会的大小，也就是对市场空间或市场容量的估算。接下来，还需要考察该市场未来的增长潜力，这通常通过复合年均增长率来衡量。市场容量进一步细分为总市场容量和可服务市场容量。为了估计市场容量，我们常采用的方法有上级市场推算法、关联数据推算法、同类对标法、细分市场加总法、需求渗透率分解法。

市场细分，即根据客户的特征与需求差异将其划分为不同的群组，这对于理解客户的偏好和基本信息，以及支撑公司的战略重点至关重要。在进行市场细分时，我们需要思考和分析的问题包括：哪些细分标准适用于将客户进行分类？是否可以根据需求的差异将客户划分为不同的类型？客户在选择产品或服务时，主要考虑的因素又有哪些？尽管BLM提到了客户分类的必要性，但并未提供细分市场的具体步骤与方法。相对而言，MM方法论中则详细阐述了"三维七步"的市场细分方法。

关于客户分析，在战略咨询实践中，笔者通常建议企业按照四个步骤进行深入分析，如图3.5所示。

| 1 客户决策链分析 | 2 客户需求分析 | 3 客户购买行为分析 | 4 客户价值分析 |
|---|---|---|---|

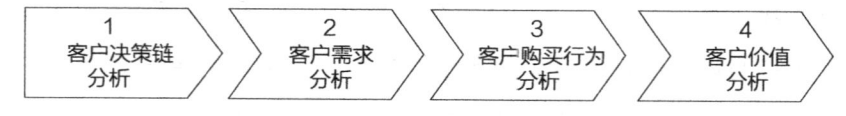

图3.5 客户分析的四个步骤

客户决策链分析旨在从客户寻源、沟通、比较到购买决策整个过程中，识别出影响购买的相关单位和角色。从角色角度出发，我们通常将客户划分为决策者、推荐者、使用者、影响者等；而从过程角度看，则需要深入分析和判断决策链。

在客户分析中，客户需求分析占据着重要的地位。华为坚信，为客户服务是其存在的唯一理由，而客户的需求正是其发展的原动力。因此，进行客户需求分析时，需要从客户所面临的问题或挑战出发，深入剖析解决这些问题所需的产品关键特性，特别是那些客户尚未得到有效解决的问题（即"痛点"），更应予以重点分析。

客户购买行为分析与客户决策链分析相互关联，但各有侧重。客户决策链分析主要聚焦于识别决策过程中的角色和关系，而客户购买行为分析则包括购买过程、购买场所、接触点、购买方式、沟通方式、成功因素等多个方面。

客户价值分析是在前述分析基础上进行的归纳性分析，旨在总结客户所关心的核心价值或利益，并可按年度重点工作进行排序。如果不同类型客户具有不同的价值诉求，则应分别列明。同时，我们需要特别关注客户价值转移趋势，不仅要分析客户当前关心的核心价值及其排序，更要预测和判断客户未来可能的价值转移方向。

此外，客户忠诚度分析也是常用的客户分析维度。它综合了客户对企业的信任度、来往频率、服务效果、满意程度以及继续选择该企业服务的可能性等因素，并可通过具体指标进行量化评估。维持老客户相较于寻求新客户更为经济，因此，保持与客户的持续沟通、长期联系，以及加强彼此间的情感纽带，已成为企业间新的竞争手段。值得一提的是，这种巩固客户忠诚度的竞争往往具有隐蔽性，竞争者难以察觉策略的变化。

（4）看竞争对手

谁是我们的竞争对手？谁是最强大的竞争对手？谁是最直接的竞争对手？要确定这些，需要从市场范围、战略选择、价值主张、竞争策略、产品延伸等多个角度进行分析。

市场范围的大小决定了竞争对手的类别。在可乐市场中，可口可乐的主要竞争对手是百事可乐；而如果从更宽泛的软饮料市场来看，娃哈哈、农夫山泉等也是可口可乐的竞争对手。主要竞争对手的选择同样取决于企业当前的战略选择。例如，传音手机专注于非洲市场提供中低端手机，因此选择那些不在非洲市场经营手机业务的厂家作为竞争对手并无实际意义。此外，那些价值主张、竞争策略与我们相似或相近的企业，无疑应被视为主要的竞争对手。

从产品角度来看，销售同品类产品或服务的企业通常被视为直接竞争对手，这也是大家常说的同业竞争，即狭义上的竞争对手，如耐克与阿迪达斯、肯德基与麦当劳。而销售扩大品类的产品或服务，即那些虽然非同品类但可以替代我们产品的企业，也构成了竞争关系。例如，休闲服的直接竞争对手是其他休闲服品牌，而其可替代竞争对手则可能包括体育运动服饰甚至正装品牌；再如，柯达的同类竞争对手是富士，而其扩大品类的竞争对手则可能是数码相机公司。

对一个企业而言，找到竞争对手不难，但找准竞争对手不容易。竞争对手具有多样性、地域性、变化性等特点。竞争对手的形式具有多样性，包括直接竞争、间接竞争、替代竞争等。竞争对手还具有地域性，同一家公司在不同地区的竞争对手很可能迥异，因此竞争对手的管理需要差异化，这包括全球性竞争、全国性竞争、区域性竞争、渠道通路竞争。以渠道通路竞争为例，超市内的方便面直接竞争对手是其他品牌的方便面，而在学校内，方便面的竞争对手则可能是食堂和餐厅。竞争对手还具有变化性，现在的竞争对手是A，但未来的竞争对手可能是B，因此，能否及时发现潜在的竞争对手也很关键。

当然，找到最直接的竞争对手至关重要。最直接的竞争对手不一定是最强大或规模最大的，但一定是最具相似性的。许多小公司常犯的一个错误是，在公司初创阶段就将业内最大的企业视为最主要的竞争对手。从战略上可以这样，但从战术上绝对不可以，否则可能遭受不必要的损失。

在2001年，华为就将中兴视为最直接的竞争对手，而非爱立信。直到现在，中兴还是华为最直接的竞争对手。这两家公司拥有相似的人力资源优势、成长环境和竞争思维。

界定最直接的竞争对手后，华为紧接着对其展开持续的竞争情报收集与分析。华为强调从18个竞争情报要素全面扫描与收集竞争对手的相关信息，并建立竞争情报数据库。重要的是，华为深入了解竞争对手的战略、价值主张、主要竞争策略/手段。随后，华为集中对5个重点要素进行比较分析，并经常运用雷达图工具来绘制与主要竞争对手比较的雷达图。

至于竞争对手情报的获取途径，首要的是从竞争对手自身的相关资料、人员、产品、场所等方面入手。例如，在竞争对手公司附近的餐厅用餐，可以不经意间听到许多有关竞争对手的有用信息。此外，竞争情报信息还可以来源于客户、经销商、外部合作机构等。

基于持续收集的竞争情报，经过风险整理后，需要生成竞争分析报告，其主要内容通常包括：

- 竞争对手的基本情况，如经营数据、成长性等核心指标；
- 竞争对手设定的未来目标与战略方向；
- 竞争对手的产品策略与营销策略；
- 竞争对手主流产品的产品力与比较分析，特别关注我们产品与主要竞品在特性上的对比；
- 竞争对手对我们战略的反应分析；
- 客户选择或不选择竞争对手产品的原因剖析；
- 我们与主要竞争对手在各方面的优劣势分析；
- 竞争对手值得我们借鉴的地方，包括标杆分析。

向最佳竞争对手进行标杆分析与学习，是竞争分析乃至企业经营管理中经常倡导的。标杆分析法是指将本企业的各项活动与在该项活动中表现最佳的企业进行比较，进而提出针对性的行动方案，以弥补自身的短板。这种分析方法实际上是将本企业经营的各方面状况和环节与竞争对手或行业内外领先的企业进行对比，旨在评价自身企业并研究其他组织的优秀之处。它是将外部企业的卓越业绩设定为自身企业的内部发展目标，并将这些最佳实践引入本企业的经营环节中的一种策略。实施标杆分析法的公司需要不断对竞争对手或领先企业的产品、服务、经营业绩等进行评价分析，以发掘自身的优势和存在的不足。

标杆分析法最初源于施乐公司。施乐曾是影印机的代名词，但日本公司在第二次世界大战后，通过不懈的努力，在多个方面模仿美国企业的管理和营销手段。随着日本竞争者的加入，施乐的市场占有率从1976年的80%大幅下降到1982年的13%。面对这一困境，施乐于1979年在美国率先采用标杆分析法。其总裁柯恩斯于1982年亲自赴日学习竞争对手的经验，购买日本的复印机，并通过"逆向工程"深入研究其零部件，学习日本企业以全面质量管理为核心的管理方法，从而成功在复印机市场上重新夺回竞争优势。

进行竞争对手的标杆分析，有助于我们确定和比较竞争对手经营战略的各个组成要素。通过对行业内外一流企业的标杆分析，我们可以从任何行业的领军企业那里获取宝贵的情报，用于改进本企业的内部运营，并设定切实可行的赶超目标。同时，通过对竞争对手的标杆分析，我们可以更精准地分析客户需求，揭示本公司的不足之处，进而将市场定位、竞争力提升和目标设定紧密结合在一起。

（5）看自身

进行全面和充分的外部环境分析后，接下来便是通过内部分析来明确企业的资源和能力，包括识别出企业的核心竞争力。

企业通过一系列活动来提供产品和服务，这些活动串联起形成提供最终产品和服务的链条，而价值的创造正是源自于客户购买这些产品和服务的整个过程。为了顺利执行这些活动，企业必须拥有相应的资源以及运用这些资源的能力。形成战略价值的关键在于，企业需要具备超越竞争对手的能力。企业通过以优于竞争对手的方式来运营和管理，为客户创造价值特别是核心价值，这是企业创造竞争优势、实现战略目标的本质。

企业能力指的是企业如何配置资源并发挥其生产和竞争作用的能力。这种能力源自企业有形资源、无形资源和组织资源的整合，是企业各类资源有机组合的结果。而组织能力是指企业开展组织工作的能力，包括企业所具备的一组反映效率和效果的业务活动或管理活动能力。从这两个定义来看，企业能力与组织能力在很大程度上是相似或一致的，关键在于如何准确划分、有效构建并持续提升它们。

企业能力的划分具有多重维度。按照经营及管理的基本过程或性质，可以划分为决策能力、计划能力、组织能力、领导力、执行力、监控力等。按照生产要素，可以划分为人才能力、文化力、数据力、资金能力、技术能力等。在进行市场洞察的自身分析时，通常按照活动领域，尤其是结合端到端业务流程来划分，如产品创新能力、技术创新能力、市场营销能力、战略与运营能力、供应链与生产能力、服务能力、人力资源管理能力、财务与资本管理能力、组织与流程IT/数字化能力等。在分析中，我们可以根据企业在特定业务领域的客户需求与竞争态势，对这些能力进行组合或细分。例如，可以将产品创新能力与技术创新能力合并为产品力，市场营销能力则可以细化为市场品牌能力和销售渠道能力。

进行内部资源能力分析，一方面要深入剖析自身能力的状况，如产品矩阵、人才规模、专利技术等；另一方面则要与主要竞争对手进行比较分析，以明确自身的优势与劣势。

在分析中，我们还应进一步探讨企业的核心竞争力。普拉哈拉德和哈默尔提出的核心竞争力概念，已在企业战略管理中得到广泛应用。核心竞争力指的是那些能够直接为企业带来显著竞争优势，且竞争对手在短期内难以模仿的资源或能力。

一般认为，企业核心竞争力的识别标准有四个：

①价值性。这种能力能够出色地实现客户所重视的价值。例如，它能够显著地降低成本，提升产品质量，提高服务效率，并增加客户的满意度，从而为企业带来明显的竞争优势。

②稀缺性。这种能力必须是稀缺的，即只有少数企业能够拥有它。

③不可替代性。竞争对手无法通过其他能力来替代这种核心竞争力，它在为客户创造价值的过程中扮演着无可替代的角色。

④难以模仿性。核心竞争力还必须是企业所独有的，且竞争对手难以模仿。它不同于那些可以在市场上轻易购买到的材料或机器设备，而是难以被其他企业转移或复制的。这种难以模仿的能力有助于企业获得超过行业平均水平的利润。

然而，在实践中，对于核心竞争力的识别确实缺乏行之有效的方法论。受迈克尔·波特提出的三种竞争战略（差异化、低成本、集中化）的影响，竞争优势的理解往往显得过于宽泛或模糊。这导致企业在定义核心竞争力时，出现了各式各样的表述，如研发能力、销售渠道、核心技术、管理能力、领导力、团队协作能力、资源整合能力、品牌塑造能力、学习能力、模仿复制能力等。这些能力描述要么过于笼统，要么含糊不清，要么不能真实反映企业的实际情况，这也使得核心竞争力理论在企业战略管理的实际操作中显得不够有力。因此，有学者提出，与其费力识别核心竞争力，不如直接识别和定义企业的核心活动。

在BLM中，核心竞争力的概念并未得到深入的探讨，而是通过业务设计来体现业务竞争战略，使用战略控制的概念来替代了核心竞争力的讨论。

### 3. SWOT分析

完成"五看"，即对宏观、行业/趋势、市场/客户、竞争对手、自身进行充分了解与分析后，就可以运用SWOT分析工具进行综合和概括了。

SWOT分析是将企业内外部条件各方面内容进行综合和概括后，进而分析企业的优势（S）、劣势（W），面临的机会（O）和威胁（T），并提出如何抓住机会和避开威胁的策略的一种方法。

优势与劣势的分析主要集中在对企业自身实力的评估及其与竞争对手的比较上，而机会和威胁的分析则主要关注外部环境的变化及其可能对企业产生的影响。

（1）机会与威胁分析

环境发展趋势主要分为两大类：一类是环境威胁，另一类是环境机会。环境威胁指的是那些对企业发展构成不利影响的趋势所带来的挑战。如果不及时采取有力的战略行动，这种不利趋势将会对企业的竞争地位构成威胁。环境机会则是指那些对企业行为具有吸引力的领域，企业应努力在这些领域中建立竞争优势，以获取更多的发展机会。

通常，我们会从影响程度和发生的可能性两个维度来评估外部的机会与威胁，以便识别出主要的机会与威胁。在必要时，我们还可以进行必要的归并或细分，最终确定大约五项机会和五项威胁，作为进一步开展SWOT分析的输入。

（2）优势与劣势分析

其实，在前面的"看对手"和"看自身"中，已经对竞争对手的优劣势以及自身资源能力的优劣势进行了分析。此时，我们需要归纳和识别主要的优势与劣势。主要的资源与能力优势意味着企业在这些方面与主要竞争对手相比达到了较高水平，且与业务成功的关键因素紧密相连，有助于企业在竞争中占据优势地位。而劣势则表明企业在这些方面相较于主要竞争对手存在不足，这可能给竞争对手提供可乘之机。值得注意的是，在衡量企业是否具有优势时，我们应当从客户的角度出发，而非从企业的视角考虑。

接下来，我们将进行SWOT分析，即制定SO策略（如何利用优势抓住机会）、WO策略（如何克服劣势抓住机会或利用优势弥补劣势）、ST策略（如何利用优势应对威胁）、WT策略（如何克服劣势以最小化威胁）。其中，SO策略和WO策略是针对外部机会的，属于进攻性的战略措施；ST策略和WT策略则是针对外部威胁的，属于防守性的战略措施。这些策略构想并非最终决策，但它们为后续的战略设计（包括战略机会选择、业务设计、关键战略举措）提供了重要的输入。SWOT分析的框架如表3.2所示。

表3.2 SWOT分析的框架

|  | 优势（S） | 劣势（W） |
|---|---|---|
|  | S1:<br>S2:<br>S3:<br>S4:<br>S5: | W1:<br>W2:<br>W3:<br>W4:<br>W5: |
| 机会（O）<br>O1:<br>O2:<br>O3:<br>O4:<br>O5: | SO策略<br>SO1:<br>SO2:<br>SO3:<br>SO4:<br>SO5: | WO策略<br>WO1:<br>WO2:<br>WO3:<br>WO4:<br>WO5: |
| 威胁（T）<br>T1:<br>T2:<br>T3:<br>T4: | ST策略<br>ST1:<br>ST2:<br>ST3:<br>ST4: | WT策略<br>WT1:<br>WT2:<br>WT3:<br>WT4: |

SWOT分析作为一种经典甚至偏传统的战略工具，对于企业来说，仍具有极大的应用价值。通过它，企业能够清晰地梳理外部的机会与威胁，明确自身的优势与劣势，并进一步形成相应的策略设想。因此，SWOT分析一直受到企业的广泛运用。然而，需要注意的是，SWOT分析得出的战略举措主要是指导性的，其识别的机会也多为概况性的。为了更深入地制定战略，企业还需要在后续步骤中应用相应的战略方法，进一步开展战略分析和战略设计。

(3)机会洞察

在BLM的市场洞察过程中,核心目标是寻找并识别那些明确的、能够界定市场与产品范围的,且投资后成功把握的战略机会点。相较于SWOT分析中得出的机会,这些机会点更为具体和可界定。因此,在这一阶段需要对机会点进行深入的展开分析。

分析时,可以从市场与产品两个维度出发,以识别和判断未来的战略机会点。对于潜在的细分市场、业务领域或细分产品类别,我们一般按照SPAN矩阵(波士顿矩阵)进行评估。通过评价这些潜在机会的市场吸引力和企业竞争力的高低,我们可以判断它们所属的类型(明星、金牛、问号、瘦狗)。随后,结合战略目标、业务布局和资源条件等因素,我们可以确定哪些市场或产品是未来应优先选择的战略机会点。明星型的市场或产品无疑是首选的机会点;金牛型的市场或产品则是需要长期投入与维护的;瘦狗型的产品及市场通常选择放弃或避免进入;而问号型的市场或产品则需要进行更为细致的比较和审慎的选择。在选择问号型业务时,企业往往更侧重于市场吸引力而非企业竞争力(包括现有的竞争力以及形成竞争优势的潜力)。事实上,许多新兴业务虽然市场潜力巨大且增长迅速,但由于当前竞争力不足且提升难度大,导致这些业务发展缓慢或最终失败。因此,在决策问号型业务时,优先考虑市场吸引力是一种明智的选择。

以华为为例,在1994年进行市场分析与战略规划时,它主要从产品的角度出发,对当时的市场机会进行了战略定位分析,如图3.6所示。

战略机会点选择明确对应的市场或产品细分后,需要结合先前的"五看"和SWOT分析,进行更为深入的归纳与判断。这包括明确增长机会点的具体位置,深入理解客户的关键需求,特别是那些尚未被满足的需求或痛点。同时,还需要预测未来三年的市场容量及其增长趋势,并预估我们可能获得的市场份额或销售额。此外,还需要审视我们的优势与劣势,并明确未来的主要业务策略。

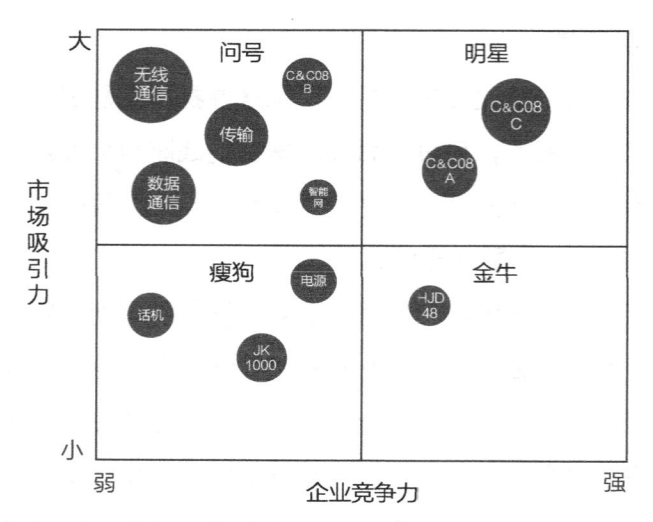

注：HJD48 为空分用户交换机，JK1000 为空分局用交换机。C&C08 为局用交换机，A 型为小容量，C 型为中大容量，B 型为中小容量具综合接入功能。智能网包括 114 排队机、智能平台等。数通包括路由器、交换机等。

图3.6　从产品的角度对市场机会进行战略定位分析

面对那些充满不确定性的新兴市场或新兴产品，当前阶段确实难以做出明确的选择性决策。因此，可以将它们作为备选的战略专题，纳入后续的考虑环节。

## 二、战略意图

BLM中的战略意图主要包括以下三个方面：

**愿景**：它描绘了一个可持续的、占据优势的业务领先地位，展示了长期的、稳定的获利能力。这一愿景具有纲领性的意义，不仅代表了企业与客户之间的情感契约，而且现实可行且充满挑战性。

**战略目标**：它致力于构建一个高效、合理且灵活的运营模式，旨在抓住现有市场的增长机会，同时保持对市场变化的快速适应能力。在设定战略目标时，可以考虑产品、服务、市场、客户、技术、时机等多个维度。

**近期目标**：它根据可衡量的业绩指标来设定，这些指标包括利润、成长率、市场份额、客户满意度、新产品等方面。

### 1. 愿景与使命

愿景与使命是企业的终极目的与目标，代表了企业的最高层次的战略定位。

愿景中的"愿"字，实际上反映了企业当事人内心深处的愿望与期盼。它是对企业未来的一种图像式、期盼式的描述，不仅勾画出未来的宏伟蓝图，明确了企业的奋斗目标，还能激发员工的热情并达成共识。共同愿景因此成为指引企业方向、汇集力量、推动其发展的强大动力。

使命则是对组织自身生存发展目的的定位，它阐明了企业的基本性质与存在的理由，说明了企业的宗旨、经营哲学、信念、原则等，为企业战略提供了终极价值定位。

使命回答了根本上为什么做的问题，愿景回答了长远上做成怎么样的问题。愿景与使命既可以分别提出和陈述，也可以合并描述，共同回答"为什么做"和"做成怎么样"的问题。例如，微软曾提出了一个愿景与使命的结合："实现每个家庭的桌上都有一台PC，并由于使用微软的软件而功能卓越。"而华为则是分别提出愿景与使命的：

华为的愿景：丰富人们的沟通和生活。

华为的使命：聚焦客户关注的挑战和压力，提供有竞争力的通信解决方案和服务，持续为客户创造最大价值。

### 2. 战略目标

战略目标向上承接组织的愿景与使命，向下则具体化为近期（3~5年）目标，因此，它指的是宏观性、中期（如8年左右）的战略性规划，旨在为组织实现愿景目标提供清晰路径，并对最关键的成功要素进行明确阐述。通过战略目标，组织能够明确中长期发展的重点与优先级，从而更有效地利用有限的宝贵资源。

战略目标也体现了一种战略定义：战略是对组织长远目标所做出的方向选择、重大取舍以及采取的关键行动，同时包含对资源分配优先次序的坚定承诺。一旦确定了中长期战略目标，就需要针对这些目标持续投入，并坚持不懈地追求。

一般而言，确定战略目标需要依次经过市场洞察、拟定目标、论证评价和确定目标这四个步骤。

（1）市场洞察

在BLM-市场洞察环节，我们已经从宏观、行业/趋势、市场/客户、竞争对手、自身五个维度进行了分析，并据此制定了SWOT策略，明确了战略机会点。接下来，我们需要进一步围绕现有市场的增长机会进行思考，探究客户价值转移的中长期趋势，并思考如何为客户提供长期价值机制，以及构建何种战略模式来适应这些变化。同时，针对新兴的增长机会，我们需要识别最关键的成功要素，评估公司现有的资源和优势，并确定必须弥补的关键短板，构建新的竞争优势。

（2）拟定目标

拟定目标的过程通常包含两个环节：首先是确定目标的领域与方向，其次是明确目标标杆及达成状态。根据市场洞察的结果，我们应筛选出几个核心的目标领域，如现有业务领域的预期地位、技术发展的预期水平等。管理大师指出，企业通常需要在八个关键结果领域设定目标，这些领域包括市场地位、创新、生产率、实物与金融资源、利润、管理者的表现与培养、员工的表现与态度、社会责任。在拟定目标领域与方向时，我们可以参考这八个关键结果领域，并筛选出对实现愿景与使命最为关键的几个目标。

为了明确战略目标的达成状态，我们可以参考行业领先者或业界领导企业的标杆，但更重要的是，这些目标必须紧密围绕我们的愿景和使命，体现企业的独特价值和事业追求。

在目标确定的过程中，我们必须确保目标结构的合理性，并列出各个目标的综合排列次序。在满足实际需求的前提下，我们应尽量减少目标的数量。常用的方法包括将类似的目标合并为一个目标，以及将从属目标整合为一个综合目标。

（3）论证评价

目标拟定完毕后，需要组织多方专家和有关人员，对所提出的目标方案进行论证和评价。

首先，论证和评价应聚焦于目标方向的正确性。重点考察：所拟定的战略目标是否和企业愿景与使命相契合，是否满足企业的整体利益与发展需求，是否适应外部环境及未来发展的需要。

其次，论证和评价战略目标的可行性和挑战性。

最后，评价战略目标的完善化程度。主要关注：一是目标是否明确；二是目标的内容是否协调一致；三是是否存在改进的空间。

（4）确定目标

在确定目标时，我们需要从以下三个方面权衡战略目标方案：

首先是方向的正确性；

其次是可实现的程度及其挑战性；

最后是其对愿景目标的影响程度以及为企业带来的效益大小。

所选择的战略目标在这三个方面的期望值都应尽可能高。

关于战略目标的陈述，我们可以选择将设立的目标按不同项分别列出，也可以将其整合后整体陈述。以下是某公司的战略目标陈述范例：

公司将坚持技术创新作为其根本和核心经营理念，持续提升公司的生产和设计能力；通过上市获取更多资源，以把握中国自动化装备行业高速发展的黄金机遇，进一步加深公司在汽车制造、工程机械领域的产业链布局，同时扩大公司产品应用领域和市场范围；增强作为国内领先自动化装备企业的系统集成及整体方案解决能力，逐步满足国内外高端客户的产品技术要求，在选定的价值细分市场中确立领先地位，力争在八年后实现整体营业规模突破五百亿元的目标。

### 3. 近期目标

近期目标与战略规划周期以及年度经营计划周期密切相关。战略规划周期通常为3年或5年，而年度经营计划周期则为1年。因此，近期目标指的是3~5年和年度的目标，这些目标通过可衡量的业绩指标来设定，具体包括利润、成长率、市场份额、客户满意度、新产品等多个方面。

在战略解码的过程中，根据企业的战略方向和愿景目标，我们可以识别出支撑愿景目标实现的关键成功要素，并进一步将这些关键成功要素转化为具体的**KPI**（关键绩效指标）。在这一方面，平衡计分卡是一个极为有效的工具。通过应用平衡计分卡，我们可以形成财务、客户、内部流程、学习与成长四个维度的策略性目标（关键成功要素）以及相应的**KPI**。

企业在设定3年或5年以及年度目标时，需要紧密结合战略设计和战略目标的要求，从中选择重要的关键成功要素与**KPI**，进而设定出具有里程碑意义且可衡量的近期目标。

## 三、创新焦点

BLM中的创新焦点主要包括未来的业务组合、创新模式、资源利用。这个被称为创新焦点的要素有时可能令人感到困惑，但其实只要仔细解读，它并不难理解：业务组合是创新所涉及的范围，创新包含三种基本模式，面对不确定性机会时，我们应谨慎地进行投资并妥善处理资源。

### 1. 业务组合

业务组合作为战略规划的关键环节，扮演着连接企业总体战略与后续战略实施的重要桥梁角色。在业务组合决策与设计的过程中，我们常借助波士顿矩阵、麦肯锡三层业务模型等经典工具。

业务组合设计的最终目标，是通过精心组合企业的多个或多种业务，以实现持续、稳健、高效的发展。波士顿矩阵仅作为辅助工具、方法和手

第三章 业务领先模型

段，是为目标服务的。因此，在对各项业务进行吸引力与竞争力评估，并明确其业务类型（如明星、金牛、问号、瘦狗）后，我们仍需紧密结合企业的实际情况，对业务组合进行创新性的设计。这样，企业才能在高速发展与稳健经营之间找到平衡点，从而实现健康成长。

图3.7展示了波士顿矩阵的四种业务类型及其相应的投资策略建议。

图3.7 波士顿矩阵的四种业务类型与投资策略建议

对于决定纳入业务投资组合的业务，我们可以采用麦肯锡三层业务模型进行划分。根据时间和不确定性水平的不同，业务可以划分为第一层次业务（H1），即核心业务；第二层次业务（H2），即成长业务；第三层次业务（H3），即种子业务或新兴机会。这三个层次的业务各自拥有明确的定义与特征，并需要关注不同的管理重点与指标。为了便于理解，我们通常将这三个层次的业务形象地称为"碗里的""锅里的""田里的"业务，如图3.8所示。

对于每个公司及其高层决策者来说，建立能够持久支持竞争优势、促进长期业务增长的业务组合，是最根本的战略问题之一。选择进入、保持或退出某项业务，是企业面临的重大决策。由于失败的业务经营会导致资本和人力资源的浪费与闲置，因此尽早认清并退出失败业务至关重要。特别要注意，不应仅凭偶然性冒险或直觉判断做出决策，而应严格衡量分析现有业务组合和新业务机会，并对它们进行积极主动的管理和控制。

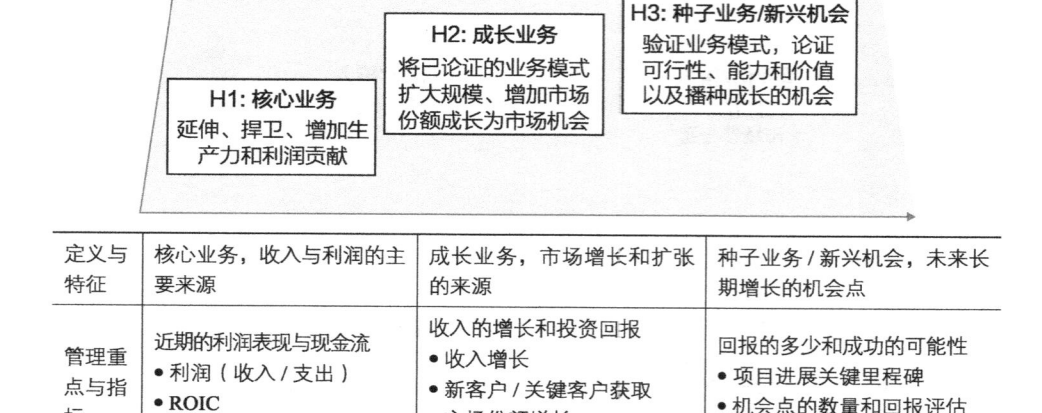

| | | | |
|---|---|---|---|
| | H1: 核心业务<br>延伸、捍卫、增加生产力和利润贡献 | H2: 成长业务<br>将已论证的业务模式扩大规模、增加市场份额成长为市场机会 | H3: 种子业务/新兴机会<br>验证业务模式，论证可行性、能力和价值以及播种成长的机会 |
| 定义与特征 | 核心业务，收入与利润的主要来源 | 成长业务，市场增长和扩张的来源 | 种子业务/新兴机会，未来长期增长的机会点 |
| 管理重点与指标 | 近期的利润表现与现金流<br>• 利润（收入/支出）<br>• ROIC<br>• 生产效率 | 收入的增长和投资回报<br>• 收入增长<br>• 新客户/关键客户获取<br>• 市场份额增长<br>• 预期收益，净现值 | 回报的多少和成功的可能性<br>• 项目进展关键里程碑<br>• 机会点的数量和回报评估<br>• 从创意到商用的成功概率 |

图3.8　三层业务模型

一个优质的业务组合会综合考虑公司的战略目标要求，权衡可行性与风险，而更为关键的是能否通过创新构建并保持长期的竞争优势。

### 2. 创新模式

企业存在三种典型的创新模式：产品、服务和市场创新，业务模式创新，运营创新，如图3.9所示。

第一种创新模式是产品、服务和市场创新。产品与服务创新作为企业最基本、最核心的创新活动，旨在更好地满足客户需求，应对日益激烈的竞争，从而持续推出具有创新性的产品与服务。长期以来，中国企业的产品与服务创新主要采取追随型或模仿型策略，即跟随国际或国内领先者的步伐。然而，许多创新型企业并不满足于简单的模仿，而是在模仿的基础上，努力在某些领域进行持续改进，甚至实现超越。经过迭代开发，这些企业推出了更具竞争力的产品，并往往后来居上，成为市场的领导者。尽管腾讯的创新模式一直受到一些质疑，甚至有人称其为"模仿大王"，但马化腾对此回应道："腾讯是在模仿，但我们是创造性模仿。"确实，腾讯在QQ、微信等领域从模仿起步，通过以客户为中心的产品迭代创新模式，最终引领了相关领域的发展。近年来，中国企业在产品与服务创新方面取得了越来越多的突破性成就，例如华为在5G、光网络等领域已达到全球领先水平，方太集团也成功研发出原创的中式水槽洗碗机。然而，中国企业在颠覆性产品及技术创新方面仍有较大的差距需要弥补。

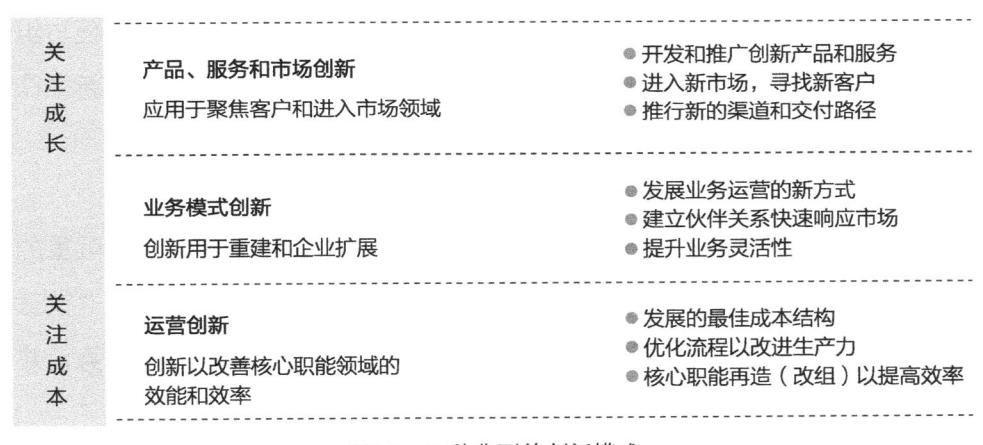

| | | |
|---|---|---|
| 关注成长 | **产品、服务和市场创新**<br>应用于聚焦客户和进入市场领域 | ● 开发和推广创新产品和服务<br>● 进入新市场，寻找新客户<br>● 推行新的渠道和交付路径 |
| | **业务模式创新**<br>创新用于重建和企业扩展 | ● 发展业务运营的新方式<br>● 建立伙伴关系快速响应市场<br>● 提升业务灵活性 |
| 关注成本 | **运营创新**<br>创新以改善核心职能领域的效能和效率 | ● 发展的最佳成本结构<br>● 优化流程以改进生产力<br>● 核心职能再造（改组）以提高效率 |

图3.9　三种典型的创新模式

　　市场创新则包括进入新市场、开拓新客户、开发新渠道等多个方面。这包括将现有的产品与服务引入新市场，以及将创新的产品与服务推向新市场。这种创新方式往往伴随着较大的风险，因为它通常面向未来，并属于业务组合中的种子业务。

　　第二种创新模式是业务模式创新。在业务运营模式的创新方面，它可以是企业整体业务运营模式的转变，例如亚马逊通过基于互联网和大数据的整体运营模式的创新，成功成为行业的领导者。同时，它也包括经济模式（收入与利润模式）的变革，例如三一重工公司通过与第三方合作出租建筑机械，并为用户提供包括库存、维修和保养在内的综合管理服务，从而实现了收入的增加和利润的提升。此外，业务模式创新还体现在局部业务模式的变化上，如营销模式和制造模式的调整。如今，许多企业利用短视频平台销售产品，而比亚迪在制造环节上，将原本由外部加工的部分转变为自主生产。

业务模式创新还包括建立伙伴关系以快速响应市场变化、提升业务灵活性等方面。

第三种创新模式是运营创新。与前文所述的业务运营模式创新不同，运营创新指的是在保持运营模式基本稳定的前提下，对运营活动或资源进行优化，以实现成本降低和运营质量或效率的提升。这通常涉及流程与组织层面的变革，而流程的改进又离不开IT系统的支持，因此运营创新往往包括组织、流程与IT等多个方面的创新。

华为的"铁三角"组织创新，其名声可谓家喻户晓。

当年，华为在苏丹电信竞标中的惨败，对华为而言无疑是一次沉重的打击。然而，在悲伤之余，华为北非团队深刻反思，最终探索出了"铁三角"这一创新管理模式。这一模式在后续的项目中逐渐展现出其优势，并在整个华为范围内得到了广泛应用。

"铁三角"是由客户经理、解决方案专家和交付专家共同组成的面向客户的作战单元，分别负责前期与客户的沟通、中期的产品设计以及后期的交付工作。与简单的团结协作不同，客户经理、解决方案专家和交付专家会全程参与工作流程的每一个环节，但各自的工作重心各有侧重。他们之间的信息资源共享，沟通顺畅，不会形成各自为政的局面。这样的模式有助于提升客户对我们的信任度，更深入地理解客户需求，并关注实现良好的交付和及时的回款。

"铁三角"在内部管理上实现了三大转变。首先，由原先的单兵作战转变为小团队作战，团队成员各有专长、分工明确、相互协作，打破了原有职能和功能上的壁垒，从而提升了工作效率。其次，决策方式从后台决策转变为一线决策，通过适当的授权，"铁三角"团队拥有了一定的决策权，使得市场反应更为迅速。最后，考核方式也从总体考核转变为小团队考核，除了考核成功率，还将失败的次数作为一个重要的考核指标，形成了更为直接和有效的激励机制。

"铁三角"为华为的整改提供了宝贵的思路和借鉴。任正非在多次讲话中提及，应让能听见炮声的人来决策。公司的主要资源应聚焦于寻找目标和机会，并将这些机会有效地转化为实际成果。这为华为的组织变革和分权提供了清晰的思路，即根据授权规则将决策权下放给一线团队，而后方则主要承担保障职能。在流程梳理和优化方面，我们需要转变思路，从需求出发确定目的，再由目的驱动保障措施。一切以前线为重，共同协作，优化流程控制点的设置，从而精简不必要的流程和人员，提升运行效率。

过去，华为在销售组织和运作管理与机制方面，主要是依靠总部强大的推动力量。但现在，华为通过在一线团队构建"铁三角"并赋予其相应的权力，逐渐形成了以拉动为主的机制，实际上是"推"与"拉"相结合，以"拉"为主导的机制。华为一线的"铁三角"真正拥有了"将在外，军令有所不受"的主动决策权，而后台与总部则转变为支持角色，为前线的每一次战斗提供资源和配套。这种转变使得运营效率的提升成为必然趋势。

## 四、业务设计

业务设计是战略设计的落脚点，包括客户选择、价值主张、盈利模型、活动范围、持续价值增值、风险管理等多个方面。其中，价值获得的方式就是盈利模型，而持续价值增值则意味着为客户不断提供核心价值，同时有效保护公司的利润，这通常被称为战略控制。

简单来说，业务设计就是对业务成功之道的设计。那么，如何使业务成功呢？首先，我们要选对客户，为他们提供核心利益，这从营销角度就是价值主张。其次，我们为客户创造价值后，要考虑如何获得这些价值，即如何盈利，这就涉及选择适当的盈利模型。再次，我们需要确定在价值链中哪些环节由自己完成，哪些环节通过外包或外购来实现，这就是确定活动范围。为了保持价值的持续增长，我们需要构建有效的战略控制，确保能够持续为客户带来核心利益，并保护公司的利润流。最后，我们还要评估潜在的风险，并提出相应的应对措施。

或许有人会疑惑：作为战略设计的BLM为什么没有提及竞争战略？而通常我们认为业务战略是战略的核心，且主要聚焦于竞争战略。其实，业务设计本身就体现了竞争战略的整体规划。它针对客户价值和竞争态势进行设计，通过价值主张、持续价值增值等方面，回答了如何在竞争中取得优势的核心问题。

### 1. 客户选择

业务成功首要之务在于精准选择客户。在客户的选择上，我们应当坚持聚焦、细分、战略机会等原则，并着重关注以下三个问题：

- 选择客户的标准应该如何设定，如何合理确定客户的优先级，明确哪些是我们的目标客户，哪些不是？
- 在选定的细分市场中，客户具有哪些独特的需求？
- 哪些市场具有快速增长的潜力？

企业在客户选择方面常犯的一个错误是"既要、又要、还要"，即不顾及自身资源的有限性，试图抓住所有类型的客户，结果导致缺乏聚焦，精力分散，最终每类客户都无法有效把握。联想手机就是一个典型的例子，当年在国产品牌手机市场中，联想曾位居第一，但随后因盲目追求市场的广度，同时面向高、中、低端客户，既开发自主品牌手机，又为运营商定制各类产品，最终走上了下坡路。与此相反，德尔电脑在进入PC市场时，明智地选择了对价格敏感且精明的个人消费者作为目标群体，并采用量身定做的产品交付模式与直销模式，取得了显著的成功。

### 2. 价值主张

业务成功的关键在于能够为客户带来哪些核心利益。从竞争和营销的角度出发，我们需要开发并明确价值主张。价值主张是为客户提供的购买理由，它解答了"客户为何选择我们的产品"以及"与竞争对手相比，我们提供的价值有何独特之处"的问题。

在设计与确定价值主张时，汉捷咨询提出了以下关键步骤：

①确定客户购买的关键需求要素或标准是什么？

②识别我们为客户提供的核心利益是什么？

③分析哪些核心利益是竞争对手所无法提供，或无法与我们匹敌的？

④以"客户购买理由"的形式提炼并描述这些利益（核心利益）。

价值主张不仅要反映客户购买的关键诉求，还要与竞争对手相比较，突出我们的独特之处或竞争优势。例如，德尔PC业务的价值主张为：价格实惠，且能根据客户需求进行量身定制。这既满足了目标消费者期望价格更优惠、PC能满足个性化配置并去除多余功能的需求，又突显了当时IBM、HP、康柏等竞争对手无法实现的量身定制优势。

### 3. 价值获得

我们为客户创造了核心价值，同时自身也需要获得相应的利润，以确保业务的持续存在与发展。那么，如何获得这些价值，即如何获取利润，需要选择何种盈利模型。

此时，我们需要深入思考：是销售产品、提供服务、许可权还是专利？除了基础产品，是否还能为客户提供附加的产品或服务，并据此收费？如何吸引客户愿意支付溢价购买我们的产品或服务？如何有效控制成本？如何管理各项费用？是否探索了其他盈利模型？这些问题，每家企业所面对的情况都有所不同，因此，解决这些问题的方法也多种多样。

幸运的是，美世咨询的副总裁亚德里安·斯莱沃斯基等专家在《发现利润区》一书中，总结了业界常见的22种盈利模型（见图3.10~图3.20），为我们在设计自身盈利模型时提供了宝贵的参考。

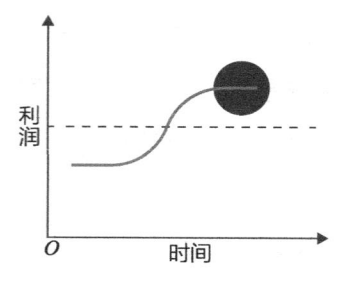

①客户解决方案模型：通用电气、USAA、诺斯通
- 了解客户而投资，设计解决方案；建立良好的客户关系
- 发展初期以投入为主，以后会带来大量的利润
- 形成的客户连续性是驱动盈利的关键因素

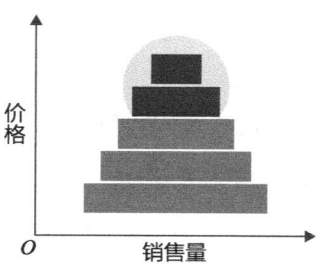

②产品金字塔模型：绝大多数实体销售公司
- 需满足客户关于产品的各类偏好因素
- 分低价位、大批量或高价位、小批量

图3.10　22种盈利模型（1~2）

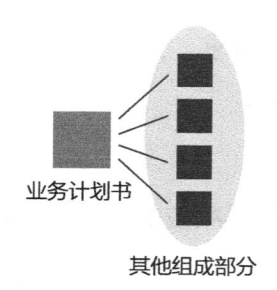

③多部件盈利模型：碳酸饮料行业，旅店业，书店
- 一个供应系统包含多个子系统，其中有些占较大比重的利润，有些无利可图

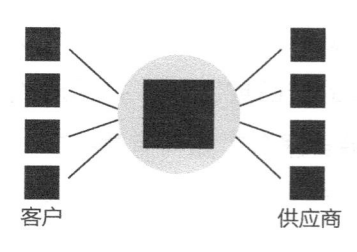

④配电盘模型：各类中介业务
- 供应商与客户发生交易时的中间商
- 在不同的供应商与客户之间建立一个沟通渠道

图3.11　22种盈利模型（3~4）

第三章 业务领先模型

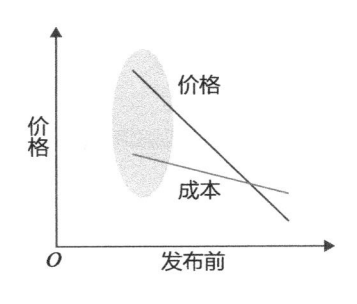

⑤速度盈利模型：英特尔公司
- 行业中创新业务具备优势，从而获得超额回报
- 比竞争对手有两年领先期；全部利润几乎发生在产品发布后的几个季度

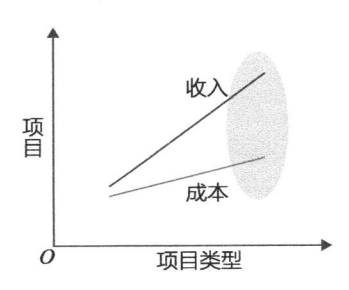

⑥卖座大片模型：制药，音乐出版，影视制作
- 各项目成本差距可能有5倍，项目收益差距达50倍
- 所有利润集中在"大片"项目上，收入十分可观

图3.12　22种盈利模型（5~6）

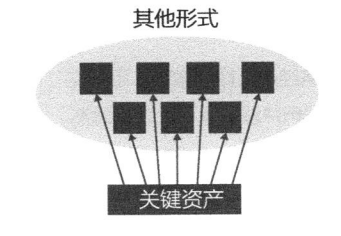

⑦利润倍增模型：迪士尼，各类IP品牌
- 某一产品、产品形象，商标或服务可重复收获利润

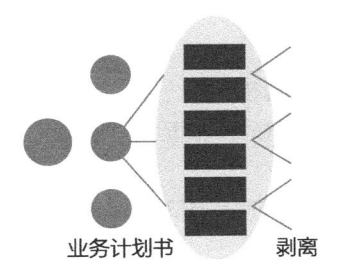

⑧创业式盈利模型：ABB或软银公司，美国热电公司
- 为避免公司、决策缓慢等因素影响，将公司重组分成小的利润中心，以强化盈利责任
- 公司股份责任：公司管理者持有自己的公司股权，业绩良好就可得巨大回报

图3.13　22种盈利模型（7~8）

247

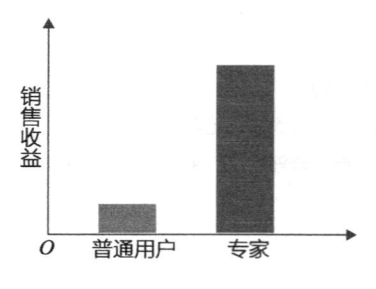

⑨专业化盈利模型：HOME DEPOT
- 低成本、优良声誉、较短销售期、更高现金流入
- 专精并服务于一类特殊群体

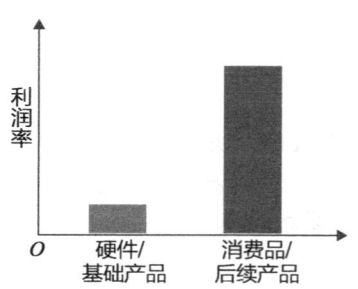

⑩基础产品模型
- 基础产品利润不高，但其衍生品利润有吸引力
- 建立最大潜力的基础产品，以便带来更多后续产品的收入和利润

图3.14　22种盈利模型（9~10）

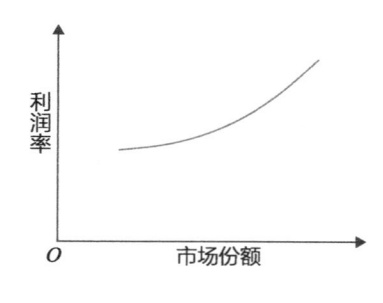

⑪行业标准模型：网络经济领域，微软，甲骨文
- 某一领域生态圈，其用户群体越多，价值越高
- 规模收益性

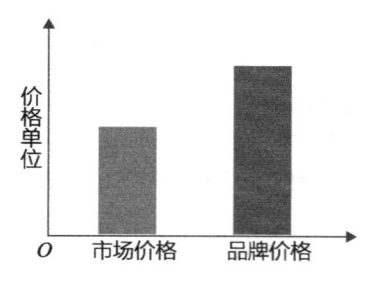

⑫品牌模型：奢侈品牌、潮牌等
- 应用品牌模型的公司投下巨额营销投资，以增加公众对产品的了解
- 品牌产品价格大大高于同样功能的其他产品价格

图3.15　22种盈利模型（11~12）

第三章　业务领先模型

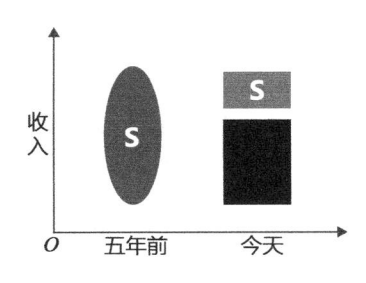

⑬ 独特产品模型：制药业、化工业，3M，Hercules
- 当公司开发了新产品在品牌效仿之前独特产品获利丰厚
- 此类多发于产品周期长的产业（8~15年）
- 关键任务为明智地选择要开发的项目

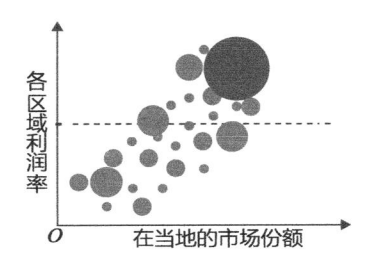

⑭ 区域领先模型：食品店，零售部
- 区域领袖；其受投资政策影响极大，对这些公司来说重要的是在当地而不是全国范围内具有领先地位，在区域获得良好的利润率就能够支撑公司增长
- 区域领先可降低后勤成本、广告费用、招收雇员成本

图3.16　22种盈利模型（13~14）

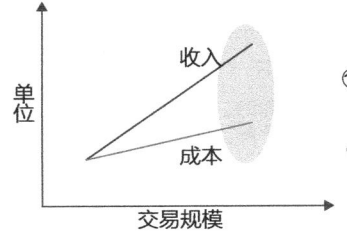

⑮ 大额交易模型：银行业，不动产经营，远距离航空运输，投行
- 需识别关键客户并投资这些客户

⑯ 价值链定位模型：汽车行业、计算机行业
- 利润集中在价值链得某些环节，其他环节利润极少；在计算机行业，利润集中在微处理器及软件上；在汽车行业，利润集中在下游的金融服务以及延长保修期上
- 把利润集中在某些环节可获得更高回报

图3.17　22种盈利模型（15~16）

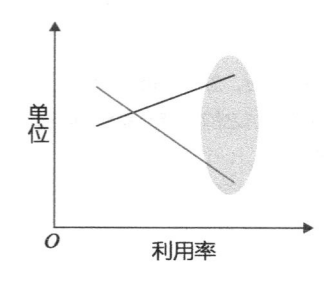

⑰ 周期性利润模型：巧克力业、汽车产业、化工钢铁产业
- 行业周期独特性；具备明显的周期，利润水平将按照周期来设定，但在周期范围内，成本与最优化的定价能够为企业创造优势
- 可在生产力达满负荷时提高价格，生产利润不足时降低价格

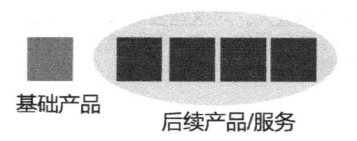

⑱ 售后盈利模型：通用电气
- 并非依靠销售产品或提供服务来获利，而是依靠售后和融资
- 利润发生转移时，企业需寻找新的利润来源
- 必须认识到利润什么时候从产品本身转移到下游环节，如转移到财务、服务和附加产品上

图3.18　22种盈利模型（17~18）

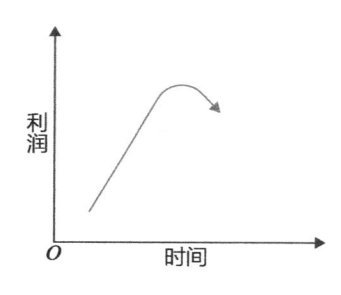

⑲ 新产品盈利模型：制造业，乐器，机械设备
- 需时刻准备将投资转换到下一代主导产品并取得领导地位
- 新产品的利润来自产品崭新的、增长的功能。随着这些产品的逐渐成熟，利润就会下降，随着生命周期的变化，市场上的赢家会转移投资，在下一代产品中形成不可置疑的领先地位

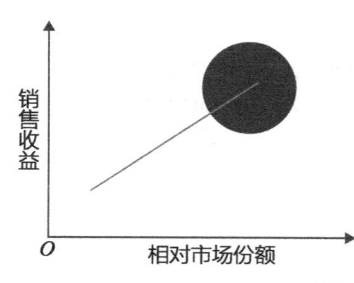

⑳ 相对市场份额盈利模型
- 相对市场份额越大，企业越能够盈利
- 需针对同行业竞争对手而非绝对市场份额

图3.19　22种盈利模型（19~20）

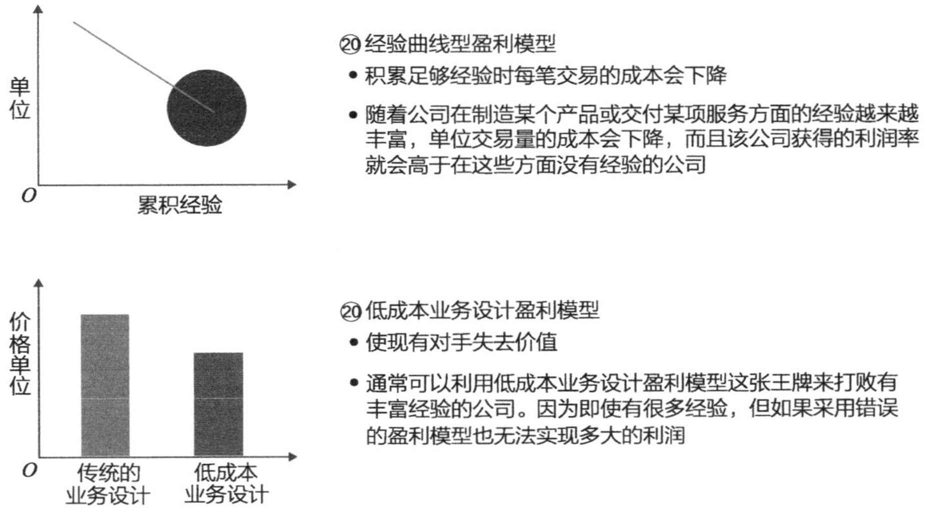

⑳ 经验曲线型盈利模型
- 积累足够经验时每笔交易的成本会下降
- 随着公司在制造某个产品或交付某项服务方面的经验越来越丰富，单位交易量的成本会下降，而且该公司获得的利润率就会高于在这些方面没有经验的公司

㉒ 低成本业务设计盈利模型
- 使现有对手失去价值
- 通常可以利用低成本业务设计盈利模型这张王牌来打败有丰富经验的公司。因为即使有很多经验，但如果采用错误的盈利模型也无法实现多大的利润

图3.20  22种盈利模型（21~22）

《发现利润区》一书中列举了一些典型企业采用盈利模型的例子，如英特尔、微软、Swatch等。通过对照这些例子，我们不难联想到业界其他知名企业所采用的盈利模型。然而，关键在于如何借鉴这些模型，为我们公司设计出适合的盈利模型。汉捷咨询在咨询实践中，根据盈利的基础或基本依据，将22种模型划分为六大类：基于产品创新的盈利模型、基于基础产品的盈利模型、基于技术创新的盈利模型、基于交易方式的盈利模型、基于管理方式的盈利模型、基于知识经验的盈利模型。

### 4. 活动范围

活动范围体现了企业在经营活动中的角色及其涵盖的范畴，它涉及公司针对所选择的客户，计划销售哪些产品、服务和方案。同时，它也明确了哪些业务活动由公司自主完成，哪些则通过与合作伙伴的协作来实现。

在合作经营的过程中，我们必须清晰掌握我们通过合作所获得的增值幅度。此外，我们还需要评估对共同获利的合作伙伴，如渠道合作伙伴和供应商的依赖程度。至于开发的其他盈利模型，我们必须关注合作伙伴的兴趣程度、他们的满意度以及他们对潜在风险的认知。

### 5. 持续价值增值

持续价值增值，指的是确保为客户长期提供持续的价值增值，同时让客户能够持续为公司创造价值，这也是公司保护自身利润的能力，又称为战略控制能力。在MM方法论的业务设计中，这一概念被称为战略控制。持续价值增值是从为客户带来价值的角度出发的，而战略控制则是从构建资源或能力的角度考虑的，后者因其直观性和便利性更受青睐。因此，许多企业在应用BLM时，如华为等，仍习惯使用战略控制或战略控制点的概念。

在持续价值增值或战略控制的考虑中，应关注以下几个方面：

- 企业在价值链中扮演的角色是什么？
- 企业应如何确保为客户长期提供持续的价值增值？
- 如何构建持续的利润增长机制？
- 企业在获取价值方面的定位是否有效？
- 企业是否能够保持持续的竞争优势？

为了持续为客户创造核心价值，并保证利润的稳步增长，企业在设计业务时，务必寻求并建立能够实现持续价值增值的战略控制或手段。一旦构筑了战略控制，它便能有效保护业务设计所带来的利润流，使其免受竞争对手和客户势力的侵蚀。战略控制的作用，犹如护城河保卫城池一般，若无其支撑，业务设计就如同无护城河的城池，极易受到外界的攻击与瓦解。

当前，随着客户决策影响力的日益增强，战略控制的重要性愈发凸显。尽管法律在保护客户、协助他们应对强势供应商方面发挥了作用，但并无法律真正为供应商提供保护，客户随时可能选择更换供应商。

一个优秀的业务设计往往包含两个或以上的战略控制。以英特尔为例，其战略控制手段包括拥有一年的产品提前期、控制价值链，以及强大的品牌影响力等。而迪士尼公司在家庭度假领域，则凭借稳固的客户关系、一系列版权以及竞争对手难以模仿的独特企业文化等战略控制，稳固其市场地位。

因此,为确保企业持续获得价值增长,建立有效的战略控制手段至关重要。

**6. 风险管理**

为什么要进行风险管理?这是因为业务成功存在不确定性,存在各种潜在的风险因素,包括市场、竞争对手、技术、政策等多个方面。这些风险因素一旦发生,将直接对业务的成功产生负面影响。因此,我们需要提前预测这些风险因素,并制定相应的预案,同时建立起风险监控与应对机制。

在风险管理过程中,我们需要分析与思考的问题包括:如何确保对影响业务成败的不确定因素进行准确识别、全面理解及有效管理?这些风险背后的根本原因是否已经被我们充分理解?我们所管理的风险是孤立的还是与其他风险相互关联的?如何通过优化风险管理策略,提升业务成功的可能性,同时降低失败的风险?我们如何利用公司的其他业务单元或职能部门,协同合作,以更好地进行风险管理?

在商业活动层面,业务可能面对的风险主要分为两大类:行业风险与经营风险。

行业风险指的是特定行业内部与经营活动密切相关的各种风险。评估企业可能遭遇的行业风险时,需要综合考虑行业的生命周期阶段、波动性、集中度等因素。

经营风险,从广义上讲,是指因战略不当、资源不足,或者经济环境或竞争环境发生不利变化,导致企业无法达成既定经营目标的风险。这包括市场风险、政治风险、操作风险、法律/合规性风险、项目风险、信用风险、产品风险、流动性风险、环境风险、声誉风险等。

在业务设计过程中,企业应实施有效的风险管理战略和技术,以确保风险管理流程的每一关键环节都能发挥实效,并合理控制成本。

## 第四节
## BLM执行四要素

### 一、关键任务与依赖关系

BLM中的关键任务指的是为满足业务设计和其价值主张的要求所必须采取的行动。我们需要明确哪些任务应由我们自身完成，哪些任务可以交由价值网中的合作伙伴来完成，并厘清组织间的相互依赖关系。

在BLM中，关键任务有以下说明：

- 支持业务设计，特别是实现价值主张。
- 主要指的是持续性的战略举措，包括业务增长举措和能力建设举措。
- 可以从以下方面进行思考：客户管理、产品营销、产品开发、交付、平台、服务、风险管理和能力建设，同时，还需要将重要运营流程的设计与落实纳入考虑。
- 是执行其他任务的基础。
- 是年度性的，可以按季度进行跟踪衡量，并识别出它们之间的相互依赖关系，如资源、设施等方面的依赖。

关键任务需要与新的业务设计紧密相连，我们需要思考新业务设计所需的行动方案，并进一步探讨所需的能力，包括组织构建、技能提升、考核标准的设定、文化的塑造，以及对价值网络中合作伙伴的依赖程度。

基于战略设计，特别是业务设计，列出关键任务清单并明确责任人后，每个关键任务通常包含以下要素：任务描述、措施、里程碑、相互依赖关系。任务描述是对该关键任务进行方向性和纲领性的阐述。措施则提供了相对具体的实施策略。里程碑明确了每年需要完成的关键事项，以达成该关键任务。互相依赖关系主要包括内部需要配合的部门以及外部合作伙伴需要共同完成的事项。具体如图3.21所示。

| 任务描述 | ■ 关键任务的描述 |

| 措施 |
| --- |
| ■ 完成关键任务的主要措施 |

| 里程碑 | ■ 衡量目标达成的重要里程碑 |

| 相互依赖关系 | ■ 与内外部合作伙伴的依赖关系 |

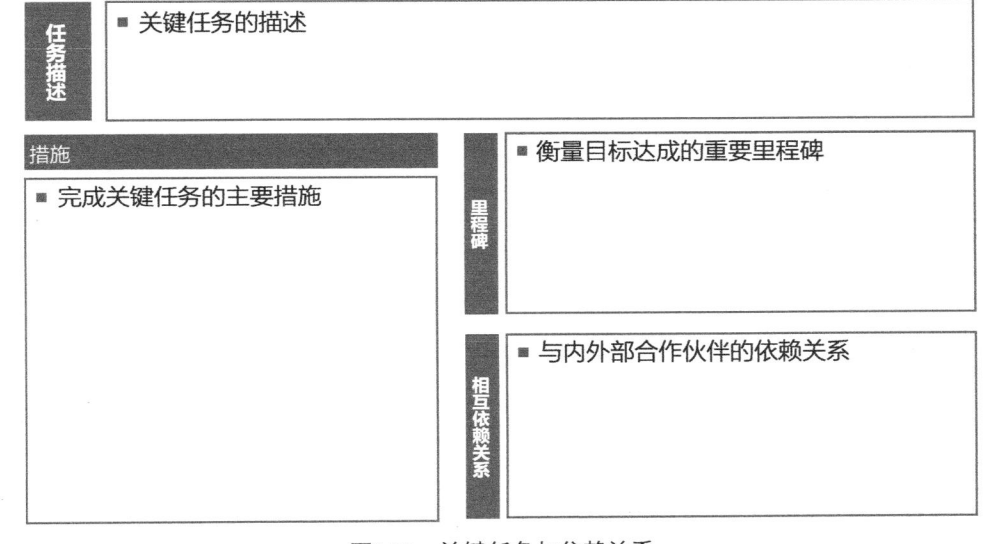

图3.21 关键任务与依赖关系

在实现关键任务的过程中，需要充分考虑其所涉及的相互依赖关系。这些关系涵盖了以下几个方面：

- 内部的相互依赖关系；
- 与供应商（与交易相关的同盟者）之间的依赖关系；
- 与外包合作伙伴的依赖关系；
- 与客户及渠道的依赖关系；
- 与兴趣社区/团体的联系；
- 与影响者的互动。

对于每一方而言，他们的兴趣和动机究竟是什么呢？同时，他们之间的协同程度又如何呢？在不损害消费者利益的基础上，我们需要探寻何种方案能够维系与供应商之间的双赢关系。

在审视与内外部合作伙伴的相互依赖关系时，我们应关注以下方面：

- 信任：你们之间的承诺是否值得彼此信赖？
- 上下业务链：双方是否持有共同的目标？
- 灵活性：承诺是否能够根据实际需求的变化而调整？
- 权责：各方之间的权责关系是否清晰明确？
- 澄清：对于某一问题，各方是否已达成一致的理解？

## 二、正式组织

正式组织是指为确保关键任务和流程的有效推进和执行而构建的一系列组织结构、管理制度、管理系统以及考核标准。其内容包括：

- 组织架构、管理体系和流程的设定。
- 资源和权力在组织内的合理分配，包括授权、行权与问责、决策流程、协作机制以及信息和知识管理等方面。
- 关键岗位的设置及其所需的能力要求。
- 管理和考核标准的制定，具体包括：
  - 管理幅度和管理跨度的界定；
  - 管理与考评机制的建立；
  - 奖励与激励系统的设计；
  - 职业规划的引导；
  - 人员和活动的物理位置安排。

战略决定结构，一旦企业的战略目标和战略创新设计发生变化，原有组织结构就应当重新进行评价和设计，至少需要进行局部的调整和完善。企业组织结构的设计或调整不仅与业务设计、关键任务紧密相关，还需要综合考虑业务组合与业务战略、业务流程、市场响应、权力分配等诸多因素。因此，组织结构设计一直以来都是一个相对复杂和困难的问题，也是组织战略和组织变革的重点。

根据汉捷咨询的研究与咨询实践，对于科技制造型企业而言，随着企业规模的不断扩大和业务战略形态的逐步转变，其组织结构一般会经历四个阶段的演变，如图3.22所示。

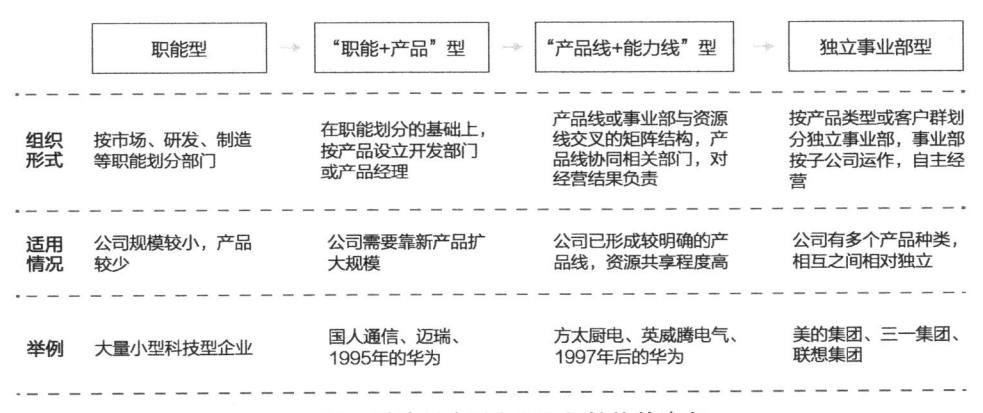

| | 职能型 | "职能+产品"型 | "产品线+能力线"型 | 独立事业部型 |
|---|---|---|---|---|
| 组织形式 | 按市场、研发、制造等职能划分部门 | 在职能划分的基础上，按产品设立开发部门或产品经理 | 产品线或事业部与资源线交叉的矩阵结构，产品线协同相关部门，对经营结果负责 | 按产品类型或客户群划分独立事业部，事业部按子公司运作，自主经营 |
| 适用情况 | 公司规模较小，产品较少 | 公司需要靠新产品扩大规模 | 公司已形成较明确的产品线，资源共享程度高 | 公司有多个产品种类，相互之间相对独立 |
| 举例 | 大量小型科技型企业 | 国人通信、迈瑞、1995年的华为 | 方太厨电、英威腾电气、1997年后的华为 | 美的集团、三一集团、联想集团 |

图3.22 科技制造型企业组织结构的演变

组织结构与业务流程是一体两面，组织结构主要回答岗位设置、权责的问题，而业务流程则解决角色、活动的问题，岗位由多个角色构成，权责是活动的归纳。关于组织结构与业务流程谁决定谁，或者谁先谁后的问题一直是大家探讨的焦点，传统企业设计方法可能更倾向于先设计组织结构、划分岗位，然后再构建业务流程。随着企业越来越关注价值创造，尤其是强调以客户为中心的核心理念，当前企业越来越强调构建端到端业务流程，因为真正创造价值的是业务流程，部门或职能本身不创造价值，而是依托业务流程才能创造价值，所以当今的组织管理和流程管理理念中，倾向于业务流程决定组织结构，倡导打造流程化组织，即面向客户需求、沿着流程来分配权利、资源以及责任的组织。在流程化组织下，以客户为中心指的是以客户视角建设和优化流程，用流程驱动组织端到端管理，任何组织只有在流程中创造价值，才是为客户创造价值，才可能获得成长机会。

组织结构、业务流程与管理体系构成了正式组织设计的重点，这里的管理体系包括流程的度量指标与改进机制、团队决策标准与程序、流程质量运营、流程IT化管理体系等方面。相关的设计内容包括资源和权力的分配、关键岗位的设置和能力要求、管理和考核标准等。

虽然BLM中并未过多提及IT系统，但此处必须强调，流程IT化/数字化管理体系对于打造未来流程化组织具有举足轻重的地位。业务流程如果缺乏IT系统的支持，往往仅停留在纸上，难以实际运作，导致组织难以形成连贯、协同的运行模式，从而严重阻碍组织的活力和效率。随着数字化时代的来临，IT化进一步演进为数字化，数据逐渐成为企业的核心资源，实现数据驱动组织和流程运行，是企业未来塑造整体竞争优势的关键途径。

为了支持战略创新和业务战略，为了更好地适应客户需求，持续推动以组织、流程、IT、数据为对象的管理变革已成为现代企业成功的关键。华为将持续管理变革视为"以客户为中心战略"的四大构想之一，并将管理变革战略作为战略规划的核心内容。众多优秀企业每两到三年都会进行一次组织变革，而流程中的IT建设与优化已逐渐成为常态。

华为总裁任正非指出：纲举目张，各级干部要抓组织建设和干部管理这个纲，围绕"以客户为中心，以奋斗者为本"来建设组织与管理干部。

# 三、人才

毫无疑问，人才是实现战略的核心要素与根本保障。为了战略得以有效执行，员工必须具备相应的能力、动力以及行动来落实关键任务和流程。我们需要深入思考以下几个问题：在承担重要任务时，我们是否拥有所需的人才？员工是否具备完成任务所必需的技能和动力？人力资源的特点、能力以及竞争力应该如何定位？

BLM人才模块主要关注以下方面：

- 关键岗位和人才布局的具体要求——对人才需求进行详尽的定义；

- 人才与能力的差距及所面临的挑战——明确缺乏哪些能力；
- 人才的获取途径——包括内部选拔与培养，以及外部招聘；
- 人才的激励与保留策略。

在战略设计与关键任务要求的基础上，识别关键岗位及其能力需求，进而制订差距分析和人才配置计划，这些都不难。难的是如何引进和培养人才，更难的是如何激励、约束并保留人才。总之，对关键人才的管理，既极其重要，也非常困难。

鉴于人才的重要性，我们必须将其提升到战略层面，精心制定人才战略。汉捷咨询提出的人才战略金字塔如图3.23所示。

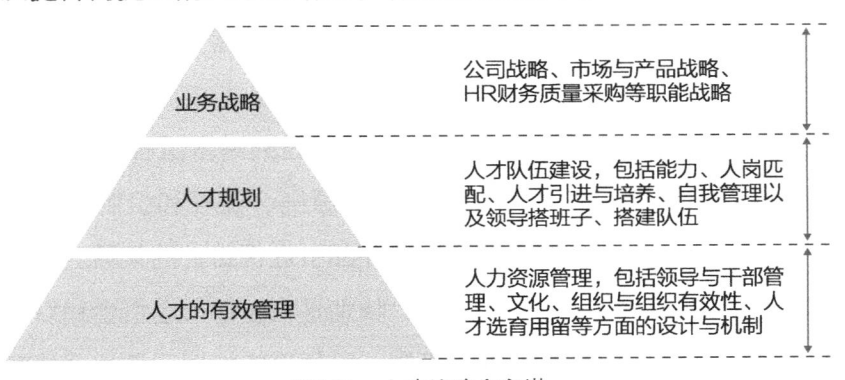

| 业务战略 | 公司战略、市场与产品战略、HR财务质量采购等职能战略 |
| --- | --- |
| 人才规划 | 人才队伍建设，包括能力、人岗匹配、人才引进与培养、自我管理以及领导搭班子、搭建队伍 |
| 人才的有效管理 | 人力资源管理，包括领导与干部管理、文化、组织与组织有效性、人才选育用留等方面的设计与机制 |

图3.23 人才战略金字塔

人力资源，作为涵盖营销、研发、制造、财务、人力资源等所有业务领域的核心资源，其战略制定需要紧密依据业务战略。这一战略旨在制定人才规划，并进一步设计对关键人才尤为有效的管理机制。

人才规划的主要目的在于满足业务的需求，甚至预见并超越这些需求，从而构建稳健的人才梯队，实现公司的战略目标。面对关键任务和关键岗位存在的差距，管理层应聚焦于采用内部选拔、积极培养以及外部引进的策略组合。而关于如何选用合适的人才，以及"谁来做"的问题，更是公司高层需要直面的重大挑战。

正如亚马逊创始人杰夫·贝佐斯所言：

"创业之初，它更多是个人层面的事务……你不仅要构思方向，更要付诸实践……在公司逐步壮大的过程中，我多数时间是在思考发展的方向，而非具体的执行方式。如今，我更多时候是在考虑由谁来执行，而非仅仅是方向。因此，这一过程可以看作是从思考'如何执行'到'选择什么方向'，再到'由谁来完成'的转变。随着业务的扩展，这是必经之路。"

人才规划和引进、选拔的问题解决后，接下来就是对于人才的有效管理，尤其是关键人才的管理。华为总裁任正非关于人才的有效管理有一个观点：

人才不是华为的核心竞争力，对人才进行有效管理的能力，才是企业的核心竞争力！

关于人才的管理，可以按照人力资源管理的基本过程，即选、育、用、留四个方面来展开，确立相应的管理原则、流程和机制，并贯彻执行。在选的方面，如何实施内部选拔与外部引进相结合的策略。在育的方面，如何培养人才，提升他们的能力，特别是在当前市场机会稍纵即逝的背景下，如何构建有效的加速培养机制，以便迅速把握业务发展的契机。在用的方面，如何发挥人才的潜能，实现业绩目标，如何使他们融入组织、遵循并传承组织文化，同时建立相应的约束机制。在留的方面，如何从事业、待遇、感情等多个角度构建留人机制。

在人才规划的制定与实施过程中，企业常遇到的一个突出问题是：当战略创新和关键任务需要的关键人才无法在内部选拔出来，且培养来不及满足需求时，企业往往选择从外部引进关键人才，即我们通常所说的"空降人才"或"空降兵"。然而，从实际情况来看，空降兵在国内企业的成功率并不高，甚至有些企业因引进高端人才失败而遭受重大损失，甚至走向倒闭。因此，空降关键人才的引进、任用和管理成为企业需要格外重视的挑战，这包括要预先评估可能存在的失败风险。为此，笔者曾就这一问题总结了"空降兵失败的五大理由",以帮助企业更好地应对这一挑战。

## 空降兵失败的五大理由

企业在迅猛发展的过程中,人才短缺,特别是高级管理人才的短缺,成为企业家面临的一大难题。由于深感内部人才储备不足以及培养进度缓慢,企业家纷纷选择从外部引进高级人才,即我们通常所说的"空降兵"。然而,多年的实践表明,空降兵的引进效果并不理想。据统计,中国民营企业引进"空降兵"的失败率超过了80%。空降兵在企业的"存活"时间也相当短暂,最长的也不过一两年,很多甚至仅在半年左右就选择离开。在深圳的一些民营企业中,一年内更换两三任人力资源总监的情况屡见不鲜。可想而知,在如此短的时间内,空降兵刚刚适应企业环境,尚未能取得显著的业绩。他们离开企业后,往往能迅速找到新的工作机会,而企业则必须承受因人才使用不当给企业带来的损失。

由于创业团队的背景和内部人才培养进度不匹配等诸多因素,引进空降兵成为企业的一种无奈之举。然而,企业家应当正视空降兵失败的五大理由,并在今后引进和使用空降兵时,以此为鉴:

### 一、很多空降兵职业化素质并不高

职业化素质不高是中国劳动力普遍存在的问题,空降兵也不例外。实际上,职业化素质与学历、经验、技能并不直接挂钩。在很多情况下,学历高、专业水平高的空降人员反而可能在职业化素质方面更令人担忧。一旦他们在这一方面出现问题,后果将十分严重。例如,某科技公司引进了一位曾在国内知名企业任职的博士作为空降兵,期待他能与企业一同成长。然而,该空降兵的真正动机却是在企业获取项目经验,他采用不当手段获取企业以往项目的资料,为日后自己创业打基础。果不其然,仅仅七个月后,他携带一名骨干员工、三名客户和大量资料离开企业,独自创业,给该企业造成了巨大的损失。

上述案例中职业道德有问题的空降兵只是个别现象，更多空降兵的问题在于职业素质不足。具体表现为：他们往往将个人利益置于企业利益之上，缺乏为整体利益负责和贡献的意识；他们将个人与企业的关系视为纯粹的经济利益关系，抱着"给我多少钱，我就干多少事"的态度，而非将自己视为组织的一员；他们过于以自我为中心，而非以企业利益和客户为中心。

值得注意的是，由于当前劳动力市场的成熟度不足（如猎头公司的专业水平参差不齐），少数所谓的职业经理人利用企业急于用人的心理，四处行骗，欺骗企业，频繁跳槽。因此，企业在引进空降兵时，务必提高辨别能力，谨慎选择。

## 二、文化难以融合

我们常常借用"水土不服"来形容文化无法融合的问题。例如，具有惠普文化背景的李汉生因无法适应方正的校园文化，最终选择离开，这无疑是文化无法融合的一个典型例证。文化融合的确是一件艰巨的任务，它要求双方的基本价值观、行为习惯达到一定的契合度。鉴于企业往往拥有自身独特的固有文化，空降兵要想适应并融入其中，无疑是一个巨大的挑战。人们通常习惯于坚守自己的观点，一旦发现他人的思想与己相悖，往往会本能地产生抵触情绪。

尽管在面试过程中，老板与空降兵进行了深入的交谈，双方确实达成了一定的基本共识，否则空降兵也不会选择加入。然而，空降兵真正进入企业后，才会开始深入了解企业和企业老板深层次的价值观、基本假设和行为模式。例如，有些企业老板在面试时表现出对人才的尊重，但空降兵进入企业后却发现老板实际上并不太尊重人，这对于期望受到尊重的空降兵来说，无疑是一个难以接受的事实。随着时间的推移，这种不满会累积，空降兵可能会心生反感，并最终选择离开。在更多情况下，企业的基本价值观本身并无问题，但空降兵会发现企业在一些具体做事方式上与他过去所在的企业存在差异。由于空降兵已经习惯并认同了过去企业的行事方式，他可能会认为那种方式才是正确的。比如，来自外企的空降兵通常习惯于规范的管理方式，每一件事情都有明确的规定和制度。然而，当他们进入民营企业后，可能发现那里缺乏明确的规范，大家更像是在"救火"。由于空降兵并非与企业一同成长，他们可能不了解这种状况的历史背景，对这种管理方式缺乏心理上的认同，因此开始对企业的做事方式感到不满。在察觉短期内无法改变现状的情况下，他们可能开始抱怨和指责，但这种做法并不能解决问题，反而可能引发企业老板和原有员工对空降兵的不满和疏远。最终，这种状况往往只会导致双方的分道扬镳。

其实，空降兵与企业的文化融合，核心在于"服水土"的问题。这里强调的是，空降兵需要调整自身以适应企业的文化，而非反之。在与一些企业空降兵的交流中，笔者多次听到他们提及"我们的企业如何如何"，而他们口中的"企业"实际上是指他们过去服务过的单位。令人惊讶的是，这些空降兵来到现在的企业已经半年有余。人们往往难以改变自己，特别是对于许多以自我为中心的空降兵来说，调整自己以适应企业文化是一个巨大的心理障碍。

### 三、缺乏解决新问题的能力

空降兵之所以被称为空降兵，往往是因为他们在过往的经历中取得了辉煌的业绩，展现了突出的才能。然而，这并不意味着空降兵在新的岗位上就能够得心应手、游刃有余。举例来说，一家消费类电子企业曾聘请了一名来自西门子的高管来领导集成厨房事业部。这位高管原先在西门子负责中国市场的冰箱营销工作，但令人遗憾的是，他在集成厨房事业部的表现并不理想，导致该事业部的业绩连年亏损，而竞争对手在这一领域却不断取得进展。

其实，对于大多数空降兵而言，即便以前表现优秀，但来到新企业后，他们依然是新手。新企业的行业、市场、产品、人员、管理等各个方面的情况，对于空降兵来说都是全新的。然而，许多空降兵过于自信，不愿意投入时间去深入了解企业和熟悉业务，急于将自己认为好的做法应用到企业中，结果往往适得其反。另一种常见情况是，空降兵之前所在的企业已经相当规范和成熟，他们只需在既定的舞台上出色地完成自己的角色，即"跳好舞"。但许多企业聘请空降兵，除了希望他们跳好舞，更重要的是希望他们能够搭建舞台，而这恰恰是这类空降兵不太擅长的工作。

由于缺乏应对新问题的能力，随着时间的推移，期望与现实的差距逐渐显现。这时，要么企业失去了耐心，要么空降兵感到无能为力，最终选择离开公司。

**四、习惯于否定过去**

空降兵在加入企业之前，对他即将服务的企业及其老板应当持有钦佩之情，并认为该企业是优秀的，否则他也不会选择加入。企业的优秀必然有其成功之处，然而，许多空降兵进入企业后，却开始对企业及过去的一切持有否定的态度，对这也看不惯，那也看不顺眼。更有甚者，将自己视为救世主，企图将所有企业决策都按照自己的思路来执行。这种对过去的否定，实则也否定了企业的成功之处，否定了创业者的功绩与付出，这无疑会进一步加剧老员工对空降兵的天然戒心和抵触情绪，使空降兵日后的工作更加困难重重。对此，被誉为"打工皇帝"的唐骏有着清醒的认识。在加入盛大后，他提出了三条空降原则：学习盛大、了解盛大、融入盛大。在盛大，面对众多的元老级员工，唐骏表达了自己的感激之情："我真的是发自内心感谢你们，感谢你们创建了盛大，是你们给了我唐骏今天这样的机会，能够与大家一起分享盛大的成功。"

很多空降兵一进入企业，便急于改造企业，因此不自觉地否定过去的做法，这种心情可以理解。然而，企业聘请你的初衷，首先是希望你能认同、了解并融入这家企业，随后与大家共同面对问题，进而完善它、改变它。如果空降兵缺乏企业所期待的这种基本态度，那么其结局便可想而知了。

### 五、试图建立自己的"独立王国"

有些空降兵意识到,在新企业中必然会遇到人生地不熟的问题,遭遇抵触和反对也是在所难免的。因此,他们可能考虑在企业内培植自己的势力,或者直接带领一批人过来,建立自己的管理体系以支撑自己。这样一来,原有的管理团队和空降的管理团队便形成了两个相对立的团队,导致争斗的产生。最终的结局往往是两败俱伤。

空降兵的失败,不仅仅是空降兵自身的问题,也有企业方面的原因。然而,笔者更倾向于认同唐骏的观点:"空降兵的失败,更多在于空降兵自身。"因此,上述分析主要是从空降兵的角度来总结其失败的原因,希望这些分析能对空降兵起到提醒的作用。同时,也希望企业在未来引进空降兵时,能够针对这些问题采取有效的措施,防患于未然。

在人才的选、育、用、留管理中,一个支撑性问题是清晰界定各类关键岗位的任职资格,包括管理者所需具备的任职资格和标准。华为作为一家对管理者(通常称为干部)管理极为重视的企业,特别在人力资源部下设了干部部,以强化干部管理。在干部管理方面,华为曾提出干部的"九条领导力"要求,这一标准后来经过进一步提炼,演变为"干部五力",即洞察力、决断力、理解力、执行力、人际交往能力。有时,这一标准也会简化为"干部四力",即决断力、理解力、执行力、人际连接力。

## 华为干部五力

### 一、战略的洞察力

战略,是一种从全局考虑谋划实现全局目标的规划,而洞察力是战略之魂,因为战略制定需要领导者对企业内外环境的洞察力。从战略制定的角度看,"洞察力"是制定制胜战略所需要的"大脑思维法"和为确保优势地位所需要的"独特视角"。其实,无论是制定战略还是具体管理,都需要对实际情况有非常准确的把握,然后做出正确的决策,这个过程洞察力就非常重要。

优秀的管理者，总是有非常敏锐的洞察力，总是能够看到别人忽略的细节，能够推测出很多关联的原因和因素，这就是"大脑思维法"。在这个手机、微信、互联网霸屏的年代，人人都在喊要有创新和洞察，但大家的思维和时间往往被大量的碎片信息所占领，思维想法经常高度重叠，不知不觉开始人云亦云。

洞察力最重要的是要问对问题，深入思考这些问题，并与团队进行正确对话，从而提升团队整体战略洞察能力。

## 二、战斗的决断力

我们每时每刻都在作决定。决断力是综合性能力，是快速判断事物发展趋势，做出有比较优势的决策能力。干部做决断不能凭感觉，而是需要一系列的因素，如不断学习的心态、全面的市场信息、敢想敢做的胆量、良好的管理理念、灵敏的市场判断力、优秀的决断"智囊团"、详细的力量对比分析等。

干部只有真正提升自己的决断力，在关键时刻敢做决断、做对决断、做好决断，才能带领团队走入飞速发展的轨道。好决断的唯一标记是"持续成功"，做出正确的决断需要有自知之明。作决断要有底线思维，做最坏的打算，尽最大的努力，争取最好的结果。

## 三、准确的理解力

仔细观察就会发现，在企业里，有些人总能出色地完成领导布置的任务，而有些人永远是"被骂、重做"的死循环，两者之间差别就在理解力。理解力是对某个事物或事情的认识、认知、转变过程的能力。

低级水平的理解，就是能辨认和识别对象，知道它"是什么"；中级水平的理解是在知觉水平理解的基础上，对事物的本质与内在联系的揭露，主要表现为能够理解概念、原理和法则的内涵，知道它是"怎么样"；高级水平的理解属于间接理解，是指在概念理解的基础上，进一步达到系统化和具体化，重新建立或者调整认知结构，达到知识的融会贯通，并使知识得到广泛的迁移，知道它是"为什么"。

对于上级的指示和布置的任务，我们不仅要正确全面知道该做什么，还要知道为什么要做、如何做，更要知道做不好会有什么后果。

**四、正确的执行力**

三分战略，七分执行。执行力的标准是按质、按量、按时完成自己的工作，并及时向布置工作的上级报告完成情况。执行力源于高度责任心，正确的执行力源于准确的理解力。执行能力强，排除万难，千方百计地实现战略目标；执行力弱，就会找借口，谈条件，错失良机，导致战略目标一塌糊涂。

提高工作执行力，既要提升工作能力，又要强化责任心。执行力源于责任心，责任心决定执行力。要营造增强工作责任心的氛围，以责任心提高工作执行力。有责任心的人，工作不会找借口，不会挑肥拣瘦，不会推诿扯皮，而是发挥聪明才智，想办法打开思路，千方百计化解矛盾，解决问题。

责任是一种品质，是一种使命，是一种追求，是对自己所负任务的忠诚和守信。只有敢于承担责任的人，才会负起更大的使命；只有这样的人才值得信任，才能使执行力得到提高。

**五、人际交往能力**

人际交往能力是善于与他人交往的能力，是衡量一个人能否适应现代社会需求的标准之一。人际交往能力包括人际感受能力、人事记忆力、人际理解力、人际想象力、风度和表达力、合作能力与协调能力。你想人家怎样对待你，你也要怎样对待别人；别人希望你怎样对待他们，你就怎样对待他们。

对于不同层级的干部，对"五力"的侧重要求也有所区别，一般来说，高层干部更强调洞察力与决断力，中层干部更强调理解力，基层干部更强调执行力。总之，唯有干部队伍坚定不移贯彻"干部五力"，各谋其位，各司其职，才能形成攻无不克，战无不胜的狼性团队。

## 四、文化与氛围

在BLM文化与氛围要素中，我们需要思考以下问题：业务行为标准、非正式的沟通网络和权力分配方式是否能为关键任务的完成注入活力？现有文化中是否存在阻碍任务完成的因素？简言之，我们应关注以下两个方面：

- 文化——社会管制系统及其规范。
- 组织氛围——员工对工作环境的感知。

### 1. 文化

企业文化主要包括企业员工群体的行为规范和共同的价值观。行为规范是指普遍存在于企业员工中的行为方式，由于员工倾向于采用这些方式来处理事务，因此它们成为普遍接受的行为标准。员工会将这些工作方法传授给新员工，并对遵守或违反这些工作方法的人进行相应的奖励或惩罚。而共同的价值观则是指企业大多数员工共同关心的重要问题和目标，它塑造了员工群体的行为方式。

关于文化是如何形成的，笔者倾向于采纳哈佛大学教授埃德加·沙因的观点：文化是由一系列被认为是理所当然的基本假设构成的范式。这些假设是在某个团体为解决外部环境适应和内部整合问题而进行的探索过程中被发现、创造和形成的。

企业文化的形成源自于一系列假设，这些假设是企业家对企业经营管理基本问题的深层次思考的结果。在思考过程中，企业家构建出企业的基本价值观、基本理念和行为准则，这些价值观、理念和准则通过一定方式传达给员工，并在企业的经营管理制度和经营管理过程中得到贯彻，最终体现在员工的行为上，这就是企业文化的真正内涵。

简言之，企业文化本质上是一种假设。因此，如果根据战略创新和关键任务的要求，需要调整或改变企业文化或其某一部分，首先要做的就是提出新的假设，然后将这种新假设融入相关的制度和流程中，并推动员工观念和行为的转变。例如，一家企业面对竞争加剧，战略设计的关键之一是提高对客户需求的响应速度，而当前按部就班的工作方式显然无法应对竞争对手的挑战。因此，在文化层面需要提出"快速响应"的假设，并在相关流程与制度中针对影响响应速度的环节和指标进行调整，最终使这种变化落实到员工的行为上。

然而，改变文化并非易事，因为文化往往难以捉摸，难以直接应对。通常，与行为规范相比，共同的价值观在文化中更为隐性，但它们的根植更深，因此改变起来更为困难。

文化改变的关键在于制度。尽管文化改变中的宣传、教育等"洗脑"工作有其必要性，但最为关键的是要将其落实在制度上。文化本身并非易于操纵，然而制度却是可以掌控的。唯有当我们成功地通过制度改变了人们的行为方式，并且在一段时间后，新的行为方式已经为群体带来了利益，同时人们也明确认识到这种新的行为方式与业绩提升之间的紧密关系，文化才能真正得以改变。在文化改变的过程中，文化改变往往在最后阶段完成，而非起始阶段。

华为作为高度重视企业文化建设的企业，已经构建了独特且高效的文化。其"以客户为中心""长期坚持艰苦奋斗""自我批判"等核心价值管理和行事风格广受赞誉，并成为众多企业学习和效仿的榜样。实际上，华为的核心价值观行为定义相当朴实，关键在于如何将这些价值观落到实处！华为的核心价值观与行为解读如表3.3所示。

表3.3 华为的核心价值观与行为解读

| 核心价值观 | 行为解读 |
| --- | --- |
| 成就客户 | 为客户服务是华为存在的唯一理由,客户需求是华为发展的原动力。我们坚持以客户为中心,快速响应客户需求,持续为客户创造长期价值,进而成就客户。为客户提供有效服务,是我们工作的方向和价值评价的标尺,成就客户就是成就我们自己 |
| 艰苦奋斗 | 我们没有任何稀缺的资源可以依赖,唯有艰苦奋斗才能赢得客户的尊重与信赖。奋斗体现在为客户创造价值的任何微小活动中,以及在劳动的准备过程中为充实提高自己而做的努力。我们坚持以奋斗者为本,使奋斗者得到合理的回报 |
| 自我批判 | 自我批判的目的是不断进步、不断改进,而不是自我否定。只有坚持自我批判,才能倾听、扬弃和持续超越,才能更容易尊重他人和与他人合作,实现客户、公司、团队和个人的共同发展 |
| 开放进取 | 为了更好地满足客户需求,我们积极进取、勇于开拓,坚持开放与创新。任何先进的技术、产品、解决方案和业务管理,只有转化为商业成功才能产生价值。我们坚持客户需求导向,并围绕客户需求持续创新 |
| 至诚守信 | 我们只有内心坦荡诚恳,才能言出必行,信守承诺。诚信是我们最重要的无形资产,华为坚持以诚信赢得客户 |
| 团队合作 | 胜则举杯相庆,败则拼死相救。团队合作不仅是跨文化的群体协作精神,也是打破部门墙、提升流程效率的有力保障 |

## 2. 氛围

与文化、领导力密切相关的一个重要议题是组织氛围或组织气氛。

组织氛围是指员工在某一组织内工作时所感受到的整体氛围和综合体验。它是一个错综复杂的综合体,包括管理者的行为模式、员工之间的相互关系、组织结构、工作流程、制度规范、非正式关系等多个方面。组织氛围通过影响员工内心的"动机",能够对其工作积极性产生全面、深刻且巨大的影响。因此,组织氛围是员工积极性发挥程度的关键决定因素。

- 一个组织的绩效,30%~40%是由其组织氛围所决定的。
- 良好的组织氛围是一种无形的生产力,它是决定员工是否愿意付出额外努力的关键因素,并能在某种程度上弥补管理上的不足。

- 在营造良好组织氛围方面，各级领导负有首要责任。

组织氛围可以从六个方面来营造、评估和改进。

①明确性。员工理解组织的使命和目标，以及组织对自己的期望，同时知道这些期望与组织使命和目标之间的联系。主要包括：

- 组织使命：员工理解组织的使命和目标。
- 组织期望：员工知道组织对自己的期望，以及这些期望与组织使命和目标之间的联系。

②进取性。组织为员工设定具有挑战性的目标，并推动员工改进绩效。主要包括：

- 绩效改进：管理者通过各种方式推动员工改进绩效。
- 高标准：管理者为员工设置高标准、挑战性的目标。

③凝聚性。组织中的员工相互欣赏、相互信任、相互帮助；员工为所在组织感到自豪，并愿意为组织的发展付出额外努力。主要包括：

- 同心同德：组织中的员工相互欣赏、相互信任。
- 互帮互助：员工之间相互帮助，共享信息。
- 奉献精神：员工愿意为组织的发展付出额外努力。
- 团队自豪感：员工为所在组织感到自豪。

④激励性。基于业绩公平激励，认同与表扬多于威胁与批评。主要包括：

- 绩效导向：奖励主要基于业绩。
- 认同与表扬：认同与表扬多于威胁与批评。

⑤灵活性。减少不必要的规则、程序、政策，以及干扰任务完成的琐事和杂事，鼓励创新。主要包括：

- 官僚最小化：减少不必要的规则、程序、政策，以及干扰任务完成的琐事和杂事。
- 创新：鼓励员工发展新思想、新方法。

⑥责任性。组织中的员工具备自主决定如何出色完成本职工作的能力,同时被鼓励承担一定程度的风险。

- 自主性:员工能够在一定范围内自主决定工作的安排和开展,无须事事请示上司。
- 冒险性:组织鼓励员工承担经过充分分析和评估的风险。

2004年,笔者率领汉捷咨询顾问团队,为深圳迈瑞医疗电子公司提供了涵盖战略管理咨询、研发管理咨询和人力资源管理咨询在内的全方位咨询服务。在此期间,我们对迈瑞公司的整体运营、研发系统、市场营销系统、生产系统、管理及后勤系统进行了深入的组织氛围调研和分析。迈瑞公司组织氛围的整体调查结果如图3.24所示。

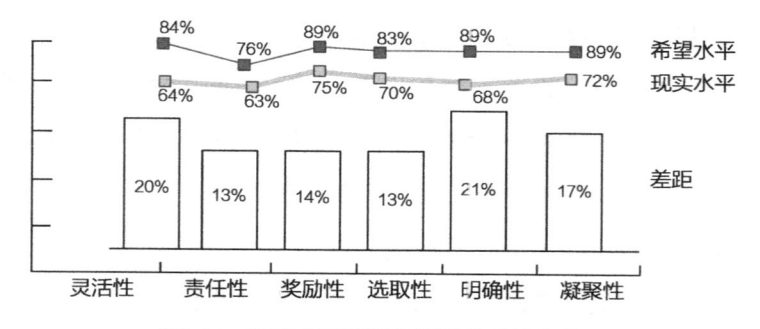

| | 灵活性 | 责任性 | 奖励性 | 选取性 | 明确性 | 凝聚性 |
|---|---|---|---|---|---|---|
| 希望水平 | 84% | 76% | 89% | 83% | 89% | 89% |
| 现实水平 | 64% | 63% | 75% | 70% | 68% | 72% |
| 差距 | 20% | 13% | 14% | 13% | 21% | 17% |

图3.24 迈瑞公司组织氛围的整体调查结果

同时,我们对迈瑞公司的组织氛围做了简要分析:

- 公司组织氛围良好,整体处于激发态。
- 公司组织氛围总的态势表现为:奖励性强,凝聚性高,但在授权/勇于承担责任/获得承诺、员工自主性发挥、目标明确、流程协作方面有较大的改善空间和改善意愿。
- 责任性低于标杆值65%,其中冒险性为53%,自主性为68%。调查表明,企业、部门不提倡适度的冒险,同时领导"事事检查"的情况较多,员工自主性未得到有效发挥。如何从对"事"的管理,转到对"目标"和"人"的管理,是迈瑞公司和领导面临的挑战。

- 明确性的现实认可水平与希望水平存在较大差距，表明员工希望责任与目标能进一步明晰，使得组织目标更为有效地传递和得到员工理解。明确性不够也导致员工难以自主开展工作，使得责任性不高。
- 灵活性的现实认可水平与希望水平也存在一定差距。策略、规则、流程、标准对工作的支持作用有待加强。结合访谈情况表明，跨部门流程存在不顺畅的现象。
- 责任性低而奖励性高。因为授权或员工自主性发挥不够，使得奖励的效用打了一定的"折扣"——员工获得较高的奖励，公司没有获得相应的承诺（注：从进取性达69%分析，责任性低的根源未必在于员工）。
- 调查表明，企业整体的凝聚性较高。需要引起注意的是：其中的子维度——团队自豪感仅达到60%，且与期望值87%存在较大差距。这可能与深圳的地域文化有关：职业化程度高，但移民城市的打工心态强。公司在提升员工的归属感方面需要提高。

# 第五节
# 基于BLM与MM的战略规划七步法

自2009年华为从IBM引进BLM，并用于战略制定取得显著成效后，华为的示范效应促使IBM咨询在国内广泛推广BLM的应用。同时，众多咨询机构和独立顾问也积极加入应用BLM的行列中，从而促使国内致力于提升战略管理水平的企业开始引入并实施BLM。

从BLM应用的效果来看，可谓众说纷纭，各有特色，但总体而言，笔者认为其效果并不尽如人意。

有些企业在初始阶段对BLM充满热情，认为其框架完善，模块划分合理。然而，在实际操作过程中，每个模块的消化和掌握都颇具挑战性，导致一些企业最终只是走过场，或者因难度过大而退缩。

有些企业只是零散地应用BLM的各个要素，由于BLM并未详细阐述操作阶段与步骤，导致企业难以将相关要素和内容有效地串联起来。

有些企业过于夸大BLM的作用，认为应用BLM便能解决战略规划制定、年度经营计划制订、战略执行落地等一系列问题。这包括某国内知名咨询机构错误地将BLM解读为战略制定、战略解码、战略执行、战略复盘及调整四个环节，这种解读给一些企业带来了误导，使得它们忽视了其他战略方法的应用和战略执行的运营过程。

有些企业在应用BLM时，发现虽然BLM在业务设计模块中考虑了客户选择、价值主张、战略控制、活动范围等要素，但并未涵盖目标市场定义、业务要素（如产品、渠道、推广、服务等）策略的制定。这些企业依据BLM制定的战略，难以给研发、营销、服务、供应链等领域的战略与执行提供必要的输入和指引，这无疑会对战略执行的落地造成影响。正如TCL集团前总裁薄连明所强调的："如果离开了业务要素的制定来制定战略规划，那么在起点处就已经埋下了战略规划与战略执行之间的鸿沟。"

……

总之，BLM作为一套系统化的战略方法和工具，企业掌握起来存在难度，应用效果也并未达到理想状态，因此BLM也赢得了"别乱摸"的俗称。

那么，作为国内率先应用BLM的华为，其应用BLM的方式又是怎样的呢？华为在应用BLM制定SP/BP后，对从2002年开始实施的MM体系（基于MM的SP/BP管理体系）进行了怎样的处理？当年华为已根据业务流程架构（见图3.25）构建或划分了IPD、DSTE、MTL、LTC（线索到现金）等流程，那么在这些流程中，BLM与MM方法论是如何得以体现和应用的？MM方法论与BLM之间又存在着怎样的联系与区别？

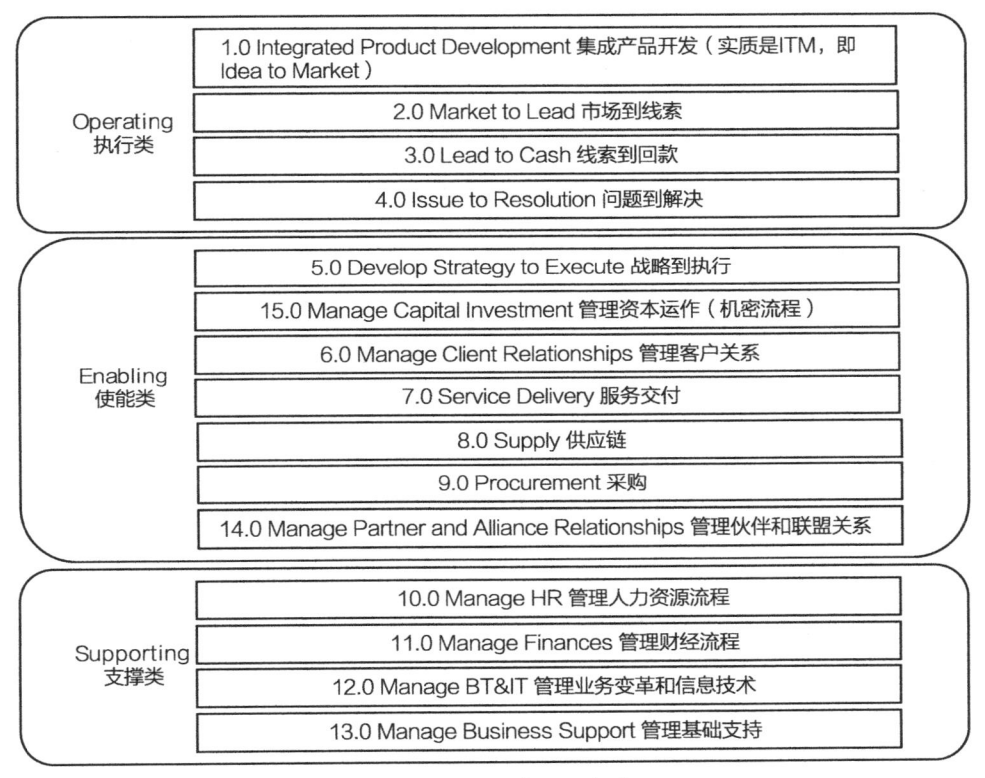

**Operating 执行类**
- 1.0 Integrated Product Development 集成产品开发（实质是ITM，即Idea to Market）
- 2.0 Market to Lead 市场到线索
- 3.0 Lead to Cash 线索到回款
- 4.0 Issue to Resolution 问题到解决

**Enabling 使能类**
- 5.0 Develop Strategy to Execute 战略到执行
- 15.0 Manage Capital Investment 管理资本运作（机密流程）
- 6.0 Manage Client Relationships 管理客户关系
- 7.0 Service Delivery 服务交付
- 8.0 Supply 供应链
- 9.0 Procurement 采购
- 14.0 Manage Partner and Alliance Relationships 管理伙伴和联盟关系

**Supporting 支撑类**
- 10.0 Manage HR 管理人力资源流程
- 11.0 Manage Finances 管理财经流程
- 12.0 Manage BT&IT 管理业务变革和信息技术
- 13.0 Manage Business Support 管理基础支持

图3.25　华为业务流程架构

## 一、从MM方法论到BLM

笔者已经在前文详细解读了MM方法论和BLM，并提及MM是IBM在1994年总结IPD体系时提出的，而BLM则是IBM在2004年前后提出的。对比两者的内容，我们不难发现其中有许多相似之处，当然也存在不同之处，并且它们的构建方式也各有特色。MM是按照逻辑步骤构建的，属于流程模型；而BLM则是按照框架要素构建的，属于要素模型。

BLM继承了MM的大部分内容，并强化了双差分析和战略执行要素（尽管MM在市场评估报告与业务计划目录中也有所涉及双差分析、关键任务与依赖关系、正式组织、人才、文化与氛围的内容）。然而，MM中关于市场细分步骤及方法、细分市场组合与目标市场定义、目标市场业务计划、产品组合、路标开发、任务书开发流程等内容，在BLM中并未包含。

可以说，BLM与MM是有着深厚渊源的。IBM将MM从IPD体系中分离出来，把MM前三步的内容划分为战略意图、市场洞察、创新焦点、业务设计四个战略要素；同时，将MM第四、五步中有关行动方案、组织及流程、人员及技能方面的内容，参照Tushman组织变革模型，归纳为关键任务、组织、人才、文化与氛围四个执行要素。在此过程中，IBM强调了业绩差距和机会差距对战略激发的重要性，以及通过执行来弥补这些差距，从而形成了BLM框架和相关要素。

笔者对两者的内容进行了比较，以图3.26展示了BLM与MM之间的联系与区别。

可以看到，大部分内容两者是基本一致或相关的。BLM增加了双差分析，并强化了正式组织、人才、文化与氛围等要素。然而，MM中的一些操作环节及方法、管理业务计划的步骤在BLM中并未包括进去（见图3.26黑底白字部分所示）。

2009年，一直以IBM为学习榜样的华为引进了BLM，并决定依据BLM要素构建新的SP/BP管理体系，以此为基础开展SP/BP设计。这就涉及了对已经运行七年多的MM体系[基于MM的企业战略管理（SP/BP）体系，见图3.27]如何进行替换与分解应用的问题。在MM体系的各步骤中，与BLM要素一致的内容可以在新体系或流程中继承下来。那么，在BLM要素中没有包含的内容又体现在哪里呢？

第三章 业务领先模型

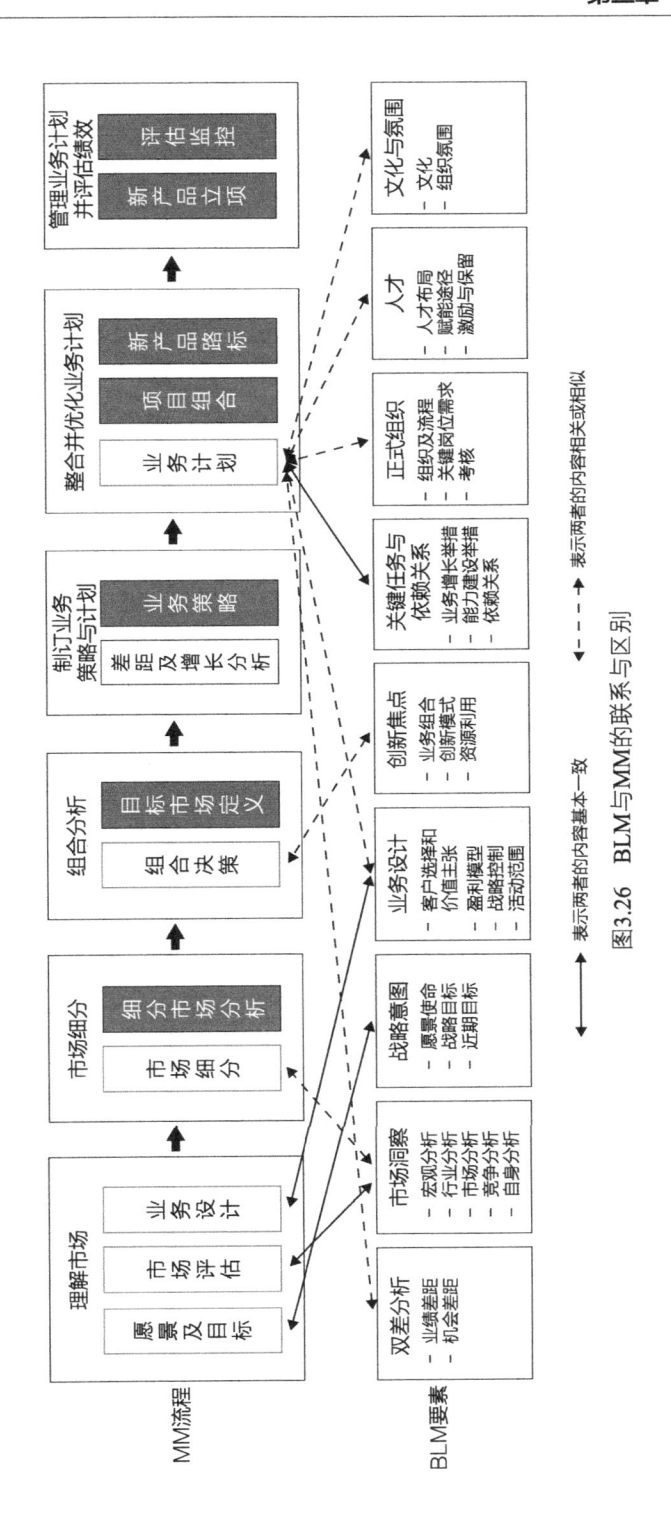

图3.26 BLM与MM的联系与区别

# DSTE ——从战略到执行

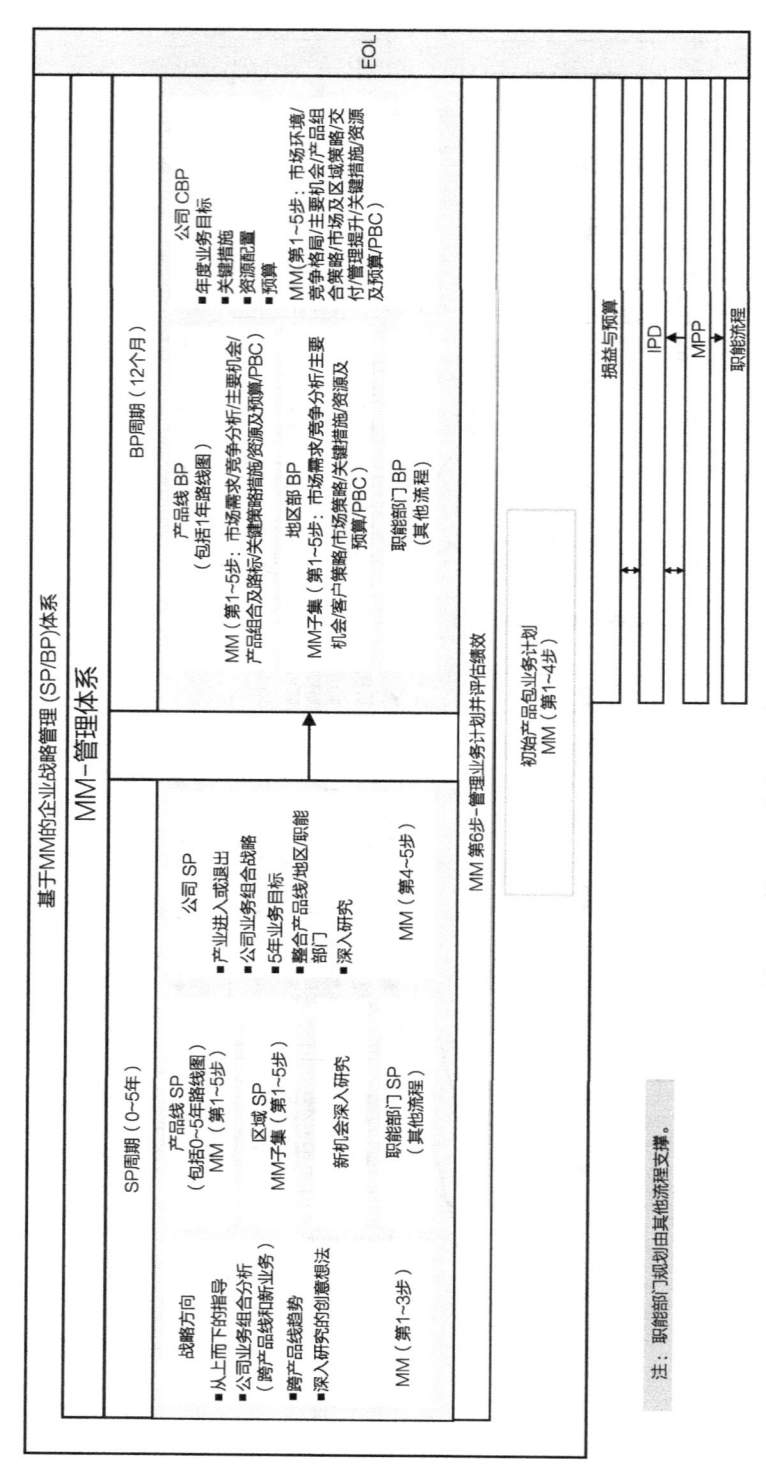

图3.27 基于MM的企业战略管理（SP/BP）体系

但是，有一点是肯定的，即华为在SP/BP的制定过程中，依然沿用了原先MM管理体系所确立的日程表（总体划分为战略规划春季规划日程表和年度经营计划秋季规划日程表），以及评审会议、决策会议等管理机制。在战略管理团队运作方面，华为也继承了IPD/MM推行时建立的跨部门业务团队，这包括SDC（Strategy Development Committee，战略发展委员会）或IRB、C-PMT、IPMT、PL-PMT等。值得注意的是，在BLM中，并没有涉及团队模型与方法的内容。

## 二、基于BLM的战略规划六步法

华为如何运用BLM来进行战略规划，并据此分解为年度经营计划呢？

BLM作为要素模型，主要划分为八个要素加上双差分析（或统称为九个要素），领导力和价值观是融入其中的。在实际操作中，存在将这些要素按照一定步骤连接起来的问题。华为在应用BLM时，基于BLM要素的基本先后逻辑关系，经过归纳后，提出了"基于BLM的战略规划六步法"，如图3.28所示。

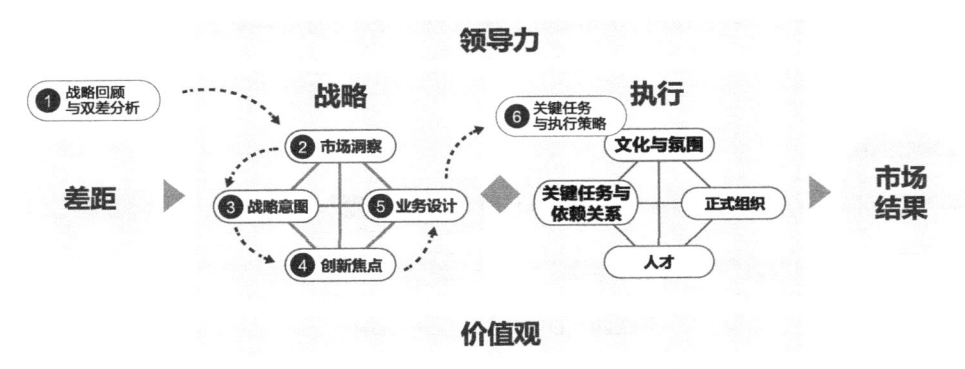

图3.28 华为基于BLM的战略规划六步法

①战略回顾与双差分析：对上一期的战略执行结果进行分析，进行业绩差距与机会差距的分析。

②市场洞察：从五个维度，即宏观、行业/趋势、市场/客户、竞争对

手、自身，开展数据及信息的收集与分析，这被称为"五看"。进一步，对这些信息进行综合分析，以识别增长机会。

③创新焦点：通过战略定位分析，明确业务组合，并规划H123布局。同时，从产品及服务与营销、商业模式、运营三个方面开展创新分析。

④战略意图：确立公司的愿景与使命，明确中长期战略目标，并设定3~5年的具体化、可衡量的目标。值得注意的是，第四步与第三步的顺序可以根据实际情况灵活调整，逻辑上都是合理的。

⑤业务设计：作为战略设计的落脚点，从客户选择、价值主张、盈利模型、战略控制、活动范围、风险管理六个方面进行设计。

⑥关键任务与执行策略：识别支撑战略创新，特别是业务设计的关键任务与依赖关系，并从人才、正式组织、文化与氛围三个方面明确执行策略与行动方案。

在DSTE流程架构的基础上，华为结合前述的六步法，同时考虑到年度经营计划的内在逻辑与执行标准，对DSTE一级流程（L1）下的战略规划流程、年度经营计划流程这两个二级流程（L2）进行了更为细致的划分。进一步地，衍生出了相应的三级流程（L3）。具体情况如图3.29所示。

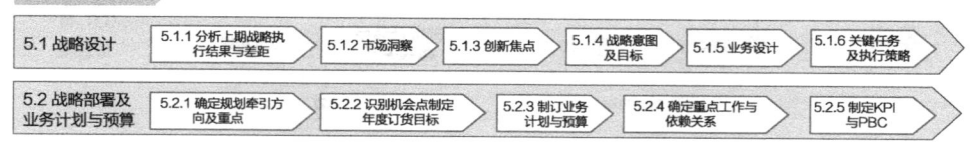

| 5.0 DSTE 从战略到执行 | | | | | | |
|---|---|---|---|---|---|---|
| 5.1 战略设计 | 5.1.1 分析上期战略执行结果与差距 | 5.1.2 市场洞察 | 5.1.3 创新焦点 | 5.1.4 战略意图及目标 | 5.1.5 业务设计 | 5.1.6 关键任务及执行策略 |
| 5.2 战略部署及业务计划与预算 | 5.2.1 确定规划牵引方向及重点 | 5.2.2 识别机会点制定年度订货目标 | 5.2.3 制订业务计划与预算 | 5.2.4 确定重点工作与依赖关系 | 5.2.5 制定KPI与PBC | |

图3.29 DSTE：从战略到执行

上述的L3流程划分仅是对逻辑步骤的划分，实际的SP与BP运作流程则是基于这些逻辑步骤，并结合战略金字塔（见图3.30）所划分的三个层次，即公司SP/BP、业务单位SP/BP以及职能领域SP/BP，来构建的。

图3.30 公司战略金字塔

具体如何设计实际运行的SP流程、BP流程，笔者将在第五章进行探讨。

## 三、"五看三定"模型

很多企业在学习华为的战略方法时，常常热议的便是"五看三定"模型，甚至将其视为华为战略的神器。然而，对于"五看三定"模型的解读，众说纷纭，难以统一。

事实上，"五看三定"模型是对战略管理过程进行的重点突出的归纳总结，它涵盖了应用价值驱动业务设计方法和BLM进行战略规划、转化为年度经营计划以及执行与评估的整个过程。由于华为在推行价值驱动业务设计方法和BLM时，涉及的范围广泛，不仅包括集团整体，还涵盖众多产品线与子产品线的业务单位，以及各地区部与区域的业务单位，涉及大量的主管。由于大家的战略素质和能力存在差异，因此需要提出一个易记且实用的模型，于是"五看三定"模型应运而生，如图3.31所示。

在"五看三定"模型中，战略规划重点强调了市场洞察的"五看"——看行业/趋势、看市场/客户、看竞争对手、看自己、看机会。后来还增加了"看宏观"的维度，将识别机会作为市场洞察的总结。此外，模型还涵盖了业务设计、战略意图、业务策略，以及战略解码与年度经营计划、战略执行监控与评估等环节。

# 战略管理框架（"五看三定"模型）

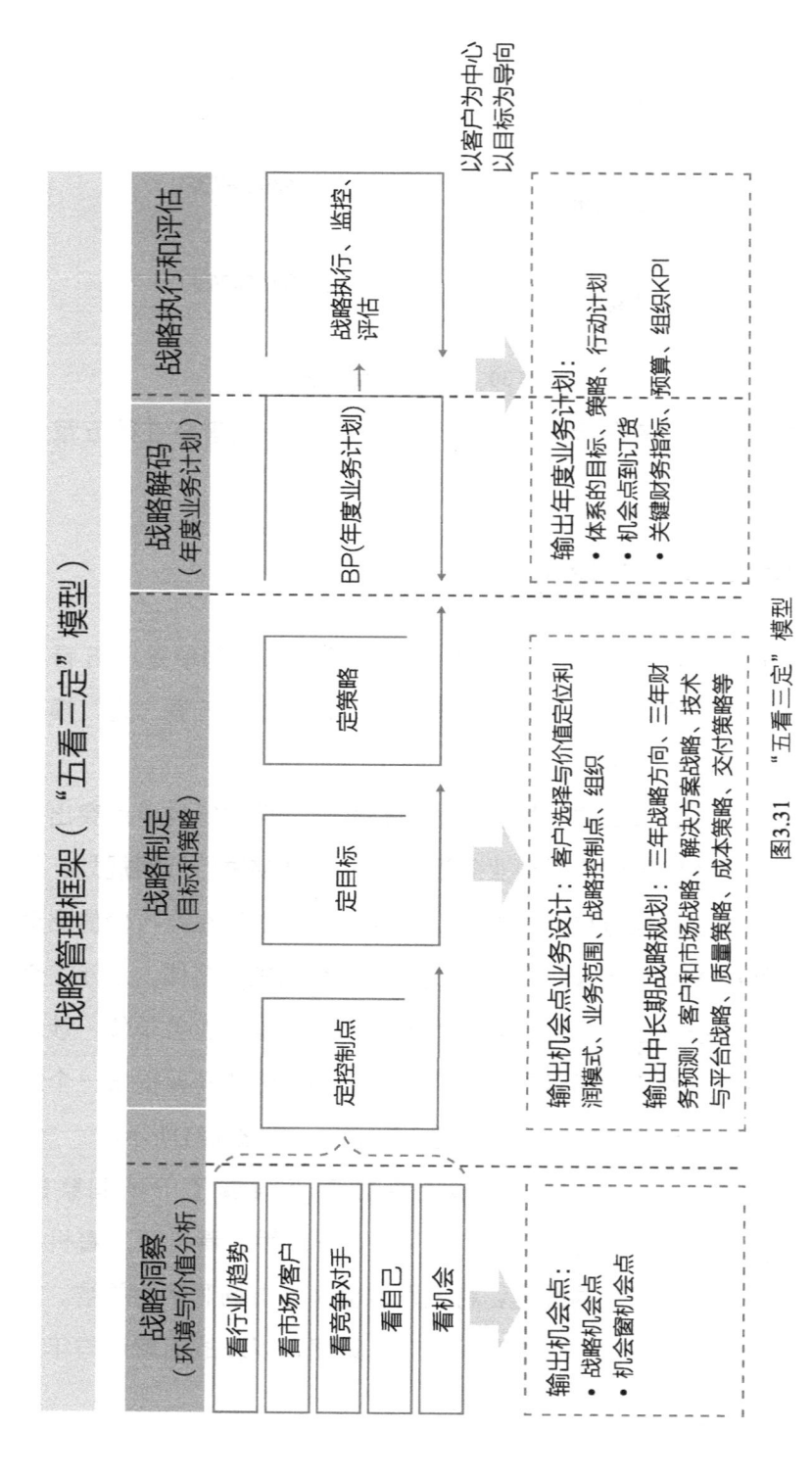

## 战略洞察（环境与价值分析）
- 看行业/趋势
- 看市场/客户
- 看竞争对手
- 看自己
- 看机会

输出机会点：
- 战略机会点
- 机会窗机会点

## 战略制定（目标和策略）
- 定控制点
- 定目标
- 定策略

输出机会点业务设计：客户选择与价值定位、利润模式、业务范围、战略控制点、组织

输出中长期战略规划：三年战略方向、三年财务预测、客户和市场战略、解决方案战略、技术与平台战略、质量战略、成本策略、交付策略等

## 战略解码（年度业务计划）
BP（年度业务计划）

输出年度业务计划：
- 体系的目标、策略、行动计划
- 机会点到订货
- 关键财务指标、预算、组织KPI

## 战略执行和评估
战略执行、监控
战略执行、评估

以客户为中心
以目标为导向

图3.31 "五看三定"模型

随着华为DSTE流程的运行与完善，各级主管的战略思维与战略能力得到了逐步提升。如今，大家只需按照DSTE流程、战略日历、战略方法及工具进行操作即可，因此"五看三定"模型在后续讨论中逐渐被淡化。

## 四、MTL-MM 流程

回想当年，华为依据MM方法论构建了MM体系，划分了MM-SP流程、MM-BP流程、MM-CDP流程、MM-管理业务计划流程，并按照公司、业务单位（产品线与区域）、职能领域三个层次构建了战略管理体系（详见第二章第三节）。

随着BLM的引进与实施，SP流程和BP流程转而按照BLM进行构建，尽管其中仍保留了MM步骤中的相关内容。原先MM-SP流程和MM-BP流程中的产品规划流程与MM-CDP依然得以保留，并被整合至IPD流程体系中，其背后的逻辑仍然是遵循MM方法论。

然而，对于BLM中没有包括的MM市场细分、目标市场组合与定义、目标市场业务策略及计划等步骤和内容，华为是如何处理的呢？此外，MM方法论还涉及面向细分市场的营销活动规划或上市规划，这些活动和流程又应如何安排？在华为的流程架构和流程设计方案中，这些活动被归入了市场体系流程，即MTL一级流程中，成为其下的一个二级流程，并命名为MM流程。这一点在本书第二章第三节已有提及。MTL流程下进一步细分为市场洞察、市场管理、销售赋能、购买需求激发、营销质量运营等环节，如图3.32所示。

| L1 | MTL | | | | |
|---|---|---|---|---|---|
| L2 | 市场洞察(MI) | 市场管理(MM) | 销售赋能(SCE) | 购买需求激发(DG) | 营销质量运营(MQO) |

图3.32　MTL L1、L2流程

在华为，MTL流程被归类为运作类一级流程的第二个流程，编号为

2.0。其下面的MM流程则编号为2.2，并进一步划分了若干三级流程，具体如图3.33所示。

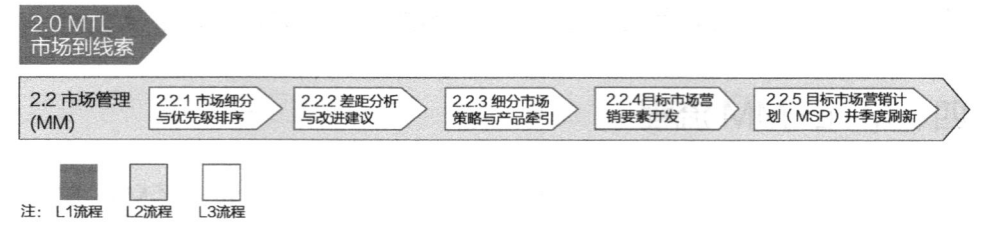

```
2.0 MTL
市场到线索
```

| 2.2 市场管理(MM) | 2.2.1 市场细分与优先级排序 | 2.2.2 差距分析与改进建议 | 2.2.3 细分市场策略与产品牵引 | 2.2.4 目标市场营销要素开发 | 2.2.5 目标市场营销计划（MSP）并季度刷新 |

注：L1流程 ■　L2流程 ▨　L3流程 □

图3.33　MM流程

MTL的MM流程与DSTE流程、IPD流程、LTC流程均存在密切的关联。DSTE流程中的市场洞察和战略机会点等关键环节为MM流程提供了输入。而MM流程的输出则有效支撑了IPD流程的产品规划流程、任务书开发流程。此外，MM流程还为OR流程提供了需求输入，为IPD流程提供了上市规划指导，为LTC流程提供了依据，并与区域规划保持了同步。

## 五、基于BLM与MM的战略规划七步法

如前所述，BLM是从MM步骤中演变而来的，但并未包含MM中的市场细分分析与选择、目标市场定义、目标市场业务策略及计划、产品组合及路标等内容。因此，在单纯应用BLM制定战略规划时，往往会发现缺乏市场细分和业务策略，尤其是产品策略方面的考虑。这就如同按照BLM明确了业务领域（相当于赛道）和业务设计（相当于发展思路），但并未明确目标市场（相当于战场）和目标市场业务计划（相当于作战方案）。这样一来，相关职能领域（如研发、营销、服务、供应链等）在制定战略规划时就会缺乏依据，战略执行中也会因缺乏面向目标市场的指引而受到影响，战略任务的识别也会因缺乏业务策略这一关键来源而受限，从而导致战略落地的效果大打折扣。所以，单纯依赖BLM制定的战略规划确实存在目标市场分析及选择不足、业务策略缺失以及落地性不强的问题。

从战略角度来看，细分市场通常被视为战略的基础，而业务策略则充当着战略与执行之间的桥梁。TCL集团前总裁薄连明先生曾表示："如果离开了业务要素的制定来制定战略规划，那么在起点处就已经埋下了战略规划与战略执行之间的鸿沟。"

为了弥补BLM在战略规划中的不足，华为在应用BLM时，在MTL体系中设立了MM流程，涵盖了市场细分与优先级排序、目标市场价值主张、目标市场业务要素开发等内容。

华为的这一做法有其合理性，将市场细分和目标市场业务要素开发纳入MTL体系或市场体系均可。然而，将其命名为MM流程，笔者对此持保留意见。IBM对MM的定义是一套系统的方法，本书第二章第三节也明确指出，"MM是方法论，不是单一流程"。

此外，华为在IPD体系中，提出了IPD主业务流包含MM流程、OR流程、IPD流程。在华为官方授权出版的IPD书籍中，IPD流程架构也被划分为MM流程、OR流程、IPD流程，如图3.34所示。

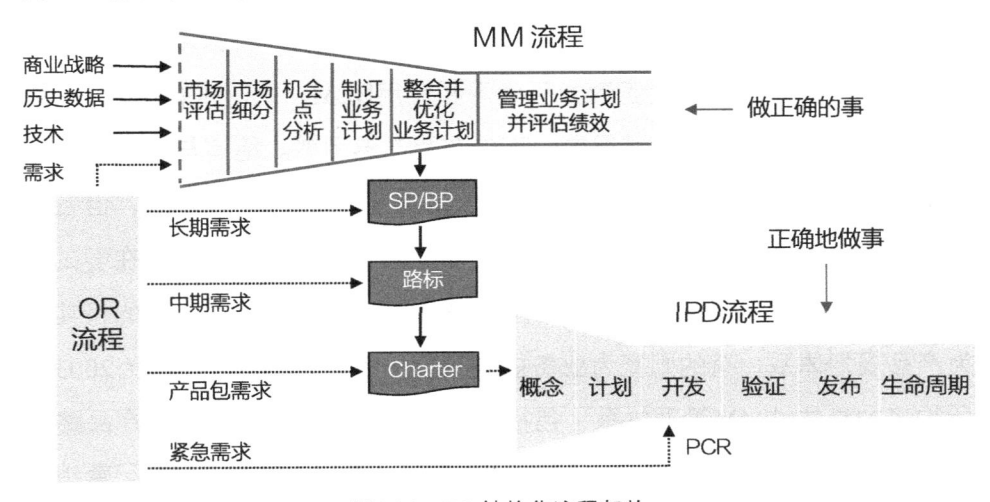

图3.34 IPD结构化流程架构

这就令人感到困惑了，因为在华为的管理体系中存在两个MM流程：一个是MTL体系中的MM流程，另一个是IPD结构化流程架构中的MM流程。这两个MM流程并非同一概念。这样的矛盾让人难以理解，而笔者认为唯一能够合理解释的是，将MM回归其本质定位——作为一套战略规划及管理的方法论。这套方法论可以被应用于形成具体的流程。如果非要提及MM流程，那么它要么是包含六个步骤的逻辑流程，要么是一个流程组。例如在IPD主业务流中的MM流程，实际上包含了MM-SP、MM-BP、MM-RDP、MM-CDP这四个流程。而MTL体系中的MM流程，实际上是指MM-MSP或MM-GTM。只是因为华为原先的MM-SP、MM-BP被替换为BLM-SP、BLM-BP，所以将MM-SP中的市场细分、目标市场选择、目标市场业务策略及计划的活动归入了MTL中的MM流程。然而，在笔者看来，这个流程不应被命名为MM流程，而应称为MSP。

以上的解读确实复杂，原因在于MM既是方法论，又是包含六个步骤的逻辑流程。这些逻辑步骤和方法面向不同的业务对象应用时，会形成不同的流程。因此，MM究竟应被视为方法论还是流程，确实容易让人产生困惑。而且，大家发现BLM中的大部分要素和内容，在MM的六个步骤中都有所体现。那么，这两者之间的关系如何，又该如何应用，同样让人难以抉择。

当前，国内很多企业正致力于学习和应用BLM，同时推行IPD体系和MM方法论。然而，在这过程中，不少企业深感困惑。笔者与多位企业家交流时，他们纷纷表示："MM究竟是什么？虽然看了许多资料，但各种解释让人眼花缭乱，始终没有真正弄懂。"事实上，不少企业正在尝试打造或已初步构建了MM体系，但这些体系的界定却五花八门。有的将其视为产品规划体系，有的则视为业务规划管理体系，有的则类似华为2003年所构建的整体性MM管理体系（包括战略规划、年度经营计划、产品路标与立项管理），还有的则类似于华为的MTL体系（包含市场洞察、营销规划与执行监控等）。尽管这些体系都被冠以MM体系之名，并将MM流程作为与DSTE流程、IPD流程、LTC流程并列的一级流程，但其具体内容与应用方式却大相径庭。近年来，随着BLM在企业界的广泛流行，许多企业开始模仿华为，应用BLM进行战略规划与年度经营计划，或引入华为的"五看三定"模型。然而，在这一过程中，大家也发现BLM中的要素在MM的步骤中基本上有所体现。那么，如何应用BLM和MM方法论？如何借助BLM或MM进行战略规划？如何在企业中合理界定相关的一级流程、二级流程乃至三级流程？这些问题成为企业当前面临的大难题。

要解决这些问题，首先，应将BLM与MM都视作战略管理的方法论，它们都是一套系统化的工具或"多功能工具"，并且这两套工具在功能上存在诸多相同或相似之处。其次，我们需要理解两者的起源、发展及其相互关系（这在之前的章节中已有详细阐述）。最后，才是探讨如何有效运用这两大方法论来制定战略规划并构建相应的流程。

经过对BLM与MM的长期研究与实践，笔者总结出，基本上有三种方式来应用BLM与MM进行战略设计：

**方式一：一以贯之应用MM方法论**

这实际上是华为在2002—2008年期间所采用的方式。当时，华为尚未引进BLM，而是依据MM方法论构建了MM管理体系。利用MM方法论，华为建立了包含SP/BP/Charter三个层面的规划流程，这被称为三层规划体系。再加上后续的执行监控环节，共同构成了战略管理体系。

然而，MM管理体系与战略管理体系、IPD管理体系在边界上存在模糊、缺失和交叉的问题。例如，MM管理体系对战略执行监控环节的描述相对简单，但实际上战略执行监控涵盖了许多战略执行运营活动和流程，如经营分析、重点工作运营等。对于产品规划流程（RDP）应该归属IPD体系还是战略管理体系，存在争议，而任务书开发流程（CDP）则通常被纳入IPD体系中。

因此，如果选择方式一，笔者建议放弃MM管理体系的定义，而是明确划分DSTE战略管理体系和IPD产品及研发管理体系。在这两个体系中，我们可以运用MM方法论来构建相应的流程，具体包括：

- DSTE战略管理体系中的MM-SP、MM-BP。
- IPD产品及研发管理体系中的MM-RDP、MM-CDP。

**方式二：采用基于BLM的战略规划六步法**

这是华为自2009年起所采用的方式。按照这六步法制定战略规划，实际上包含了原MM-SP流程的大部分内容，而将未包含在内的市场细分、目标市场定义、目标市场的业务策略及计划等内容，则划归到了MTL体系中的MM流程中。

如前所述，这种方式存在以下问题：首先，在公司整体管理体系中，存在两个MM流程；其次，MTL体系的MM流程与DSTE体系、IPD体系之间存在众多接口，使得管理变得相对复杂和困难。

**方式三：采用基于BLM与MM的战略规划七步法**

在六步法的基础上，我们补充了MM步骤中的市场细分、目标市场定义、目标市场的业务策略及计划（即STP，包括Segment、Target、Plan三个环节）的内容。其中，市场细分的方法被整合到BLM-市场洞察中，目标市场定义则与BLM-创新焦点相结合，而目标市场的业务策略及计划则被单独列为一个步骤。这样，就构成了基于BLM与MM的战略规划七步法，具体如图3.35所示。

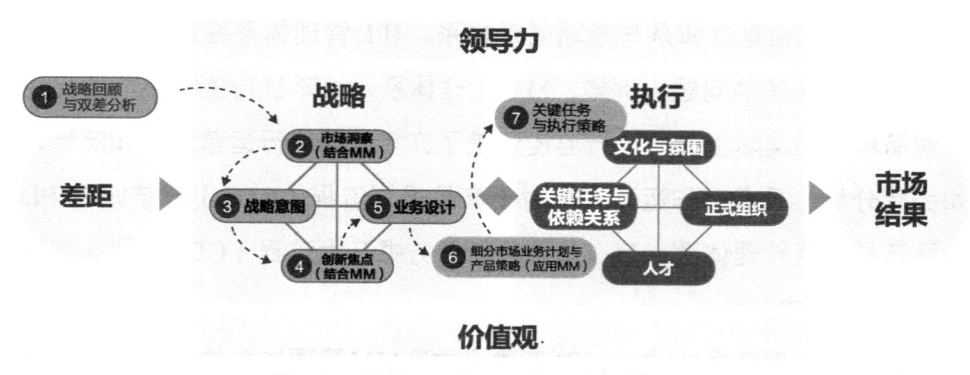

图3.35 基于BLM与MM的战略规划七步法

基于BLM与MM的战略规划七步法，是汉捷咨询经过深入研究分析，总结长期的战略咨询实践总结提出的。相对于华为的六步法，其优点在于：

- 战略规划的过程更完整、更流畅，体现了市场细分是战略规划的基础。不仅明确了业务领域（相当于赛道）与业务设计（发展思路），进一步明确了目标市场（相当于战场）与目标市场业务计划（相当于作战方案）。

- 为业务职能领域的战略提供充分的依据。细分市场业务计划主要从六个业务要素（4P2S，即产品、价格、渠道、推广、交付、服务）制订行动策略或方案，是业务单位战略规划的重要组成部分，也为各业务职能领域（研发、营销、服务等）的战略规划提供了指引。

- 使关键任务与执行策略的解码更符合市场与业务的要求。在BLM中强调关键任务要支撑业务设计，尤其是价值主张的实现，但这只是方向性的指导。而细分市场业务计划无疑为关键任务解码提供了具体的、面向市场的业务创新及突破要求，进而制定针对性的关键任务及执行策略。

- 更符合绝大多数中国企业的实际。如果像华为一样，在战略设计中应用BLM，在MTL体系中构建类似华为的MM流程，也就是采用前面的方案二，也是可行的。但是，对于绝大多数企业来说，其市场职能远没有华为那么健全，要在由市场部门主导的MTL体系中运行MM流程并不现实，而且业务流程的集成运行能力也不够强，要厘清相关流程的接口关系存在困难，更重要的是市场细分、目标市场选择、目标市场业务策略及计划应该上升到战略层面，体现在DSTE领导价值流中，这样才能充分发挥其权威性和引领性。

整体上，七步法遵循BLM的战略规划框架和关键因素，并在几个关键步骤上结合或补充了MM方法论。以下是对这七个步骤的简要说明：

①战略回顾与双差分析：这一步包括业绩差距与机会差距的分析，作为战略规划的输入与起点，体现了"战略是由不满意激发的"这一观点。

②市场洞察：这一步包括"五看"的内容，即看宏观、看行业/趋势、看市场/客户、看竞争对手、看自身。特别是在看市场/客户环节，需要结合应用MM市场细分方法。然后，基于细分市场识别、归纳战略机会点。

③创新焦点：在这一步骤中，应用MM组合分析方法（SPAN与FAN），经过决策后形成业务组合规划，明确产品/服务创新、商业模式创新、运营创新的领域、方式和内容。进一步地，面向创新识别需要深入研究的战略专题。

④战略意图：这一步包括愿景与使命的设定，以及中期和近期战略目标的制定。

⑤业务设计：这一步作为战略规划的落脚点，包括客户选择和价值主张、盈利模型、战略控制、活动范围等方面，反映了业务的竞争战略。

⑥细分市场业务计划与产品策略：这是按照MM方法论重点补充的关键环节，旨在确保战略规划在目标市场和新产品创新方面得以具体落实。针对目标市场，制订相应的业务计划，包括产品、价格、渠道、综合营销传播、交付、服务六个业务要素的策略，并识别所需的关键任务或行动方案。特别是对于新产品的规划，明确产品策略，并通过IPD体系的产品规划流程，形成未来3~5年的新产品开发项目组合和路标规划。

⑦关键任务与执行策略：根据公司的整体战略要求、各业务单位的业务设计以及目标市场的关键任务或行动方案，整合形成公司层面、业务单位层面、职能领域层面的关键任务（包括业务增长举措与能力建设举措）。进一步地，从正式组织、人才、文化与氛围三个要素明确执行策略。

按照七步法进行的战略规划逻辑和步骤已经明确，然而，企业战略是构建于分层的战略金字塔之上，这个金字塔涵盖了公司战略规划、业务单位战略规划、职能领域战略规划。那么，究竟如何结合七步法和职能领域规划方法，建立一个能够全面覆盖战略金字塔的公司整体战略规划流程呢？这个问题，笔者将在第五章中进行深入探讨。

# 战略执行模型

## 第四章

## 第一节
## BEM：更系统化的战略解码与执行模型

拥有强大的战略执行力是企业的理想，但是现实与理想往往有很大的差距！根据《财富》杂志曾经做过的调查：只有10%的企业战略得到了有效的执行！

我们也经常提到：战略与执行之间存在巨大的鸿沟！

提升战略执行力需要从多个方面着手，如强化执行文化，增加资源配置，提升领导能力等，而开展战略解码——把企业战略转化为各级部门、全体员工可理解、可执行的具体目标和行动措施，无疑是关键的一个环节。

### 一、常用战略解码方法

战略解码通常的方法包括平衡计分卡、价值树、OGSM方法等。

平衡计分卡是哈佛大学教授罗伯特·卡普兰与复兴方案公司总裁大卫·诺顿在积累大量实践经验后，共同创立的一套具有革命性的管理系统。这套系统在保留传统财务指标作为绩效衡量标准的同时，通过引入客户、内部流程以及学习与成长三个维度的测评指标，有效弥补了传统绩效测评体系的不足。不仅如此，它还进一步提出了战略地图的概念和工具，使平衡计分卡从单纯的绩效衡量和目标制定工具,升级为全面覆盖战略管理的工具,因此被《哈佛商业评论》誉为75年来最具影响力的管理工具之一。

依据平衡计分卡的理念,组织可以从战略愿景出发,通过财务、客户、内部流程、学习与成长这四个相互之间存在因果关系的维度,提出明确的策略目标。这些策略目标可以通过战略地图这一直观的工具来呈现,并进一步验证其有效性、合理性与各维度间的相互关系。如图4.1所示,这就是企业的通用性战略地图。

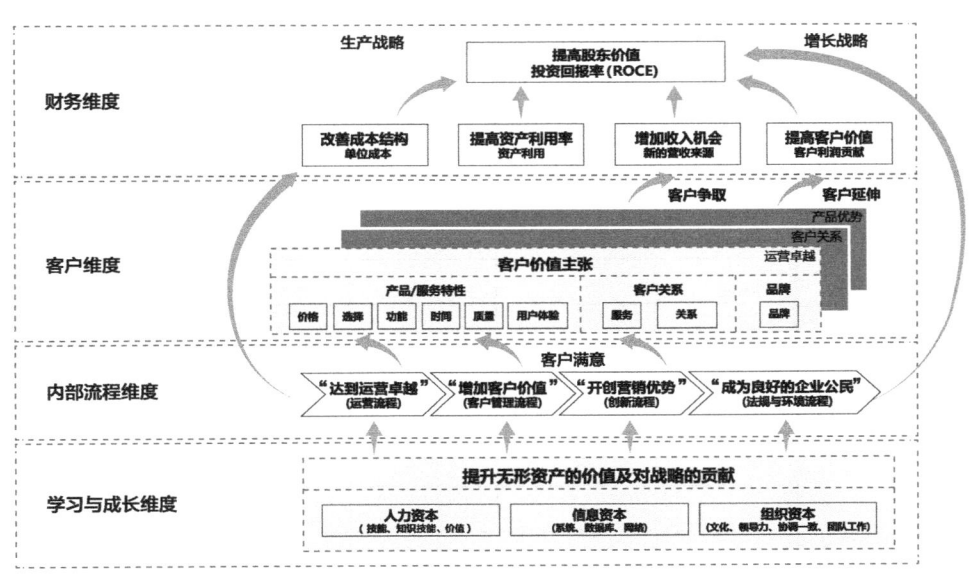

图4.1 企业的通用性战略地图(示例)

战略地图展示了组织达成战略愿景的路径,即通过实现一系列相互关联的策略目标,进而达成组织的愿景目标。因此,这些策略目标可视为实现愿景目标的关键成功要素。至于如何衡量这些策略目标的达成程度或关键结果,就需要识别和定义KPI,即关键绩效指标,它反映了策略目标的达成情况和关键结果的衡量标准。许多企业将KPI视为独立的概念,但实际上,KPI并非孤立存在,而是与策略目标或关键成功要素紧密相连的。

为了推动策略目标的实现并产生相应的成果,组织需要设定阶段性的结果目标(即KPI目标),并执行相应的流程活动。同时,根据战略创新的需求,部分策略目标需要进行创新突破,这要求组织制订阶段性的关键战略举措或行动计划。结合组织在四个维度的策略目标,确定KPI或KPI目标,以及关键战略举措或行动计划等内容,便构成了平衡计分卡,如表4.1所示。

表4.1 平衡计分卡

| 维度 | 序号 | 策略目标 | KPI | 战略举措 | 战略举措责任人 |
|---|---|---|---|---|---|
| 财务维度 | | | | | |
| | | | | | |
| | | | | | |
| | | | | | |
| | | | | | |
| 客户维度 | | | | | |
| | | | | | |
| | | | | | |
| | | | | | |
| 流程维度 | | | | | |
| | | | | | |
| | | | | | |
| | | | | | |
| 学习与成长维度 | | | | | |
| | | | | | |
| | | | | | |

平衡计分卡作为结构化战略解码工具,其逻辑性确实强大,因此得到了广大企业的广泛推崇和应用。然而,国内许多企业在应用平衡计分卡时

# 第四章 战略执行模型

效果并不理想。一方面，它们过于关注KPI的功能，却忽视了背后策略目标或关键成功要素的分析；另一方面，策略目标的识别也颇具难度，如客户维度与内部流程维度的策略目标常常难以明确区分。此外，经验丰富的业务主管未能充分投入其中。另外，通过平衡计分卡分析得出的战略举措往往仅从企业自身角度出发，缺乏面向客户与竞争的深入分析，对于转化为年度和具体的行动措施（通常称为年度重点工作）方面，也缺乏专业的方法和工具，有时显得较为随意。

有些企业则采用价值树分解法来进行战略解码。该方法从投资回报率和股东价值出发，通过层层分解，识别驱动因素、影响驱动因素的战略/行动方案与KPI，如图4.2所示。

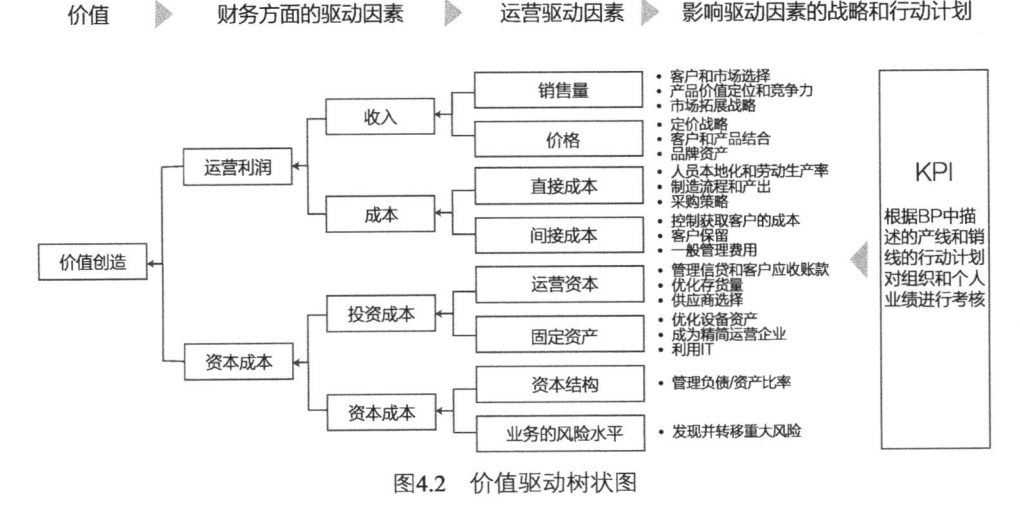

| 价值 | 财务方面的驱动因素 | 运营驱动因素 | 影响驱动因素的战略和行动计划 |

价值创造
├─ 运营利润
│   ├─ 收入
│   │   ├─ 销售量 — 客户和市场选择；产品价值定位和竞争力；市场拓展战略
│   │   └─ 价格 — 定价战略；客户和产品结合；品牌资产
│   └─ 成本
│       ├─ 直接成本 — 人员本地化和劳动生产率；制造流程和产出；采购策略
│       └─ 间接成本 — 控制获取客户的成本；客户保留；一般管理费用
└─ 资本成本
    ├─ 投资成本
    │   ├─ 运营资本 — 管理信贷和客户应收账款；优化存货量；供应链选择
    │   └─ 固定资产 — 优化设备资产；成为精简运营企业；利用IT
    └─ 资本成本
        ├─ 资本结构 — 管理负债/资产比率
        └─ 业务的风险水平 — 发现并转移重大风险

KPI：根据BP中描述的产线和销线的行动计划对组织和个人业绩进行考核

图4.2　价值驱动树状图

价值树分解法源自杜邦财务分析模型，也被称为杜邦价值树。由于这种方法以净资产收益率为出发点，有时容易陷入短期的考量，导致对企业的长期价值和驱动因素关注不足，从而在战略解码过程中显得不够充分。

OGSM（Objective、Goal、Strategy、Measurement，目的、目标、策略、衡量）也是一些企业用到的战略解码工具。其含义和作用如表4.2所示。

表4.2 OGSM战略解码工具

| 项目 | O | G | S | M |
|---|---|---|---|---|
| 定义 | 做事的目的 | 目的的量化目标 | 实现目标的策略 | 度量策略是否达成的衡量指标 |
| 范围（包含的内容） | • 做什么事<br>• 做事情的目的 | • 绩效指标（即度量/分析/测量/考核/激励指标）<br>• 目标值赋值 | • 区分重点管理内容（即区分做事的范围）<br>• 产生业务步骤（我怎么做才能实现前面的目标） | • 绩效指标（即度量/分析/测量/考核/激励指标）<br>• 目标值赋值 |
| 作用 | • CEO：承接公司战略<br>• 下级：有效地承接上级的策略，实现目标 | 目标是确保/衡量目的是否实现 | 策略的制定是为了明确/找到达到目标的关键工作和有效方法 | 指标是为了衡量策略是否有效，目标是否实现 |

在层级分解中，OG与SM是相对的。上级的OG会分解至下级的SM，而在进一步向下分解时，原先的下级SM便转变为OG，再由此分解至更下一级的SM，如此循环往复。因此，OGSM本质上是一个工具，用于将OG从公司整体逐层向下分解。值得注意的是，OGSM方法并未明确指明应从哪些维度或角度识别目的或方向性目标，同时对于方向性目标的衡量指标也缺乏具体的识别方法。它更多地被视作一个目标分解工具，单纯依赖OGSM，难以有效地承载公司战略，也难以使行动措施与战略真正相互衔接。

## 二、BEM 战略解码与战略执行模型

三星电子总结提出的BEM（战略解码与战略执行模型）是一套更加系统、高效的战略解码方法。BEM是支撑中长期战略的自顶向下的系统性战略解码与战略执行模型，由战略路径与衡量体系、战略目标支撑体系、战略执行运营体系、战略执行变革体系构成，如图4.3所示。

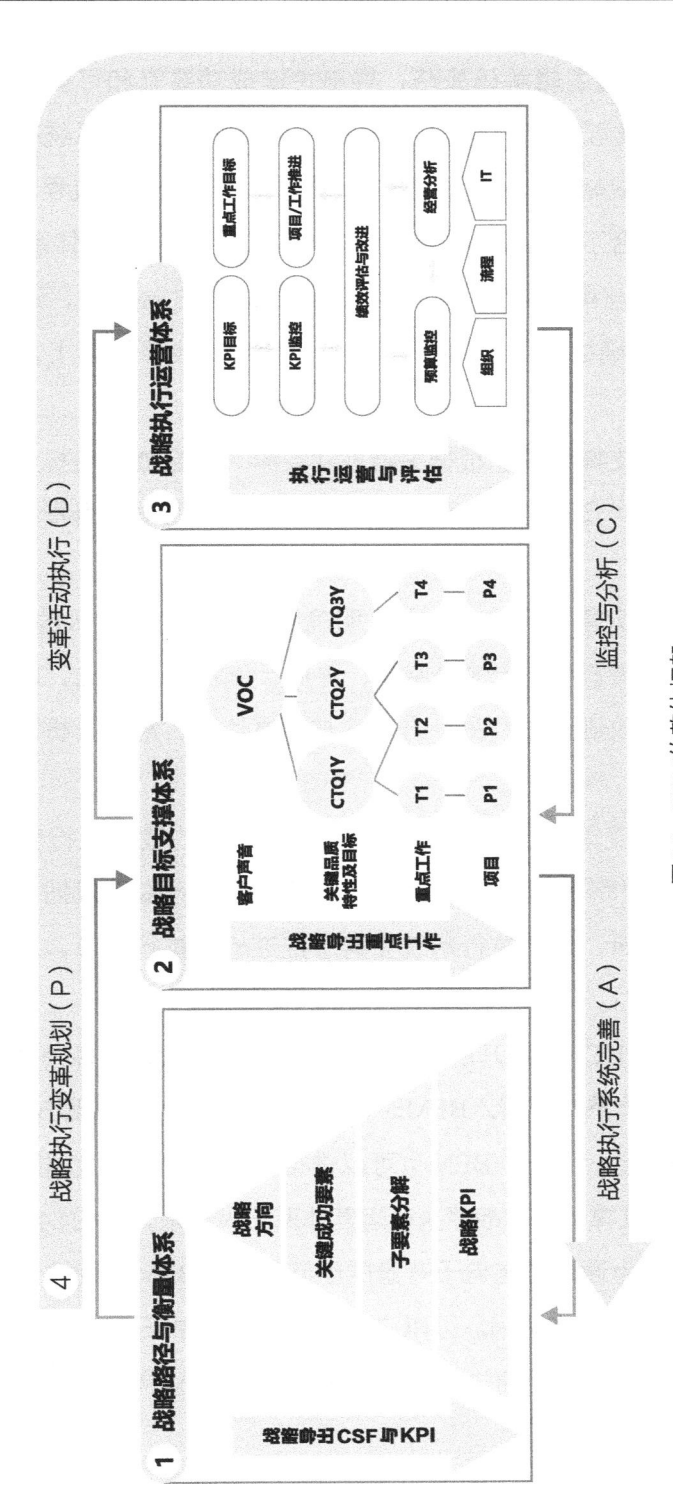

图4.3 BEM的整体框架

BEM通过逐层逻辑解码战略，导出关键成功要素和可衡量、可管理战略的KPI，以及可执行的重点工作和项目。同时，采用系统有效的运营管理方法，确保战略目标的达成。BEM提供了一套完整的流程、工具、路标、模板，并结合了六西格玛质量管理方法。其包含的四个体系如下：

①战略路径与衡量体系。从战略愿景及战略方向出发，通过分解关键成功要素来明确战略实施路径（可进一步绘制战略地图），进而导出KPI。

②战略目标支撑体系。根据关键成功要素，结合战略目标和年度经营目标，开展客户声音调查与分析，明确关键品质特性与测量指标，并导出重点工作与项目。

③战略执行运营体系。一方面，明确各级组织乃至个人的KPI目标、重点工作目标，并持续进行KPI监控、重点工作及项目推进，同时实施阶段性绩效评估和改进计划；另一方面，与预算监控、经营分析紧密结合，形成合力。

④战略执行变革体系。在企业推行基于BEM的战略执行变革，导入BEM体系并持续优化。按照PDCA循环（即战略执行变革规划、变革活动执行、监控与分析、战略执行系统完善）推进战略执行变革，从而大幅提升企业战略执行力。

其实，按照PDCA循环开展管理变革是通行的做法，许多公司也建立了各自的管理变革体系。在导入BEM时，企业并不需要严格按照BEM-战略执行变革体系来运行。因此，BEM也可以进行简化，划分为战略路径与衡量体系、战略目标支撑体系、战略执行运营体系三大体系，如图4.4所示。

2012年，华为通过三星电子背景的顾问引进了BEM系列培训，并开始应用BEM方法进行战略解码。可以说，BEM方法是由三星电子的前员工引入国内的。汉捷咨询也是通过与三星原BEM实施顾问展开合作交流，开始研究与应用BEM的。

# 第四章 战略执行模型

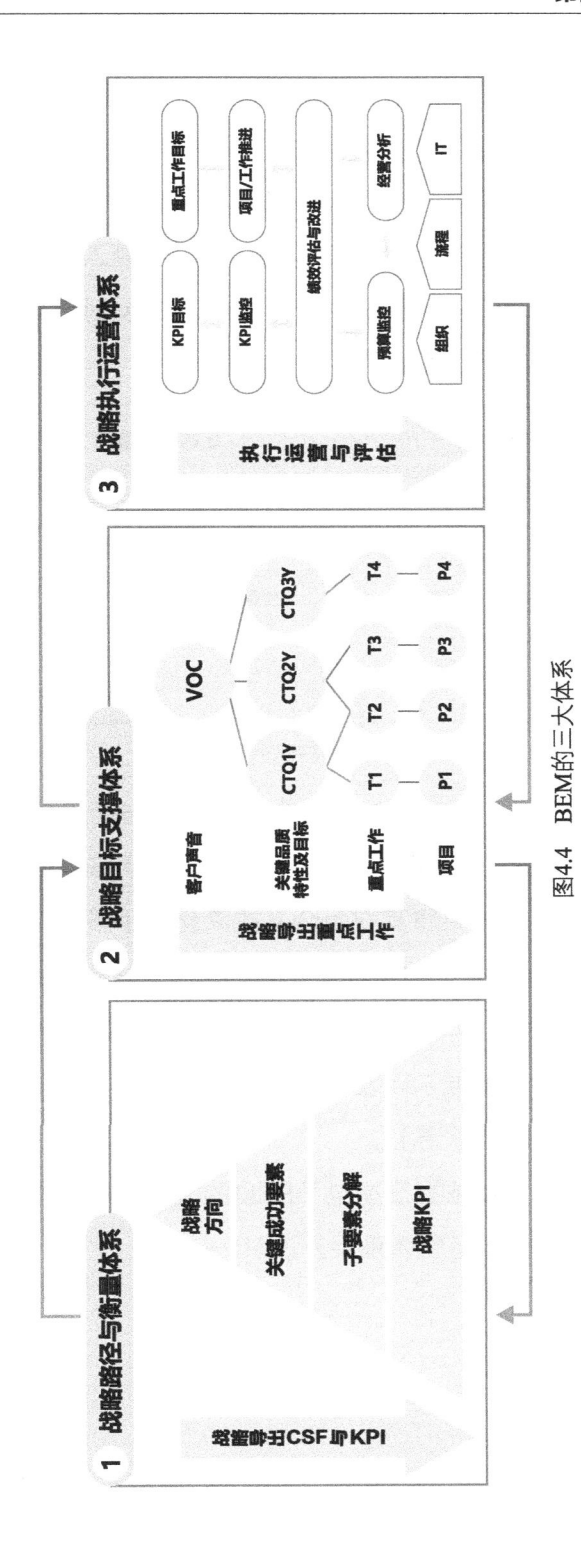

**① 战略路径与衡量体系**

战略导出CSF与KPI

- 战略方向
- 关键成功要素
- 子要素分解
- 战略KPI

**② 战略目标支撑体系**

战略导出重点工作

- 客户声音
- 关键品质特性及目标
- 重点工作
- 项目

VOC → CTQ1Y / CTQ2Y / CTQ3Y → T1–T4 → P1–P4

**③ 战略执行运营体系**

执行运营与评估

- KPI目标 / 重点工作目标
- KPI监控 / 项目/工作推进
- 绩效评估与改进
- 预算监控 / 经营分析
- 组织 / 流程 / IT

图4.4 BEM的三大体系

在导入BEM时，华为已经应用了平衡计分卡，而KPI的使用甚至可以追溯到1997年。此时，组织绩效管理与个人绩效承诺管理运行已经相对成熟，年度重点工作每年都会明确（如公司年度十件大事），经营分析会也一直在开展。因此，华为的主要考虑是如何将BEM融入已有体系，并进行相应的补充和完善。基于实际情况，华为在应用BEM时，其实进行了相应的裁剪和归纳，并提出了如图4.5所示的BEM。

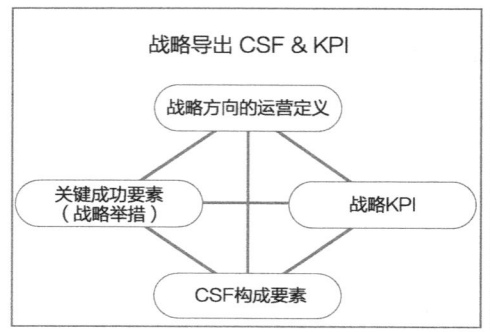

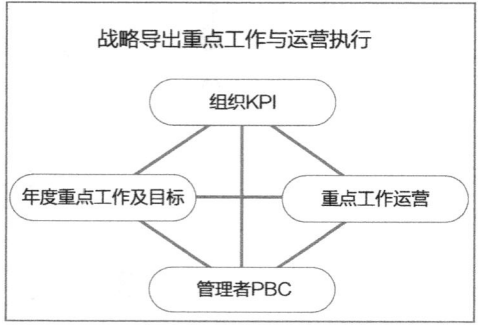

图4.5 华为归纳的BEM

华为BEM的左侧部分与三星BEM的战略路径与衡量体系相似，通过战略导出关键成功要素与KPI。这里，关键成功要素被定义为战略举措，这一定义略显独特，但如果将其视为合并或简化的手段，则也可以理解。华为BEM的右侧部分则对三星BEM的战略目标支撑体系、战略执行运营体系进行了归纳，并融入了华为的组织绩效（华为将组织KPI目标的达成情况作为组织绩效的衡量标准）以及个人绩效承诺管理（在年度经营计划层面，输出管理者个人绩效承诺）。

接下来的内容将主要依据三星电子BEM的战略路径与衡量体系、战略目标支撑体系、战略执行运营体系展开说明。

## 第二节
# 战略路径与衡量体系

战略路径与衡量体系作为BEM的第一个体系，又被称为战略目标确定体系。

战略解码的起始点是战略方向与愿景目标，要实现这一愿景目标，首先要明确的就是战略路径。在BEM中，战略路径由实现战略愿景的关键成功要素以及这些要素之间的内在联系所构成。

## 一、什么是关键成功要素

什么是关键成功要素？在BEM中，三星电子给出的定义是：为达成企业愿景和战略，组织需要重点管理的，用以确保竞争优势的差别化核心要素。然而，笔者认为这一定义存在一个小瑕疵，即在定义中仍然使用了"要素"这一词汇，导致概念与定义之间出现了A就是A的重复感。因此，笔者对原定义进行了如下修改：

关键成功要素是指为达成企业愿景和战略，组织需要重点管理的，用以确保赢得竞争的一系列差别化活动组合。

出于更全面的考虑，这里将"确保竞争优势"修改为"确保赢得竞争"。这是因为组织不仅要关注在某些方面形成竞争优势，还要注意存在的短板。这些短板同样需要加强，因为如果短板过短，同样会导致竞争失败。其次，关键成功要素实质上就是一系列差别化活动组合。例如，"为客户提供热情周到的服务"和"开发具有差异化竞争优势的新产品"都可以视为企业的关键成功要素。这些要素均由一系列活动构成，并且这些活动必须根据战略和竞争的需求展现出其差异性。

迈克尔·波特认为战略是根据特定的战略定位，选择一系列独特的经营活动。作为战略的一个核心概念，关键成功要素也体现了这一思想。只是在BEM中，我们更强调面向中长期、更系统地解码关键成功要素，因此识别关键成功要素会更为全面，而不像我们在理解短期战略成功时，通常只关注3~5个关键成功要素。

识别关键成功要素的过程，实质上是思考如何成功的过程。以开餐厅为例，假设你决定在市区开设一家餐厅，并期望在七八年内成为本地区最受欢迎的连锁餐厅，那么你就需要深入思考并识别关键成功要素。这些要素可能包括"开发具有鲜明特色的菜系并有几个主打招牌菜""提供贴心的全过程服务""确保提供方便快捷的停车体验"等。这些要素不仅相互关联和影响，还共同构成了你实现愿景目标的战略路径。

在BEM中，识别组织的关键成功要素可以采用多种方法，如价值链、关键结果领域、平衡计分卡等。当然，其中首选的方法仍然是平衡计分卡，包括战略地图工具。

在解读平衡计分卡时，我们可以发现其基本逻辑是根据组织的愿景与使命，从财务、客户、内部流程、学习与成长这四个维度来深入剖析策略目标。也就是说，为了实现组织的愿景目标，组织需要从这四个维度出发，开展具有方向性和差异化的活动组合。从成功的原因角度来看，这些活动组合便是关键成功要素。因此，平衡计分卡中的策略目标与BEM中的关键成功要素本质上是相同的，而平衡计分卡的战略地图则是一个典型的战略路径分析工具。

在识别关键成功要素之后，如何推动这些要素的实现，或者更通俗地说，如何抓好这些关键成功要素，关键在于对结果的把握。因此，针对这些结果，我们需要设立相应的衡量指标，其中，那些关键性的结果指标，便是我们所说的KPI。

## 二、什么是KPI

对KPI（关键绩效指标）的定义通常包含以下两个方面：

①衡量组织目标达成程度的核心量化指标，用以明确各部门、个人需要集中努力达成的具体成果目标。

②一种目标式量化管理指标，用于衡量业务流程的产出或绩效。

在前者定义中，前面提及的目标指的是方向性目标（Objective），后面的目标则指的是阶段性、具体的目标。KPI作为量化衡量指标，旨在衡量这些成果目标的达成情况。这与先前所提及的"KPI是关键成功要素达成程度或结果的量化衡量指标"的定义是一致的。

后者定义则从流程产出或绩效的角度出发，各组织的方向性目标或关键成功要素（CSF）所涵盖的相关活动，均按照业务流程进行组织和运行。因此，流程的产出或绩效的量化衡量指标就是流程KPI，同时也是参与流程的主要组织的KPI。

与KPI紧密相关的概念是衡量指标（Metrics），KPI本身就是一种衡量指标。在理论上，我们可以对任何组织、任何流程，甚至任何一项工作或活动进行衡量，并为其定义衡量指标。而在实践中，我们确实是根据工作与管理的需求来定义和应用衡量指标的。例如，销售人员拜访客户时所说的句数，显然无须设立相应的衡量指标；但软件工程师每日编写的代码行数，则有必要定义相应的衡量指标。而KPI正是那些能够反映组织和流程成果且可进行量化衡量的指标，它们被用于设立成果目标。

定义衡量指标的首要目的在于分析与改进，同时也用于设立目标、进行绩效考核或评价。这一切都是为实现组织的愿景与使命，围绕方向性目标或关键成功要素进行的。这里存在一个目标（Goal）设定的基本公式：

$$Goal=Objective/CSF+Metrics/KPI+Target+Time$$

Target，有时也称为目标，本质上指的是衡量指标或KPI的目标值。

目前，企业界流传着"去KPI化""KPI无用论""KPI过时了"等思潮或观念，这主要源于对KPI基本概念和实质缺乏理解。KPI，即关键绩效指标，是用来衡量方向性目标或关键成功要素达成结果的指标，它是客观存在的，并且是开展管理活动所必需的。除非你决定忽视或不度量结果，否则怎能实现以结果为导向的管理？又如何能达到所设定的结果？甚至如果你连方向性目标都不再关注，那简直是荒谬的，企业管理的意义又何在呢？因此，KPI无疑是企业管理中的基本概念，特定的KPI（如销售额、客户满意度等）一旦定义下来，就成为客观的存在。所以，不存在KPI是否过时的问题，"去KPI化"其实就意味着抛弃了销售收入、产品返修率、新产品开发周期、销售机会点数量等这些至关重要的衡量指标，这样一来，科学化管理也就无从谈起了。

其实，一些主张"去KPI化"的企业，实际上仍在运用KPI。例如，在应用OKR（Objective & Key Result，目标与关键结果）方法时，企业根据方向性目标设定关键结果目标，过程中通常会用到KPI。尽管企业可能不直接称之为KPI，但这些反映关键成果的量化指标，实质上就是KPI。同样地，采用OGSM方法来设定目标的企业，也不可避免地会运用到KPI。

当然，一些企业反对KPI并非针对KPI本身，而是对其管理及考核不善所产生的负面作用表示担忧。KPI本身并无问题，但企业在识别、定义和应用KPI时容易出错。例如，未能找到真正反映业务本质的KPI，导致建立"四不像"的KPI体系。又如，在设定KPI目标时，由于后续的考核压力，许多员工倾向于选择容易实现的目标。再如，各部门KPI之间缺乏关联，按照部门分段化的衡量指标（这些本应作为KPI）设立各自目标，缺乏整体KPI目标，导致部门间各自为政，反而削弱了协作精神，出现"原本无KPI时大家互助合作，现在实施KPI考核反而互不协作"的现象。此外，一线销售、研发等部门应承担更多财务、客户等"刚性"KPI目标，而后台人力资源、财务等职能部门则负责内部流程、学习与成长等"柔性"KPI目标。由于公司财务类、客户类KPI通常挑战性较高，一线部门在考核中容易获得低分、低考核等级，而职能部门则容易获得高分、高考核等级，这导致了考核结果与努力程度不匹配的公平性问题。其实，这些问题不仅在使用KPI工具时可能出现，使用其他衡量评价工具时也同样存在。工具本身并无问题，关键在于我们是否能设计好工具，并正确使用它。

事实上，KPI是一个常识性且有效的管理工具。管理大师德鲁克所提出的目标管理，已成为管理的基本常识和通行做法。目标是否明确、是否达成，必须通过结果来衡量，而KPI正是衡量这些关键性结果的量化指标。因此，KPI无疑是一个常识性的工具。按照平衡计分卡创始人卡普兰和诺顿的观点，"可衡量，才可管理"，衡量指标或衡量标准的设立至关重要。然而，如果这些衡量指标仅是在设定目标时临时设立的，显然并非高效之举。相反，根据战略要求的方向性目标或关键成功要素来定义清晰、常态化的KPI，不仅有助于我们更快、更有效地设立具体目标，更能基于KPI开展持续的管理活动，包括KPI数据库的建立、量化绩效的分析与跟踪，以及数据来源与数据质量的管理等。特别是在数字化管理日益盛行的时代，KPI作为关键的统计数据，在数据驱动中将发挥越来越重要的作用。因此，KPI不仅未过时，而且在未来的企业经营管理中，其重要性将愈发凸显。

不过，如何精准地识别和设计能够反映战略要求和业务价值的KPI，并构建一套科学化的KPI指标体系，确实是一个颇具挑战性的问题。而BEM-战略路径与衡量体系，正是一个可以有效解决这一问题的工具。

## 三、BEM 解码关键成功要素与 KPI

在三星电子的BEM-战略路径与衡量体系中，解码关键成功要素与KPI分为四个步骤，如图4.6所示。

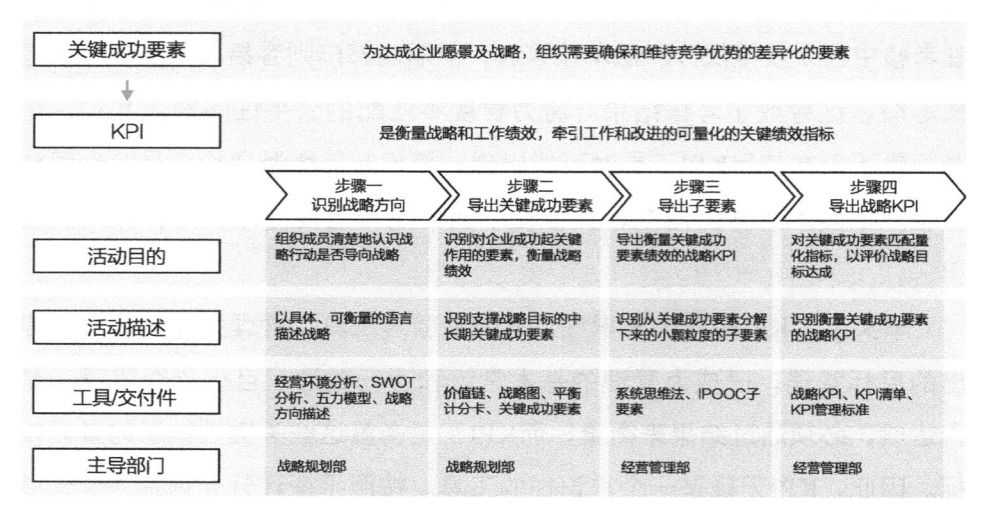

| | 步骤一<br>识别战略方向 | 步骤二<br>导出关键成功要素 | 步骤三<br>导出子要素 | 步骤四<br>导出战略KPI |
|---|---|---|---|---|
| 关键成功要素 | 为达成企业愿景及战略，组织需要确保和维持竞争优势的差异化的要素 | | | |
| KPI | 是衡量战略和工作绩效，牵引工作和改进的可量化的关键绩效指标 | | | |
| 活动目的 | 组织成员清楚地认识战略行动是否导向战略 | 识别对企业成功起关键作用的要素，衡量战略绩效 | 导出衡量关键成功要素绩效的战略KPI | 对关键成功要素匹配量化指标，以评价战略目标达成 |
| 活动描述 | 以具体、可衡量的语言描述战略 | 识别支撑战略目标的中长期关键成功要素 | 识别从关键成功要素分解下来的小颗粒度的子要素 | 识别衡量关键成功要素的战略KPI |
| 工具/交付件 | 经营环境分析、SWOT分析、五力模型、战略方向描述 | 价值链、战略图、平衡计分卡、关键成功要素 | 系统思维法、IPOOC子要素 | 战略KPI、KPI清单、KPI管理标准 |
| 主导部门 | 战略规划部 | 战略规划部 | 经营管理部 | 经营管理部 |

图4.6　BEM解码关键成功要素与KPI的四个步骤

### 步骤一　识别战略方向

从愿景与使命出发，结合对内外部环境和策略的分析，我们需要识别那些能够引领全体组织成员协同一致的中长期战略方向，并对这些方向进行清晰的描述。战略方向作为组织的高层次方向性目标，通常聚焦于3~5个。随后，我们应围绕这些战略方向，深入思考实现它们所需的各个方面，并做出相应的描述。表4.3提供了一个战略方向描述的示例。

表4.3　战略方向描述

| 战略方向 | 战略方向描述 |
|---|---|
| 通过优质客户和充足稳定的订单，实现有效增长 | 1. 提高优质客户订单，确保××工厂2018年50亿元的销售额目标，年增长率125%<br>2. 重点开发高附加值产品，保障年净利润12%<br>3. 加强成本改善，总成本率降低7%<br>4. 发挥各方面潜能，创造条件，达成上市目标<br>5. 充分利用政策优势，获得政府补贴 |

续表

| 战略方向 | 战略方向描述 |
|---|---|
| 拓展营销渠道，丰富产品应用领域，提高市场份额 | 1. 保证订单稳定并扩大车载、医疗、工控领域占比<br>2. 把握前瞻性市场和技术趋势，确定中长期产品开发策略<br>3. 提升品质与交付能力，提高客户满意度<br>4. 提高品质风险识别能力，强化产品过程管控，降低品质成本<br>5. 合理安排订单量，提高订单结构与产能匹配度 |
| 优化内部流程，提升产能配置，实现卓越运营 | 1. 建立流程管理组织，优化内部流程，提升执行力和管理效率<br>2. 完善供应商管理，发展战略供应商<br>3. 完善工程变更管理规定，减少违规风险<br>4. 利用现有设备配置，提高设备综合利用率，提升产能<br>5. 强化信息安全管理，规避经营风险<br>6. 完善绩效管理制度，支撑公司目标实现<br>7. 加强 IT 人员配置，提升自主开发能力 |
| 通过人才培养和团队建设，打造高绩效团队 | 1. 建立学习型组织，提高管理水平<br>2. 提高高层管理团队的管理水平<br>3. 建立 π 型人才培养体系<br>4. 健全内部激励机制，提升人员积极性，稳定员工<br>5. 加强企业文化建设，提高员工满意度<br>6. 加强团队建设，提高工作效率<br>7. 推行战略执行方法，提升战略执行力，确保竞争优势 |

### 步骤二 导出关键成功要素

面向战略方向，我们应识别那些对组织成功起到关键作用的要素。在此过程中，可以采用价值链、战略图、平衡计分卡等多种方法，而一般采用平衡计分卡方法，包括平衡计分卡战略地图，这也是识别关键成功要素的最佳方法之一。平衡计分卡作为一种战略管理框架，有助于团队以更为整体和高效的方式识别出关键成功要素。

我们通常借助平衡计分卡战略地图识别支撑组织战略方向的中长期关键成功要素。图4.7展示了笔者协助上海一家知名低压电器公司研讨形成的产品及研发系统的战略地图。

# DSTE——从战略到执行

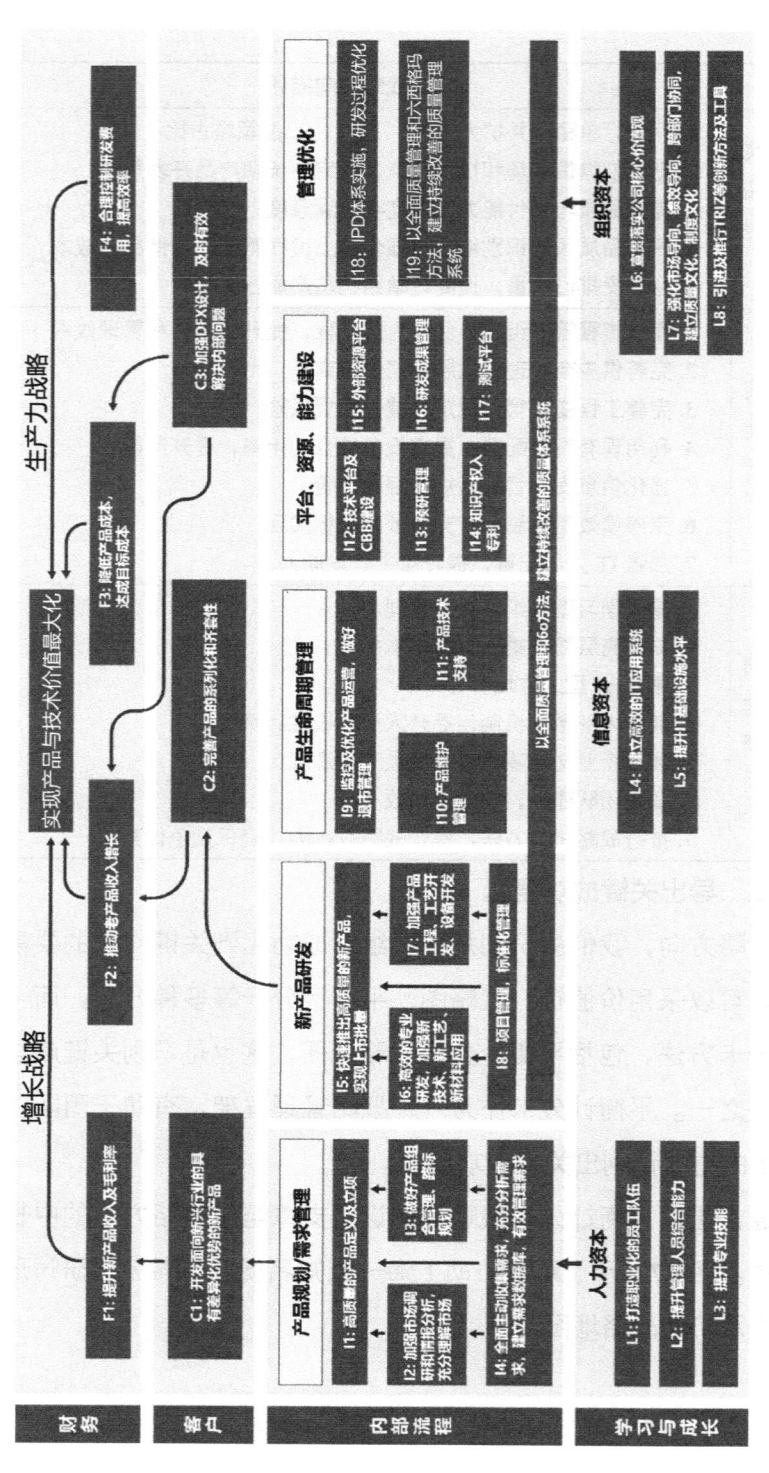

## 图4.7 产品及研发系统的战略地图

**生产力战略 / 增长战略 → 实现产品与技术价值最大化**

**财务：**
- F1：提升新产品收入及专利率
- F2：推动老产品收入增长
- F3：降低产品成本，达成目标成本
- F4：合理控制研发费用，提高效率

**客户：**
- C1：开发面向新兴行业的具有竞争优势的新产品
- C2：完善产品的系列化和差异性
- C3：加强DFX设计，解决内部问题

**内部流程：**

产品规划/需求管理
- I1：高质量的产品定义及立项
- I2：加强市场调研和需求分析，充分理解市场
- I3：做好产品组合管理、路标规划
- I4：全面主动收集需求，建立需求敏捷度，有效管理需求

新产品研发
- I5：快速推出高质量的新产品，实现上市批量
- I6：高效的专业研发，加强新技术、新工艺、新材料应用
- I7：加强产品工程、工艺开发、设备开发
- I8：项目管理、标准化管理

产品生命周期管理
- I9：监控及优化产品运营，做好退市管理
- I10：产品维护管理
- I11：产品技术支持

平台、资源、能力建设
- I12：技术平台及CBB建设
- I13：预研管理
- I14：知识产权及专利
- I15：外部资源平台
- I16：研发成果管理
- I17：测试平台

管理优化
- I18：IPD体系实施、研发过程优化
- I19：以全面质量管理和六西格玛方法，建立持续改善的质量管理系统

以全面质量管理和Go6o方法，建立持续改善的质量体系系统

**学习与成长：**

人力资本
- L1：打造职业化的员工队伍
- L2：提升管理人员综合能力
- L3：提升专业技能

信息资本
- L4：建立高效的IT应用系统
- L5：提升IT基础设施水平

组织资本
- L6：宣贯落实公司核心价值观
- L7：强化市场导向、绩效导向、跨部门协同，建立质量文化、创建文化
- L8：引进及推行TRIZ等创新方法及工具

308

按照平衡计分卡与战略地图的思想，战略路径是面向长期的战略方向和愿景的。因此，所导出的关键成功要素应当首先聚焦于中长期，比如7~8年甚至更长的时间跨度。这一观点与当今众多优秀企业所倡导的长期价值主义理念不谋而合。亚马逊的贝佐斯曾强调："如果你制定7年的战略目标并依此行事，你将很少有竞争对手；而如果你仅仅制定短期战略目标，你将面临众多竞争对手。"

**步骤三　导出子要素**

在从关键成功要素导出战略KPI的过程中，存在两种情况：

①当关键成功要素能够清晰明确地导出KPI时，我们应直接导出战略KPI。

②如果关键成功要素不够明确，则需要进一步分解其构成要素，并针对这些构成要素进行KPI设计。随后，根据这些关键成功要素的构成要素导出战略备选KPI。

为了更好地识别影响关键成功要素的构成要素，我们可以从流程的角度出发，采用IPOOC方法。该方法从Input（输入）、Process（过程）、Output（输出）、Outcome（结果）四个维度对关键成功要素进行详细的展开和分析，从而分解出关键成功要素的子要素。接下来，我们就可以根据这些子要素识别并衡量关键结果的备选KPI，如表4.4所示。

表4.4　IPOOC方法

| 战略方向 | 战略目标 | 关键成功要素 | IPOOC | 关键成功要素构成要素 | 备选KPI |
|---|---|---|---|---|---|
| ×××× | ×××× | ×××× | INPUT | 一般包含资源 | |
| | | | PROCESS | 从战略的视角看，影响关键成功要素达成的关键活动、过程是什么？ | |
| | | | OUTPUT | 基于流程视角看流程的直接输出，如一个产品或一个制度或客户满意等 | |
| | | | OUTCOME | 基于内外部客户视角看收益，如经济结果、客户感受、品牌增值等 | |

构成要素在本质上属于更为细化的关键成功要素，它们应具备明确的方向性，例如提升某方面能力、缩短某环节时间或构建某类体系等，通常通过动宾短语的形式来表达，如"构筑商业解决方案专家能力知识体系"。

在财务维度，关键成功要素通常通过Outcome来导出其构成要素；在客户维度，关键成功要素则往往由Output和Outcome共同导出其构成要素。对于内部流程和学习与成长维度，我们需要综合考虑Input、Process、Output和Outcome这四个方面来导出其构成要素。

注意，关键成功要素所对应的构成要素数量不宜过多，以保持适当的颗粒度。一般来说，一个关键成功要素的构成要素数量控制在五个左右是比较合适的，这需要从组织负责人的视角来综合考虑。

以某区域代表处的一个关键成功要素"提升价值市场的份额"为例，我们可以按照IPOOC的方法对其进行分解，进而识别出关键成功要素的构成要素，并进一步确定备选的KPI，如表4.5所示。

表4.5 IPOOC方法应用示例

| 关键成功要素 | IPOOC | 关键成功要素构成要素 | 备选KPI |
| --- | --- | --- | --- |
| 提升价值市场的份额 | INPUT | 匹配客户需求的解决方案 | 客户需求包满足率 |
| | | | 技术标排名 |
| | | 专业的服务拓展人员到位 | 专家到位率 |
| | PROCESS | 规范项目运作管理 | 流程符合度 |
| | | 改善客户关系 | 客户满意度 |
| | | | SSPR 完成率 |
| | OUTPUT | 获取到的价值客户合同 | 签单率 |
| | | 竞争项目的胜利 | 战略/山头目标完成率 |
| | OUTCOME | 价值市场份额提升 | 价值市场份额比例 |
| | | 订货增加 | 订货额 |
| | | 利润改善 | 毛利率 |

## 步骤四　导出战略KPI

经过前面步骤识别出的备选KPI通常有30个左右甚至更多，而战略KPI应当是少数能够精准反映关键成功要素关键性成果的衡量指标。因此，我们需要从这些备选KPI中进行筛选，以确定战略KPI。具体过程如图4.8所示。

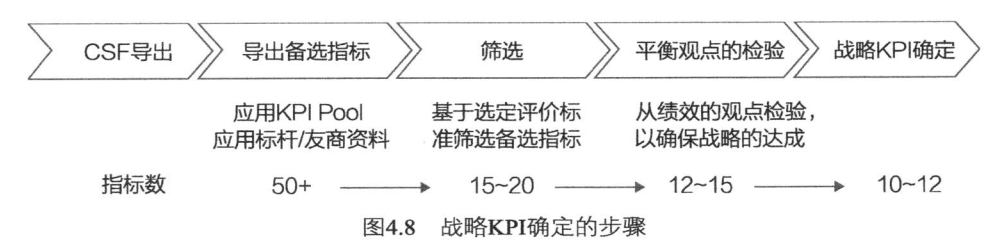

| CSF导出 | 导出备选指标 | 筛选 | 平衡观点的检验 | 战略KPI确定 |
|---|---|---|---|---|
|  | 应用KPI Pool 应用标杆/友商资料 | 基于选定评价标准筛选备选指标 | 从绩效的观点检验，以确保战略的达成 |  |
| 指标数 | 50+ | 15~20 | 12~15 | 10~12 |

图4.8　战略KPI确定的步骤

我们可以根据战略相关性、可测量性、可控性、可激发性这四个评价标准（见表4.6），对备选KPI进行筛选。

表4.6　战略相关性、可测量性、可控性、可激发性四个评价标准

| 区分 | 说明 |
|---|---|
| 战略相关性 | • 绩效指标与战略方向及战略目标强相关<br>• 最适合组织业务特性且能代表战略目标 |
| 可测量性 | • 能收集到测量的基础数据（采集来源）<br>• 能明确测量基数，且能做客观预测<br>• 能设定具体测量指标值 |
| 可控性 | • 该类绩效指标通过组织努力具有可控性<br>• 受不可抗力影响非常小 |
| 可激发性 | • 该类指标能用于牵引改善绩效的行动<br>• 组织内全员愿意付出努力来改善指标 |

在筛选备选KPI时，我们依据战略相关性、可测量性、可控性和可激发性这四个评价标准，通常采取打分的方式进行。具体来说，就是对每个备选KPI按照这四个评价标准的符合程度进行打分，例如，符合度最高可给予10分，符合度最低则给予0分。随后，我们将这四个评价标准的分数进行合计，并根据总分进行排序。以某区域办事处的"提升价值市场的份

额"这一关键成功要素的备选KPI筛选为例，其评分过程如表4.7所示。

表4.7 备选KPI筛选示例

| 关键成功要素 | IPooc | 关键成功要素构成要素 | 备选KPI | 评价标准 | | | | 分数 |
|---|---|---|---|---|---|---|---|---|
| | | | | 战略相关性 | 可测量性 | 可控性 | 可激发性 | |
| 提升价值市场的份额 | INPUT | 匹配客户需求的解决方案 | 客户需求包满足率 | 3 | 3 | 3 | 9 | 18 |
| | | | 技术标排名 | 3 | 3 | 1 | 3 | 10 |
| | | 专业的服务拓展人员到位 | 专家到位率 | 1 | 9 | 3 | 3 | 16 |
| | PROCESS | 规范项目运作管理 | 流程符合度 | 1 | 3 | 9 | 3 | 16 |
| | | 改善客户关系 | 客户满意度 | 1 | 3 | 1 | 3 | 8 |
| | | | SSPR完成率 | 1 | 3 | 9 | 1 | 14 |
| | OUTPUT | 获取到的价值客户合同 | 签单率 | 3 | 9 | 3 | 3 | 18 |
| | | 竞争项目的胜利 | 战略/山头目标完成率 | 9 | 3 | 3 | 9 | 24 |
| | OUTCOME | 价值市场份额提升 | 价值市场份额比例 | 9 | 3 | 3 | 9 | 24 |
| | | 订货增加 | 订货额 | 1 | 9 | 3 | 1 | 14 |
| | | 利润改善 | 毛利率 | 3 | 9 | 3 | 1 | 16 |

经过筛选，我们选择"战略/山头目标完成率""价值市场份额比例"作为战略KPI。

## 四、关键成功要素与战略举措是一回事吗

如前所述，在华为的BEM中，关键成功要素被解读为战略举措，并且从财务、客户、内部流程、学习与成长四个维度列举的关键成功要素样例

如表4.8所示。

表4.8 关键成功要素样例

| 财务 | 企业价值增大 | 利润最大化 | 销售增大 | 成本降低 | 资产利用率最大化 |
|---|---|---|---|---|---|
| 客户 | 市场份额提升 | 产品价值最大化 | 提升品牌形象 | 构建与客户/渠道的亲密关系 | 品质提升 |
| 内部流程 | 按时开发符合客户需求的新产品 | 建立高品质柔性的市场机制 | 采购流程效率化 | 交期管理改善 | 供应链管理优化 |
| 学习与成长 | 全球人才培养 | 构建先进企业文化 | 知识管理 | 构建技术壁垒 | IT基础扩大 |

显然，表4.8所列的是关键成功要素，称之为战略举措实在勉强。战略举措与关键成功要素是密切关联的，但战略举措本身并非关键成功要素。在平衡计分卡中，对战略举措的定义为：

**A key action program required to achieve strategic objectives.**

而这里的方向性目标（Strategic Objectives），即BEM中的关键成功要素，所以战略举措是未来达成关键成功要素的阶段性行动方案。

在战略规划实践中，企业除了制定业务组合决策、明确业务策略、设定战略目标等，通常还会基于战略创新的要求，针对关键成功领域或要素，提出3~5年的关键战略举措，并逐年付诸实施。在战略部署的方法中，方针行动计划相当于企业3~5年的关键战略举措。

中长期关键成功要素，它们面向战略愿景和战略方向，具有全局性和全面性。而3~5年的关键战略举措则是根据3~5年的战略创新要求，针对少数关键成功要素提出的。例如，一家规模化企业的中长期关键成功要素可能达到20个左右，但3~5年的关键战略举措可能仅有几个。

综上所述，华为BEM中将关键成功要素与战略举措混为一谈的做法确实不够严谨和合适。实际上，在华为的战略规划中，他们识别的是3~5年的关键成功要素,并未再设定同期限的关键战略举措。相反,在年度经营计划的制订过程中,华为通过BEM解码年度重点工作,落实相应的关键成功要素,以实现战略目标。因此,将关键成功要素解读为战略举措显得多余。

# 第三节
# 战略目标支撑体系

公司制定战略规划并展开编制年度经营计划后,如何确保战略的有效执行,进而实现既定的战略目标?一方面,我们需要以年度经营目标和KPI目标为依据,遵循既定的或普遍认可的流程,开展各项常规工作;另一方面,需要结合战略创新的要求,推动创新突破性的工作,这些工作通常被列为年度重点工作。

战略的本质在于创新突破,因此,识别、构建并执行年度重点工作显得尤为重要,它们构成了战略目标实现的关键支撑。也正因如此,BEM解码年度重点工作被视作战略目标支撑体系。

在解码年度重点工作的过程中,我们需要明确回答:根据战略创新的要求,应识别哪些关键成功要素,并确定本年度开展创新突破的具体工作。在此过程中,关键的创新突破点是什么?在BEM中,我们引入了六西格玛的一个基本概念,即CTQ(Critical-To-Quality,关键品质特性或品质关键点)以及Y值:

**关键品质特性的定义。** 从客户与经营的角度出发,关键品质特性是指对流程或产品提出的关键业务特性，这些特性旨在支持战略目标的达成，并作为当年业务所需改进的关键点。

**Y的定义。** Y是指关键品质特性的绩效测量指标。通过Y，我们可以了解现有的绩效水平，因此，可以有效地选定项目Y作为测量关键品质特性的核心指标，从而进行持续的趋势目标管理。

关键品质特性是从客户的角度出发，解决客户的关键问题或满足客户的核心诉求。它们是客户最为关注的品质改进点。因此，在识别关键品质特性时，我们需要从客户声音出发，通过客户需求调查，经过深入的解释和分析后，提出关键品质特性。具体示例如表4.9所示。

表4.9　客户声音、客户核心诉求、关键品质特性示例

| 客户声音（VOC） | 客户核心诉求（CCR） | 关键品质特性（CTQ） |
|---|---|---|
| "除草机的启动不好" | "希望除草机启动快" | "拉两下除草机电线可以启动，除草机的拉力不超过80英磅就可以启动" |
| "经常等待通话或与无关的人通话" | "希望尽快与负责人联系上，并说明情况" | "做到10秒内与负责人联系上" |
| "使用不方便" | "希望操作方便" | "使用方法容易学会，同时看到几个画面暗处也可操作" |

如何准确理解关键成功要素与关键品质特性之间的区别？

- 关键成功要素通常具有长期性，而关键品质特性更偏向于短期，主要是年度性的考量。
- 关键品质特性旨在支持关键成功要素的目标达成，两者在层级上存在差异。
- 关键成功要素相对较为稳定，而关键品质特性针对业务的短板或痛点可能会因年份而有所不同。

以建造于地震频发地带的建筑物为例，确保其具有较好的抗震性是至关重要的。对于这样的建筑物，其抗震性的关键成功要素可能包括建筑物

的结构、基础地基、承重框架等。而针对承重框架的关键品质特性，可能是钢梁的强度、韧性等。

其实，关键成功要素与关键品质特性虽然相关联，但它们的内涵是有所区别的。关键成功要素是那些能够促成战略愿景与目标实现的差异化要素，其构成包括一系列差异化的活动，例如及时交付客户质量合格的产品。而关键品质特性是为了达成关键成功要素，在特定阶段（通常是一年）内，客户最为关注的特性，例如交付产品的配套正确性。简言之，关键成功要素是核心要素，而关键品质特性是为了增强这些要素而需要不断改进的特性。

Y作为关键品质特性的绩效测量指标，通过测量其当前值，我们可以明确改进后需要达到的值，从而确定关键品质特性的目标值，即Y值。

在BEM-战略目标支撑体系中，关键品质特性与年度重点工作的解码是通过四个阶段来完成的，具体如图4.9所示。

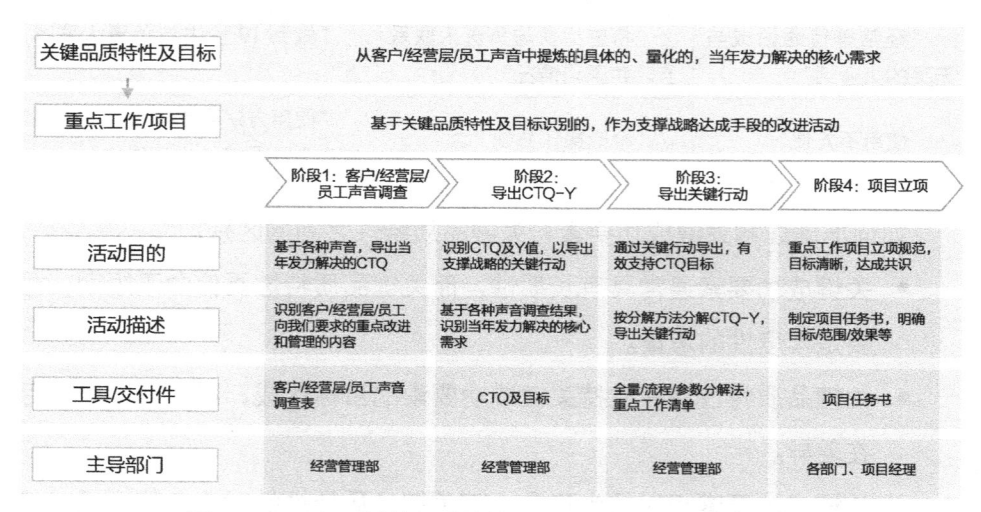

| | | 阶段1：客户/经营层/员工声音调查 | 阶段2：导出CTQ-Y | 阶段3：导出关键行动 | 阶段4：项目立项 |
|---|---|---|---|---|---|
| 关键品质特性及目标 | 从客户/经营层/员工声音中提炼的具体的、量化的、当年发力解决的核心需求 | | | | |
| 重点工作/项目 | 基于关键品质特性及目标识别的，作为支撑战略达成手段的改进活动 | | | | |
| 活动目的 | | 基于各种声音，导出当年发力解决的CTQ | 识别CTQ及Y值，以导出支撑战略的关键行动 | 通过关键行动导出，有效支持CTQ目标 | 重点工作项目立项规范，目标清晰，达成共识 |
| 活动描述 | | 识别客户/经营层/员工向我们要求的重点改进和管理的内容 | 基于各种声音调查结果，识别当年发力解决的核心需求 | 按分解方法分解CTQ-Y，导出关键行动 | 制定项目任务书，明确目标/范围/效果等 |
| 工具/交付件 | | 客户/经营层/员工声音调查表 | CTQ及目标 | 全量/流程/参数分解法，重点工作清单 | 项目任务书 |
| 主导部门 | | 经营管理部 | 经营管理部 | 经营管理部 | 各部门、项目经理 |

图4.9 BEM解码关键品质特性与年度重点工作的四个阶段

### 阶段1 客户/经营层/员工声音调查

开展客户声音（VOC）、经营层声音（VOB）、员工声音（VOE）调查，可统称为VOX调查，涵盖以下内容：

- 客户声音调查与分析；
- 客户满意度报告；
- 上年度重点工作完成情况；
- KPI达成情况及标杆分析；
- 其他相关内容。

在进行客户声音调查时，可以运用客户需求分类工具——客户$APPEALS，从八个维度倾听客户诉求，特别是关注客户的不满意之处和痛点（见图4.10）。

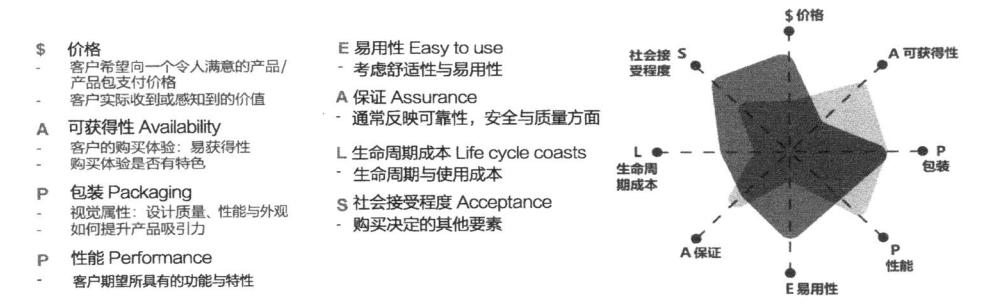

$ 价格
- 客户希望向一个令人满意的产品/产品包支付价格
- 客户实际收到或感知到的价值

A 可获得性 Availability
- 客户的购买体验：易获得性
- 购买体验是否有特色

P 包装 Packaging
- 视觉属性：设计质量、性能与外观
- 如何提升产品吸引力

P 性能 Performance
- 客户期望所具有的功能与特性

E 易用性 Easy to use
- 考虑舒适性与易用性

A 保证 Assurance
- 通常反映可靠性，安全与质量方面

L 生命周期成本 Life cycle coasts
- 生命周期与使用成本

S 社会接受程度 Acceptance
- 购买决定的其他要素

图4.10　客户$APPEALS的八个维度

### 阶段2　导出CTQ-Y

识别影响关键成功要素达成的关键品质特性和测量指标（**CTQ-Y**）的方法如下：

- 基于战略和VOX信息导出备选关键品质特性。通过分析关键成功要素与KPI的现状及差距，同时收集相关的VOX信息，识别出关键问题。将这些关键问题与关键成功要素进行对齐，以导出客户的核心诉求，并进行客户声音的调查与分析。根据客户的核心诉求，导出关键品质特性（这可以理解为满足客户核心诉求所需的业务达到的程度）。
- 将备选的关键品质特性与关键成功要素进行关联检验，选定本层级的关键品质特性（**CTQ Level1**）及其衡量指标Y。根据需要，可以进一步导出下一级的CTQ-Y，从而形成完整的CTQ-Y树。
- 通常，一个关键成功要素会导出1~3个关键品质特性。

以产品管理部为例，其中一项关键成功要素为"做好需求获取与产品定义"。针对这一关键成功要素，我们收集到的客户声音是"新功能不稳定"。经过深入分析，我们导出了CTQ1为"提升新功能稳定性（强健性）"。进一步分解后，我们得到了下一级的CTQ11为"新技术模块验证充分度提升"和CTQ12为"新器件选型认证更充分"。

**阶段3 导出关键行动**

根据CTQ-Y的要求，导出实现Y值（目标值）的关键行动/计划如下：

- 根据组织维度的不同，从CTQ-Y树中导出关键行动，并明确关键行动的负责人。
- 关键行动要能量化或衡量，通过有效的执行和管理来确保取得预期的效果。
- 不同组织层级的关键行动需要有效连接。

关键行动是实现CTQ-Y值的一系列行动计划，从执行的角度看，可以视为一个具体的行动项目。例如，对于上述CTQ11"新技术模块验证充分度提升"的关键行动/计划，可以具体化为"新技术模块验证用例与方法的改进"。

表4.10列举了关键品质特性与关键行动/计划之间的对应关系。

表4.10 关键品质特性与关键行动/计划之间的对应关系

| 关键品质特性<br>（从客户声音中提炼的具体的、量化的核心需求） | 关键行动/计划<br>（基于CTQ识别的，作为支撑手段的改进活动） |
|---|---|
| 强化产品尺寸报价流程和标准，减少错误率 | 建立产品尺寸报价管理流程 |
| 提前做好成品出货及装车计划，减少客户排队浪费 | 提升成品物流协调和装车效率 |

续表

| 关键品质特性<br>（从客户声音中提炼的具体的、量化的核心需求） | 关键行动/计划<br>（基于CTQ识别的，作为支撑手段的改进活动） |
| --- | --- |
| 加强跟单员对产品和内部进度的了解，最大地满足客户 | 提升跟单员的工作日志管理（交期回复） |
| 做好经销商专业技能培训需求调查及课程设计 | 强化经销商系列营销培训 |
| 正确收集与分析客户声音，迅速解决客户问题 | 强化客户声音管理，提升客户满意度 |

根据关键成功要素、VOX及差距分析，导出关键品质特性与关键行动可以借助以下专业方法：

TPM（Total Productivity Management，全量分解法）。此方法旨在对综合目标、成本、效率等进行全面的解构，以确保分解后的目标能够支撑整体目标。在分解过程中，需要保持上下分解指标的量纲一致性。

BPM（Business Process Management，业务流程管理法）。以客户为中心，沿着业务流程，通过COPIS方法［即从客户（Customer）开始，到输出（Output）、流程（Process）、输入（Input），最后到供应商（Supplier）］进行分析。通过这种方法，可以对目标和措施进行分解，并导出关键行动/计划。

CPM（Critical Parameter Management，参数分解法）。该方法首先将客户需求转换为参数，然后寻找对系统内部产生关键影响的关键参数（关键品质特性）。针对这些关键参数，进一步寻找相应的改进行动/计划的分解方法。

**阶段4　项目立项**

针对阶段3导出的关键行动/计划，通常需要作为项目来执行，以确保其得到更为有效的实施。此时，需要对这些项目进行立项工作，并编制相应的项目任务书。

针对"强化客户声音管理，提升客户满意度"的行动计划，在立项之后，所编制的项目任务书如表4.11所示。

表4.11 项目任务书示例

| 项目名称 | 强化客户声音管理，提升客户满意度 | 现状问题点（选定背景） |
|---|---|---|
| 编号 | P05 | 背景： |
| 主导部门 | 营销部 | 客户对您的声音很多，并且没有及时得到解决，处于部分客户流失的边缘 |
| 项目经理 | AAA | 问题点： |
| 项目成员 | 营销部：XXX、XXX、XXX、<br>品管部：XXX、XXX<br>物流管理部：XXX、XXX | 1. 质量问题多，并且重复出现，没有及时解决<br>2. 交期不准时，并且不能整单<br>3. 服务太被动<br>4. 企业形象未维护好 |
| 活动周期 | 2015年8—12月 | 活动目标 |
| 活动原则 | 每周四，17:00，营销部门办公室 | 1. 客户声音收集件数（每月50件以上）<br>2. 客户声音解决率（90%以上）<br>3. 客户声音改善项目实施率（100%）<br>4. 客户满意度：实施率100%；分数90分以上 |
| 详细推进内容 | 推进日程 | |
| 1. P：现状描述，调查运营过程中存在的问题，客户声音管理流程与各部门协调沟通，客户满意度现状调查及下半年计划制订 | 08/12 — 08/25 | 预估效果 |
| 2. D：客户声音收集及方法改善<br>客户声音分析及相关部门讨论<br>客户声音改善项目导出及实施<br>客户改善跟进<br>客户满意度按计划调查 | 08/26 — 11/30 | 1. 财务效果：<br>- 公司的销售业绩每月提升30%，约一个亿的提货额<br>2. 非财务效果：<br>- 客户的满意度数值每月提升<br>- 企业形象和口碑提升，公司成为知名品牌 |
| 3. C：活动目标前后对比，有形/无形效果确认 | 12/01 — 12/20 | |
| 4. A：客户声音管理流程规划及培训<br>总结及后续计划 | 12/21 — 12/31 | |

# 第四节
# 战略执行运营体系

战略执行是对战略规划与年度经营计划进行实施的过程。由于战略规划会细化到每年的年度经营计划中，因此执行主要围绕年度经营计划进行。企业内部的研发、营销、生产、服务、人力资源、财务等各项业务活动和管理活动均紧密围绕年度经营计划的执行与监控展开。此外，从战略管理的角度出发，还需要开展战略执行运营管理活动。在BEM战略执行运营体系中，主要聚焦于以下几个方面：

## 第四章 战略执行模型

- KPI运营管理；
- 项目运营管理；
- 综合过程管理；
- 战略执行绩效评估。

其整体框架详见图4.11。

| 战略执行运营管理 | 通过战略执行运营组织、指导书、系统的构建，支撑KPI与项目的正确管理和落地 | | | |
|---|---|---|---|---|
| 运营管理方法 | • 通过KPI走势管理，及时发现异常和改进<br>• 构建项目运营管理指导书，以及项目活动推进方法和工具方法论，专家支撑项目指导<br>• 构建IT系统，活动看板运营，综合诊断活动，监控战略执行落地过程<br>• 将组织KPI及改进项目纳入管理者考评<br>• 通过战略执行绩效评估，提高战略执行力和成熟度 | | | |
| | 阶段1：<br>KPI运营管理 | 阶段2：<br>项目运营管理 | 阶段3：<br>综合过程管理 | 阶段4：<br>战略执行绩效评估 |
| 活动目的 | 通过KPI日常运营管理，发现问题，及时改进 | 通过项目运营管理，提升项目质量和效果 | 日常监控KPI及项目推进过程 | 评估组织战略执行绩效，识别改进点并改进 |
| 活动描述 | 通过KPI精细化管理和走势管理，保证达标 | 构建项目运营管理指导书、项目启动、推进、指导等活动 | 构建IT系统、看板管理、评价等活动，监控战略执行过程 | 从战略结果绩效、执行过程绩效、执行成熟度三个维度进行评估 |
| 工具/交付件 | KPI走势管理图、KPI异常改进对策 | 定期活动方法、项目推进方法论、封闭项目方法等 | KPI管理系统、项目管理系统、看板、评价表等 | 评估结果、评估报告 |
| 主导部门 | 经营变革部 | 经营变革部 | 经营变革部 | 战略规划部、经营革新部 |

图4.11 BEM战略执行运营体系框架

战略执行运营的有效性主要从关键行动计划/项目、人员、流程及系统三个方面来考量，这三个方面共包含了12个关键成功要素。为确保这些要素得到有效执行，应针对它们制定相应的指导书或标准规范，以此来提升执行运营管理水平。具体的关键成功要素及其对应内容如表4.12所示。

表4.12 项目、人员、流程三个方面与12个关键成功要素

| 战略方向 | | 关键成功要素 |
|---|---|---|
| 项目 | 支撑经营目标达成的系统性的项目导出 | 1. 系统性的项目导出<br>2. 成功的项目执行<br>3. 明确的项目评价<br>4. 成果发布会／推广 |

续表

| 战略方向 | | 关键成功要素 |
| --- | --- | --- |
| 人员 | 成功执行项目所需的变革人才培养 | 5. 持续改进组织及职责<br>6. 项目改进方式运营<br>7. 持续改进资格制度<br>8. 项目指导/过程管理 |
| 流程 | 建立有效/差别化的项目改进运营体系 | 9. 大项目运营<br>10. 持续改进会议/激活<br>11. 持续改进成熟度评价<br>12. 持续改进IT系统 |

战略执行运营的效果和结果如何？这可以通过引入战略执行绩效评估方法进行评估。战略执行绩效评估框架主要关注SEM（战略执行管理）的推进流程及系统、过程、结果绩效。该框架分为"战略执行成熟度模型（SEMM）"与"战略执行绩效衡量指标（SEM Indicator）"，通过这两个方面全面评估战略执行的效果和结果，如图4.12所示。

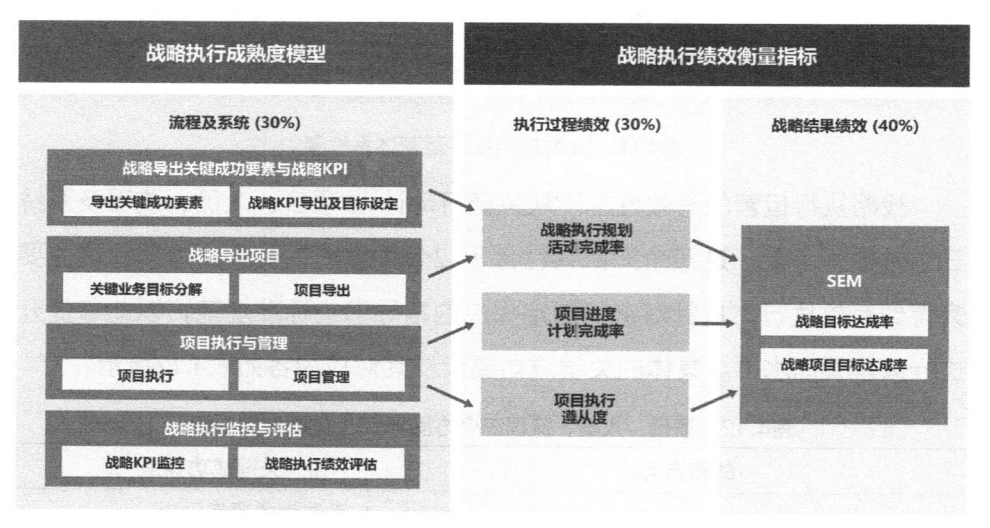

图4.12 战略执行成熟度模型与战略执行绩效衡量指标

企业导入BEM并包含SEM战略执行管理时，这本身就是一次管理变革。因此，评估战略执行绩效至关重要，它能让我们及时了解变革的进展情况，发现差距与不足，并采取相应的措施进行解决。

总之，战略制定之后，其执行才是关键，甚至可以说，战略执行更重要！据传闻，华尔街根据公司特点将其分为三类：

- 第一类公司：战略好，实施也好，这是成功的公司。
- 第二类公司：战略不好，实施好，这是可能生存的公司。
- 第三类公司：战略好，但实施不好，这是不可能生存的公司。

# 第五节
# 应用BEM的三种模式与综合推荐模式

BEM自三星电子提出后，于2012年被华为引入，随后国内众多企业纷纷效仿华为，开始学习和应用BEM。汉捷咨询在战略咨询和培训过程中，也协助三十多家企业成功导入BEM方法论。由于各企业实际情况各异，对BEM的理解存在差异，因此它们在应用BEM时的方式和重点各不相同。综合来看，这些应用方式主要可以分为三种模式。

### 模式一　三星标准应用模式

完整地按照BEM的三个系统（战略路径与衡量系统、战略目标支撑系统、战略执行运营系统）来应用与运行，其分步运行步骤和逻辑如图4.13所示。

首先，按照BEM战略路径与衡量体系，我们基于战略方向，推导出面向中长期的关键成功要素与战略KPI。这里的战略方向、关键成功要素与KPI都是针对7~8年的长期规划的，体现了长期战略主义，同时这些要素和指标也具备相当的全面性。在制定3年战略规划时，我们会根据阶段性的战略重点，筛选出关键成功要素与KPI，进而提出3年的关键战略举措和KPI目标。

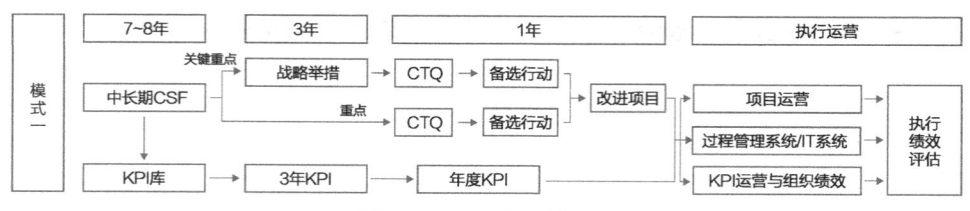

图4.13　BEM应用模式一

在制订年度经营计划时，我们遵循BEM战略目标支撑体系，根据3年的关键战略举措（这些举措基于关键成功要素）明确年度改进重点、关键品质特性及关键行动/计划。此外，我们还会考虑其他年度需要重点关注的关键成功要素，进一步确定年度改进重点、关键品质特性及关键行动/计划，并综合列出改进项目，进行立项。另外，我们根据3年KPI目标中的第一年目标，来制定年度KPI目标。

接下来，按照BEM战略执行运营体系开展项目运营、KPI运营与组织绩效管理，并根据过程管理系统/IT系统进行过程监控，然后开展战略执行绩效评估工作。

按照模式一（即BEM标准模型）进行应用，具备以下优点：

- 展现了中长期的战略方向和要求，所导出的关键成功要素与KPI不仅具备全局性，而且面向中长期，有利于整体KPI数据库的建设，为绩效改进与评估、量化管理打下了基础。
- 如果与平衡计分卡方法相结合，能够很好地体现平衡计分卡的原理与逻辑。
- 在战略执行运营环节，强调构建过程管理的IT系统（如改进项目管理系统、看板系统），有助于更好地推动战略执行的落地。

- 通过开展战略执行绩效评估，形成闭环与改进机制。

然而，按照模式一应用因强调全面性，也带来了一些复杂性。例如，需要从中长期的关键成功要素中筛选哪些要素来制定3年的战略举措，哪些要素需要在年度中明确改进需求。此外，战略执行绩效评估的操作难度也相当大。

**模式二　华为简化应用模式**

华为在2012年借助具有三星电子背景的顾问老师的指导，引入了BEM。结合自身实践，如平衡计分卡、KPI与组织绩效管理、个人绩效承诺等，华为提出了自己的简化BEM，如图4.14所示。

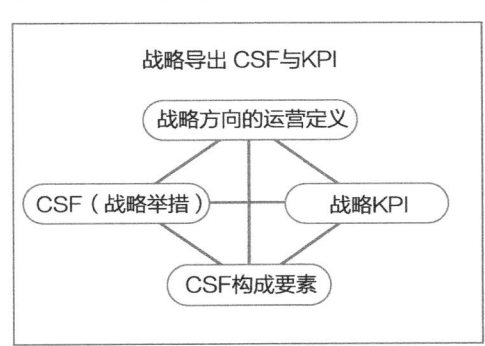

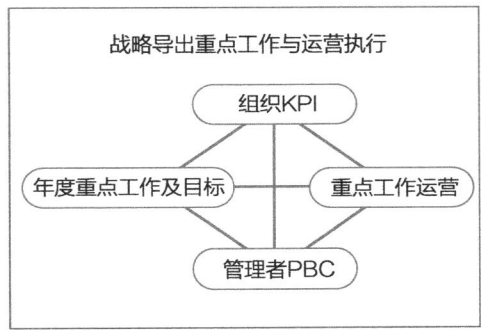

图4.14　简化BEM

华为将三星BEM的三个体系——战略路径与衡量体系、战略目标支撑体系、战略执行运营体系——总结为"战略导出CSF&KPI"与"战略导出重点工作与运营执行"这两个框架，具体的操作过程如图4.15所示。

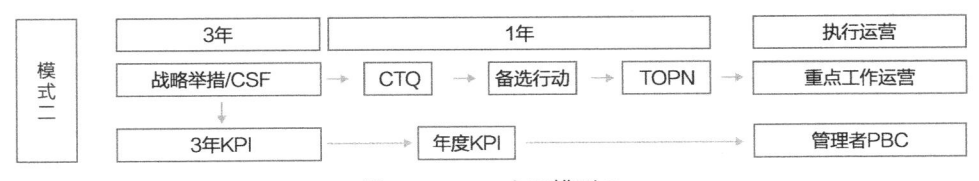

图4.15　BEM应用模型二

首先，结合战略方向和3~5年的战略规划过程，我们导出3~5年的关键成功要素，并将其称为战略举措。这一做法省略了中长期关键成功要素的识别环节，而是直接面向3~5年的时间段，将关键成功要素与关键战略举措进行合并。正如笔者之前的分析，尽管这种简化方法在某些情况下是可行的，但它并不严谨。关键成功要素与关键战略举措虽相关但并非等同概念，因此在实际运行中可能会存在缺陷。

其次，在华为BEM中，我们并不将每一项关键行动或计划视为独立的改进项目。相反，我们通过对备选行动进行归类整理，并在上下层组织间进行协调，最终将其整合为上下级组织的年度重点工作。这些年度重点工作被称为TOPN，代表某个组织在年度内确定的N项重点工作。

此外，在战略执行运营环节，华为BEM主要关注两方面：一是重点工作运营，二是组织KPI与管理者个人绩效承诺。后者是华为在引入BEM之前就已开展的管理活动。

华为简化后的BEM具有操作简洁的优点。公司与高层级组织（如一级部门、二级部门）根据年度重点工作（每个组织的年度重点工作一般不超过10项，以5~8项为宜）进行立项与运营。这样做既覆盖了年度需要创新与突破的工作领域，又避免了因项目过多而增加管理难度。

然而，简化操作也带来了一些弊端。例如，解码关键成功要素与KPI的过程中可能缺乏前瞻性和全面性；同时，缺乏根据战略需要的3年关键战略举措的识别与执行，可能导致战略性行动方案的延续性与连贯性不足。而这些正是三星标准BEM模式应用所具备的优点。

### 模式三　年度目标导向模式

国内一些企业通过学习华为，或者在汉捷咨询等专业咨询机构的指导下，成功导入了BEM。其中，有些企业遵循华为简化的BEM模式，有些企业则采用三星电子标准的BEM模式，还有些企业结合制定年度目标的需要，选择了年度目标导向模式，如图4.16所示。

## 第四章　战略执行模型

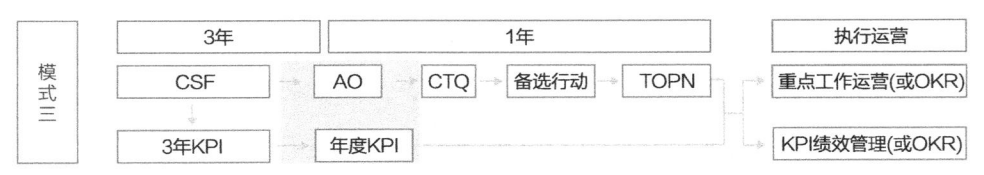

图4.16　BEM应用模型三

模式三通常按照战略方向，针对3~5年的时间范围解码关键成功要素与战略KPI，同时借助平衡计分卡和战略地图工具进行辅助。采用模式三的企业喜欢在战略地图的基础上，对照关键成功要素来明确当年的方向性目标和年度KPI目标。接着，根据年度方向性目标，结合年度改进重点/关键品质特性，识别出备选的关键行动，并归纳整理成年度重点工作。

在执行运营环节，有些公司按照年度重点工作运营和KPI绩效管理来运行，而有些公司由于导入了OKR方法，因此在执行运营环节按照OKR模式运行，如图4.17所示。

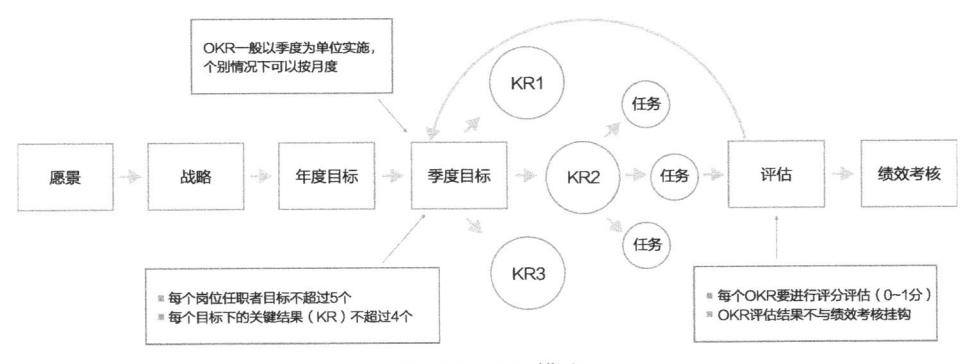

图4.17　OKR模式

模式三是一种相对简洁的应用模式，它避免了华为应用模式（模式二）可能带来的关键成功要素与关键战略举措混淆的问题。在该模式下，企业可以选择重点的关键成功要素来明确年度方向性目标（相当于年度关键成功要素）和年度KPI目标。如果企业采用了OKR模式，则通常无须再进行年度重点工作（TOPN）的归纳环节，而是根据年度目标以及解码出的关键品质特性与备选行动，按季度进行研讨分析，形成季度目标，并据此制定相应的OKR模式。KPI目标可以嵌入OKR模式中，也可以将经营结果性的KPI目标（如财务类KPI、客户类KPI目标）单独列出。

然而，模式三与模式二存在相同的缺点，即解码关键成功要素与KPI时缺乏前瞻性和全面性，同时缺乏根据战略需求进行3年关键战略举措的识别与执行，这可能导致战略性行动方案的延续性和连贯性不足。

### BEM应用的综合推荐模式

基于上述三种模式的优缺点，在多年的企业BEM应用咨询实践中，笔者总结了一套BEM应用的综合推荐模式，具体如图4.18所示。

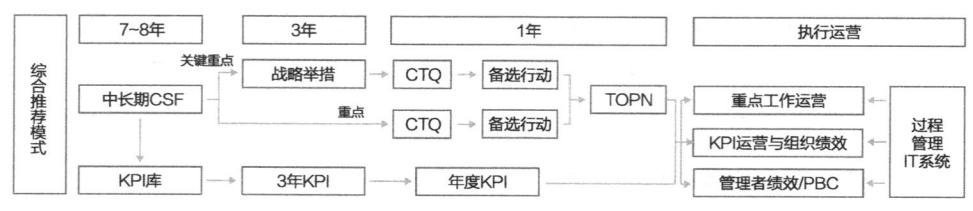

图4.18　BEM应用的综合推荐模式

在综合推荐模式中，我们坚持按照BEM的初衷来解码中长期的关键成功要素与KPI，以体现实现战略愿景的战略路径的前瞻性和全局性，这与长期战略主义的原则是相吻合的。在3~5年战略规划的制定过程中，我们选择那些关键且重要的关键成功要素来制定关键战略举措。尽管这一步骤在三星电子标准BEM中并未明确体现，但笔者认为BEM解码与执行模型应贯穿于DSTE全过程，包括战略规划流程。因此，在战略规划制定时，我们确实需要制定3~5年的关键战略举措。事实上，对这些关键的、具有连续性的战略举措进行持续不断的执行，是实现战略目标的关键。在战略部署方法中，其基本思路是首先开发3~5年的战略性业务目标，接着制定3~5年的战略突破性目标，然后将这些目标分解到年度改善优先目标，并确保其贯彻落实。这与BEM推荐模式中制定3~5年关键战略举措，进而分解归纳为年度重点工作并运营执行的思路是完全一致的。

在年度经营计划过程中，除了关注关键成功要素及对应的战略举措，我们还应针对其他重要的关键成功要素解码关键品质特性与备选关键行动，然后将这些行动归纳为各组织（包括公司与高层级部门/团队）的年度重点工作。这样做不仅确保了3~5年关键战略举措按年度得到分解与落实，同时也考虑了当年根据客户声音需要进行改进的其他关键成功要素。这种做法符合当前企业的发展需求——既实现了3~5年乃至中长期的重点突破，又推动了企业各方面的能力提升。

按照综合推荐模式，BEM的战略路径与衡量体系的运行步骤可归纳如图4.19所示。

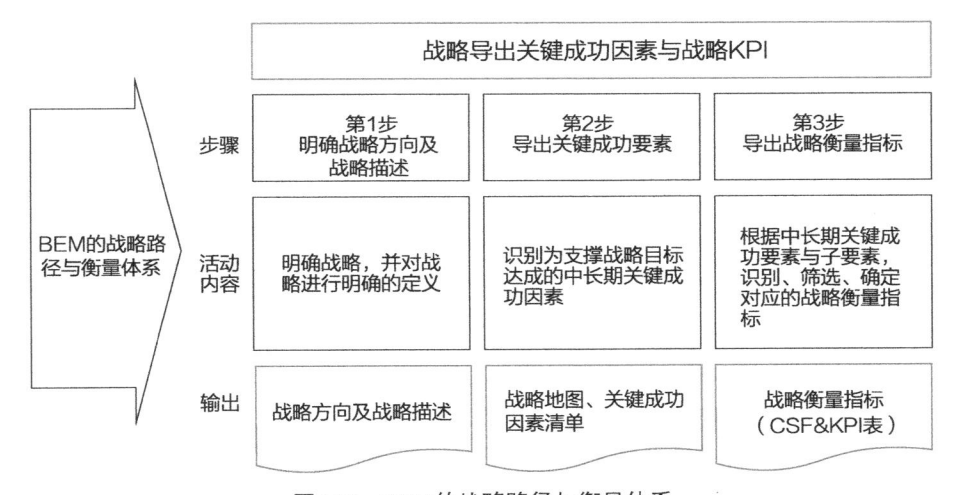

| BEM的战略路径与衡量体系 | | 战略导出关键成功因素与战略KPI | | |
|---|---|---|---|---|
| | 步骤 | 第1步<br>明确战略方向及战略描述 | 第2步<br>导出关键成功要素 | 第3步<br>导出战略衡量指标 |
| | 活动内容 | 明确战略，并对战略进行明确的定义 | 识别为支撑战略目标达成的中长期关键成功因素 | 根据中长期关键成功要素与子要素，识别、筛选、确定对应的战略衡量指标 |
| | 输出 | 战略方向及战略描述 | 战略地图、关键成功因素清单 | 战略衡量指标（CSF&KPI表） |

图4.19　BEM的战略路径与衡量体系

在第3步中，我们可以进一步结合战略规划的制定过程，提出3~5年的关键战略举措与目标，并在必要时制订相应的里程碑目标和行动方案。

关于BEM的战略目标支撑体系的运行步骤，可以归纳如图4.20所示。

| | 战略导出年度重点工作 | | |
|---|---|---|---|
| 步骤 | 第1步<br>VOC/VOB/BOE<br>与差距分析 | 第2步<br>年度CTQ-Y与备选<br>关键行动 | 第3步<br>年度重点工作和项目<br>立项分解 |
| 活动<br>内容 | 围绕重点CSF与相关KPI目标，进行VOX与差距分析 | 根据VOX与差距，提出关键品质特性与目标值，识别支撑的关键备选行动/计划 | 基于组织维度，从各级组织的备选行动汇总表中，导出重点工作和责任人，并进行立项、任务分解 |
| 输出 | 各级组织的VOX与差距分析表 | 各级组织的备选行动/计划汇总表 | 重点工作清单与项目任务书 |

（BEM的战略目标支撑体系）

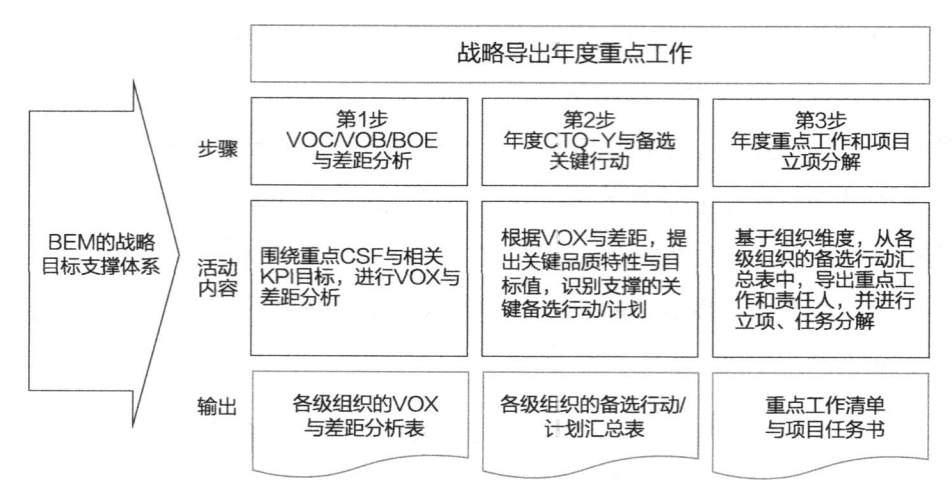

图4.20　BEM的战略目标支撑体系

在战略执行运营方面，我们需要重点关注年度重点工作的运营、KPI的监控与运营、组织绩效管理，以及管理者，特别是高层管理者的个人绩效承诺，并建立相应的过程管理IT系统来支撑这些运营活动，从而确保战略的高效落地。

# 打造基于BLM/MM/BEM的DSTE战略管理体系

第五章

## 第一节
## 基于333模型的DSTE战略管理体系

工欲善其事，必先利其器！BLM、MM、BEM这三大战略管理方法论，集成了业界一系列最佳的战略方法与工具，不仅具有先进性，更富有实践性。通过应用这三大方法论，基本上能够解决战略管理的绝大部分问题。当然，在特定领域，如制订年度经营计划时，仍需借助销售预测方法、财务预算方法等专业手段来辅助实施。

依托长期的战略管理研究和咨询实践，汉捷咨询提出了"基于333模型的DSTE战略管理体系"，如图5.1所示。

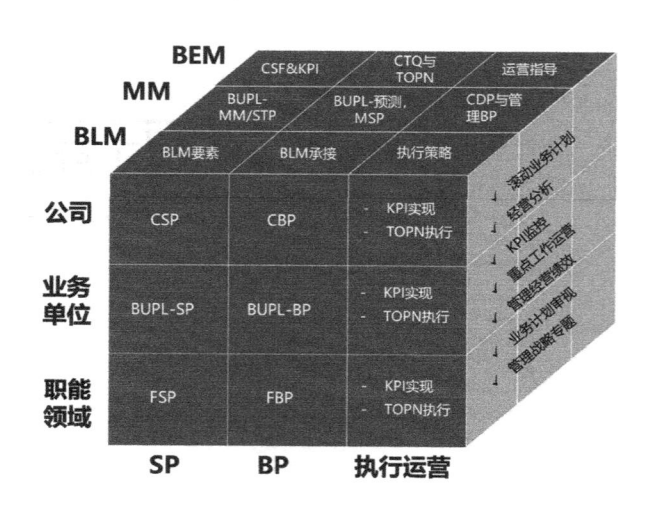

**覆盖战略3个层面：**
- 公司战略
- 业务单位战略
- 职能领域战略

**构建DSTE3个流程：**
- SP——战略规划流程
- BP——年度经营计划流程
- 战略执行运营流程

**应用3大领先的战略方法论**
- BLM——业务领先模型
- MM——市场管理
- BEM——战略执行模型

图5.1 基于333模型的DSTE战略管理体系

# 第五章 打造基于BLM/MM/BEM的DSTE战略管理体系

第一，DSTE战略管理体系需要覆盖战略金字塔的三个层面，如图5.2所示。

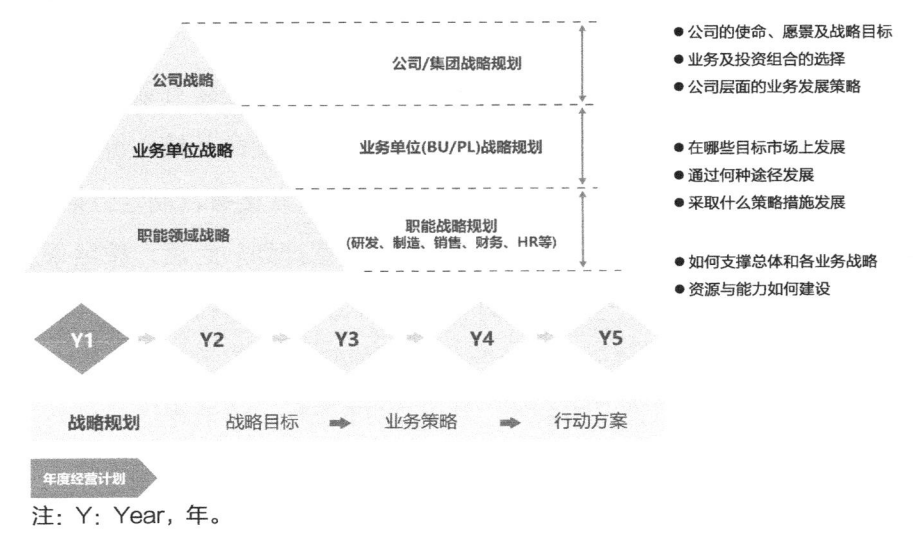

图5.2 战略金字塔的三个层面

战略管理在整体上可以理解为一个分层分时的框架。这种分层主要体现为战略和战略管理活动可以从公司层面、业务或业务单位层面、职能领域或职能部门这三个层面来开展，从而构成了战略金字塔的三个基本层面。这三个层面的概念最初由战略管理宗师安索夫提出，并随后被其他战略学者广泛引用，也在企业中得到了广泛应用。基于这三个基本层面，战略金字塔还可以衍生出多种变型，例如划分为四个层面、五个层面甚至更多层面。

公司层面战略主要考虑的问题：

- 公司的使命、愿景及战略目标；
- 业务及投资组合的选择；
- 公司层面的业务发展策略。

业务单位层面战略主要考虑的问题：

- 在哪些目标市场上发展？
- 通过何种途径发展？
- 采取什么策略措施发展？

职能领域层面战略主要考虑的问题：

- 如何支撑总体和各业务战略？
- 资源与能力如何建设？

从分时的维度来看，战略管理是一个由远及近、连续且滚动运行的过程。在时间轴上，首先需要明确组织的长期愿景、使命及核心价值观，随后确定中期（通常为7~8年）的战略方向和目标。紧接着，制定近期（3~5年）的战略规划，并据此细化为一年的年度经营计划。之后，按照季度、月度、周、日的周期进一步分解目标和任务，并持续执行与监控。总体而言，战略管理遵循一个"分层分时"的架构来有效运行。

第二，DSTE战略管理体系的主线是DSTE流程，该流程进一步划分为战略规划流程、年度经营计划流程以及战略执行运营流程。

在企业典型的业务流程架构中，DSTE流程通常位于顶层，扮演着公司顶层端到端一级流程（L1流程，其中L1代表流程大类）的重要角色，如表5.1所示。

**表5.1 企业典型的业务流程架构**

| 类别 | 流程 |
|---|---|
| Strategy 战略类 | 1.0 Develop Strategy to Execute 战略到执行 |
| Operating 运作类 | 2.0 Integrated Product Development 集成产品开发（实质是ITM，即 Idea to Market） |
| | 3.0 Market to Lead 市场到线索 |
| | 4.0 LeadtoCash 线索到回款 |
| | 5.0 IssuetoResolution 问题到解决 |
| | 6.0 Manage Client Relationship 管理客户关系 |
| | 7.0 Integrated Supply Chain 集成供应链 |
| | 8.0 Supply Delivery 服务交付 |
| Supporting 支撑类 | 9.0 ManageHR 管理人力资源流程 |
| | 10.0 Manage Finances 管理财经流程 |
| | 11.0 ManageBT&IT 管理业务变革和信息技术 |
| | 12.0 Manage Business Support 管理基础支持 |

作为公司领导价值流的核心一级流程，DSTE流程可进一步细分为三个二级流程（L2流程，其中L2代表流程组），分别是战略规划流程、年度经营计划流程以及战略执行运营流程。这些二级流程再进一步分解为相关的三级流程（L3流程，其中L3代表具体操作流程），如图5.3所示。

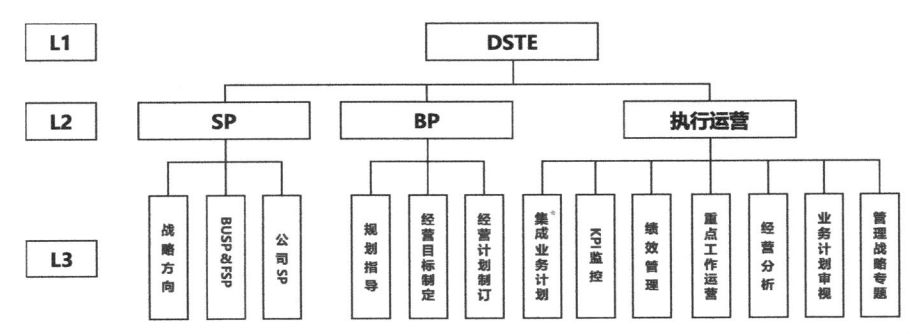

```
L1: DSTE
L2: SP | BP | 执行运营
L3:
  SP: 战略方向 | BUSP & FSP | 公司SP
  BP: 规划指导 | 经营目标制定 | 经营计划制订
  执行运营: 集成业务计划 | KPI监控 | 绩效管理 | 重点工作运营 | 经营分析 | 业务计划审视 | 管理战略专题
```

注：集成业务计划是销售与运作计划、财务预算监控、人力预算监控的结合，属于战略执行运营活动，一般划分到供应链管理等体系中。

图5.3　DSTE L1、L2、L3流程划分

SP流程与BP流程，即战略规划制定流程与年度经营计划制订流程，依据DSTE理念，也可被称为SP开发流程与BP开发流程。DSTE战略管理体系与传统战略管理体系的主要区别在于，DSTE强调战略（SP/BP）需经过精心开发与设计，因此在资源投入上应给予充分保障。例如，在时间投入方面，对于规模较大的企业，SP开发与BP开发通常需要3~4个月的时间。而对于规模特别大的企业，往往还需投入更长时间来开发SP/BP。至于战略执行运营，则是全年持续进行的工作。

在华为，每年4月便启动战略规划的开发工作，历经半年时间，至9月完成并输出战略规划。随后，自9月开始启动BP的开发工作，一般至第二年1月完成年度经营计划与总体预算的制定。至2月，预算进一步细化并下发，同时开展BP述职、绩效合同沟通签署等工作。之后，便进入一整年的战略执行运营（管理执行与监控）阶段。从时间线来看，整个SP开发、BP开发以及执行运营的工作安排如图5.4所示，这也构成了DSTE的整体流程框架图。

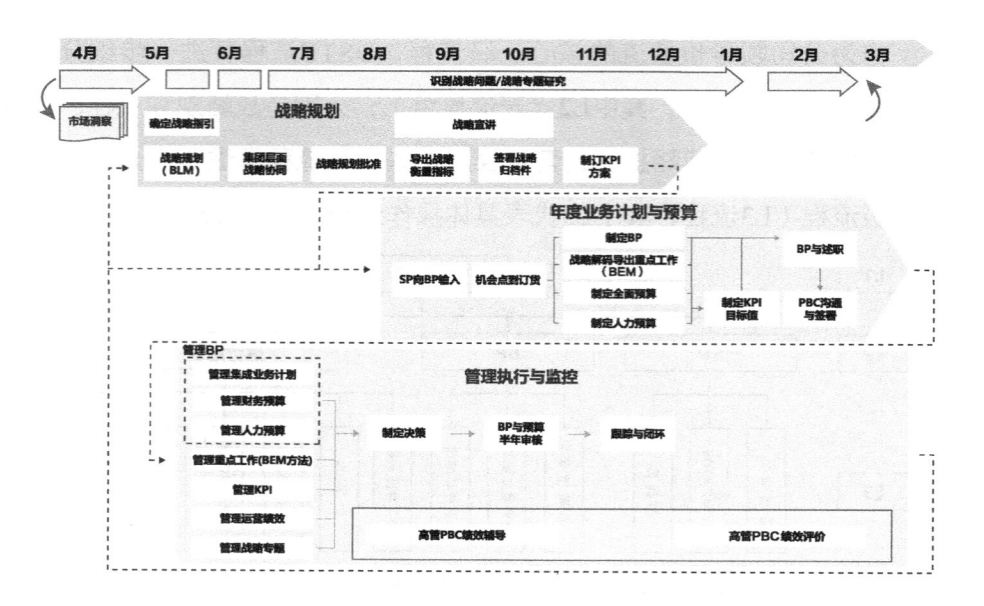

图5.4 DSTE的整体流程框架

从图5.4可以清晰地看出，一年中除了3月，华为有11个月的时间都在进行SP/BP的开发工作。这充分表明，不仅战略执行环节至关重要，前期的SP/BP开发过程及其质量同样非常关键。当然，笔者一般不建议企业开发SP/BP花这么长时间。

第三，DSTE战略管理体系主要应用BLM、MM、BEM三大领先的战略方法论。

前文已经对BLM、MM、BEM这三大方法论进行了深入的探讨，正所谓"工欲善其事，必先利其器"。然而，工具只是手段，关键的是如何将其有效应用。在DSTE管理体系和流程中，这些方法论发挥着举足轻重的作用。基于333模型的DSTE管理体系巧妙地将这三大业界领先的战略方法论融为一体，如图5.5所示。

关于BLM、MM、BEM这三大方法论如何应用在DSTE流程中并实现有机结合，笔者将在后续的"战略规划流程与管理体系"、"年度经营计划流程与管理体系"以及"战略执行运营流程与管理体系"三个章节中进行详细阐述。

# 第五章 打造基于BLM/MM/BEM的DSTE战略管理体系

图5.5 DSTE管理体系融合了BLM、MM、BEM战略方法论

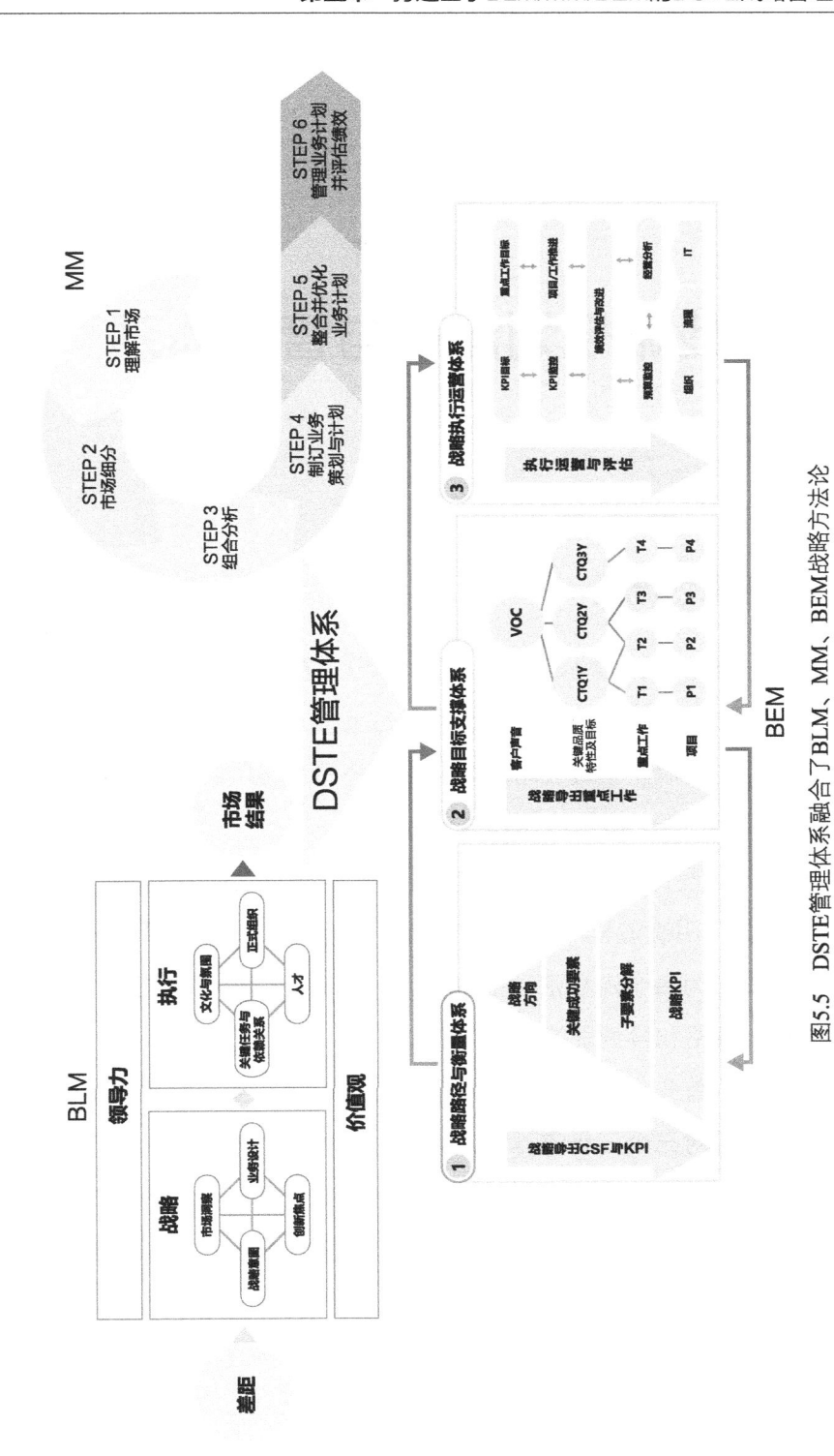

# 第二节
# 战略规划流程与管理体系

## 一、战略规划流程

如前所述，战略规划（SP）流程作为DSTE端到端一级流程下的二级流程，进一步按照不同阶段细化为三个三级流程，即战略方向、制定业务单位战略规划与职能领域战略规划、制定公司战略规划。

在流程设计上，存在以下两种方式：

方式一：设计战略规划二级流程及其下属三级流程的整体流程概览图或日历表，明确流程中的团队或部门角色，以及流程活动（颗粒度较粗）。随后，为每个流程活动提供详细的活动描述或操作指引，并设计相应的模板、表格和检查表等工具。

方式二：首先为战略规划二级流程绘制一个概要流程图或提供简要说明。接着，针对三个三级流程分别设计详细的操作流程图，明确各阶段中流程的角色以及流程活动（颗粒度较细）。在此基础上，为每个流程活动提供详尽的活动描述或操作指引，并设计相应的模板、表格和检查表等辅助工具。

以下按照方式一予以展开说明。首先，需要构建一个战略规划整体流程概览图，如图5.6所示。

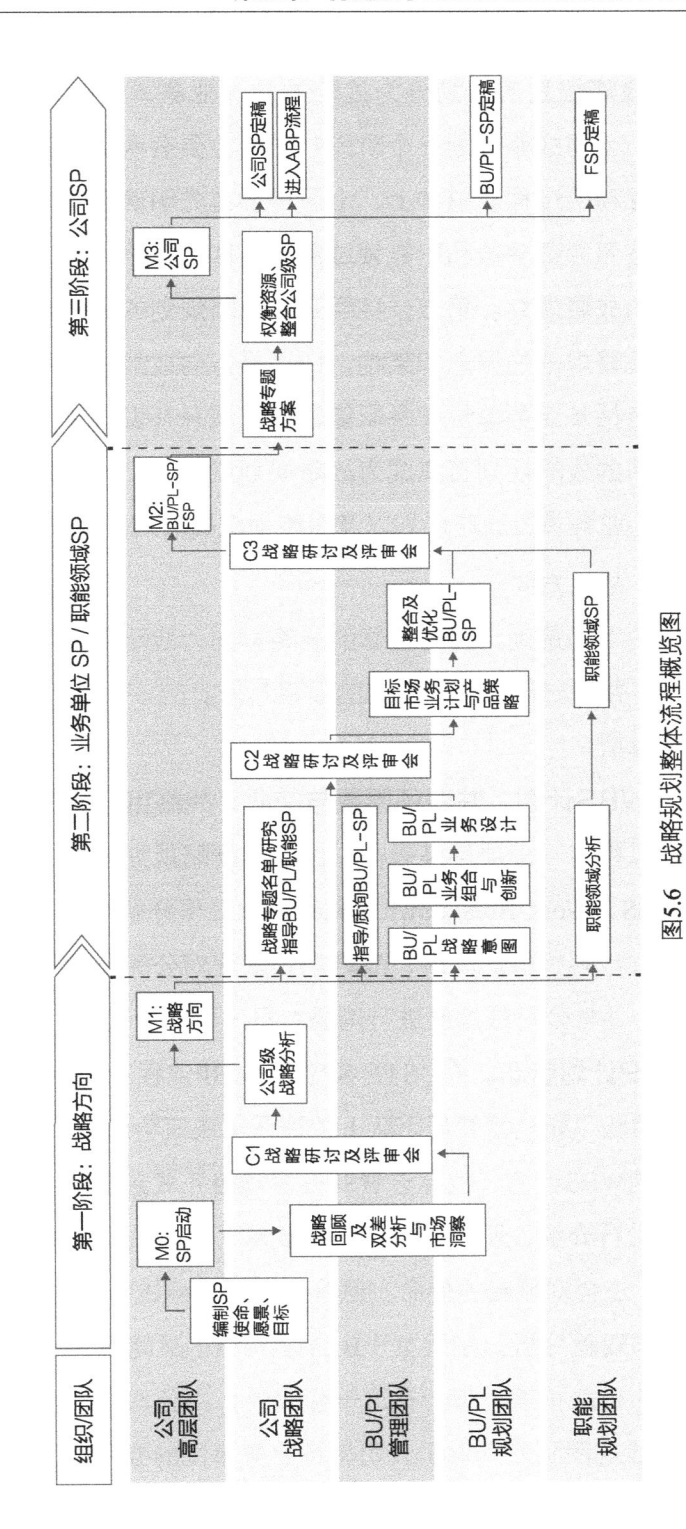

## 第五章 打造基于BLM/MM/BEM的DSTE战略管理体系

图5.6 战略规划整体流程概览图

为什么将战略规划流程划分为战略方向、业务单位战略规划与职能领域战略规划、公司战略规划三个阶段？原因主要有两点。第一，战略规划是一个上下互动的过程。总体上，上层需要首先明确整个战略方向和目标，随后下层按照业务单位和职能领域制定具体的战略规划，最后再整合形成整个公司的战略规划。第二，按照开发战略规划的逻辑顺序，首先，需要开发整体战略规划的概念和架构，即战略方向或战略指引。其次，按照构成部分，包括各业务单位和各职能领域，展开开发具体的战略规划。最后，这些具体的战略规划将集成为战略规划流程的交付成果，即定稿的公司战略规划、业务单位战略规划以及职能领域战略规划。

### 第一阶段：战略方向

这一阶段的目的是确定公司整体的战略方向、战略目标、关键战略问题、业务组合，并提出需要深入研究的战略专题。

主要活动包括：

**编制SP-WBS计划，并回顾愿景与使命、战略目标。** 每年开发或制定战略规划可以视为一个项目来运行，由公司战略规划团队负责，首先编制SP开发的WBS（Work Breakdown Structure，工作分解结构）计划，经过批准后，将按该计划执行。同时，战略规划团队对公司愿景与使命、战略目标进行回顾，并与公司最高层进行沟通，提出更新建议。

**M0会议/SP计划启动。** 在DSTE-SP流程与BP流程运行中，Mx会议指的是公司高层团队（如经营管理团队）的评审与决策会议。M0会议将批准与下发SP制订的WBS计划，也标志着SP开发项目正式启动。会议上，除了对SP制订计划进行介绍、明确组织分工与要求、代表成员表态承诺、最高层动员讲话外，还会对刷新的使命、愿景与战略目标进行宣告。

**战略回顾与双差分析。** 按照基于BLM与MM的战略规划七步法，这是开展战略规划的起点和第一步。在这一步骤中，由公司战略规划团队、业务单位/产品线战规团队分别对于公司与各业务单位的战略执行情况进行回顾，尤其是战略KPI执行情况等进行回顾。基于战略回顾，开展业绩差距分析，根据战略目标和对市场机会的整体判断，开展机会差距的分析。在双差分析中，尤其要关注根因分析，通常应用5why分析法来挖掘背后的原因。

**市场洞察**。这是七步法的第二步，也是关键的一步。通常从宏观环境、行业、市场与客户、竞争对手、自身资源五个方面来展开信息收集与分析，按照华为的说法称为"五看"（看宏观、看行业/趋势、看市场/客户、看竞争对手、看自身），进一步形成洞察尤其是对战略机会的判断。公司层面的市场洞察关注整体的市场判断尤其是未来可能进入的新业务领域，业务单位层面的市场洞察关注本业务领域的市场趋势、客户需求、竞争状况等。

**C1会议/战略研讨与评审会**。主要协助业务单位/产品线对市场洞察结论，尤其是价值转移趋势和竞争地位进行分析，并就初步发现提供反馈、质疑与帮助。

**公司级战略分析之战略意图、业务组合与战略专题**。寻求战略决策团队和最高层的意见，以及从上至下的初步指导，草拟公司战略方向或战略指引，初稿应包括：

- 公司价值转移趋势；
- 公司的竞争地位；
- 业务组合分析，并提出组合决策建议；
- 公司关键战略问题与建议；
- 公司愿景与使命，并就中期战略目标、近期（3~5年）战略目标提出建议；
- 列出候选题目（即战略专题），并进行优先排序。

在公司层面，这是七步法的第三步、第四步，即明确公司战略意图，确定公司业务组合，通过创新分析，提出公司战略专题，尤其是面向新机会的战略专题。

**公司级战略分析之战略路径与衡量体系**。这一步骤是应用BEM，根据公司战略愿景与方向，解码提出中长期的关键成功要素与战略KPI，一般应用平衡计分卡和战略地图工具识别财务、客户、内部流程、学习与成长四个维度的关键成功要素，并进一步分析得出衡量这些关键成功要素达成程度的关键的、结果性衡量指标，即KPI。

**M1会议/公司高层团队第一次战略决策会议**。在M1会议上，公司战略规划团队负责人就战略方向或战略指引报告进行汇报，并引导公司高层团队成员就战略方向进行决策和指导。

### 第二阶段：业务单位/职能领域战略规划

这一阶段的目的是开发BU/PL（Business Unit/Product Line，业务单位/产品线）战略规划与职能领域（含业务领域与职能管理领域）战略规划。

主要活动包括：

**BU/PL战略意图**。在SP开发的第一阶段，按照七步法，已经完成了BU/PL-SP开发的第一步、第二步，即战略回顾与双差分析、市场洞察。在SP开发的第二阶段，首先拟定BU/BL的战略意图，即BU/PL愿景与使命、中期战略目标、3~5年的近期目标，随着后面活动的开展，BU/BL的战略意图，尤其是近期目标可以修订。

**BU/PL的战略路径与衡量体系**。这一步骤是应用BEM模型，根据BU/PL战略愿景与方向，应用平衡计分卡和战略地图工具，解码得出财务、客户、内部流程、学习与成长四个维度的中长期关键成功要素与战略KPI。

**BU/PL业务组合与细分市场组合**。这是七步法的第四步中开展业务组合、细分市场组合分析与决策。在该步骤，首先承接第一阶段市场洞察中在BU/PL层面开展的业务分析和细分市场分析及划分。对于比较复杂的BU/PL，一般先选择子BU/PL（子业务单位/子产品线），然后在子BU/PL层次进行市场细分与组合分析，选择目标细分市场。对于比较简单的BU/

PL，就直接在BU/BL层面开展市场细分与组合分析。

在这项活动中，通常还要进行三层业务（H1、H2、H3）规划，明确哪些是成熟业务或核心业务（H1业务），哪些是成长业务（H2业务），哪些是种子业务（H3业务）。

**BU/PL创新分析**。基于BLM及MM战略规划第四步创新焦点除了业务组合外，还有创新分析。在这一活动中，从实现BU/PL战略意图出发，结合BU/PL业务组合决策，从产品及服务与市场、商业模式、内部运营三个方面开展创新研讨。

**BU/PL业务设计**。按照BLM，业务设计是战略设计的落脚点，而业务设计主要体现在BU/PL层面。如果说业务战略主要是竞争战略，那业务设计就是业务竞争战略的集中体现。在这一关键活动中，需要就BU/PL或子BU/PL从客户选择、价值主张、盈利模型、战略控制、活动范围、风险评估与预防方案六个方面开展设计。这也是很困难的一个步骤，唯有通过团队深入理解业务设计各要素的内涵，掌握方法，集思广益，精心研究与探讨，方能完成指导业务未来成功的业务设计。

**管理层与战规团队指导与质询BU/PL-SP与FSP（Function Strategy Plan，职能领域战略规划）制定**。BLM强调战略是不可以被授权的，业务领导要亲自负责战略规划的制定。尽管战略分析、战略方案拟制等工作可以委托下面的规划团队负责，但过程中，公司管理层、BU/PL管理层尤其是"一把手"要自始至终充分参与、亲自指导、质询评审各项关键战略输出与结论。同时，公司战略规划团队过程中也需要全程对BU/PL-SP、职能领域战略规划的制定开展指导、质询与协调，以保障各BU/PL-SP、各职能领域战略规划能够上下对齐、左右拉通，并保持方法论的一致。

**C2会议/战略研讨与评审会**。由公司战略规划团队、BU/PL管理层对BU/PL战略规划团队拟制的战略意图、业务组合、创新提议、业务设计等进行研讨与评审。根据需要,各BU/PL管理层可以先对本BU/PL的战略输出开展研讨及评审,再提交到C2会议上。

**目标细分市场的业务计划(细分市场增长战略)**。按照七步法,第六步制定目标细分市场的业务策略及计划是关键的一步。在这一步骤中,需要分析BU/PL战略目标如何通过选择的目标细分市场来实现,明确每个目标市场的增长目标、增长策略(应用安索夫矩阵)、战略性目标、价值主张、业务策略(包括4P2S六要素,即产品、价格、渠道、推广、交付、服务)与关键行动,相当于提出了细分市场的增长战略。它一方面承接了BU/PL的战略目标与业务设计,另一方面为各职能领域战略规划提供了输入,也是各业务管理系统(包括IPD、LTC、ISC等)开展计划与运作的基本依据。可以说,只有做好了细分市场的增长战略与行动方案,BU/PL-SP才算真正做实,战略才能真正过渡到执行环节,才能真正落地。

**确定产品策略**。在七步法的第六步中,虽然已经明确了营销组合要素中产品发展思路与基本策略,但是产品太重要了,同时为了给后面的产品规划提供充分的输入,建议在这里对产品开展进一步的分析,从产品族划分、产品平台/技术平台策略、产品差异化策略、产品竞争角色定位等角度确定产品策略。

**整合与优化BU/PL-SP**。这是七步法的第七步。首先,按照BLM的执行要素(关键任务与依赖关系、正式组织、人才、文化与氛围),综合前面步骤输出的双差分析对策、SWOT策略措施、业务设计、目标细分市场的业务策略,尤其是针对业务设计的价值主张、战略控制,围绕相关的关键成功要素,总结归纳提出3~5年的关键战略举措,可划分为业务增长举措、业务能力建设举措、管理能力建设举措——这些举措在年度经营计划制订时,将进一步通过战略解码转化为年度重点工作与重点工作任务。其次,提出BU/PL在未来3~5年的人力资源、资金资源的配置规划。然后,把前面形成的战略规划输出进行汇总、整合,并优化调整,从而输出完整的

BU/PL-SP。

**职能领域分析。**职能领域包括业务职能领域（如中央研发、营销、销售、服务、供应链等）和管理职能领域（如人力资源、财务、流程IT、审计等）。职能领域战略规划可以参考BLM相应要素来开展，在该步骤主要开展职能领域战略回顾与业绩差距分析、机会差距分析（相当于资源与能力差距分析）、公司与业务战略对职能领域的需求分析、标杆对比分析、SWOT分析、职能领域发展机会点识别等。

**职能领域的战略路径与衡量体系。**应用BEM，根据职能领域的战略方向和愿景目标，解码得到职能领域的关键成功要素与战略KPI。

**制定职能领域战略规划。**首先，明确职能领域的战略意图（愿景与使命、中期战略目标、3~5年的近期目标）、资源及能力建设目标与路径，围绕相关关键成功要素，展开为业务能力、组织建设、人才建设、流程IT建设四个方面的里程碑与行动方案——这些行动方案在年度经营计划制订时，将进一步通过战略解码转化为年度重点工作与重点工作任务。其次，提出职能领域在未来3~5年的人力资源、资金资源的配置规划。最后，把前面形成的战略规划输出进行汇总、整合，输出完整的职能领域战略规划。

**C3会议/战略研讨及评审会。**由公司战略规划团队、BU/PL管理层、职能领域管理层对BU/PL战略规划团队拟制的BU/PL-SP、职能规划团队拟制的职能领域战略规划进行研讨、评审。根据需要，各BU/PL管理层可以先对本BU/PL-SP开展研讨及评审，再提交到C3会议上。

**M2会议/公司高层团队第二次战略决策会议。**在M2会议上，各BU/PL负责人、各职能领域负责人将分别提交并汇报各BU/PL-SP、各职能领域战略规划，公司管理层对SP进行质疑与讨论，找到与战略方向、目标的差异和实现目标所需的改变（主要针对业务设计）。公司战略规划团队还将就战略专题开展情况进行汇报，由公司管理团队进行评价。M2会议将暂时批准已完成的BU/PL-SP、职能领域战略规划。

### 第三阶段：公司战略规划

这一阶段根据前面的战略指引、初步批准的业务单位/产品线（BU/PL）战略规划与职能领域（含业务领域与职能管理领域）战略规划，进行资源平衡与配置，整合形成CSP（Corporation Strategy Plan，公司战略规划），并进一步定稿BU/PL-SP与职能领域战略规划。

主要活动包括：

**战略专题方案。** 公司战略规划团队按照M1提出的备选战略专题名单及优先级，通过第二阶段的调研、分析与论证，结合M2会议对战略专题的决定，形成正式的战略专题清单，尤其是新兴机会的战略专题，并明确项目经理及指导性举措。

**权衡资源与资源分配方案。** 根据各业务单位与职能领域的资源需求，按照公司整体的资源约束、各业务领域与职能领域的优先级，进行资源测算与平衡，制订资源（主要是人力和资金）分配方案。战略规划过程也是一个资源配置的过程，而公司资源永远是有限的，一方面在战略方向和业务组合上要相对聚焦，另一方面要求各业务单位与职能领域提高资源利用率。

**整合形成公司战略规划。** 公司战略规划团队在M1评审形成的公司战略指引的基础上，综合第二阶段的工作交付，编制公司级SP。

**M3会议/公司高层团队第二次战略决策会议。** 在M3会议上，公司高层团队将重点对公司规划团队拟制的C-SP进行评审，同时对初步批准的BU/PL-SP、职能领域战略规划进行进一步审核，并提出修改要求。

**公司战略规划、BU/PL-SP与职能领域战略规划定稿。** 根据M3会议的修订意见，修改后的公司战略规划、BU/PL-SP与职能领域战略规划由公司战略规划团队审定，并提交公司高层团队批准、定稿。

# 第五章 打造基于BLM/MM/BEM的DSTE战略管理体系

## 二、战略规划管理体系

除了SP流程外，还需要相配套的组织保障机制（组织结构、角色、职责）、评审规范、决策标准、衡量指标、激励机制、领导力与沟通机制等，构成以流程为主线的SP管理体系。

SP流程主要涉及的角色包括公司高层团队、公司规划团队、BU/PL管理团队、BU/PL规划团队、各职能团队，按照七步法，分别就是IRB或SDC（战略发展委员会）或EMT、C-PMT、BU/PL-IPMT、BU/PL-PMT、职能团队，其中公司与BU/PL两个层面跨部门战略团队的关系与主要职责如图5.7所示。

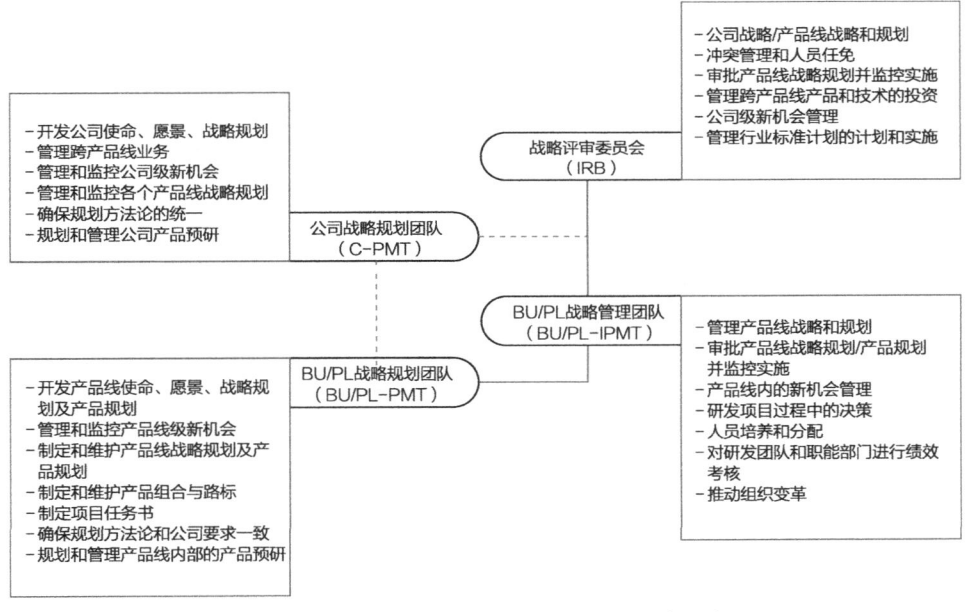

图5.7 公司与BU/PL两个层面跨部门战略团队

在SP流程中的评审及决策活动，在上面SP流程概览中定义了公司高层团队的M1、M2、M3评审与决策会议，公司战略规划团队组织的C1、C2、C3协调与评审会，这些会议企业可以根据自身情况设置、裁剪、增加，如还可以在BU/PL管理团队层面设置R1、R2、R3等研讨与评审会。这些会议的运行效率与效果直接影响到SP的质量，所以需要制定这些会议的运行日历、会议议程、会议规则、评审规范、决策标准等。

SP开发流程的绩效衡量是比较困难的，不过可以从三个方面加以度量，一是SP流程与管理体系的完备度怎么样，二是SP开发活动运行如何，包括开发活动的完成率、进度计划完成率、流程遵从度，三是SP执行的结果达成情况。三个方面和相应指标可以分别加以度量、评价和改进，也可以给三个方面分别赋予权重，得到综合评分，以判断SP流程及管理体系的整体成熟度。

SP制定属于领导层、相关部门主管、跨部门团队的本职工作，按照例行流程来履行，除了做好计划、任务执行与跟进检查外，一般不需要特别的激励机制。当然，也可以考虑把战略制定任务完成情况纳入阶段性绩效考核中，但这样做笔者不太赞成，因为这是例行流程活动下的例行项目任务，按照组织KPI目标牵引，按流程来驱动就可以了，不过在过程中对于主动积极投入的行为、高质量的交付成果等给予适当的物质奖励是不错的。

领导力发挥与建立有效的沟通机制在SP开发过程中是很重要的。BLM的一个战略理念就是：战略是不可以授权的，领导力一定要贯彻始终。战略思维能力是高层管理者必备的一种能力，高层管理者的领导力培养是通过领导战略团队进行战略问题和机会的洞察与设计以及项目的执行来实现，高层管理者对业务结果负责，因此高管层必须亲自领导战略设计与执行。在沟通机制上，除了SP流程中正式的研讨会、评审会、决策会、宣导传达会等会议沟通，以及开展各项工作的协同沟通外，高层团队与规划团队、高层领导与各部门主管、专家、规划人员之间的非正式沟通也需要持续开展，总之，开发高质量的战略规划固然重要，而通过充分、持续沟通达成战略共识、集体意志同等重要。

# 第三节
# 年度经营计划流程与管理体系

制订年度经营计划（BP）的基本过程如图5.8所示。

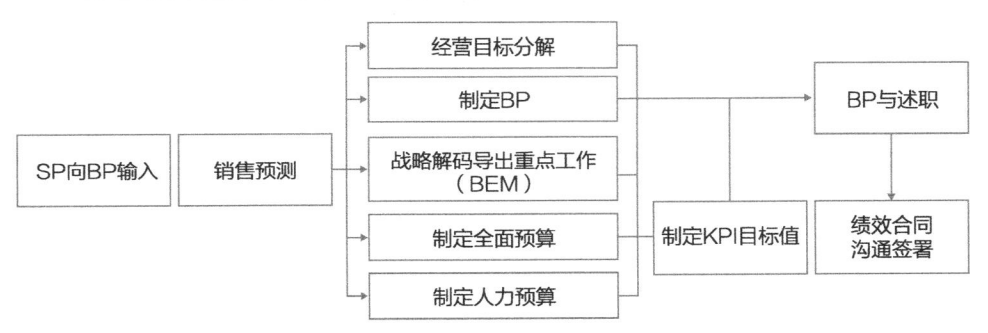

图5.8 年度经营计划（含预算）的基本过程

## 一、年度经营计划流程

如前所述，年度经营计划流程是DSTE端到端一级流程下面的二级流程，然后再按照阶段划分为预测与规划指导、业务目标制定、业务计划与预算制订三个三级流程。

在流程设计上，存在以下两种方式：

方式一：设计年度经营计划二级流程及其下属三级流程的整体流程概览图或日历表，明确流程中的团队或部门角色，以及流程活动（颗粒度较粗）。随后，为每个流程活动提供详细的活动描述或操作指引，并设计相应的模板、表格和检查表等工具。

方式二：首先为年度经营计划二级流程绘制一个概要流程图或提供简要说明。接着，针对三个三级流程分别设计详细的操作流程图，明确各阶段中流程的角色以及流程活动（颗粒度较细）。在此基础上，为每个流程活动提供详尽的活动描述或操作指引，并设计相应的模板、表格和检查表等辅助工具。

以下按照方式一予以展开说明。首先，需要构建一个年度经营计划流程概览，示例如图5.9所示。

**第一阶段：预测与规划指导**

这一阶段的目的是确定公司年度经营目标、销售预测与订货目标、KPI方案、优先年度重点工作等。

主要活动包括：

**SP向年度经营计划的输入。** 年度经营计划就是SP第一年内容的展开和细化，所以年度经营计划需要承接SP相关内容并进一步做出分析与评估，包括SP中市场洞察、3~5年战略目标、公司及各BU/PL业务设计、细分市场业务计划、3年战略举措、人才战略、组织战略、管理变革（流程及IT）战略等内容。

**年度KPI方案与年度重点工作的初稿。** 公司经营计划团队根据高层领导的指引和要求，结合战略规划中3~5年的战略目标、财务部给出的预测推算，提出公司年度KPI方案（初稿）。同时根据公司3年关键战略举措、下一年要重点加强的关键成功要素与改进重点，提出下一年公司级年度重点工作清单（初稿）。

**财务预测推算与人力估算。** 根据公司高层提出的公司整体营收目标、利润目标设想，公司财务部提出费用策略（包括研发费用、管理费用、营销费用、财务费用等方面的策略），同时公司人力资源部组织提出人力估算、薪酬策略，然后财务部对于公司整体财务进行预测与推算。

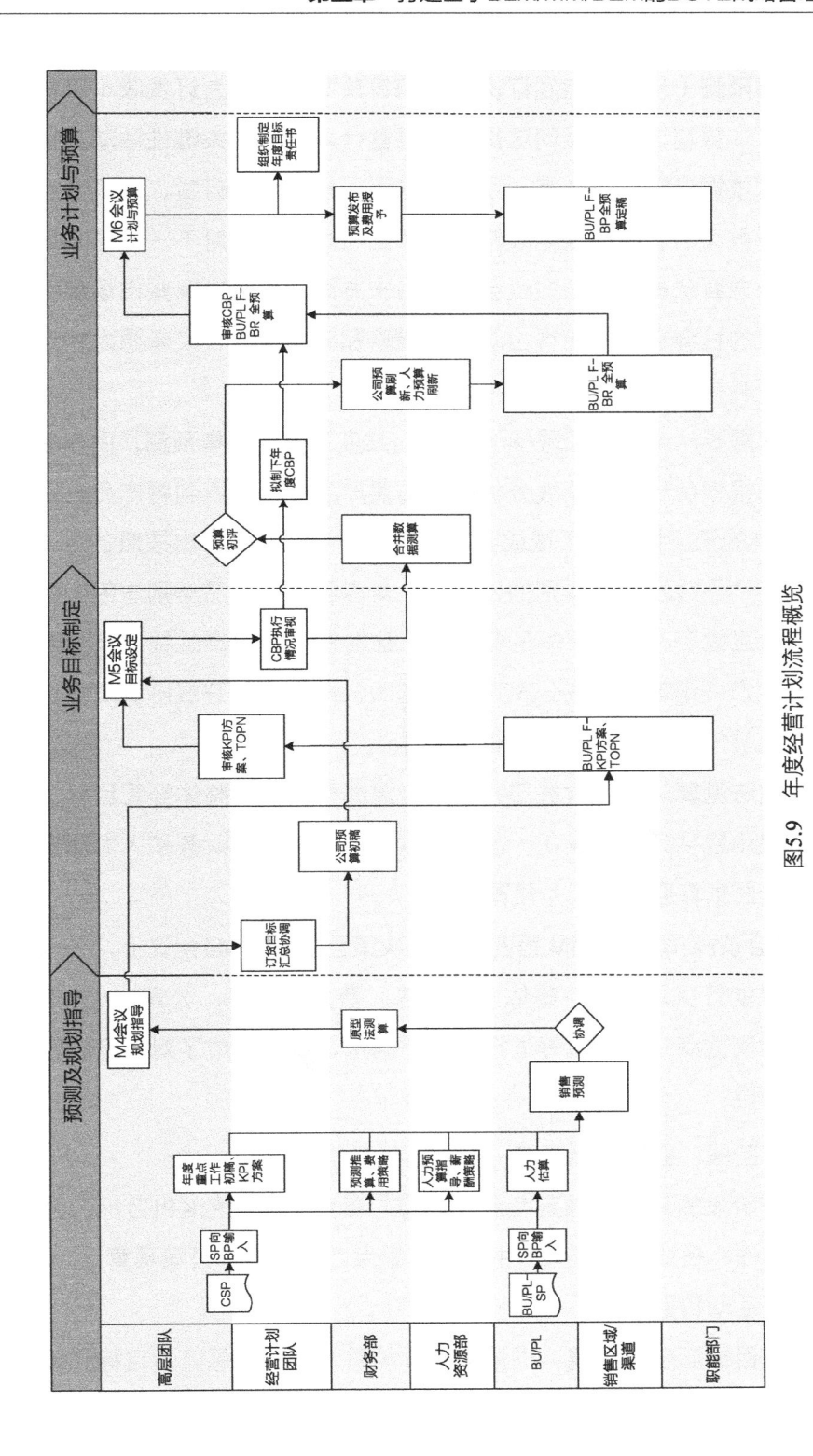

图5.9 年度经营计划流程概览

**销售预测（从机会点到订货）。** 销售预测，又称为订发收（订货、发货、收入）预测，毫无疑问这是年度经营计划的一项关键性活动。销售预测的基本依据是销售机会点，所以也称为从机会点到订货，而机会点的分析不能是被动的，而是根据战略目标和公司高层团队对下一年营收目标的要求，一方面分析确定性的机会点，另一方面设想通过哪些市场牵引工作能够带来的机会点，从而得出既符合战略和公司要求，又考虑内外环境实际情况，兼具挑战性和可行性的预测。

通常需要从产品、区域/客户群两个维度来开展销售预测，由产品线或产品部门根据负责的产品线分析得出按照产品类别，再到各产品类别分区域/客户群的预测值，而区域或客户群销售部门则分析得出按照各区域或客户群分各产品线及产品类别的预测值，对应到每个产品类别与每个区域或客户群就可能存在两个不同的预测值，这时候就需要产品线或产品部门、区域或客户群销售部门在公司经营计划团队组织下，开展协调工作，经过修正后达成一致的机会判断与预测数据。

**原型法测算。** 公司财务部和人力资源部根据公司整体经营目标、销售预测结果（包括订货、发货、收入预测数据），开展财务和人力测算，形成财务全面预算原型、人力预算原型。

**M4会议/公司高层团队第四次战略决策会议。** 在M4会议上，公司高层团队主要就订货总目标、整体人力预算、费用总预算、公司KPI方案、公司优先年度重点工作清单等进行评审并确定，从而完成了对年度经营计划的总体指导。

### 第二阶段：业务目标制定

这一阶段的目的是确定各业务单位与各主要部门的KPI目标、公司年度重点工作、各业务单位与各主要部门重点工作，审议公司预算。

主要活动包括：

**订货目标汇总与协调。** 根据第一阶段明确的公司总订货目标和销售预测（订发收预测），将总订货目标按业务单位/产品线、年度/季度/月度、生产基地等分解、汇总，根据库存情况和订货目标及要求，进行生产节奏、产能安排等方面的协调与调整。

**公司预算初稿。**按照销售收入预测、整体人力总预算、费用总预算，基于产品成本/销售成本估算，销售回款预测，拟制公司损益预算初稿、现金流预算初稿。

**拟制各业务单位和各功能部门的KPI方案（含KPI选取与目标值）。**

**解码各业务单位与各功能部门的CTQ-Y与关键行动。**按照BEM方法，结合KPI方案，对本年度需重点关注的关键成功要素（含3~5年关键战略举措所对应的关键成功要素）进行VOX与CTQ-Y解码分析，识别建议的关键行动，并形成关键行动清单。

**归纳整合、协调创建公司、业务单位与各主要部门的重点工作。**根据关键行动清单，结合公司优先重点工作清单与行动分解，按照组织层级归纳整合，形成公司级、各业务单位、各功能部门的年度重点工作清单。

**对重点工作进行立项。**对各项重点工作开展立项工作，指定项目经理、项目赞助人，并制定重点工作项目的项目任务书，尤其是对重点工作项目开展WBS计划。

**审核KPI方案、年度重点工作。**由经营计划团队组织对各业务单位与各职能领域的KPI方案、年度重点工作清单与项目任务书进行审核。

**M5会议/公司高层团队第四次战略决策会议。**在M5会议上，高层团队将审批订货目标，审议公司预算初稿，评审并确定各业务单位与各功能部门的KPI方案、年度重点工作。

**公司年度经营计划执行情况审视。**结合在SP开发中的业绩差距分析，进一步开展本年度经营计划执行情况的审视，为下年度经营计划的制订提供参考。

**第三阶段：年度经营计划与预算制订**

这一阶段的目的是确定公司年度经营计划、各业务单位与各功能部门年度经营计划、公司全预算、各业务单位与各功能部门年度经营计划与全预算。

主要活动包括：

**合并数据测算。** 根据公司全预算初稿，各业务单位与各功能部门拟制本部门的全预算初稿，由公司财务部、人力资源部进行数据合并与测算。

**预算初评。** 由公司经营计划团队对各业务单位与各功能部门的全预算初稿开展初步评审。

**拟制下年度经营计划。** 由公司经营计划团队拟制下年度经营计划，包括年度业务目标、总体策略与资源配置、产品组合策略、市场与区域策略、交付与服务策略、管理变革、总预算（财务+人力）、年度KPI目标与年度重点工作等。

**公司全面预算、人力预算刷新。** 根据公司高层团队的要求和公司资源配置情况，由财务部、人力资源部组织刷新公司全面财务预算、人力预算。

**制订各业务单位年度经营计划与制定/刷新全预算。** 各业务单位年度经营计划包括市场需求/竞争/机会分析、年度销售预测与销售计划/要货计划、产品组合与路标、关键策略（市场、竞争、运营）、KPI目标与年度重点工作等。同时，根据前面的全预算初稿，刷新财务预算、人力预算。

**制订各功能部门年度经营计划与制定/刷新全预算。** 各功能部门年度经营计划包括年度市场洞察与机会分析、业务策略与管理策略、各领域业务计划（如年度营销活动计划、生产计划等）、KPI目标与年度重点工作等。同时，根据前面的全预算初稿，刷新财务预算、人力预算。

**审核各业务单位与各功能部门的年度经营计划与全预算。** 由公司经营计划团队组织审核，必要时公司高层领导参加。

**M6会议/公司高层团队第四次战略决策会议。** 在M6会议上，公司高层团队就公司年度经营计划与全预算、各业务单位年度经营计划与全预算、各功能部门年度经营计划与全预算进行评审并确定。

**预算发布及费用授予。** 由公司财务部发布正式的财务全面预算，对各项费用（包括销售费用、研发费用、管理费用、财务费用）进行授予。

**各业务单位、各功能部门年度经营计划与全预算定稿。** 根据M6会议评审意见，各业务单位与各功能部门年度经营计划与全预算定稿、正式下发。

**签订绩效合同。** 对于公司高层人员，拟制年度绩效合同，并由公司与高层人员签订。

**年度经营计划述职。** 由各年度经营计划负责人向公司高层团队或董事会开展述职，除了简要回顾过去外，重点就如何实施年度经营计划，如何实现年度经营目标与KPI目标进行述职说明。

## 二、年度经营计划管理体系

除了年度经营计划流程外，评审规范、决策标准、衡量指标、激励机制、领导力与沟通机制等，构成以流程为主线的年度经营计划管理体系。

年度经营计划流程主要涉及的角色包括公司高层团队、公司规划战略团队、公司经营计划团队、BU/PL管理团队、BU/PL规划团队、各职能团队。按照IPD与MM模式，公司高层团队、公司规划战略团队、BU/PL管理团队、BU/PL规划团队分别为IRB、C-PMT、BU/PL-IPMT、BU/PL-PMT，关于这几个团队的关系与主要职责在前述"SP管理体系"中已有说明。一般来说，公司规划战略团队也就是公司经营计划团队，也有些公司把两者分开设置。

在上述年度经营计划流程图中只体现了公司高层团队的M4、M5、M6评审与决策会议，其实企业可以参考SP流程，设置公司经营团队的Cx协调与评审会、BU/PL管理团队的Rx研讨与评审会。如同SP流程，对这些会议需要制定运行日历、会议议程、会议规则、评审规范、决策标准等，以保障年度经营计划的质量。

年度经营计划开发流程的绩效衡量参照SP流程，同样可以从三个方面加以度量，一是年度经营计划流程与管理体系的完备度怎么样，二是年度经营计划开发活动运行如何，包括开发活动的完成率、进度计划完成率、流程遵从度，三是年度经营计划执行的结果达成情况。

其实，年度经营计划流程根据SP流程输出的第一年内容的展开与调整，两种是紧密衔接的，甚至可以当作一个整体性流程来看待，所以两者的管理体系可以融合为SP/BP管理体系。

在年度经营计划流程中，包括了人力预算、财务全面预算活动等。

全面财务预算操作流程如图5.10所示。

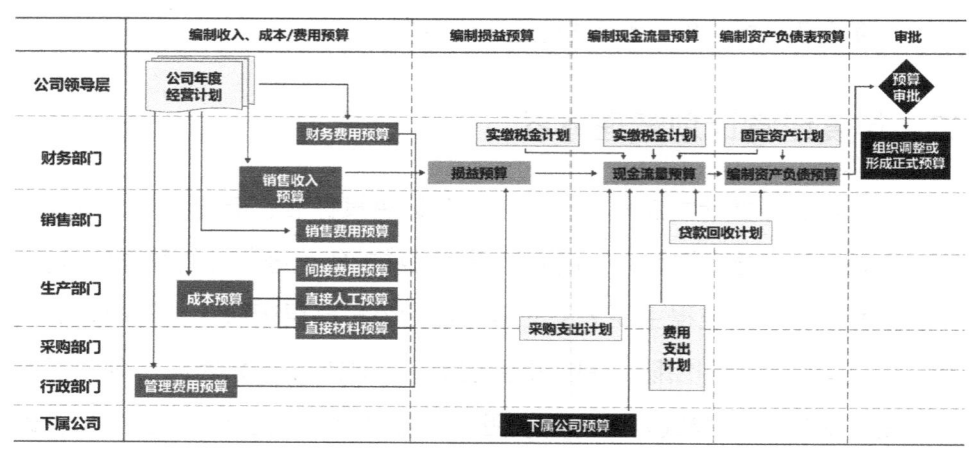

| | 编制收入、成本/费用预算 | 编制损益预算 | 编制现金流量预算 | 编制资产负债预算 | 审批 |
|---|---|---|---|---|---|
| 公司领导层 | 公司年度经营计划 | | | | 预算审批 |
| 财务部门 | 财务费用预算 | 实缴税金计划 | 实缴税金计划 | 固定资产计划 | 组织调整或形成正式预算 |
| 销售部门 | 销售收入预算 → 销售费用预算 | 损益预算 → | 现金流量预算 → | 编制资产负债预算 | |
| 生产部门 | 成本预算 — 间接费用预算 / 直接人工预算 / 直接材料预算 | | 贷款回收计划 | | |
| 采购部门 | | | 采购支出计划 | 费用支出计划 | |
| 行政部门 | 管理费用预算 | | | | |
| 下属公司 | | 下属公司预算 | | | |

图5.10　全面财务预算操作流程

## 第四节
## 战略执行运营流程与管理体系

按照DSTE流程架构，二级流程（L2）包括SP流程、年度经营计划流程、战略执行运营流程，打造以战略执行运营流程为主线的战略执行运营管理体系，是DSTE管理体系的关键组成部分，可以说是也最复杂的部分，因为涉及方方面面的执行运营管理手段与活动。按照华为的实践，战略执行运营（或称为管理战略执行与监控）的基本过程，如图5.11所示。

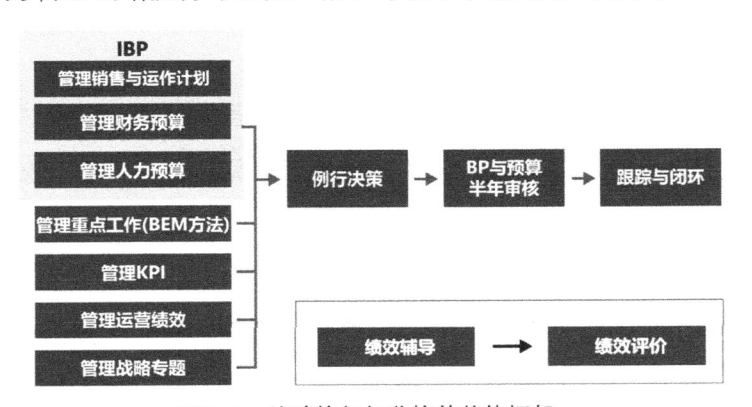

图5.11 战略执行与监控的整体框架

按照上面框架，笔者把相关管理过程归纳为九个战略执行运营的管理手段，分别为：

①管理销售与运作计划；

②管理财务预算；

③管理人力预算；

④管理重点工作；

⑤管理KPI；

⑥管理运营绩效（组织、项目、岗位绩效）；

⑦经营分析与监控；

⑧业务计划审视；

⑨管理战略专题。

值得说明的，DSTE战略执行运营手段与活动，是在各业务管理体系和各职能管理体系执行运营活动基础上开展的，两者相互衔接，但应避免重复，比如IPD管理体系中开展了研发项目的项目运营工作，在产品线经营分析与监控中只是对研发项目的整体执行情况进行审视，不应该再重复去回顾各研发项目的执行情况了。财务部、人力资源部需要开展日常财务预算监控、人力预算监控，而DSTE战略执行运营中的管理财务预算、管理人力预算是在此基础上，建立按月度/季度例行的财务预算、人力预算回顾、分析与调整机制。

## 一、管理销售与运作计划

销售与运作计划（S&OP），是一种企业管理方法，旨在协调销售、运营、供应链和财务等多个部门之间的决策和活动，以实现有效的生产和供应链计划管理。

推行S&OP模式的目的在于：

- S&OP允许企业在时间上对需求进行预测，并对不同的未来情况进行模拟，以制订最佳的生产计划、库存和交付方案，同时确保生产能力和资源匹配，以支持公司经营计划。

- S&OP可以帮助企业在人力、物流、资金等方面实现最优化，提高资源利用率并减少库存风险和废料浪费。

- S&OP可以提高企业的响应速度，以适应市场的需求和变化，从而增强企业的竞争力。

# 第五章 打造基于BLM/MM/BEM的DSTE战略管理体系

- S&OP可以减少跨部门协调的时间和决策，提高生产效率和减少库存成本，并通过更好地掌握供应链信息来避免库存紧张或短缺并降低成本。
- S&OP允许企业在市场需求变化时更快地响应，同时在内部协调的同时提高企业的客户服务质量和满意度。

S&OP的大致过程如下：

首先是销售与市场部门比较实际的需求与销售计划，估计市场的潜力以及项目未来的需求。更改的需求随后传达到制造、研发、财务等部门，相关部门应提供相应的措施来支持销售计划的完成，所有影响销售计划实现的困难都要得以解决，或通过包含由总经理召开的正式会议的一系列流程来更改销售计划。最后的结果是产生对于各部门协调一致的一系列"行军指令"。

S&OP对上承接3~5年战略规划与年度经营计划（SP/BP），在销售需求与供应能力之间取得平衡后，往下驱动主生产计划（MPS）的制订，发挥着承上启下的关键作用，如图5.12所示。

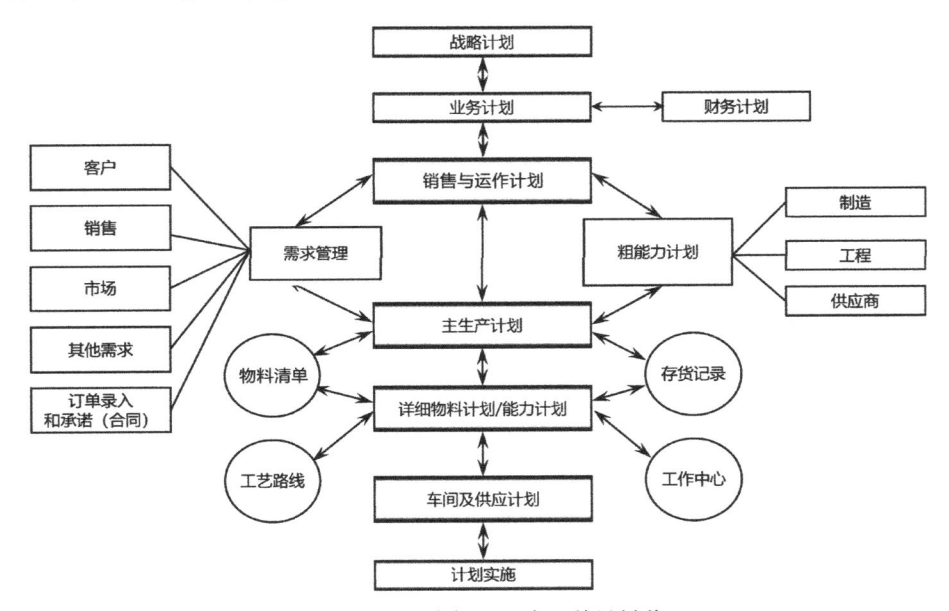

图5.12 S&OP发挥承上启下的关键作用

典型的S&OP运行流程如表5.2所示。

表5.2 典型的S&OP运行流程

| 步骤 | | 时间（工作日） | | | | | | | | | | | | | | | | | | |
|---|---|---|---|---|---|---|---|---|---|---|---|---|---|---|---|---|---|---|---|---|
| | | 1 | 2 | 3 | 4 | 5 | 6 | 7 | 8 | 9 | 10 | 11 | 12 | 13 | 14 | 15 | 16 | 17 | 18 | 19 | 20 |
| 1 | 统计预测 | ■ | ■ | ■ | | | | | | | | | | | | | | | | | |
| 2 | 销售市场评估 | | | ■ | ■ | ■ | | | | | | | | | | | | | | | |
| 3 | 汇总需求评审 | | | | | ■ | ■ | | | | | | | | | | | | | | |
| 4 | 供产销协调/供应评审 | | | | | | | ■ | ■ | ■ | ■ | ■ | | | | | | | | | |
| 5 | S&OP预备会 | | | | | | | | | | | | | ■ | ■ | | | | | | |
| 6 | 高层预审 | | | | | | | | | | | | | | | ■ | ■ | | | | |
| 7 | S&OP会议 | | | | | | | | | | | | | | | | | ■ | | | |
| 8 | 执行S&OP | | | | | | | | | | | | | | | | | | ■ | ■ | ■ |

这8个步骤主要关注的内容如下：

①统计预测：数据收集并绘制曲线图，数据波动分析，未来趋势分析。

②销售市场评估：销售目标达成性分析，开发进度保证措施分析，修订产品预测表（分区域）。

③汇总需求评审：汇总各产品的销售目标/销售计划，汇总各产品的要货计划，反馈信息到市场与销售负责人并审核。

④供产销协调/供应评审：进行物料需求计划模拟分析，开展需求分析、生产与物料供应等能力分析，提出供需平衡方案。

⑤S&OP预备会：明确产品版本计划，解决供产销协调会议的遗留问题，提出解决方案和建议，提出S&OP会议日程。

⑥高层预审：评审S&OP会议的方案、S&OP会议日程，提出重大问题的解决方案。

⑦S&OP会议：评价总体业绩，评审、确认各产品族的计划及预算并形成决议。

⑧执行S&OP：执行计划并进行记录，提出执行过程的问题与解决措施。

S&OP运行除了流程外，关键还需要构建的组织保障机制，除了相关业务部门（产品事业部/产品线、采购部、销售部、市场部、制造部等）与职能部门（如综合计划部、销售计划部、生产计划部、研发项目管理部等）外，还需要建立S&OP决策委员会,这并非一个实体部门，而是由公司领导、各事业部/产品线总经理、各大部门总监组成的议事决策机构。

图5.13是一家通信企业的S&OP组织体系架构。

公司级S&OP决策委员会称为公司级计划委员会（简称计委），公司综合计划部作为计划委员会的执行秘书机构；在各产品线设立了二级计划委员会（二级计委），产品线综合计划处作为二级计委的执行秘书机构，并分产品族设立联席计划工作组（相当于供产销协调小组）；相关业务部门与下属的计划职能部门在公司计委领导、二级计委领导下开展工作。这样的组织结构充分体现了S&OP以产品类别计划为主线的运行思路。

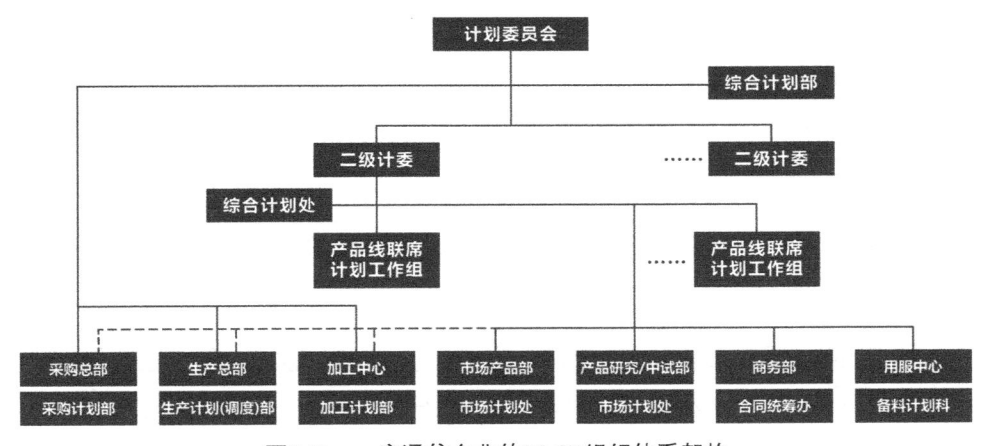

图5.13 一家通信企业的S&OP组织体系架构

## 二、管理财务预算

SP与年度经营计划的执行必须依靠资金资源的配置、运用与控制，以实现在合理预算管控下达到经营目标的目的。年度财务预算是数字化的年度业务计划，本身就属于年度经营计划的组成部分。财务预算管理是企业围绕预算而展开的一系列管理活动，包括目标确定、预算编制、预算控制、预算分析、预算考评等。

在华为，任正非认为全面财务预算要牵引公司整体实现经营目标。预算被视为实现经营目标和规避市场风险的导航器。对公司的预算管理，强调以下管理原则：

- 以公司发展战略为导向，围绕经营目标实施；
- 以财务控制为基本手段，力求积极稳健，加强风险控制；
- 全面预算，全员参与，全方位实施，全过程控制；
- 统筹安排，科学合理，效益优先，综合平衡；
- 量入为出，量力而行，精打细算，挖潜增效；
- 细化考核，有效监督，权责对等，激励约束并重。

普华永道公司则认为，预算能将各部门的行为统一在公司战略之下，确保各项业务计划和公司经营战略的一致性。

为了达成财务预算的目的，需要开展两个层面的预算监控来监控活动：

一个层面涉及财务部和业务部门在财务预算与日常执行情况存在差异时的分析与控制活动，包括当差异超出正常波动范围时的分析与干预。例如，某科技公司财务部在月中对比技术中心研发费用预算与实际执行情况时，发现某关键技术领域的预研实际费用仅完成月度预算的15%左右，明显异常。经过深入分析，发现预研项目组与外部研究机构合作进度缓慢，且付款延迟影响了合作关系。为此，经过与技术中心协调，制定了推动外部研究合作的行动计划。

在一些情况下，由于开展未计划且无预算安排的业务活动，需要进行预算外资金申请和审批。尽管我们力求避免此类情况，并严格授权审批流程，但内外环境的变动或计划不周全等因素可能导致一些预算外的业务活动变得必要，甚至具有战略性。此时，预算外审批成为必要。正如《华为基本法》第七十六条所述："公司坚决主张强化管理控制。同时也认识到，偏离预算（或标准）的行动未必一定是错误的；单纯奖励节约开支的办法不一定是一种好办法。"

以杭州一家自动化设备公司为例，2022年9月参加汉捷咨询举办的公开课后，公司认为2022年底开展战略解码与年度经营计划、产品线实体组织调整咨询至关重要，尽管当年没有管理咨询预算。于是，公司增加了管理咨询预算，完成预算外审批，迅速与汉捷咨询合作启动咨询项目。经过三个多月的努力，公司调整了产品线组织与研发中心组织结构，完成了系统的战略解码，并制订了更为详细和充实的年度经营计划。2023年第一季度试运行后，产品线组织的机会捕捉与快速响应能力显著增强，不仅实现了预期的销售机会，还新增了多个具有潜力的销售机会点。各项战略性任务也在紧锣密鼓地推进中。公司总裁在5月访问汉捷咨询深圳总部时，对2023年经营目标的达成和未来发展充满了信心。

还有种情况是超预算审批。这种情况同样需要尽量避免，且应严格进行授权审批，否则预算将失去其应有的严肃性，也不利于业务主管与财务人员的协同工作，以确保预算的准确性。

另一个层面是DSTE战略执行运营中的管理财务预算。管理财务预算并非简单重复财务部和业务部门日常进行的财务预算监控工作，而是在此基础上进行更具统筹性的财务预测与预算绩效监控。依据财务预算管理的整体框架（见图5.14），业务执行过程中需要进行日常绩效监控，通过核算发现预算与实际存在的偏差。为了确保预算能够有力支持业务活动并得到有效控制，我们需要开展财务预测与分析、实施弹性管控，并据此做出经营决策与改进措施。

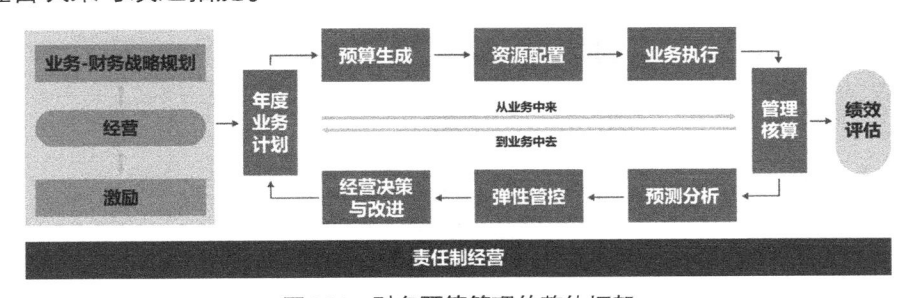

图5.14 财务预算管理的整体框架

根据业务目标和预算目标的完成情况，对下一时段进行财务预测，旨在及时更新并反映公司最新的、可能的经营结果，并据此进行管控，这构成了管理财务预算的基本过程。在操作层面，这一过程通常按月进行。在月度预算分析会召开之前，各部门会对比上月的业务目标、财务预算与实际完成情况，分析存在的差距及其原因，并对下月乃至年底的财务状况进行预测。在预算分析会上，各部门不仅需要分析上月预算的执行情况，还需要说明本月预测与实际之间的偏离情况。最后，根据弹性管控原则，管理层或财经/预算委员会将确定本月及年度后续月份的财务预算。

## 三、管理人力预算

人力资源是企业第一资源，不仅是战略目标与年度经营目标实现的根本保障，而人工费通常也是财务预算中"研管销"费用（研发费用、管理费用、销售费用）的主要组成部分，所以人力预算与执行情况对于业务目标、预算目标的达成至关重要。

根据公司战略规划，按照业务驱动的原则，做出人力资源预算要求，执行人力资源预算及规划，并执行驱动经营结果的达成，这就是人力资源预算制定的基本过程，如图5.15所示。

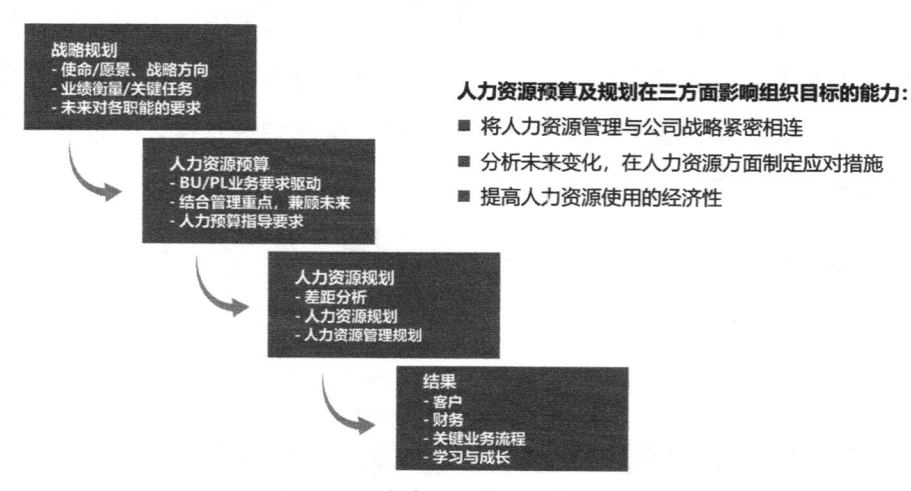

**战略规划**
- 使命/愿景、战略方向
- 业绩衡量/关键任务
- 未来对各职能的要求

**人力资源预算**
- BU/PL业务要求驱动
- 结合管理重点，兼顾未来
- 人力预算指导要求

**人力资源规划**
- 差距分析
- 人力资源规划
- 人力资源管理规划

**结果**
- 客户
- 财务
- 关键业务流程
- 学习与成长

**人力资源预算及规划在三方面影响组织目标的能力：**
- 将人力资源管理与公司战略紧密相连
- 分析未来变化，在人力资源方面制定应对措施
- 提高人力资源使用的经济性

图5.15　人力资源预算制定的基本过程

人力资源预算的制定需要同时考虑长期战略与短期经营目标的需求。从短期经营目标的角度来看，控制人力成本确实有助于利润目标的实现。然而，如果在某些战略领域（如技术研发、新市场开拓）投入不足，将影响企业的长期竞争力和战略目标的达成。在平衡长期战略与短期利润目标时，华为在《基本法》中明确指出"人力资本增值的目标优先于财务资本增值的目标"，并不单纯追求短期利润最大化。对于扩张型企业而言，华为的这一原则值得借鉴，但并非盲目增加人力资源和成本。

实际上，各部门往往倾向于增加人手，这可能导致人员冗余和规模膨胀。一旦经营形势不佳或未达到预期，企业不得不进行裁员，带来巨大损失。为解决这一问题，除了将人力资源配置与业务目标紧密结合，还需要控制部门数量和新部门的设立（战略性部门除外），并持续提升人员效率。有时，人效的弹性之大超乎想象，如马斯克接手推特公司（现更名为X公司）后，尽管裁员近80%，但业务仍能正常运转。

管理人力预算与管理财务预算的方法类似，都是根据业务目标和人力预算目标的完成情况，对下一时段进行人力预测。在具体操作上，这通常按月进行。在月度人力预算分析会前，各部门会对比上月的业务目标、人力预算与实际执行情况，分析差异及原因，并对未来月份乃至年底的人力需求进行预测。在预算分析会上，各部门不仅要汇报上月的人力预算执行情况，还需要解释本月人力预测与实际之间的偏差。最后，根据弹性管控原则，管理层或人力资源管理委员会将确定本月及后续月份的人力预算。

从上述的S&OP、管理财务预算、管理人力预算来看，这三者不仅相互关联，而且都遵循统计、偏差分析、预测到计划调整的逻辑。因此，越来越多的企业选择将三者整合起来运行，这就是集成业务计划。在企业资源计划领域，集成业务计划也被称为S&OP的升级版。

管理集成业务计划旨在将公司本年度的各项业务计划，如S&OP、营销活动计划等，与财务预算计划、人力资源计划进行集成统一的管理和监控。

此举有助于推动计划执行部门的协同运作，实现资源的合理配置，进而提升工作效率。同时，它还能确保各项业务计划与财务计划、人力资源计划之间的高度匹配，降低经营风险，保证经营结果的可控性和可预期性。

图5.16展示了一个典型的集成业务计划的运行框架。集成业务计划以SP与年度经营计划及预算为基础，通过整合S&OP（包括产品计划、营销活动计划等相关业务计划）、重点工作计划、财务滚动预测以及人力资源计划与预测，来支持年度经营计划与预算的实现。此外，还需要通过各类项目计划的调整、运行和管理来确保这些计划的落实。

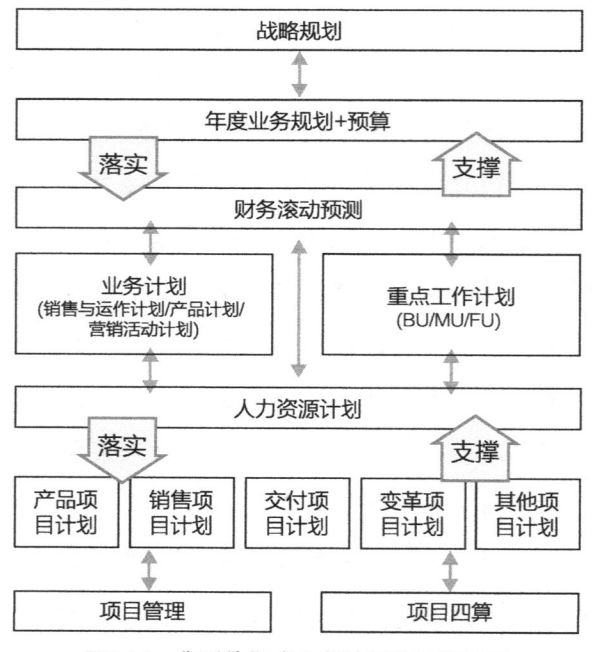

图5.16 典型的集成业务计划的运行框架

从时间维度来看，S&OP（包括销售计划、生产计划等）展示的是未来18个月的滚动计划。而财务滚动预测和人力滚动预测则是基于年度已执行月度的数据收集与差异分析，对年度未执行月份进行滚动预测。在年度未执行月份，这两者进行协调与互联，从而实现了业务计划执行及调整与财务预算监控、人力预算监控的集成，如图5.17所示。

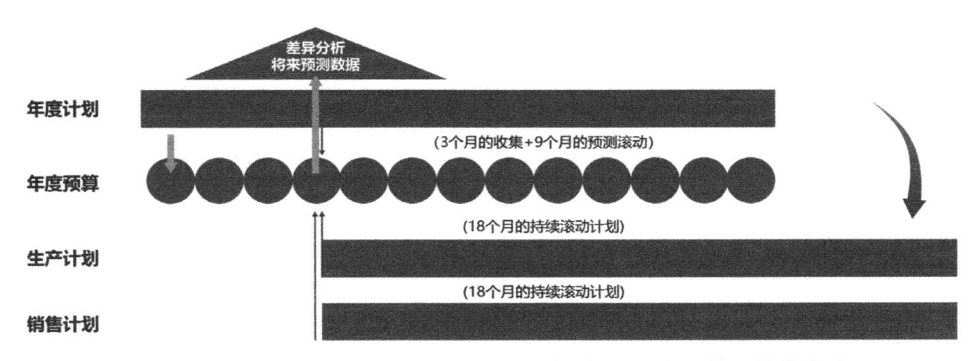

图5.17 业务计划执行及调整与财务预算监控、人力预算监控的集成

## 四、管理重点工作

在年度经营计划制订过程中，已经解码得出了公司级、部门级的年度重点工作，并进一步对各项重点工作进行立项，指定项目经理、项目赞助人，并制定重点工作项目的项目任务书，尤其是对重点工作项目开展WBS计划，对每项重点工作任务明确责任人、交付件及要求、计划开始时间与计划完成时间。在战略执行运营环节，如何使各项重点工作与重点工作任务得到有效实施，关键对重点工作进行运营管理。

重点工作运营管理的基本思路包括：

- 由经营管理部或质量运营部等职能管理部门负责重点工作的日常运营管理；
- 每月召开质量运营会议或重点工作运营会议，由部门业务管理团队对重点工作实施监控、分析和评价；
- 构建重点工作项目运营管理指导书，以及项目活动推进方法和工具；
- 对于各项重点工作项目，由项目经理实施周例会或月例会管理；
- 构建IT系统，项目看板运营，实施综合诊断，监控战略执行落地过程；
- 将重点工作项目纳入管理者考评。

年度重点工作解码不到位是众多企业遭遇的难题。有些企业仅将年度重点工作作为业务目标的另一种表达，或将例行性工作列为重点工作，导致分解的任务多为日常琐事，缺乏具体性、衡量标准以及挑战性。更为严重的是，这些重点工作的落实问题重重。它们虽在会议上被提出，并伴随相关文件的下发，但各部门的执行往往依赖于自觉性。大家往往忙于日常业务和管理，一旦重点工作遭遇障碍，特别是在跨部门沟通困难时，这些工作便易被搁置一旁。

以深圳一家医疗设备企业为例，该企业在2020年底确立了16项公司级关键事项作为年度重点工作，涵盖研发效率提升、组织能力增强、ERP系统建设等多个方面。然而，至2021年9月，除ERP系统因有明确的进度和期限要求而进展顺利外，其他重点工作均缺乏显著进展。企业董事长表示，对于如何推进和追责这些工作感到迷茫。

年度重点工作有效实施的关键在于按照项目的方式进行运作管理。这包括项目进度管理、变更管理、项目例会管理、月度重点工作运营会议、重点工作项目考核评价以及项目结项等多个方面。在组织保障方面，每个年度重点工作的项目经理都需要对项目的过程和结果负责，确保项目管理工作得到有效开展。同时，重点工作项目的赞助人需要承担领导责任，为项目提供必要的资源，并对项目与项目经理进行指导、监督与评价，以解决项目层面遇到的难题。此外，战略执行运营部门（如经营管理部、企业管理部等，在华为则为质量运营部）负责重点工作的运作支撑管理。

战略的本质在于创新突破，而年度重点工作则是依据战略要求，当年需要着力创新突破的工作领域，特别是涉及组织能力提升与突破的部分。这些工作的有效识别和实施，不仅直接影响当年经营目标的完成，更是未来战略目标达成的关键支撑，因此在BEM中，解码年度品质关键点与年度重点工作被统称为"战略目标支撑体系"。现实中，不少公司虽设定了宏伟的战略目标，但每年都难以达成，这往往与年度重点工作管理不善有着直接关系。

在一些公司，年度重点工作又被形象地称为"战役"或"硬仗"，但通常仅挑选3~5项公司级的突出性重点工作作为"战役"或"硬仗"。这种选择方式虽然突出了少数关键工作，但在当前竞争激烈、客户要求日益提升的背景下，仅关注这些关键性创新突破工作已显不足。企业要想实现高质量持续发展，对创新突破的需求愈发强烈，这也要求公司及各级组织在多个方面都要持续开展年度重点工作。例如华为，不仅公司级每年开展TOP1~10项年度重点工作，其下属各级部门也需要主导开展多项年度重点工作。因此，实施多组织层级的数十项甚至更多年度重点工作，必须依赖有效的重点工作运营管理。

需要明确的是，研发项目工作（涵盖产品开发、技术开发、预研、维护开发等）并不属于年度重点工作管理的范畴。这些工作同样是创新突破的重点，但已单独列出，作为"单列的重点工作"，按照研发路标或临时立项进行管理。

## 五、管理 KPI

谈及KPI，人们自然而然地联想到绩效目标、绩效考核。确实，KPI作为关键成功要素达成程度的关键衡量指标，不仅是组织绩效、个人绩效的绩效结果和目标值的依据，同时也是业务流程产出结果的重要衡量标准，更是衡量组织能力的基本尺度。因此，管理KPI不仅意味着要对组织绩效中的关键KPI目标完成情况进行跟踪，分析差距原因并提出改善对策，还需要对所有KPI的实际值进行统计、跟踪、监控与干预，以保障业务流程产出与组织能力维持在健康状态。

图5.18是一个采购组织绩效KPI分析的例子。

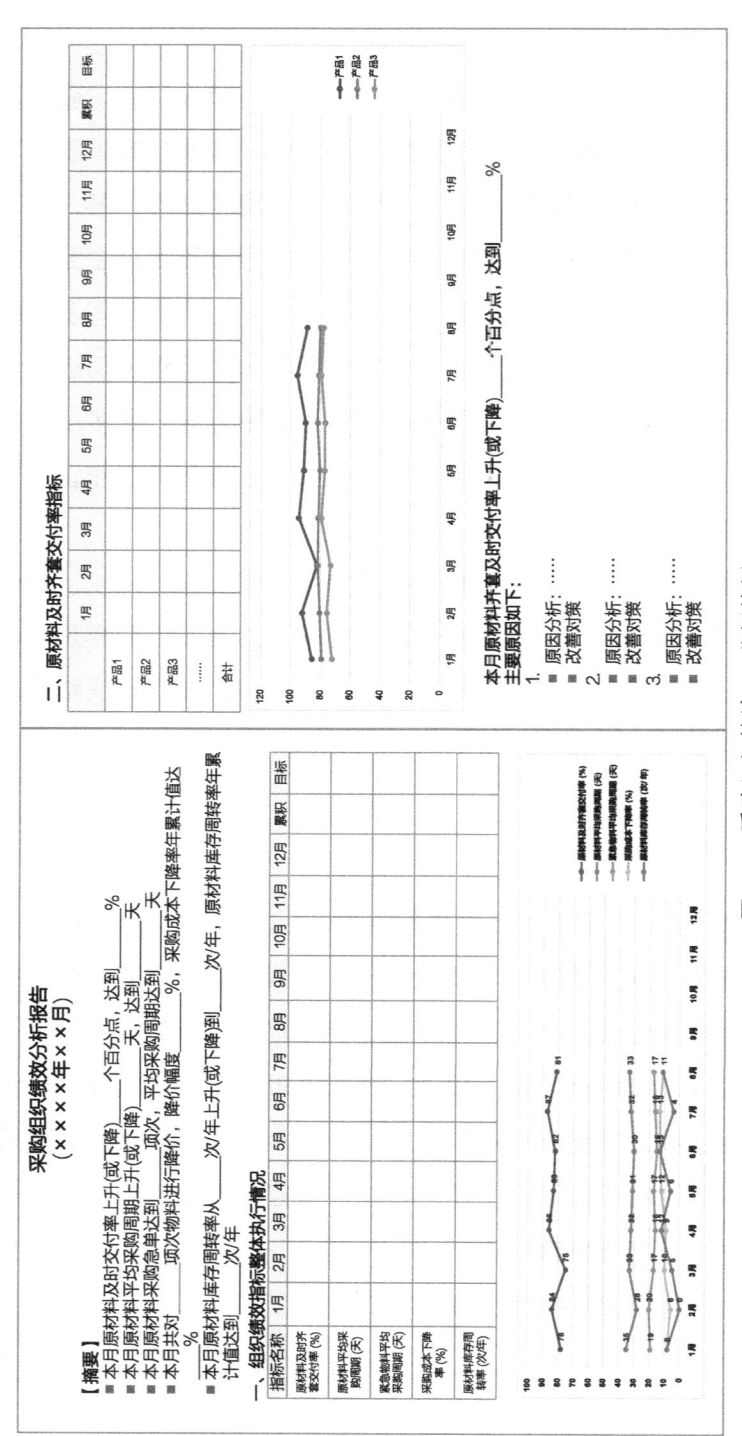

图5.18 采购组织绩效KPI分析的例子

表5.3是对于一个KPI进行实际值统计、监测的例子。

**表5.3 研发KPI统计与监控表（示例）**

产品线：××××　　　　KPI名称：研发日程达成率

| | 区分 | 1月 | 2月 | 3月 | 4月 | 5月 | 6月 | 7月 | 8月 | 9月 | 10月 | 11月 | 12月 | 年均 |
|---|---|---|---|---|---|---|---|---|---|---|---|---|---|---|
| 2017年实绩 | 计划 | 80.0 | 80.0 | 81.0 | 81.0 | 82.0 | 82.0 | 83.0 | 83.0 | 84.0 | 84.0 | 85.0 | 85.0 | 82.5 |
| | 实绩 | 79.6 | 80.3 | 82.5 | 80.9 | 82.5 | 83.1 | 83.7 | 83.9 | 83.2 | 84.6 | 84.1 | 85.1 | 82.8 |

| 目标设定 | 2017年基线（Baseline） | 2018年目标 | 单位 |
|---|---|---|---|
| | 84.6 | 90.0 | %/月 |
| 基准日期 | 2017年1—12月均值 | 2018年10—12月均值 | |

| | 区分 | 1月 | 2月 | 3月 | 4月 | 5月 | 6月 | 7月 | 8月 | 9月 | 10月 | 11月 | 12月 | 年均 |
|---|---|---|---|---|---|---|---|---|---|---|---|---|---|---|
| 2018年目标 | 计划 | 84.0 | 84.5 | 85.0 | 85.5 | 86.0 | 86.5 | 87.0 | 87.5 | 88.0 | 90.0 | 90.0 | 90.0 | 87.0 |
| | 实绩 | | | | | | | | | | | | | |

## 六、管理运营绩效

在年度经营计划中，我们明确了组织绩效目标，包括KPI目标与年度重点工作目标，并签署了高管的绩效目标责任书或个人绩效承诺。然而，这仅仅是绩效目标达成的起点，后续如何通过组织绩效乃至个人绩效管理来实现这些目标，是一项更为艰巨的任务。事实上，众多公司在绩效管理上面临着重重困难，效果不尽如人意，存在诸多疑惑和挑战。

### 绩效管理的困惑

一家中型通信企业在推行绩效管理过程中遇到的问题颇具代表性。汉捷咨询得知，该公司虽已推行绩效管理近两年，但对经营目标的落实推动效果并不显著，导致计划与实际执行之间存在较大的脱节和偏差。

该公司通常在每年10月开始准备次年的销售预测和销售计划。到了10月底，公司会明确下一年的目标总盘子，这主要包括销售目标和利润目标，并随后下发制订经营计划的通知。各部门会依据公司下达的总盘子编制各自的计划，经过两轮评审和修改后，提交至公司经营会议进行评审。一旦通过，总裁办会进行汇总，并宣布经营计划的下达。同时，财务部会组织各部门准备财务预算，而人力资源部则根据部门的KPI准备中高层的目标责任书，即绩效合同。随后，总裁代表公司与中高层分别签订这些合同，作为绩效管理的依据。

由此可见，经营计划、绩效合同和财务预算分别由总裁办、人力资源部、财务部组织制订。而在接下来的执行和监控工作中，这三个方面的计划也各自独立进行，缺乏统一的协调和管理。

各部门依据下发的经营计划开展各项工作，并编制各类报表、报告。销售报表、生产周报、服务动态、工作总结等文件频繁出现。起初，员工对这些报表、报告颇为重视，但随着时间的推移，大家逐渐习以为常，对这些内容不再仔细审阅。为确保经营计划的落实，总裁办每月组织经营例会，检查计划的执行情况，并规划下个月的计划。在会议上，各部门首先汇报自身工作总结，对于成果进行渲染，而未完成的目标和计划则多归因于客观环境和上游环节的配合问题，而自我反思时则常提及人手不足。人力资源部经理因此倍感压力，诉苦称招聘难度增大，且上月已有大量新员工入职。财务总监则强调今年销售价格下滑15%，需要严控人力成本。随后，各方激烈争论，总裁见无实质性进展，便及时部署下月任务，并强调团队协作，以达成下月目标。

人力资源部依据年初制定的目标责任书中的指标，努力收集考核数据和评价表格。然而，由于公司的数据基础较为薄弱，且主要依赖于各部门提供的数据，导致部门兼职统计人员在完成人力资源部安排的任务时显得力不从心。对于收集到的数据，由于人力资源部对业务细节不够熟悉，因此难以判断其准确性。此外，一些指标需要相关部门进行打分评价，但评价表格发放后回收速度缓慢，且回收的表格中有很多明显未认真填写的情况。更令人担忧的是，有些评价表的得分几乎全为满分，显示出各部门在评分时掌握的标准尺度存在显著差异。到了季度绩效考核的时候，人力资源部只能勉强为各部门进行评分。尽管大家心知评分并不准确，但由于缺乏有力的反驳理由，只能默认接受。然而，这种不公平的评分方式引起了员工的不满，他们将这种不满情绪发泄到人力资源部。人力资源部对此也感到十分委屈，认为自己的工作既费力又不讨好。

预算监控的问题更无从谈起了。由于预算本身缺乏足够的准确性和权威性，大家普遍未将预算控制视为重要事项。财务部独自承担着预算统计和分析工作，每季度定期召开预算分析会。然而，在这些会议上，财务部主要提供的是大量枯燥的数据，所做的财务分析也显得无关紧要，提出的建议如控制销售费用、降低成本等也缺乏针对性。会议结束后，一切照旧，没有实质性的改变。

显然，绩效管理的过程与经营计划、财务预算及控制并未有效结合。业务部门普遍认为，除了作为公司考核的对象，绩效管理并未对他们的业务目标实现提供实际帮助。这导致业务部门在绩效管理过程中缺乏真实参与感。同时，经营管理和绩效管理的相关活动，如报表编制、报告提交、总结汇报、例会召开、数据统计、考核实施、核算处理以及分析工作等，都显得零散而混乱，未能形成有机整体。因此，绩效管理更多地成为一个与业务运行相脱节的独立过程，对战略和业务目标的实现未能发挥实质性的推动作用。

由上述案例可见，绩效管理在企业实践中常常孤立运行，未能与业务运行、财务预算及控制紧密结合，特别是与经营计划及实施存在脱节现象。为了改善这一状况，我们不仅需要紧密衔接绩效管理的过程（特别是绩效计划、绩效辅导环节）与SP/BP，使绩效管理过程与业务运行过程合二为一，还需要各级主管切实履行绩效管理的直接责任，同时相关职能部门应协同配合，共同承担绩效管理的组织及监控职责。具体来说，战略运营部应负责组织绩效管理的运行，财务部、人力资源部应提供协助；而人力资源部则负责个人绩效管理的运行，战略运营部、财务部也应给予支持。

总体而言，我们的目标是实现绩效管理、经营计划与实施、经营分析、财务分析等战略执行及运营活动的集成化运作。各项活动在遵循各自流程的同时，应确保信息互通、协同配合，最终达成行动计划的有效执行，如图5.19所示。

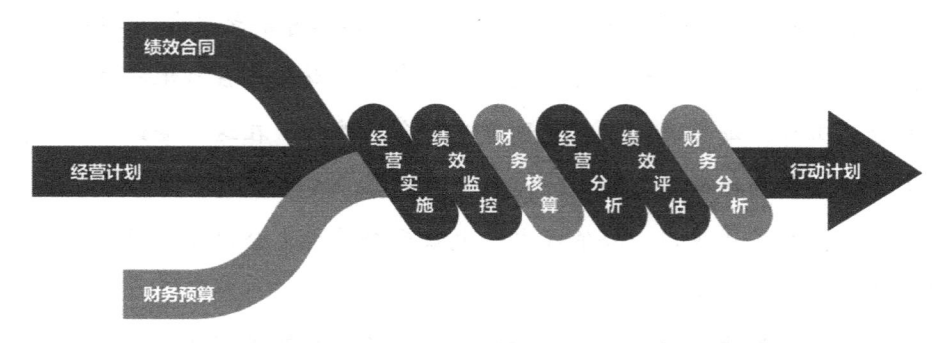

图5.19 把经营计划与执行、绩效管理、财务预算及管理"拧成一股绳"

对于绩效管理本身，组织绩效、个人绩效、项目绩效如何有效结合确实是一个重要问题。特别是随着现代企业业务与管理活动的日益项目化，美国项目管理协会创始人甚至预言未来企业"一切皆项目"的趋势，因此，如何通过项目绩效管理推动项目的高效运行成为关键一环。基于长期的咨询实践，汉捷咨询提出了一个创新的绩效解决方案，即组织绩效、个人绩效、项目绩效紧密集成的"铁三角"模式，如图5.20所示。

根据公司战略目标和年度经营目标，我们需要明确公司、各一级部门的KPI目标与年度重点工作项目，并进一步细化至各二级、三级部门的KPI目标和年度重点工作项目。对于二级及以下部门，需要根据企业规模和管理精细化程度来决定是否设立自己主导的年度重点工作。即使这些部门没有自己主导的年度重点工作，相关责任人也需要承担上级部门分配的年度重点工作项目或任务。各级组织的KPI目标及重点工作项目目标，作为组织绩效目标（如华为等公司仅将KPI目标视为组织绩效目标），将纳入组织绩效管理循环中。

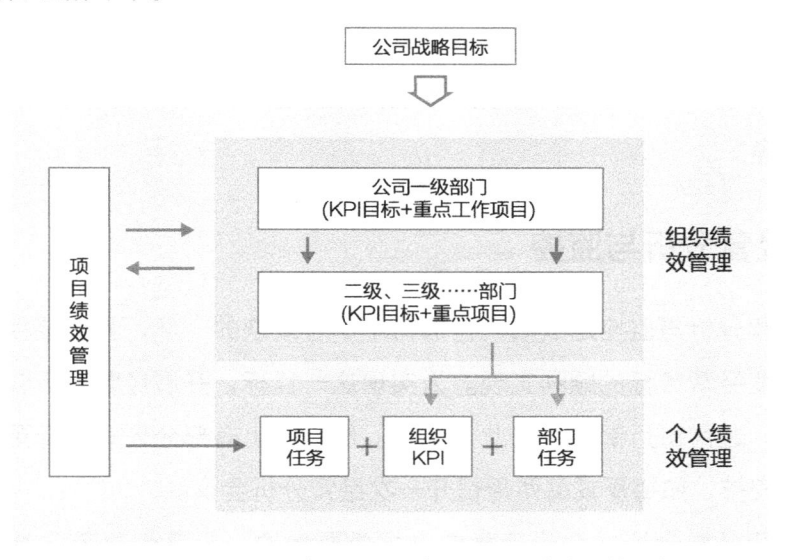

图5.20　打造组织绩效、个人绩效、项目绩效的"铁三角"

项目绩效管理方面，重点工作项目的整体绩效已纳入组织绩效管理范畴。至于重点工作项目及其他业务项目（涵盖研发项目、交付项目、销售项目、营销活动项目、SP开发项目等）的项目经理与成员，在项目任务书或WBS计划中需要明确绩效目标（含项目KPI目标、项目任务目标、关键行为目标），并据此开展绩效辅导。至于绩效考核是否纳入个人绩效计划及考核表或个人绩效承诺，则根据具体情况而定。例如，研发项目作为非例行性创新项目，需要纳入个人绩效考核表或个人绩效承诺；而SP开发项目作为例行性项目，在已定义流程下运行，则无须纳入个人绩效考核表或个人绩效承诺。

在个人绩效管理循环中，绩效目标主要源自三个层面：一是承接的组织KPI目标或经过进一步分解的KPI目标；二是承接的项目任务目标，其中包括重点工作任务；三是承接的部门任务目标，这同样涵盖了主管需要负责的组织及人员管理关键任务。此外，还可以根据需要选择包含价值观及行为要求。基于这些目标，进而制订个人绩效计划及考核表或个人绩效承诺。

通过这样的流程，公司战略目标与年度经营目标首先被分解到各级组织/部门，进而进入组织绩效管理循环。随后，这些目标进一步落实到个人绩效管理循环中，并与项目绩效管理循环紧密结合，共同构成绩效管理的"铁三角"。

## 七、经营分析与监控

经营分析与监控是战略执行运营中不可或缺的一环，其主要目的在于推动年度经营目标的顺利实现。为实现这一目标，开展经营分析会议是基本方式，通常每月都会召开此类会议。然而，也有部分公司选择更为频繁的会议安排，如每周或每两周召开一次经营分析会议。

经营分析会议在企业运营中占据重要地位，它不仅是落实战略、达成年度经营目标的作战指挥会议，更是围绕经营目标进行深入分析的重要平台。通过问题分析，我们能够发现实际与目标的差距，并挖掘其根本原因；同时，揭示潜在风险并洞察新的机会。借助PDCA闭环管理，我们可以确保年初制定的经营目标得以有效实现。

关于如何召开企业经营分析会，常见的问题包括以下几点：

- 由哪个部门组织？如果企业未设立专门负责战略运营的部门，那么在现有的组织架构中，如战略部负责战略规划、财务部负责业财融合及财务核算、人力资源部负责人力资源管理等，应由哪个部门牵头组织会议更合适？
- 参加会议的部门与职位是什么？
- 会议的召开频率应如何确定？
- 会议的议程应如何安排？是按照价值链的顺序逐步进行，还是有其他更合适的方式？
- 谁将负责会议中遗留问题的闭环跟踪？

如果企业已设立运营管理部门（例如部分公司设立了战略运营部、经营管理部,华为更是早早成立了质量与运营部),那么经营分析会的组织与开展理应由该部门负责。如果此部门不存在,战略部、财务部或人力资源部等其中一个部门牵头负责也是可行的,其他职能管理部门需要给予配合与支持。关键在于明确经营分析的责任主体为业务部门,尤其是其领导者。在华为,业务管理强调团队协作,高层业务部门与管理部门均设有业务管理团队,由其负责经营分析工作。

尽管许多公司坚持每月甚至更频繁地召开经营分析会,且已建立了组织保障机制以及会议议程、纪要、改进措施跟进等机制,但在会议内容和重点的把握上仍有所欠缺。常见的问题主要有三种:

①会议内容以工作回顾与汇报为主,导致会议变成了"汇报会"。

所谓的汇报会,即众人依次坐定,轮流进行汇报,汇报完毕后会议便告一段落。张三汇报时,李四并无兴趣关注;反之,李四汇报时,张三、王五、赵六等人同样漠不关心。

唯有老板或总裁在专心聆听、提问,并思考解决问题的策略。而其他人则如同"陪衬",对会议内容漠不关心,甚至分心处理邮件、开小差、刷微信。

②会议中,对于存在的差距与问题,大家主要陷入了抱怨、指责和扯皮之中,使得会议变成了"批斗会"。

与会者针对过去的情况、存在的差距、问题现象或他人的问题,纷纷发表意见,各自滔滔不绝。他们谈论他人问题时热情高涨,但谈及自身问题时却显得痛苦不堪。然而,这样的讨论中缺乏对于问题根源的深入分析和切实可行的解决措施。同时,会议缺乏明确的决策和拍板,最终结束时并未形成任何决议或任务令。

③会议主要聚焦于过去的事情,而谈及未来时,也仅限于讨论目标、行动和资源配置,缺乏对市场的深入洞察和机会分析,从而变成了"近视会"。

经营分析会确实需要审视存在的差距,并明确下一步的目标、行动和资源配置等。然而,差距的产生往往源于对机会的把握不足,而下一步目标的实现更离不开机会(包括新机会)的支持。因此,如果会议仅仅局限于内部事务,没有结合或从机会的角度出发,仅仅讨论行动和资源配置,那么这样的讨论就会缺乏针对性,甚至变得空洞无物。

那么如何开好经营分析会?首先,除了明确经营分析会应紧密围绕年度经营目标,并以达成该目标为核心目的,还应清晰界定经营分析会的要点:

- 经营分析会的定位是作战会议,重点在于集中力量以取得胜利;
- 经营分析会务必聚焦于目标、风险与机会的识别与分析;
- 经营分析会的主报告应充分暴露存在的问题、风险及潜在机会;
- 各业务部门作为业务作战计划的制订与执行部门,必须分析根因、解决问题,寻找机会以达成目标;
- 高效会议的关键是议题、人员、准备、议事、任务令。

经营分析会的过程管理包括会前、会中、会后三个阶段。会前,财务部与业务部门密切配合,准备财务分析报告与业务分析报告;会中,关键是面对差距,进行根因和对策分析,形成改进举措或任务令;会后,跟进与落实纠正措施。

在经营分析会的程序上,华为通常按照以下四个步骤来开展,即准备、财务分析、业务分析、会议及任务令下达并跟进四个步骤,如图5.21所示。

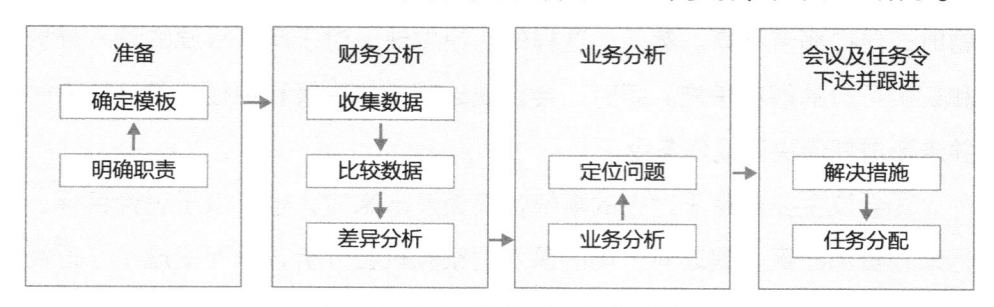

图5.21 华为经营分析的四个步骤

在财务分析过程中，有些公司过于烦琐，将各种财务指标都纳入比较分析的范围，每月都详细统计各种费用预算及完成率，力求将各种财务数据都纳入财务分析报告中。然而，这种做法在经营分析会议中反而使得焦点变得模糊，过多的财务数据容易使人感到困惑，或因讨论财务细节而占用过多的时间。因此，财务分析时，我们主要应关注销售额、销售收入/回款、毛利/净利润、现金流等核心指标，并结合总体经营目标完成情况和年度重点关注的财务指标（如应收账款、库存周转率、人均效率等）进行分析即可。

在业务分析方面，关键在于针对差距与机会进行深入分析，找出根本原因。在这方面，笔者曾帮助多家公司实施"十字管理法"，取得了不错的效果。该方法要求从纵向角度审视细分产业，从横向角度审视专业领域，横向地按细分产业分析业务共性问题（如产业对市场的判断、竞争分析、客户认知等），横向地按专业领域分析内部短板问题（如新产品进度、库存状况、质量控制、客户投诉等）。因此，负责经营分析的管理团队需要兼具纵向和横向的管理能力，逐步聚焦于团队层面应解决且只能由团队层面解决的问题，避免陷入琐碎的小项目之中。

在经营分析会议讨论时，应聚焦于今年目标的达成、关键问题的解决以及机会的捕捉。具体方法包括谈差距，谈根因，谈对策，明确短中长期需要采取的行动。图5.22提供了一个涵盖差距分析、根因分析、改进措施的例子。

经营分析会所确定的改进措施，又称任务令，必须精准有力、直击要害，即每个行动完成后，必须带来清晰的经营成果。如果目标不明确，则缺乏价值，无须进行。正确的态度是：明确具体目标、制定实施动作、设定完成时间、指定责任人、确立验收标准。这便是任务令应有的样子。

# DSTE——从战略到执行

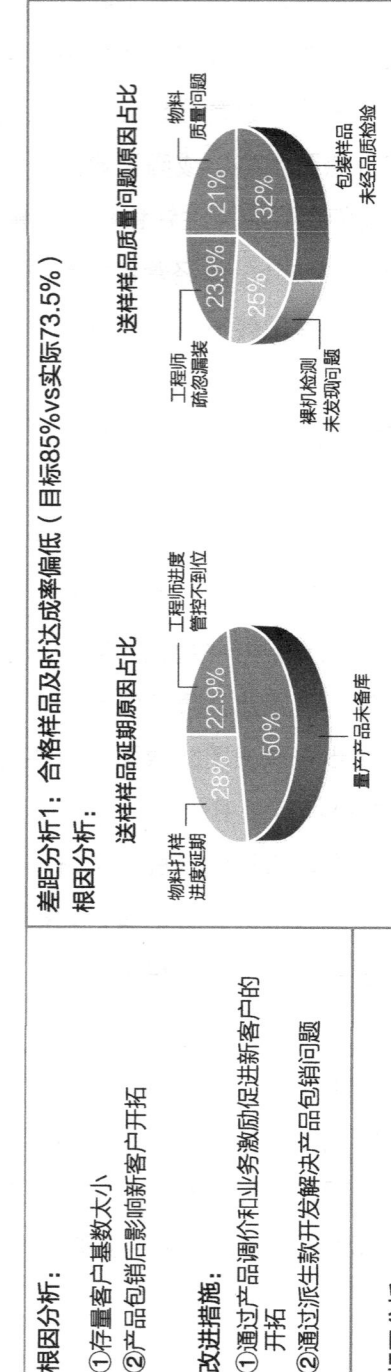

**差距分析1：合格样品及时达成率偏低（目标85% vs 实际73.5%）**

**根因分析：**

送样样品延期原因占比：
- 物料打样进度延期 28%
- 量产产品未备库 50%
- 工程师进度管控不到位 22.9%

送样品质量问题原因占比：
- 物料问题 21%
- 包装品未经质检验 32%
- 裸机检测未发现问题 25%
- 工程师疏忽漏装 23.9%

**样品延期原因：**
1. 量产产品备库完成率偏低（目标90% vs 41.9%）。例如，盛夏样机21台无备库，导致延期25天
2. 物料打样进度延期。例如，灯塔2个外箱食品包装箱，小幕斯1台雅云，平均延期20天海螺，6台冰兰，2台
3. 工程师进度管控不力。3台毁样待玻璃款

**样品质量问题原因：**
1. 包装样品未经品质检验。包装一包装一样件，包装后样品不经过品质检验，导致包装测试未发现。例如，朵拉、小幕斯样机外包装脏污
2. 裸机检测未发现问题。例如，小幕斯按键刮花，反光水桶不工作，小幕斯按键卡键
3. 工程师疏忽漏装。例如，香草漏放适配器，香包、仙鹤、佯花香漏放说明书
4. 物料质量问题。彩霞适配器不能通过NOM测试

**根因分析：**
① 存量客户基数太小
② 产品包销后影响新客户开拓

**改进措施：**
① 通过产品调价和业务激励促进新客户的开拓
② 通过派生款开发解决产品包销问题

**根因分析：**
① 对客户提案需求未深入了解，提案未能做到精准高效

**改进措施：**
① 与业务共同重新梳理提案需求单模板，在提案输入时能获取能准确、完整的需求信息，从而提高方案的有效性

图5.22 差距分析、根因分析、改进措施的例子

## 八、业务计划审视

战略规划与年度经营计划（可统称为业务计划）制订之后，在长达一年的执行过程中，必然不会一成不变，而是需要不断地应变和调整，这些调整旨在更好地实现战略目标与年度经营目标。除了通过月度S&OP及时调整计划（旨在通过计划的调整与应变，不断挖掘市场机会，促进年度经营目标的实现），还需要按照一定周期（通常是季度）对战略规划及年度经营计划进行审视，并在必要时进行调整。

在华为，业务计划审视不仅具备对战略规划与年度经营计划进行回顾与调整的功能，还承担着阶段性经营分析与纠偏的重要职责。季度业务计划审视发生在每个季度的财务指标统计完成后，由各部门管理团队（如ST）负责对上季度的主要运营指标、业务计划执行情况进行深入回顾与检查。

季度审视一般来讲是较为短期活动，公司总部没有安排各部门间的沟通。各部门如认为有必要进行跨部门协商，可自行安排。各部门的季度审视主要目的：

- 分析上季度各部门业务计划和各项指标的完成情况，对市场形势、目前面临的问题进行深入的研究，制定出相应的措施，包括竞争策略、季度预算、人员安排等，以保证完成各部门的年度任务。
- 通过季度回顾，有利于发现新的市场机会，并且通过对各部门的资源调配以便把握市场机会。
- 通过季度回顾，反思SP、年度经营计划活动中的一些预见和假设的合理性和客观性，改进工具和方法论，搜集深入研究的课题。

需要注意的是：不同时间维度的规划和审视关注问题的角度和方法会有所不同，不能一概而论。特别是季度审视和年度刷新中，对于某些预测偏差，我们不应简单否定，这可能与时间长短、偶发事件等多种因素有关，需要仔细辨识。

按照MM方法论，季度业务计划审视相当于对业务计划（包括战略规划与年度经营计划）进行复盘与调整。主要的步骤包括：

（1）评估市场环境

输入包括已经批准的愿景/使命和目标、市场分析、竞争分析、自身分析、前几月份评估、最新的第三方报告、来自区域、销售、营销、研发以及其他相应职能领域的反馈等。在本分析过程中，组合管理团队（又称规划团队）评估未来3~5年环境条件是否有所变化。

输出包括更新和建议的愿景/使命和目标、市场分析、竞争分析、自身分析、吸取的经验教训等。

（2）评估市场细分

输入包括已经批准的市场细分与细分依据，更新与建议的市场分析、竞争分析等。输出包括更新和建议的市场领域分析、产品分析、细分市场。

（3）评估组合分析

输入包括已经批准的SPAN、FAN、新的增长机会，以及前面获得的信息与反馈。在本分析过程中，规划团队应当注意：如果新的增长机会已经得以鉴定，相关模板必须全部得以填充，且新的增长机会需要再次经高层团队的审查和批准。

输出包括更新和建议的组合分析、新增长机会分析和相关信息。

（4）评估业务战略和计划

输入包括已批准的安索夫分析、技术生命周期、业务设计、业务发展战略，以及前面获得的信息与反馈。输出包括更新和建议的业务战略计划分析、风险评估。

（5）评估投资组合

输入包括已批准的产品组合决策标准、投资组合路线图、组合投资项目，以及前面获得的信息与反馈。输出包括更新和建议的优先级划分框架、组合决策标准模型、组合决策标准总结和假设、版本开发路线图、投资组合V/R版本开发路线图细则、盈亏估算。

（6）评估与调整业务计划

输入包括已经批准的业务计划（战略规划与年度经营计划）、前面1-5步骤中更新的内容，以及前面获得的信息与反馈。输出包括更新和建议的战略规划调整方案、年度目标与年度经营计划调整方案。

由于市场和竞争一直不断变化，规划团队不间断地对公司与业务单位的业务计划定期进行评估是非常重要的，而且和IPD、LTC、营销规划、盈亏和预算流程都有着紧密的联系。

## 九、管理战略专题

战略的本质在于创新，它要求企业根据市场环境的变化和内部资源条件，面向未来的战略愿景，进行持续不断的创新规划与实施。创新可分为确定性创新和不确定性创新两类。对于确定性创新领域，如面向新目标市场的成熟产品开拓、业务流程优化等，应直接纳入战略规划与年度经营计划中。而对于不确定性创新领域，如某项新兴业务的投资决策、海外陌生市场的营销模式等，则需要纳入战略专题中，并深入开展战略专题研究。企业战略管理应包含两条主线：一条是针对确定性创新领域的市场洞察、战略规划与战略执行；另一条则是针对不确定性创新领域的专题研究。然而，大多数企业往往过度重视第一条线，而对第二条线则显得缺乏重视或模糊处理，有时甚至将确定性创新与不确定性创新混为一谈。

华为的战略规划主要通过春季启动的战略规划周期和日常进行的战略专题研究两个层面进行运作与管理。战略专题主要聚焦于对公司及各事业群、业务单元、产品线、区域、职能领域的业务及未来发展有重大影响的不确定性问题，涵盖业务增长、盈利、竞争、新技术、新产业机会、客户关系、质量运作、人才等多个战略性问题。各事业群、业务单元的战略规划部每月会对战略专题进行管理，而董事会下辖的SDC（战略发展委员会)则定期(通常是每季度)审视战略专题的进展。集团战略规划部负责提交年度公司战略专题提案,经SDC讨论后发布,并由SDC主任签发。在确定战略专题的同时,公司还会明确相应的赞助人和项目经理。对于前一年度未结题的战略专题,公司将继续在当年进行研究。

例如,作为一家以销售运营商网络设备起家的通信公司,华为在设备硬件方面拥有优势,但软件则是短板。因此,如何构建软件能力,并从价值实现和价值定位等角度确定软件发展战略,便成为一个重要的战略专题。再如,生态系统建设方面,苹果公司因构筑了硬件和软件应用协同的生态系统而强大。华为也在探索如何构建端云协同体系,以增强手机终端的用户黏性,使消费者持续选择华为手机。此外,产业发展趋势、各业务单元的关键洞察、重大市场区域的定位、关键领域的管理变革、网络安全、人工智能、物联网等议题,都有可能成为华为的战略专题,并受到公司的专题研究和管理。

对于新兴业务,公司应审慎考虑将投入聚焦于哪些领域、哪些区域以及哪些客户,以实现新的增长点。这些聚焦方向的选择,同样可作为战略专题进行深入探讨。特别是那些对未来发展具有潜在支撑作用的新兴战略性业务,更应作为战略专题的重点研究对象,如华为当年便将是否涉足智能手机领域作为核心战略专题进行深入探讨,并结合蓝军机制,最终决定进军智能手机市场,使之成为华为业务的新增长极。华为亦曾对医疗设备领域进行战略专题研究,但结论显示进入该领域的风险较大,因此并未投入。

通常,战略专题的责任人需要定期向SDC报告战略专题的痛点、高阶方案、关键目标以及最终成果,并按时关闭战略专题。对于中长期的专题(如持续3~5年),责任人更需定期向SDC更新进展情况。

当前,国内企业在战略规划时普遍缺乏对战略专题的规划与研究。有些企业直接将不确定的创新问题转化为行动方案,这往往导致投资失败或走弯路造成损失;有些则对不确定的创新领域避而不谈或犹豫不决,从而错失业务及组织能力提升的良机。此外，这些企业在战略专题研究上缺乏组织和资源保障，既无专门组织支撑，也未建立研究团队，往往临时调配兼职人员参与，且缺乏系统的研究流程、方法及过程管理。

尽管战略专题在战略管理中常被置于次要位置，甚至在战略执行运营的九大管理手段中位列最后，但这并不意味着其不重要。战略需要前瞻性思考，需要提前布局，选择正确的路径和模式。战略专题如同"侦察兵"或"先头部队"，其运行状况对战略全局具有深远的影响。

# 第五节
# 战略管理软件系统

企业数字化转型浪潮正盛，涵盖管理数字化工程和业务数字化工程两大方面。当前，智能制造、数字化营销等业务数字化工程发展势头良好，这主要得益于业务领域运行流程的明确性以及在提升生产效率、促进销售等方面的显著成效。然而，管理数字化工程目前仍主要停留在管理信息化或IT化的初级阶段，以实施各类应用软件系统（如ERP、PLM、CRM）为主。但由于缺乏完善的业务流程建设和数据基础，这些系统多从功能和技术角度出发，其运行效果并不理想。

在战略管理IT化方面，相较于运营管理、研发管理、营销管理、财务管理、人力资源管理等领域的IT化进程，其步伐显得较为迟缓。众多企业早已实施了如ERP、PLM、OA等管理软件或平台，近年来，eHR、CRM等新型管理软件系统也逐渐得到广泛应用。然而，系统性的战略管理软件在市面上并不多见，采用并成功实施的企业更是寥寥无几。许多企业甚至尚未意识到战略管理也应实现IT化，或认为战略管理无须统一的IT平台，只需通过经营计划软件系统、战略任务跟踪系统、经营报表系统或商业智能平台等分别支撑即可。

战略管理作为企业的顶层管理系统，其复杂性不容小觑，涵盖了端到端的战略管理流程。这些流程亟待IT化和数据化，因此，战略管理的高效运行并最终实现战略目标，离不开系统化、集成的战略管理IT平台的支撑。

笔者经过长期的战略管理咨询实践、对众多企业IT应用的深入了解，以及对企业管理体系IT化的深入研究，发现企业战略管理软件系统的发展可以清晰地划分为三个阶段，分别是局部的战略管理类软件阶段、集成化的EPM系统阶段、全面性的集成战略管理软件系统阶段。

## 一、局部的战略管理类软件阶段

大约在20世纪七八十年代，基于计算机的电子表格开始在企业中得到应用。在战略管理方面，企业开始将战略规划和年度经营计划的相关数据填入电子表格中，同时也用表格来呈现战略执行运营的数据，并进行相应的计算与对比。这无疑是战略管理领域最早的信息化或IT化应用。

随着企业战略管理需求的日益增长，BI（Business Intelligence，商业智能）开始崭露头角。

一般认为，BI的概念最早在1996年由Gartner提出，它描述了一系列概念和方法，通过应用基于事实的支持系统来辅助商业决策的制定。在当今的企业实践中，BI系统主要运用现代数据仓库技术、线上分析处理技术、数据挖掘和数据展现技术，进行数据收集、管理和分析，将这些数据转化为有价值的信息，并分发至企业相关人员，特别是管理层，以实现商业价值。

BI系统或平台发展到今天，除了构建企业整体的BI系统外，也可以面向不同领域构建不同的BI平台，如经营BI平台、研发BI平台、制造BI平台等，比如我们在购买与实施ERP、MES等应用系统时，其中都包含相应的BI平台或模块。

绩效管理体系，作为实现战略落地的关键管理体系或手段，较早便受到企业关注并考虑其IT化。一些企业选择购买或自主开发战略绩效管理软件系统或组织绩效管理系统，而个人绩效管理则更多地被纳入eHR系统中，通常组织绩效管理也一并包含在内。

在战略管理的战略规划与年度经营计划制订环节，企业购买或自主开发的局部应用软件系统涵盖了预算管理系统、经营计划系统、战略情报系统以及计划预算系统等。而在战略执行运营环节，企业可能实施了战略任务跟踪系统、行动事项管理系统以及合并报表系统等。

尽管这些软件系统在各自的领域内发挥着作用，但它们目前处于分散运行状态，缺乏一个统一的数据平台。由于设计思想各异，这些系统难以集成和打通，容易形成"信息孤岛"。虽然它们为局部工作带来了一定的效果，但总体上无法有效支撑战略管理的高效运行。

在战略管理的战略规划与年度经营计划制订环节，企业购买或自主开发的局部应用软件系统包括预算管理系统、经营计划系统、战略情报系统、计划预算系统等。在战略执行运营环节，企业可能实施了战略任务跟踪系统、行动事项管理系统、合并报表系统等。

## 二、集成化的 EPM 系统阶段

企业在战略管理过程中，经常面临各个环节相互割裂或脱节的问题，存在所谓的"多张皮"现象。例如，绩效管理过程常常与运营过程相脱节，预算管理过程也往往孤立运行。在IT支撑方面，尽管实施了一些局部的战略管理领域软件，但这些软件间无法有效集成，导致相关数据与信息分散在各地，形成多个统计报告系统，形成显著的"信息孤岛"现象。这使得管理者和领导者难以全面把握实际执行情况，只能看到局部而无法窥见全貌，更不用说获取辅助决策的信息了。

针对这种情况，构建一个集成化的战略制定与执行运营管理系统显得尤为必要，通过IT系统的支撑来实现这一目标。因此，EPM（Enterprise Performance Management，企业绩效管理）应运而生，旨在为企业战略与执行提供一套完整的管理过程和管理软件。

EPM最初被称为BPM（Business Performance Management，业务绩效管理），但由于与BPM（Business Process Management，业务流程管理）存在混淆，后来通常称为EPM。也有机构将其称为CPM（Corporation Performance Management，公司绩效管理），例如SAP公司就是其中之一。

在美国，EPM标准化组织得以成立，该组织对EPM做出如下定义：

- 它是一组集成和闭环的管理和分析流程，这些流程由信息技术提供支持，以满足财务和运营活动的需求。
- 它是设定战略目标和经营目标，并衡量和管理绩效以达成目标的业务使能器（Enabler）。
- 核心的EPM流程包括经营及财务计划、组织绩效计划、合并报表及报告、建模、分析、KPI监控。

而知名研究机构Gartner对EPM的定义如下：

EPM是从提升业务绩效的角度出发，覆盖企业整体范围以监控绩效的过程。EPM系统需要集成并分析来自各和来源的数据，包括业务数字化系统、前台与后台应用系统、数据仓库等。该系统能够支持多种绩效方法论，如平衡计分卡。

Gartner认为，企业要想超越产业竞争对手，应掌握EPM并立即行动，将EPM迅速确立为企业的战略目标。这里所指的EPM既是一种思想、体系和方法，又是EPM软件系统解决方案。

业界普遍认同，EPM系统作为支撑战略与执行的IT平台，在企业IT应

## 第五章 打造基于BLM/MM/BEM的DSTE战略管理体系

用金字塔中占据顶层位置,如图5.23所示。

美国Hyperion(海波龙)公司是全球领先的EPM系统提供商,其EPM系统运行的基本框架如图5.24所示。

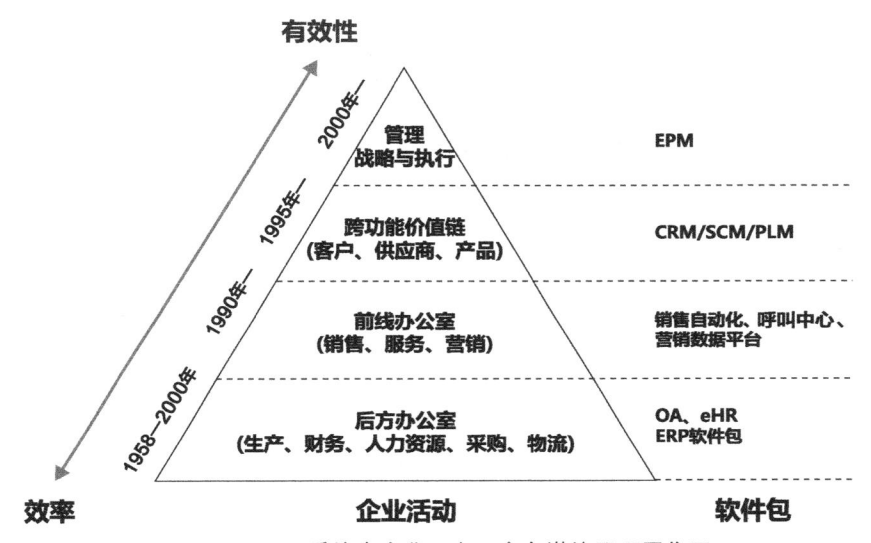

图5.23 EPM系统在企业IT应用金字塔处于顶层位置

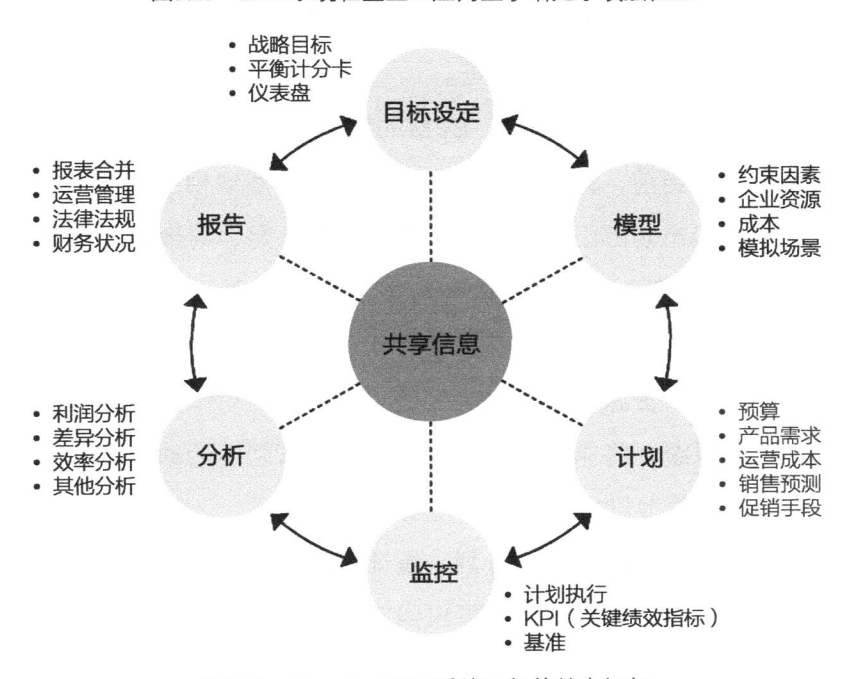

图5.24 Hyperion EPM系统运行的基本框架

后来，Hyperion公司被Oracle（甲骨文）公司收购，并融入Oracle-Hyperion-EPM产品线。与此同时，SAP公司也推出了自己的EPM系统，即CPM系统。在国内，一些机构也研发了自己的EPM系统，主要侧重于经营目标设立、统计分析、合并报表等功能。根据IDC（国际数据公司）的报告，EPM解决方案的市场预计将以每年25%的速度持续增长。

### 1. EPM最关键的两个特征是集成和闭环

所谓集成，就是将企业的经营计划制订、计划执行监控、绩效管理、预算控制、经营分析等活动有机地、有效地整合起来。在经营计划制订过程中，企业需要完成战略规划的审视或调整、销售预测及财务模拟、经营目标的设立、各部门目标和策略的分解、资源的配置和协调、预算编制等多项工作。这些工作涉及众多复杂的模型、运算和测算，如果缺乏相应的管理流程和系统的支持，过程往往既费时又耗力，且形成的经营计划和预算可能存在准确性不足、漏洞多、可操作性差、协调不充分等问题。而EPM不仅可以通过集成经营计划和预算过程中的各项活动提升计划和预算的质量，更能加速这一过程的推进。

相对于计划和预算的制订，EPM的集成性对经营计划和预算执行的帮助更为显著。当前，许多企业面临各业务部门活动相互割裂、横向协同不足的问题，如市场部门对产品开发进度了解不足，导致新产品试销准备不及时；研发部门不能及时获取客户需求变化信息，仍按旧有需求开发产品。此外，业务管理、人力资源管理和财务管理的脱节也是一个突出问题，这限制了人力资源管理和财务管理对业务的推动作用。EPM通过提供集成的流程和系统，将原本分散于各部门的经营管理活动整合起来，形成合力，从而更有效地贯彻经营计划和预算。

所谓闭环，可以理解为"计划—统计—审计"的闭环。在此，审计实则是经营分析，旨在发现问题并提出纠正措施。当前，许多企业计划制订得不错，但统计工作薄弱，而审计工作更为薄弱甚至缺失。EPM通常划分的六个环节（目标设立、经营模型、经营计划及预算、KPI及监控、经营分析、报表报告）正是基于"计划—统计—审计"的闭环思想构建的。

## 2. EPM为谁服务

EPM的服务对象首先是企业的高层管理者，如CEO/总经理、CFO、副总裁等。在日常的经营管理中，高层管理者常常苦于缺乏全面、深入和及时的信息，导致他们对企业的经营状况只能停留在一种模糊的状态，决策时缺乏充分的信息和事实依据。当经营问题出现时，由于无法找到问题的根源，所下达的指令和解决措施往往只能触及表面，无法真正抓住问题的实质。

通过有效实施EPM，企业高层管理者可以摆脱这种困境。他们可以依据报表报告中的信息做出更为科学的决策，利用经营"仪表盘"随时掌握公司的经营状况，通过EPM强大的经营分析功能深入探究问题的根源，并提出针对性的解决方案。

同时，各直线部门的主管也能通过EPM的支持更加得心应手地管理自己的业务。例如，当销售部门经理发现销售额出现下滑时，他可以迅速通过EPM了解这一情况，并进行深入的分析和追踪。他可以根据产品维度或区域维度进行分析，也可以针对关键驱动因素（如新客户增长量）进行深入探究。

EPM可以帮助他迅速找到问题的根源，并采取及时措施加以解决。同样地，研发部门的主管也能通过EPM了解新产品的销售情况以及老产品的盈利状况，从而指导产品组合管理，辅助老产品的淘汰决策。产品经理或开发项目经理为了确保产品的成功，也需要从EPM中获取运营数据，如制造数据、销售预测、试销数据等。他们将这些数据汇总，制定模型，设计不同场景，用以指导定价、促销等方面的决策。

经营管理、财务、人力资源等职能管理部门同样是EPM的重要用户。这些职能管理部门常常因对业务部门运作情况缺乏了解和理解而感到困惑，信息不对称使得管理工作变得被动。然而，EPM为职能管理部门提供了变被动为主动的机会。在EPM的支持下，他们得以真正参与到企业的经营管理活动中，监控公司业务的良好运行，并帮助直线经理解决问题。

### 3. 众多EPM系统的局限性

EPM最初是以BPM（Business Performance Management，业务绩效管理）的概念提出的。其核心思路在于确立业务绩效目标（特别是财务绩效目标和财务预算目标），随后跟踪并统计这些目标的完成情况，进而生成一系列反映目标达成情况及差距的报告（特别是财务报告），用于监控业务绩效目标的实现。尽管后续EPM系统引入了平衡计分卡，覆盖了财务、客户、内部流程、学习与成长四个维度的绩效，但其思维模式仍然侧重于目标设定、财务与预算跟踪以及统计与监控，难以站在战略全局的高度，实现战略机会的识别、行动方案的制订、战略执行以及战略目标的达成。因此，多年来尽管推出了各种EPM系统，但在笔者看来，它们并非真正意义上的战略管理软件系统。

首先，多数EPM系统并未从战略管理的全局出发进行构建。它们主要是对战略目标和经营目标进行整理与分解，却未能体现战略所要求的对未来进行预判、分析与布局，更多只是反映了战略目标的设立与分解。尽管一些EPM系统提供了业务建模和预测分析的功能，但主要是帮助企业通过调整变量来预测不同的经营结果。从战略角度看，这种预测结果相对于战略机会判断、目标市场选择以及业务设计与策略制定所带来的影响而言，显得较为次要。

其次，传统的EPM系统也无法支撑完整的端到端战略管理流程。IT系统旨在为业务流程服务，而业务流程的高效运行关键在于端到端的连贯性，而非片段式的处理。目前的EPM系统仅能支持战略管理流程的部分环节，因此在实际使用中很难实现战略管理流程的端到端运行，更不用说实现全面的流程与数据打通了。

尽管各家的EPM系统普遍采用了平衡计分卡，以及相关的目标分解、统计分析、预算管理等方法或工具，但鲜有系统能够引入系统化、业界领先的战略管理方法论，如BLM、MM、BEM等。

## 三、全面性的集成战略管理软件系统阶段

笔者自2002年起便投身于IPD产品与研发管理咨询及基于MM方法论的战略管理咨询工作。2003年，笔者开始接触EPM概念和EPM系统，特别是Hyperion EPM平台。在2004年至2006年期间，由于Hyperion公司在国内实施EPM平台时，需要战略绩效方面的专业咨询支持，笔者便以战略绩效专家的身份与Hyperion中国团队在多个项目中进行了合作。

在为迈瑞医疗、中集集团、中车南车、方太集团、vivo手机、士兰微电子、合力叉车、英威腾科技、三维通信等数十家企业提供战略管理与战略绩效管理咨询的过程中，笔者深切体会到，尽管企业建立了战略管理流程和制度、战略执行运营机制，但缺乏IT平台的支持，战略管理的全过程，特别是战略执行过程，很难实现高效运作。从一些调研数据可以看出，战略执行确实是企业面临的一大挑战：

- 仅10%的企业战略得到了有效执行！——《财富》杂志
- 国内超过70%的企业总经理/总裁/CEO认为战略未能有效落地！——《北京大学商学院战略洞察》

正如前文所述，尽管市面上存在众多EPM系统，但它们并不能很好地支撑战略管理的全过程。即便在战略执行运营过程中，这些系统也主要是通过平衡计分卡进行解码分解，然后借助组织绩效管理、统计分析、合并报表、预算监控等功能提供支持。但这些功能相对零散，缺乏足够的集成性。以华为等已实施Hyperion-EPM系统的企业为例，它们主要使用了系统中的预算管理、合并报表等功能，然而这些功能仍无法支撑完整的端到端战略管理过程，甚至连统计分析等功能都需要依赖其他BI平台来实现。

因此，笔者开始自主开发能够真正支撑战略管理的软件系统。

一方面，依托长期的企业战略管理咨询经验，包括早期利用MM方法论进行战略管理和产品规划咨询，随后采用BLM进行战略设计咨询，再后来结合BLM、MM、BEM这三大先进方法论，帮助企业构建DSTE管理体系。

另一方面，笔者曾在华为担任副总裁、管理工程部（后更名为流程与IT中心）总经理，实际上兼任华为当时的CIO（首席信息官），主导了华为第一代IT平台的建立。笔者曾在华为亲自设计并组织开发了ERP软件，并成功应用两年。后来，为了满足与国际接轨的需求，华为引进了Oracle ERP系统，并由笔者担任项目经理，从而构建了华为后续应用最广、影响深远的IT应用系统。此外，华为Notes平台、第一代CRM系统等也是在笔者的领导下建立的。可以说，笔者一直怀有开发管理软件的愿望和情怀。

2019年初，笔者着手设计战略管理软件IT平台的整体架构和业务逻辑，并于2019年上半年开始招募并组建软件团队进行开发工作。这一项目由李海主导，并由宋俊熠、胡琦伟两位核心成员协助，他们带领一群软件工程师专注于系统的开发。我们自主开发的战略系统被命名为HI-EPM系统，其中HI代表汉捷。经过一年多的努力，我们终于成功地开发出基础的战略管理软件平台。为了确保软件的质量与可靠性，我们一方面对其进行全面模拟测试，另一方面，汉捷咨询自身也率先使用这套系统进行战略管理。这样的做法使我们能够及时发现并补充、优化系统中模块与功能的不足。通过"自己设计的降落伞自己先跳"的方式，我们确保了系统的稳定与可靠。在开发战略软件系统之前，我们曾为一家名为迈腾科技的战略咨询客户开发过绩效管理IT平台。在得知我们开发了战略管理软件后，他们也开始使用HI-EPM系统。

在开发过程中，笔者还得到了一些企业高层的鼓励。例如，深圳某科技企业的CEO王总曾评价道："胡总能够将战略管理思想、理论和方法转化为实际的软件应用，我认为这是一个巨大的飞跃！"

2021年9月，特变电工新能源公司正式采购了HI-EPM系统，并与汉捷

## 第五章 打造基于BLM/MM/BEM的DSTE战略管理体系

咨询展开了DSTE战略咨询合作。在项目推进过程中，双方紧密配合，经过三个多月的努力，系统成功上线。此后，新能源公司在HI-EPM系统的支持下，开展了SP/BP制定、战略解码、组织绩效设定、重点工作创建与立项以及重点工作运营等多项工作，使得DSTE管理体系得以有效实施。

传统的EPM系统起源于统计分析或财务监控，虽然其后也扩展至前端目标设定、应用平衡计分卡进行战略解码以及战略任务执行监控等环节，但难以全面体现系统化的战略管理思想，更无法达成端到端的战略管理逻辑。与之不同，HI-EPM系统从科学化的战略思想和整体性战略逻辑出发，融入了BLM、MM、BEM这三大领先战略方法论，全面支持从战略制定到执行的完整过程。因此，我们随后将HI-EPM战略管理系统更名为iDSTE战略管理系统，或iDSTE从战略到执行系统。

iDSTE，即DSTE管理的IT平台，是DSTE的IT化实现——IT enable DSTE，也可称为DSTE战略管理软件系统。它能够支持DSTE端到端的全流程运行，实现DSTE"战略与运营流"的顺畅连接，如图5.25所示。

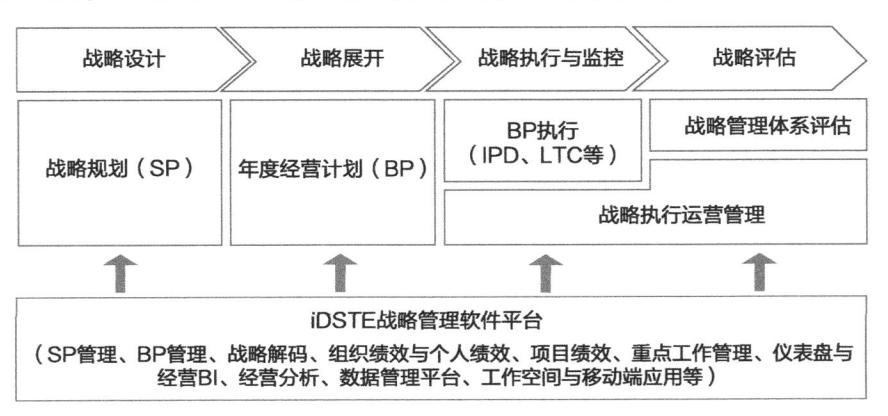

图5.25 在iDSTE战略管理系统支撑下，实现DSTE"战略与运营流"的顺畅连接

iDSTE战略管理系统自2021年9月正式商用以来，经过两年的时间，已在十数家企业得到了正式实施应用。这些企业中，绝大部分是相关行业的龙头企业，包括深圳科瑞技术公司、上海来伊份公司、苏州迈为科技公司、东莞傲雷移动照明公司等。宁波马骑顿公司的戴董事长对iDSTE战略

管理系统给予了高度评价，他表示："胡总，你们开发的这套战略管理系统对中国企业经营管理的升级将会产生巨大的推动作用！"

### 1. iDSTE战略管理系统的整体介绍

iDSTE战略管理系统的核心在于DSTE战略管理思想、SP/BP/战略执行运营业务流程和业务规则的融合，它成功集成了BLM、MM、BEM这三大战略方法论。此外，iDSTE是一个开放性的软件系统，能够与其他管理软件系统实现无缝对接。iDSTE战略管理系统的整体框架如图5.26所示。

图5.26　iDSTE战略管理系统的整体框架

iDSTE战略管理系统按功能划分为十个功能模块，按应用领域划分为五大应用系统，如图5.27所示。

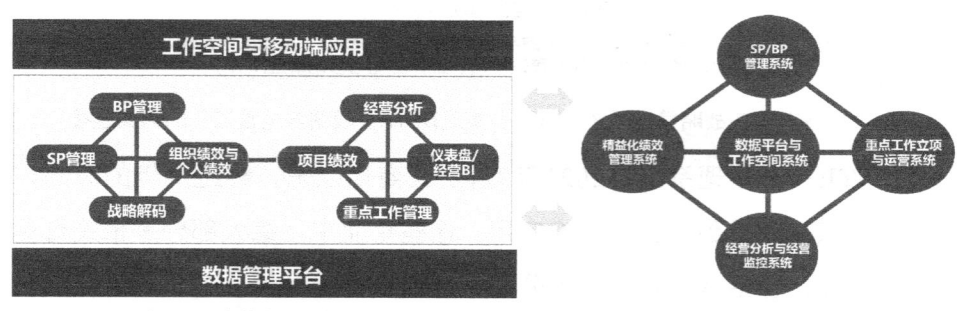

图5.27　iDSTE战略管理系统的十个功能模块与五大应用系统

iDSTE V3.1的十个功能模块与功能项的介绍如表5.4所示。

表5.4 iDSTE V3.1的功能介绍

| 序号 | 功能模块 | 交付功能 | 序号 | 功能模块 | 交付功能 |
|---|---|---|---|---|---|
| 1 | SP管理 | 1.1 BLM 与 MM 知识平台<br>1.2 SP 全流程定义（流程图、活动、模板）<br>1.3 SP 编制计划与任务管理<br>1.4 SP 会议管理<br>1.5 SP 文档与数据管理<br>1.6 SP 阶段复盘与调整管理 | 6 | 重点工作管理 | 6.1 年度重点工作创建<br>6.2 年度重点工作立项、WBS 分解与分配<br>6.3 年度重点工作任务管理<br>6.4 重点工作视图、跟踪与交付管理<br>6.5 重点工作看板<br>6.6 月度重点工作运营管理 |
| 2 | BP管理 | 2.1 BP 全流程定义（流程图、活动、模板等）<br>2.2 BP 编制计划与任务管理、会议管理<br>2.3 SP 向 BP 输入、销售预测<br>2.4 目标分解管理（财务、销售、KPI 等）<br>2.5 年度业务计划（销售、研发、推广、生产等）<br>2.6 年度总体财务预算、人才预算<br>2.7 BP 文档与数据管理 | 7 | 经营分析 | 7.1 财务报告管理<br>7.2 业务报告管理<br>7.3 差距分析与根因分析<br>7.4 线上经营分析会议管理<br>7.5 任务生成与执行监控<br>7.6 经营驾驶舱 |
| 3 | 战略解码 | 3.1 中长期战略解码（导出 CSF、战略 KPI）<br>3.2 CSF 与 KPI 层层分解与对齐<br>3.3 战略地图与 CSF&KPI 管理表<br>3.4 父项 KPI 与 KPI 数据库<br>3.5 年度 VOC、CTQ（改进重点）与关键行动 | 8 | 仪表盘与经营BI | 8.1 财务与销售仪表盘（历年、当年）<br>8.2 公司与各部门 KPI 监控<br>8.3 业务单位或产品线仪表盘<br>8.4 产品分析管理<br>8.5 客户分析管理<br>8.6 研发、推广、管理等项目看板 |

续表

| 序号 | 功能模块 | 交付功能 | 序号 | 功能模块 | 交付功能 |
|---|---|---|---|---|---|
| 4 | 组织绩效与个人绩效 | 4.1 年度公司及各部门绩效计划<br>4.2 季度组织及个人季度绩效计划<br>4.3 绩效管理全过程电子流（计划/辅导/考核）<br>4.4 灵活配置 KPI+GS+OKR 模式<br>4.5 绩效考核结果统计查询 | 9 | 数据平台 | 9.1 主数据、基础数据设置与管理<br>9.2 DSTE 数据仓库<br>9.3 运营数据录入/导入<br>9.4 角色、责任人、异动与权限管理<br>9.5 数据接口管理 |
| 5 | 项目绩效 | 5.1 项目信息管理<br>5.2 重点工作项目考核<br>5.3 研发项目经理、项目成员考核表与评价<br>5.4 市场推广、安装交付等项目考核<br>5.5 项目绩效与组织绩效、个人绩效整合 | 10 | 工作空间与移动端应用 | 10.1 我的首页<br>10.2 移动端接入与应用<br>10.3 工作台（代理委托、模板、系统管理等）<br>10.4 评定管理（述职、统计、年度总结）<br>10.5 辅助工具（文档、分析工具、帮助等）<br>10.6 日程与日工作计划/日志管理 |

iDSTE V3.1的五大应用系统：

（1）SP/BP管理系统

融合BLM与MM两大方法论，实现SP/BP业务流程化、流程IT化，通过IT化的SP/BP流程运行，产生高质量的SP/BP。应用BEM解码中长期CSF&KPI，随时为SP/BP制定提供指引。SP/BP管理系统带来六个方面的突出效果，如表5.5所示。

表5.5　iDSTE-SP/BP管理系统带来六个方面的突出效果

| 01 | 02 | 03 | 04 | 05 | 06 |
|---|---|---|---|---|---|
| 实现SP/BP流程、活动、模板、表单IT化的结构化定义，统一过程与模板。把战略的概念与模板固化下来，把各环节的战略串起来 | SP/BP制定的WBS计划、活动/任务、交付件/数据、跟进、评审、审批、会议、日程等在IT支撑下运行，既显著提升SP/BP质量，又使SP/BP制定过程轻松自如 | 随时学习和掌握BLM、MM两大战略方法论，做到工欲善其事必先利其器，提升主管们的战略能力，形成一致的战略思想和方法 | 支撑BEM解码企业各层级的中长期CSF&KPI，应用战略地图工具，随时了解公司与各部门战略路径与战略KPI，并联应用 | 支撑BEM解码企业各层级的年度重点工作，实现BP中公司、各部门年度重点工作的检查调整与对齐拉通 | 实现战略信息的集成、传承、迭代管理。避免因为人员流动造成战略资料与数据流失，造成知识技能无法传承 |

## 第五章 打造基于BLM/MM/BEM的DSTE战略管理体系

**（2）绩效管理系统**

绩效管理系统是全面、精益化的绩效管理系统，具备强大的功能与突出的优势（见图5.28）。通过BEM/BSC解码并形成关键成功要素（策略性目标）与KPI数据库，为绩效管理提供了强有力的运行基础。

iDSTE绩效管理系统的功能与优势：

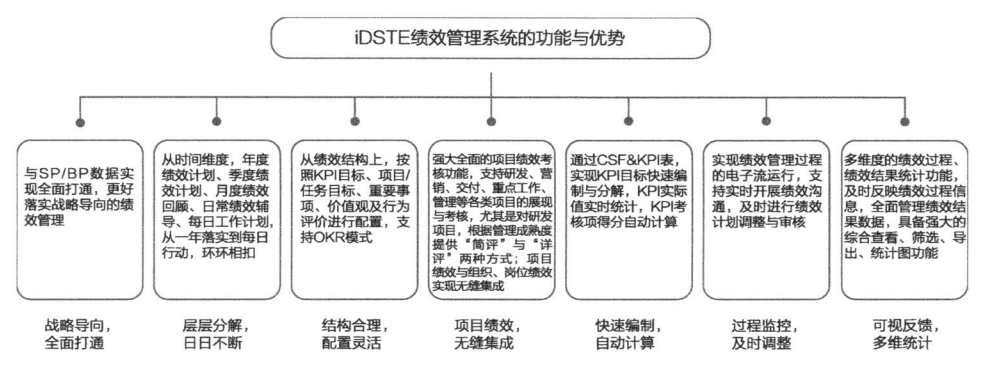

- 与SP/BP数据实现全面打通，更好落实战略导向的绩效管理 — **战略导向，全面打通**
- 从时间维度，年度绩效计划、季度绩效计划、月度绩效回顾、日常绩效辅导、每日工作计划，从一年落实到每日行动，环环相扣 — **层层分解，日日不断**
- 从绩效结构上，按照KPI目标、项目/任务目标、重要事项、价值观及行为评价进行配置，支持OKR模式 — **结构合理，配置灵活**
- 强大全面的项目绩效考核功能，支持研发、营销、交付、重点工作、管理等各类项目的展现与考核，尤其是对研发项目，根据管理成熟度提供"简评"与"详评"两种方式；项目绩效与组织、岗位绩效实现无缝集成 — **项目绩效，无缝集成**
- 通过CSF&KPI表，实现KPI目标快速编制与分解，KPI实际值实时统计，KPI考核项得分自动计算 — **快速编制，自动计算**
- 实现绩效管理过程的电子流运行，支持实时开展绩效沟通，及时进行绩效计划调整与审核 — **过程监控，及时调整**
- 多维度的绩效过程、绩效结果统计功能，及时反映绩效过程信息，全面管理绩效结果数据，具备强大的综合查看、筛选、导出、统计图功能 — **可视反馈，多维统计**

图5.28 绩效管理系统的功能与优势

**（3）重点工作立项与运营系统**

重点工作立项与运营系统应该是业界最全面、最落地的重点工作管理系统，给企业带来突出的价值，如图5.29所示。

- 精准识别基于客户痛点的战略创新与运营改进所需的创新突破行动
- 实现每项重点工作有项目经理负责，任务责任到人，任务随时能查询、跟踪、评审、看板、提醒与告警
- 重点工作任务与组织、个人的绩效计划与考核紧密挂钩
- 推动年度重点工作全面、高效地开展，提升组织能力，支撑年度经营目标和战略目标的实现
- 真正解决年度重点关注层次划分难、分解难、管控难的问题，让错综复杂的重点工作/任务的管理变得简单、高效
- 通过系统支持开展月度重点工作运营会议，及时监控、调整与纠偏，统揽全局，直达行动
- 系统性地管理历年的重点工作项目、任务数据，快速查询历史任务的完成情况、交付成果等信息

图5.29 重点工作立项与运营系统的价值

**（4）数据平台与工作空间系统**

数据平台与工作空间系统为企业提供全面实时的战略及运营数据基座、数据应用功能；以用户为中心的工作门户、日常工作管理、帮助中心、工具箱帮助企业显著提升个人工作效率；系统支持SP/BP会议、重点工作运营会、经营分析会，会前、会中、会后输出材料均通过会议管理，

会后关联责任到人，节省会议时间，保障会议成效，如图5.30所示。

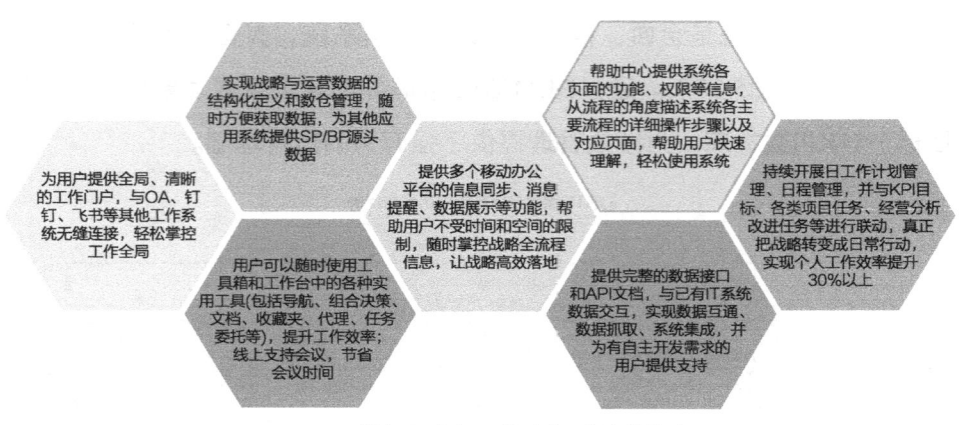

图5.30 数据平台与工作空间系统的特点

（5）经营分析与经营监控系统

经营分析与经营监控系统支撑线上线下高效开展经营分析会，实现全方位的KPI目标、重点工作项目/任务、阶段性重要事项、经分会任务的实时监控功能，提供公司经营层面的BI平台和驾驶舱功能，如图5.31所示。

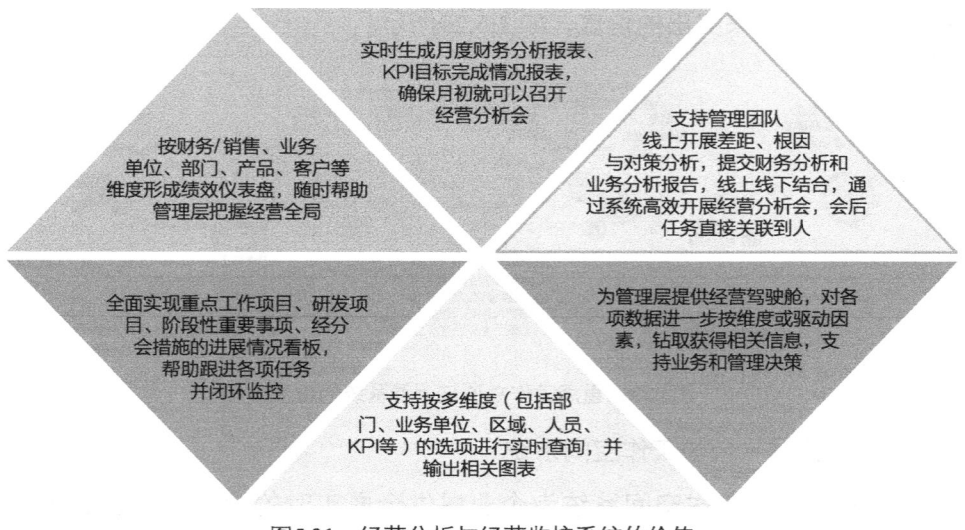

图5.31 经营分析与经营监控系统的价值

iDSTE战略管理系统帮助企业解决哪些问题？为企业带来什么价值？

在汉捷咨询的长期战略管理咨询实践中，我们观察到企业在战略制

## 第五章 打造基于BLM/MM/BEM的DSTE战略管理体系

定、战略展开、战略解码、战略执行等环节中确实存在众多问题或痛点，其中较为典型的包括：

- CEO的战略设想难以实现落地；
- 缺乏完整、系统的战略规划文档；
- KPI设置不全面、不合理；
- 目标设定模糊不清；
- 绩效考核形式化，未能发挥实际作用；
- 战略制定过程中高层间难以达成共识；
- 中基层员工对战略理解不足；
- 市场洞察能力欠缺；
- 缺乏有效的市场细分和目标市场选择；
- 经营计划分解不够细致，数据散乱；
- KPI目标统计困难；
- 战略与执行之间存在明显鸿沟；
- 缺乏高质量的统计报表支持决策；
- 项目绩效考核机制薄弱；
- 重点工作未能有效区分于例行性工作，或仅作为业务目标的另一种表述；
- 对重点工作难以进行层层分解和落实；
- 战略制定的关键环节难以召集相关高层和部门负责人参与；
- 战略规划与经营计划的制订效率较低；
- 对KPI达成情况缺乏有效的统计和监控机制；
- 缺乏系统的战略解码过程与方法；
- 战略解码仅停留在导出KPI层面，未先导出关键成功要素；
- 平衡计分卡应用不当；
- BLM方法论难以在企业中有效实施；
- 缺乏针对目标市场的具体业务计划；

- 存在多个"信息孤岛",战略与运营数据难以整合共享;
- 尽管应用了OKR模式,但目标未能有效承接公司战略,目标间的协同性不强。

……

我们历经多年研发的iDSTE战略管理系统的初衷,正是为了应对这些相互关联的问题。这些问题并非孤立存在,如果仅针对个别问题采取解决方案,恐将陷入"头痛医头,脚痛医脚"的困境。因此,我们致力于从战略到执行的全程着手,打通流程、数据和应用,力求系统性地解决这些难题。

概括而言,iDSTE战略管理系统主要聚焦于解决企业在战略制定与执行两方面的痛点,旨在使企业从战略到执行的过程更为流畅、高效,进而显著提升战略执行的效率和战略目标的达成率。

在战略制定环节,iDSTE战略管理系统主要针对战略不清晰、缺流程方法、缺集思广益、缺策略措施这四个典型痛点进行了有效应对,如图5.32所示。

**战略制定痛点1:战略不清晰**。在多数企业中,如果问及中层主管甚至高层"公司战略是什么"时,得到的回答往往是"不明确"或"不清晰"。即便存在战略规划方面的文件,其内容也往往过于笼统,多为方向性和原则性的描述,缺乏细致、分层的展开。因此,在探讨战略规划的具体内容时,大家往往语焉不详,难以明确其核心要点。此外,许多企业在战略布局上过于宽泛,目标市场不够明确,导致资源分散,缺乏聚焦效应。年度经营计划也常呈现出内容与数据较为散乱的现象。

**战略制定痛点2:缺流程方法**。企业常常仅具备SP/BP方面的制度或说明,而缺乏正式的SP/BP流程。因此,战略规划和经营计划活动难以系统、有序地进行,导致质量和效率均不尽如人意。由于缺乏流程与IT支撑,一系列的战略方法与工具(如SPAN、安索夫、市场细分、三层业务模型等)难以有效应用和实施,战略知识也无法得到良好的积累和传承。同时,由于缺乏滚动迭代优化机制,战略制定过程难以持续改进和完善。

# 第五章 打造基于BLM/MM/BEM的DSTE战略管理体系

**痛点3：缺集思广益**
信息零散，缺乏团队协同机制，缺乏共识，战略缺乏宣贯

**痛点4：缺策略措施**
没有明确的目标市场与业务策略，缺乏人才、组织、流程IT措施

**iDSTE战略软件系统**

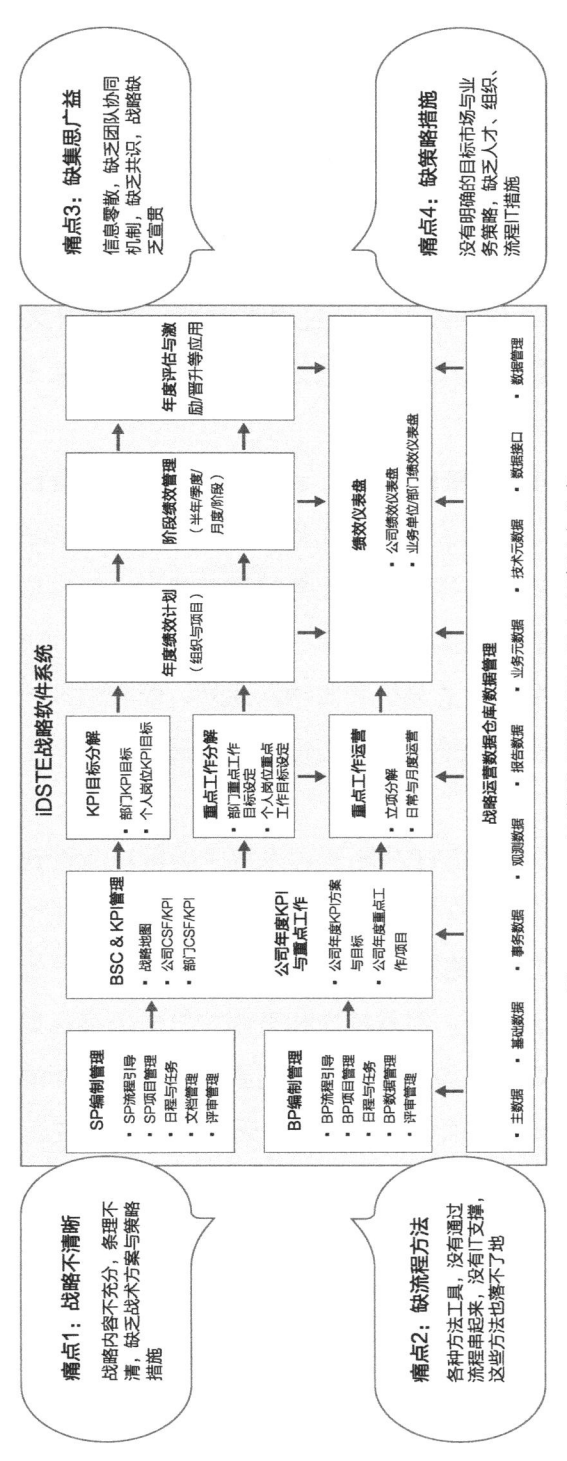

- SP编制管理
  - SP流程引导
  - SP项目管理
  - 日程与任务
  - 文档管理
  - 评审管理

- BP编制管理
  - BP流程引导
  - BP项目管理
  - 日程与任务
  - BP数据管理
  - 评审管理

- BSC & KPI管理
  - 战略地图
  - 公司CSF/KPI
  - 部门CSF/KPI

- 公司年度KPI与重点工作
  - 公司年度KPI与目标
  - 公司年度重点工作项目

- KPI目标分解
  - 部门KPI目标
  - 个人岗位KPI目标

- 重点工作分解
  - 部门重点工作目标设定
  - 个人岗位重点工作目标设定

- 重点工作运营
  - 立项分解
  - 日常与月度运营

- 年度绩效计划（组织与个人）

- 阶段绩效管理（半年/季度/月度报告）

- 年度评估与激励晋升等应用

- 绩效仪表盘
  - 公司绩效仪表盘
  - 业务单位/部门绩效仪表盘

**战略运营数据仓库/数据管理**
- 主数据
- 基础数据
- 事务数据
- 观测数据
- 报告数据
- 业务流数据
- 技术流数据
- 数据接口
- 数据管理

**痛点1：战略不清晰**
战略内容不充分，条理不清，缺乏战术方案与策略措施

**痛点2：缺流程方法**
各种方法工具，没有通过流程串起来，没有IT支撑，这些方法也落不了地

图5.32 iDSTE战略管理系统解决四大战略制定痛点

403

**战略制定痛点3：缺集思广益。**许多公司在战略制定过程中，常采取"分头行动、集中开会"的方式，各部门之间各自为战的现象较为普遍，横向协同机制匮乏。因此，在战略编制阶段，往往缺乏对相关信息的充分验证和整合，难以发挥集体智慧的优势。尽管在战略决策时也会组织战略研讨或决策会议，但多数时候仅限于汇报和拍板，缺乏对问题的深入集体分析和团队决策。这样的战略制定过程难以真正做到群策群力、集思广益，不仅影响战略规划的质量，也缺乏战略共识与集体意志，进而对战略的执行造成不利影响。

**战略制定痛点4：缺策略措施。**尽管战略方向与愿景目标已经明确，但企业往往缺乏详尽的业务设计或业务模式设计，导致战略实现路径不够清晰明确。同时，针对目标市场的业务策略与战术方案也显得不足。更为重要的是，企业未能对支撑愿景目标、业务设计以及目标市场业务策略的关键战略举措进行系统性的分析和归纳。此外，配套的人才、组织变革、流程与IT建设方面的执行策略与措施也显得缺乏，这在一定程度上影响了战略的有效实施。

在战略执行方面，iDSTE战略管理系统主要解决战略缺解码、绩效不落地、应用缺数据、过程欠管控四个典型痛点，如图5.33所示。

**战略执行痛点1：战略缺解码。**尽管众多公司致力于战略解码工作，包括采用平衡计分卡方法，但系统性和有效性方面仍存在显著问题。典型问题之一是未能有效识别和分解关键成功要素，缺乏清晰的中长期战略实现路径，这使得KPI和重点工作的确定缺乏坚实依据。在运用平衡计分卡方法时，策略目标应视为关键成功要素，并可通过战略地图工具进行深入分析。然而，企业在应用平衡计分卡时往往仅聚焦于KPI。典型问题之二是未能建立有效的KPI体系。KPI未能准确反映业务本质，有时过少，有时过多。此外，对于KPI的计算方法、数据来源等也缺乏明确的定义。典型问题之三是通过研讨确定的年度重点工作往往过于笼统，或者并非真正

# 第五章 打造基于BLM/MM/BEM的DSTE战略管理体系

**痛点3：应用缺数据**
没有建立战略运营数据平台，信息碎片化，质量不高

**痛点4：过程欠管控**
缺乏对战略执行过程的及时监控；经营分析流于形式

**iDSTE战略软件系统**

- SP编制管理
  - SP流程引导
  - SP项目管理
  - 日程与任务
  - 文档管理
  - 评审管理

- BP编制管理
  - BP流程引导
  - BP项目管理
  - 日程与任务
  - BP数据管理
  - 评审管理

→ BSC & KPI管理
  - 战略地图
  - 公司CSF/KPI
  - 部门CSF/KPI

→ 公司年度KPI与重点工作
  - 公司年度KPI方案
  - 公司年度目标
  - 公司年度重点工作项目

→ KPI目标分解
  - 部门KPI目标
  - 个人岗位KPI目标

→ 重点工作分解
  - 部门重点工作目标设定
  - 个人岗位工作重点设定

→ 年度绩效计划（组织与项目）

→ 阶段绩效管理（半年度/季度/月度阶段）

→ 年度评估与激励晋升等应用

**绩效仪表盘**
- 公司绩效仪表盘
- 业务单位/部门绩效仪表盘

**战略运营数据仓库/数据管理**
- 主数据
- 基础数据
- 事务数据
- 观测数据
- 报告数据
- 业务元数据
- 技术元数据
- 数据接口
- 数据管理

**痛点1：战略缺解码**
战略解码粗放，缺乏可视化、可衡量的战略路径与行动方案

**痛点2：绩效不落地**
绩效与战略脱节，没有形成组织、个人、项目绩效有效结合，横向协同困难

图5.33 iDSTE战略管理系统解决四大战略执行痛点

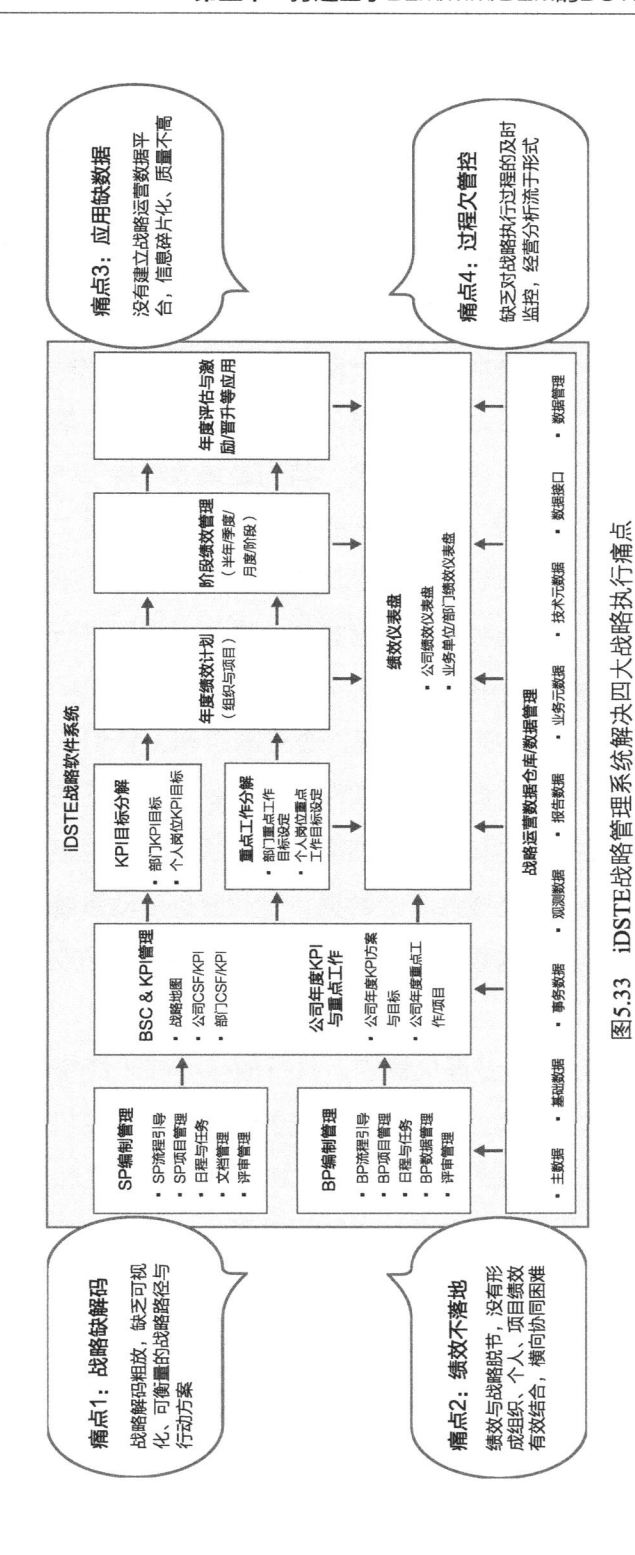

405

的重点工作（例如，某科技公司将年度重点工作简单等同于业务目标的完成），甚至将例行性工作列为年度重点工作。更为关键的是，这些重点工作缺乏详细的分解和具体的行动方案。

**战略执行痛点2：绩效不落地。**绩效管理难以实施，效果欠佳，是长期存在的难题。深入分析其原因，一是普遍将绩效管理视作单纯的评价与挂钩工具，而非战略落地与目标分解的有效手段，导致绩效管理与战略执行存在明显脱节；二是上下级在绩效计划、绩效辅导、绩效考核及反馈、结果应用四个环节上未能严格遵循，特别是绩效辅导工作明显不足；三是项目绩效管理尤为薄弱，对于现代企业而言，无论是员工还是主管，其工作多涉及各类项目，如研发、重点工作、流程IT及市场推广等。然而，作为项目管理核心环节的项目绩效考核常常缺失，即便进行也未能有效融入员工或主管的直线考核中，对横向项目的推进产生了极为不利的影响。

**战略执行痛点3：应用缺数据。**企业高层和主管们常感叹："给我数据吧，但只是我需要的数据！"实际上，我们并不缺乏各种数据，企业内常常充斥着大量的报告和报表。然而，我们所缺乏的是经过定义和梳理后的数据，是能够实现集成共享的数据，是从业务活动系统中获取并整理为数据仓库或数据集市的数据，更是能够直接应用于实际业务场景的数据平台，即所谓的数据中台。

**战略执行痛点4：过程欠管控。**执行的核心在于持续的检查、监控与纠正。然而，对于多数企业而言，首先，缺乏自我监控机制，如缺乏必要的仪表盘与看板，导致无法实时掌握KPI目标完成进度和重点工作的实施情况。其次，财务与预算的监控工作不够深入，往往仅停留在表面，甚至流于形式。此外，正式组织的阶段性监控活动，如月度经营分析和季度业务计划审视等，往往不够深入和细致，信息不足，缺乏直面问题并解决问题的勇气和决心。

通过实施iDSTE战略管理系统，实际上是打通了企业从战略到执行的全链条，使上述痛点得以全面解决！

以上是从iDSTE战略管理系统解决企业战略管理问题的角度进行说明，那么，实施iDSTE战略管理系统能够给企业带来哪些价值？总体来说，iDSTE战略管理系统能够给企业带来多方面的突出价值，如图5.34所示。

如果从对企业高层、中层、基层的角度来看，iDSTE战略管理系统实施与应用，能够为企业高层、部门负责人、基层主管及员工带来显著的价值。

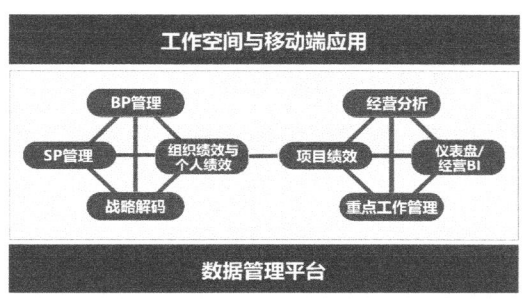

图5.34　iDSTE战略管理系统的主要收益

对于领导层（CEO与副总裁）：

- 能够随时了解并掌控公司经营的全局情况；
- 确保战略目标和设想不再落空，而是能够真正贯彻到各个环节和日常行动中；
- 下属员工不再对高层的指示充耳不闻，而是能够迅速形成行动方案，并跟进落实；
- 及时有效地指导、推动SP/BP的制定与动态调整；
- 掌握业界领先的战略方法论，从而提升战略领导力；
- 显著地提升管理效率和个人工作效率。

对于部门负责人：

- 通过线上集成化、协同化的方式顺畅地创作SP/BP，使得SP/BP的制定过程不再烦琐；
- 承接公司战略要求，实现上下级对齐，左右拉通，达成高度共识；

- 利用战略运营平台，实现充分的检查、评价与纠偏机制，确保部门目标的实现；
- 掌握业界领先的战略方法论，以提升战略能力和执行能力；
- 显著提高管理效率和个人工作效率。

对于基层主管与员工：

- 了解部门的全局目标和策略，强化全局观念和团队合作意识；
- 拥有明确、清晰的目标与行动方案；
- 及时获得上级的指导与支持，以及周边同事的配合；
- 随时掌握各项工作进展情况与偏差，对差距及时形成行动事项，并跟进落实；
- 提升管理意识与执行能力；
- 显著提高个人工作效率。

我们苏州一家iDSTE战略管理系统客户CEO王总（曾荣获2022年国内上市公司最佳CEO殊荣）对iDSTE战略管理系统表达了高度的认可：

①iDSTE战略管理系统有效地将公司战略的概念、方法论和模板固化下来；

②我们虽然也在制定战略，但常常显得零散，iDSTE战略关联系统的最大优势在于能够将各个环节的战略紧密串联；

③此系统对战略思维和逻辑进行引导，确实能够实实在在提升我们高管和管理者的认知水平，使我们更容易接受和践行一致的战略思想和方法。

iDSTE战略管理系统的成功背后，离不开先进的战略管理思想、经过最佳实践总结的DSTE流程以及业界领先的战略方法。特别值得一提的是，它融入了BLM、MM、BEM这三大业界领先的战略方法论，如图5.35所示。

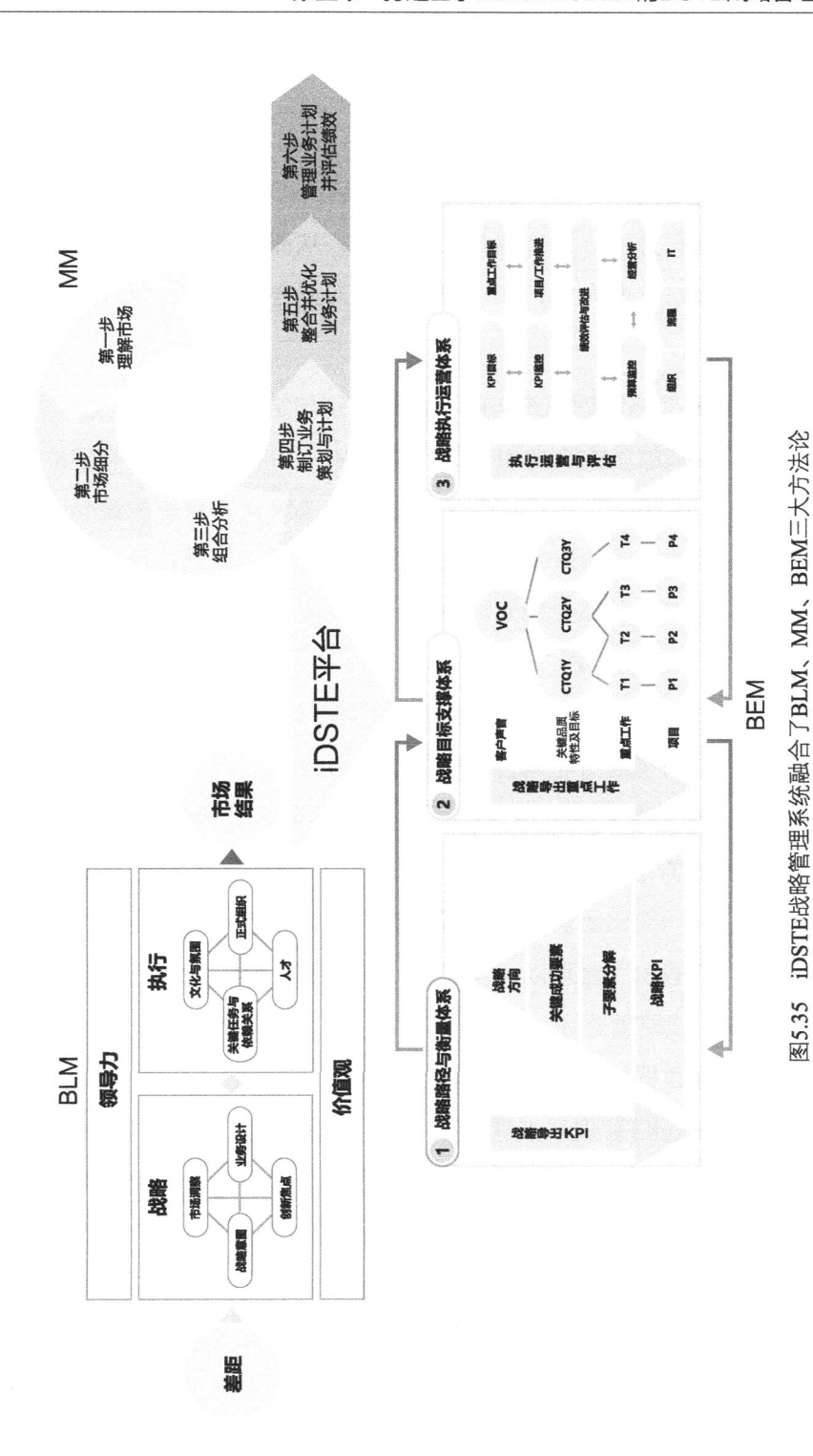

# 第五章 打造基于BLM/MM/BEM的DSTE战略管理体系

图5.35 iDSTE战略管理体系融合了BLM、MM、BEM三大方法论

使用iDSTE战略管理系统，就等于使用了BLM、MM、BEM三大业界最佳的战略管理方法论。

总之，企业实施iDSTE战略管理系统后，即可真正获得先进的战略管理思想、流程和方法，并确保其长久落地，从而为企业带来极大的价值。相较于传统战略咨询方式，即便投入数百万元咨询费用，也难以实现如此显著的效果。

### 2. iDSTE战略管理系统与BI平台的区别与结合

当前，越来越多的企业引进或自建了BI平台，即使还没有建立的，往往也在IT规划中提出了BI数据分析系统或BI决策支持系统的设想，而且把BI平台放在公司IT应用层次的战略与经营层位置。但是，目前企业实施的BI系统，只是支持了部分的战略执行运营功能，与全面支撑战略管理运行的iDSTE有着明显的区别：

- iDSTE战略管理系统是支撑战略到执行全过程的管理软件系统，BI平台是用于业务与运营分析的工具平台。
- iDSTE战略管理系统主要面向管理层使用，各级主管是主要用户（绩效管理应用系统方面可以扩展到中基层员工），BI平台主要是IT部门或BI团队运行，管理者和业务主管查看，随着BI技术的发展，有些BI平台可以实现管理者和业务主管的一些自助服务。
- iDSTE战略管理系统关注战略目标的达成与绩效的实现，BI平台主要关注数据转化、信息分析与展现。
- iDSTE战略管理系统需要实现各职能部门（战略、运营管理、财务、人力资源、质量等）在战略管理过程中的管理活动在线上的集成与协同，BI平台需要实现各方面数据、分析应用的集成。
- iDSTE战略管理系统是面向公司战略制定、战略展开、战略执行运营管理三大环节的应用系统，BI平台可以面向不同领域构建不同的BI平台，如经营BI平台、研发BI平台、制造BI平台等，所以我们在实施ERP、MES等应用系统时，其中都包含相应的BI平台或模块。iDSTE战略管理系统与BI平台的结合：

- 不管iDSTE战略管理系统还是BI平台，最终都是为了实现业务目标和商业价值。

- 为了支撑战略执行运营，iDSTE战略管理系统需要构建战略执行运营数据仓库/集市，并及时监控KPI目标完成情况，反映战略目标与年度经营计划的完成情况，辅助管理者及时做出正确的决策，所以iDSTE战略管理系统中本身就包括了仪表盘/经营BI的模块，具有战略经营层次的BI功能。

- 对于已经构建了经营类BI平台的企业，在实施iDSTE战略管理系统时，可以集成为一体或者建立数据、应用接口。一般来说，企业建立经营BI平台过程中，由于BI厂商或自己的IT部门虽然擅长BI技术，但对战略管理不熟悉，没有梳理DSTE领域的4A（BA/IA/AA/TA）架构，尤其是业务架构（BA）、信息架构（IA）与应用架构（AA）[技术架构（TA）一般企业IT部门能够搞定]，也难以帮助企业建立有效的战略运营数据集市/平台，这样建立的经营BI平台只能满足部分战略运营的需要。所以，很有必要从DSTE全局尤其是战略运营管理的角度，对经营BI平台进行重构或升级，并与iDSTE战略管理系统的其他应用实现有机的集成。

**3. iDSTE战略管理系统驱动DSTE端到端流程高效运行**

随着IT技术的发展和应用的深入，现在越来越多的企业已经认识到，IT系统在企业管理体系建设中的角色发生了明显变化，即从过去被动支撑业务流程运行，到主动驱动或使能业务流程变革或业务变革。其实，IBM在很多年就提出过PEBT（Package Enable Business Transformation，软件包使能业务变革）方法论，如图5.36所示。

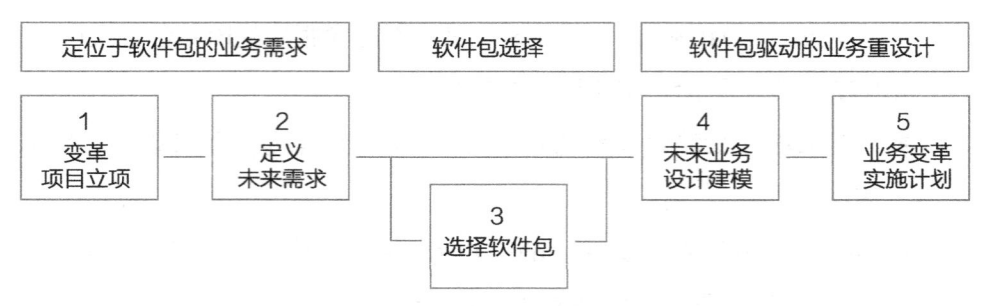

```
定位于软件包的业务需求        软件包选择         软件包驱动的业务重设计

   1              2                              4              5
  变革            定义                         未来业务         业务变革
 项目立项       未来需求                       设计建模         实施计划
                                3
                             选择软件包
```

图5.36 软件包使能业务变革

这里的业务变革可能使人误认为是进入一个新的业务领域，或者对当前的业务领域进行转型或升级，其实指的是围绕业务流程和业务活动，与相应的组织、IT（包含数据），共同实施的一种改变或变革。笔者对此做出的解读是：

有业务，就有业务流，业务流是客观存在的，而业务流程就是对业务流的定义、描述和指引（或是业务流的表现形式）。

流程设计与重组时，需要把当前业务流梳理出来，但不是照着当前业务流来定义流程，而需要面向客户需求、战略要求，结合最佳实践（自己的、业界的、标杆公司的），并通过IT系统支撑或使能（Enabled），重新或优化设计业务流程，按流程运行落地后，反过来实现了业务流和业务的转变，所以这一过程称之为业务变革。

在华为，业务变革又经常称管理变革，因为管理变革实质上就是对流程、组织、IT的变革。华为管理体系是通过持续管理变革构建的，如图5.37所示。

变革是企业通过对流程、组织、IT等方面进行的调整，来改善业务经营能力，使自身更好地适应生存环境的过程

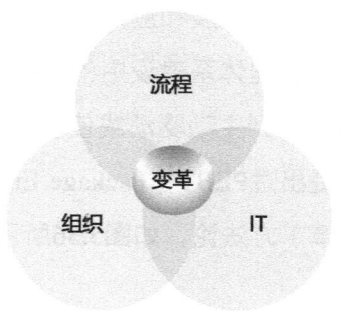

图5.37 对流程、组织、IT的变革

# 第五章 打造基于BLM/MM/BEM的DSTE战略管理体系

笔者在1995年底受哈默和钱皮《流程再造》（*Corporation Reengineering*）一书的影响，结合在华为多年的实践，就打报告向总裁任正非提议华为开展业务流程重组（Business Process Reengineering）工作，很快得到了任正非"同意"的批示。随后笔者被任命为管理工程部首任总经理，从1996年起开展推进华为业务流程重整（任正非习惯称"业务流程重整"）工作，其实就是开展管理变革工作，通过3年左右的时间打造了华为第一代流程及IT体系。管理工程部后面也更名为流程与IT中心，又进一步与质量运营职能相结合，成为流程IT与质量运营部，与人力资源部、财经管理部一道，构成华为集团三大职能管理部门。可以说，持续管理变革是华为成功的不二法宝，是华为"以客户为中心战略"中四大关键战略举措之一：

## 华为的使命、愿景与战略

**愿景**：丰富人们的沟通和生活。

**使命**：聚焦客户关注的挑战和压力，提供有竞争力的通信解决方案和服务，持续为客户创造最大价值。

华为以客户为中心的战略：

- 为客户服务是华为存在的唯一理由；客户需求是华为发展的原动力。
- 质量好、服务好、运作成本低，优先满足客户需求，提升客户竞争力和盈利能力。
- 持续管理变革，实现高效的流程化运作，确保端到端的优质交付。
- 与友商共同发展，既是竞争对手，也是合作伙伴，共同创造良好的生存空间，共享价值链的利益。

华为管理变革之所以取得巨大成功，其最佳实践就是坚持流程与IT紧密结合，如图5.38所示。

- 要保证IT能实施，一定要有一个稳定的组织结构、稳定的流程。盲目创新只会破坏这种效率。IT无法支撑的业务流程，是无法实现业务落地的
- BT与IT紧密结合。推行BT&IT的障碍，主要来自公司内部。我们是否正确认识了公司的生死存亡必须来自管理体系的进步。这种进步就是快速、正确，端到端，点对点，去除了许多中间环节
- 软件包驱动。要相信软件包已构建了业界的最佳业务模式、业务流程和管理思想、最佳实践
- 先僵化，再固化，再优化。现有业务无条件按照业务流程变革确定的流程、规则运作

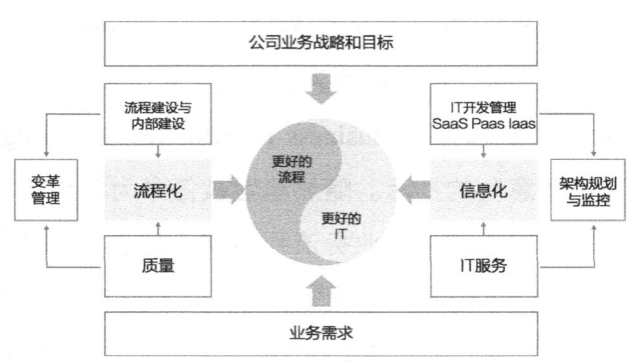

图5.38　管理变革要坚持流程与IT紧密结合

iDSTE战略管理系统正是基于软件包使能业务变革思想构建的。我们在iDSTE战略管理系统中构建了业界最佳的战略管理思想、战略管理模式、DSTE流程与最佳实践，这样就可以通过iDSTE战略管理系统实施与运行，驱动或使能DSTE流程高效运行。具体来说，iDSTE战略管理系统主要通过十二步的运行，驱动DSTE流程端到端运行，打造"8311战略工程"，即"看8年、谋3年、定1年、干1年，并落实到每1天"，如图5.39所示。

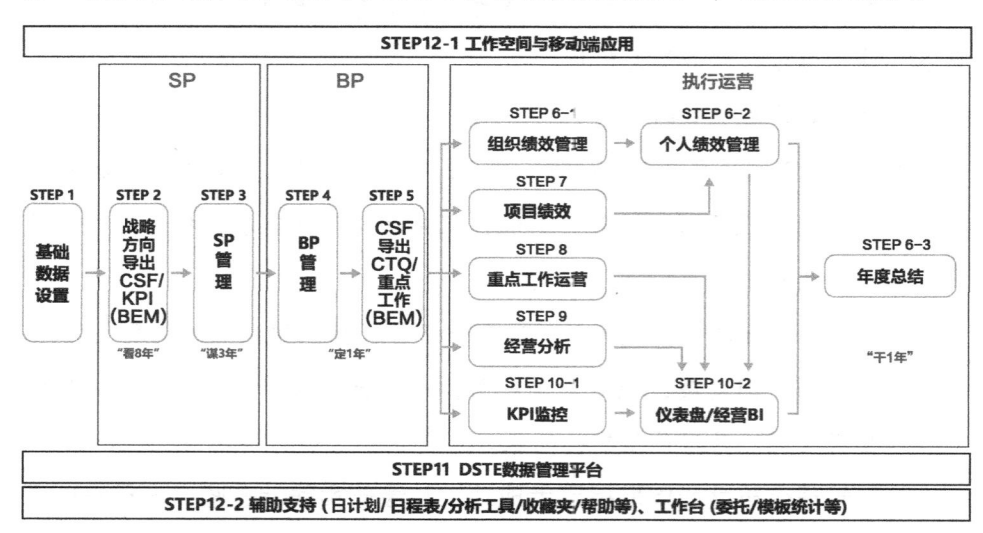

图5.39　iDSTE战略管理系统帮助企业打造"8311战略工程"

为何首先是"看8年"？因为战略要强调长期主义，即根据战略方向与

愿景目标，明确战略路径与战略衡量指标（即中长期的关键成功要素与战略KPI），在一些关键结果领域制定中长期（如8年）的战略目标，并预先进行持续投入和行动。正如亚马逊贝索斯所讲："一切从长远目标出发！如果你依据7年目标行事，你将很少有竞争对手，否则将有大量竞争对手。"这里的"看8年"只是例如8年，其实可以是10年，7年或5年等，总之战略不仅要有长远的愿景与使命，还需要中长期的战略目标和战略路径。

"谋3年"就是制定未来3年或5年的SP，包括：

**公司战略规划。**公司战略回顾与双差分析、市场洞察、战略意图、业务组合与战略专题、竞争战略与平台战略、关键战略举措与资源规划及风险评估等。

**业务单位战略规划。**业务单位战略规划与双差分析、市场洞察与市场细分、战略意图、细分市场及产品组合与战略专题、业务设计、目标市场业务策略及计划、关键战略举措与资源规划及风险评估等。

**职能领域战略规划。**职能领域战略回顾与双差分析、内外环境分析、战略意图、功能建设路径与创新、功能支撑与服务里程碑、关键战略举措与资源规划及风险评估等。

"定1年"就是制订下一年度的年度经营计划，包括：

**公司年度经营计划。**公司年度机会洞察、年度经营策略与目标、年度KPI目标、年度重点工作、年度销售计划、年度研发计划、年度品牌与市场推广计划、年度生产计划、年度固定资产投资计划、年度管理策略与管理变革计划、公司组织结构、年度人力计划、年度财务预算、高层个人绩效承诺/合同、年度风险评估等。

**业务单位年度经营计划。**业务单位年度机会洞察、年度销售预测与订发货计划、年度经营策略与目标、年度KPI目标、年度重点工作、年度销售计划、年度新产品开发计划、年度市场行销计划、年度生产计划、年度管理策略与管理变革计划、业务单位组织结构、年度人力计划、年度财务预算、年度风险评估等。

**职能部门年度经营计划。**职能部门年度机会洞察、年度经营策略与经营目标（针对具有收入中心或利润中心部门的情况）、年度KPI目标、年度重点工作、年度销售计划（针对具有销售收入的情况）、年度中研发计划（针对平台研发部门）、年度销售支持计划（针对营销部门）、年度生产计划与采购计划（针对供应链部门）、年度管理策略与管理变革计划、功能部门组织结构、年度人力计划、年度财务预算、年度风险评估等。

"干1年"就是根据年度经营计划进行执行，并开展各方面的战略执行运营活动，包括：

**组织绩效管理与个人绩效管理。**组织绩效关注组织KPI目标与承接的年度重点工作的完成情况，个人绩效管理首先制订个人绩效计划与考核表（相当于个人绩效承诺），支持OKR模式，然后按照绩效管理过程运行。

**项目绩效管理。**对企业各类项目进行定义，包括产品开发项目、技术开发项目、市场推广项目、销售项目、管理变革项目、产品交付项目等，衔接各类项目的WBS计划，开展项目绩效管理，并与个人绩效管理紧密结合，推动项目的跨部门运行，提升项目绩效。尤其对于研发项目的考核，可以采用简评与详评两种方式，适配企业研发项目管理的水平。

**重点工作运营。**根据BEM解码，创建各组织层级（一般为公司层级、一级部门层级）的年度重点工作，并进行立项与重点工作任务分解。从重点工作项目经理、重点工作归属组织两个层面开展运营管理，并把重点工作任务纳入到项目绩效管理中，确保各项重点工作保质保量完成。

**经营分析。**以实现年度/季度经营目标为中心目的，分组织层级、按月度对经营/财务目标、KPI目标完成情况进行统计与回顾，结合季度目标甚至全年目标达成预测，预先开展差距与对策分析，召开月度经营分析会议，经过集体研讨与评审，形成纠偏任务令或行动事项并跟进落实。

**仪表盘与经营BI。**及时统计各组织层级KPI目标完成情况，监控KPI完成情况与趋势，对于明显的偏差进行分析并干预。从不同领域（如财务、销售、产品线、客户群等），按不同维度（包括产品、部门、时间、项目类别等）创建仪表盘或看板，并提供领导经营驾驶舱，帮助企业管理者随时掌握经营状况，支持经营与管理决策。

"落实到每1天"践行"把战略转化为日常行动"与"日日不断，滴水穿石"的理念，提供日程制定、日计划制订与监控等功能。尤其是"日计划"功能应用，支持个人开展日计划制订与自我管理、上级评价，与日程管理功能应用有机结合，而且关联KPI目标、重点工作任务、阶段性重要事项、业务项目任务、线索与商机跟进、行动事项库，使得每日工作事项随时瞄准战略要求的工作任务。笔者认为：战略执行是通过"每一人、每一天、每一事"来实现的，所以真正的战略执行要落实到这"三个一"上，也印证了德鲁克对战略的洞见：战略不是未来做什么，而是现在做什么才有未来!

iDSTE战略管理系统实施有相当的复杂性，但因为我们按照DSTE的运行逻辑，遵循"所见即所得"的设计理念，所以可以快速部署与实施。例如，我们在为苏州华太电子公司导入与实施iDSTE战略管理系统，通过三个多月就完成了iDSTE战略管理系统实施上线运行。以下是笔者在iDSTE上线运行启动会上的发言。

## 在一家科技公司iDSTE战略管理系统上线运行会上的发言

经过三个多月的努力，在华太电子科技公司领导层的关心与支持下，以及双方的精诚合作和共同努力下，iDSTE战略管理系统今天正式召开上线运行会议。这标志着iDSTE战略管理系统将正式支撑公司DSTE全流程的运行，华太战略管理正式迈入了IT化、数字化的轨道。对此，我对华太电子公司领导层的支持和双方实施团队及各位同仁的辛勤付出表示衷心的感谢。

接下来，我将从两个方面谈谈自己的看法：

一是，如何贯彻iDSTE的设计思想并实现其应用效果？

我设计iDSTE战略管理系统的初衷不仅是为了支撑大家做好SP/BP的工作，确保SP/BP的顺畅制定，让SP/BP的编制变得得心应手，更重要的是强调战略的实际执行，解决战略执行中遇到的难题。正如德鲁克所言："战略不是未来做什么，而是现在做什么才有未来。"因此，iDSTE战略管理系统也需要立足当前，将战略转化为具体的日常行动。汉捷咨询&汉卓软件团队，在以李海为首的领导下，很好地贯彻了整体的设计思想，使iDSTE战略管理系统能够助力企业构建"看8年、谋3年、定1年、干1年，并落实到每天"的战略工程，从而有效支持从战略制定到实际执行的整个过程。

我相信，通过大家的认真使用和不懈努力，我们将能够充分发挥iDSTE战略管理系统的价值，实现战略的实际落地，将其转化为日常行动，持之以恒，坚持不懈，最终推动业务的持续增长！

二是，如何推动下一步的系统应用？

首先，汉捷咨询&汉卓团队将保持全力以赴的态度，及时响应各方需求，并积极主动地帮助解决在使用过程中遇到的问题。其次，我对华太电子公司的运营企划部、人力资源部、财务管理部以及流程IT部充满信心，相信这些部门将继续发挥其在组织、推行方面的作用。然而，最重要的仍然是各级主管和员工，特别是各级干部们，能够切实地使用iDSTE战略管理系统。对此，我有两点建议：

尽管系统看起来可能显得有些复杂，但请务必克服畏难情绪。系统功能强大，初次使用时可能感觉有些复杂和不习惯，但只要开始使用，并逐步熟悉操作，你就会发现系统实际上是简洁易用的。许多之前实施iDSTE战略管理系统的企业都有过这样的体验。

管理者可以参照著名管理学家拉姆·查兰提出的"领导者的七项基本行为"，具体包括：全面深入了解企业和员工；实事求是；设定明确目标并排出优先顺序；持续跟进，直至达成目标；奖罚分明，重奖业绩优秀人员；通过教练辅导提升下属能力；了解自己，展现出勇敢、决断、务实的性格特征。

大家在使用iDSTE战略管理系的过程中，会发现该系统的各项功能正是我们践行这七项行为的得力工具和重要抓手。通过iDSTE战略管理系统，我们能够更加有效地实施这些行为，进而提升组织的效能和效率，推动业绩的增长，培养下属的能力，增强领导力，实现更好的个人与组织成长。

领导者的七项基本行为几乎完全融入DSTE流程之中，因此，支撑DSTE流程的iDSTE战略管理系统也必然能够支持这些行为的实施。汉捷咨询&汉卓合作的iDSTE战略管理系统包括SP管理、BP管理、战略解码、组织绩效与个人绩效、项目绩效、重点工作管理、经营分析、仪表盘与经营BI、数据管理平台、工作空间与移动端应用等十个模块。汉捷咨询经过深入分析，发现这些模块的功能与领导者的七项基本行为高度契合，能够为其提供有力的支持，如图5.40所示。

**iDSTE十个功能模块**

1. SP管理：市场洞察、业务设计、人才战略、关键举措等
2. BP管理：销售预测、经营目标与计划、人力规划等
3. 战略解码：CSF&KPI、VOX&CTQ、年度重点工作/项目等
4. 组织绩效与个人绩效：绩效目标、绩效辅导、结果应用等
5. 项目绩效：项目绩效目标、执行监控、项目考核等
6. 重点工作管理：项目分解、目标/标准、执行运营等
7. 经营分析：现状与差距、问题与根因、解决措施与跟进等
8. 仪表盘与经营BI：完成状况、分析监控、统计图表等
9. 数据管理平台：数据仓库/接口、数据治理、数据质量等
10. 工作空间与移动端应用：门户、日计划、信息支持、移动端等

**领导者的七项基本行为**

1. 全面深入了解企业和员工
2. 实事求是
3. 设定明确目标并排出优先顺序
4. 持续跟进，直至达成目标
5. 赏罚分明，重奖业绩优秀人员
6. 通过教练辅导提高下属能力
7. 了解自己，展现出勇敢、决断、务实的性格特征

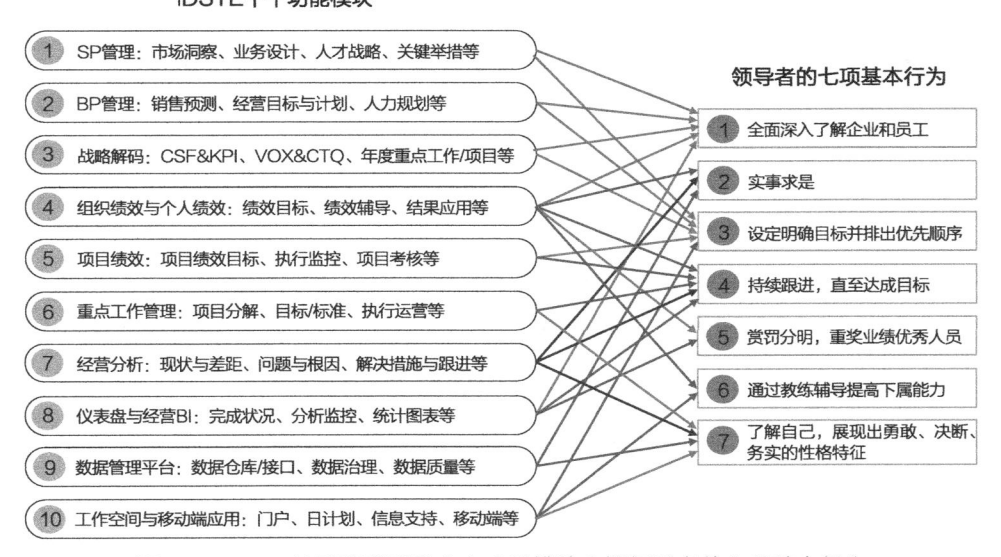

图5.40 iDSTE战略管理系统十个功能模块支撑领导者的七项基本行为

在提升领导者行为能力方面，国内众多企业常常寄望于领导力培训或领导力评估及培养等方式，然而这些方式的效果往往有限。笔者曾亲自参

与过华为举办的两期高层领导力训练班,虽然在课堂上收获颇丰,但后续对实际行为的影响并不显著。笔者认为,通过流程与信息技术的结合,更能有效地推动行为的转变与提升。因此,通过实施iDSTE战略管理系统,我们可以将拉姆·查兰所总结的领导者七项基本行为真正落到实处并使之固化,从而显著提升企业的战略执行能力。

**4. iDSTE战略管理系统帮助企业推动IT/数字化的整体集成**

当前,大部分企业已经在IT化、数字化方面开展了大量的工作,按照各方面业务的需求引进实施或自己开发了很多IT应用系统。对于规模化企业,拥有几十个软件应用系统是不足为奇的,甚至有的大型企业有几百个甚至上千个IT系统在运行。这些IT系统在实际运行中存在如下典型问题:

- 各系统的核心功能模块连通性差,数据难以流通。
- 随着业务不断扩大,相关业务部门对于系统建设所需服务的要求不断外扩,从而产生了各个系统的实际功能相互交叉,但是核心功能模块却无法联通的现象。
- 没有基于数据架构与数据流的梳理来定义的IT系统应用架构、功能和接口。
- 还有很多业务和业务流程,没有相应的IT系统或功能模块覆盖和支撑,存在诸多"空白"。

图5.41描述了这些问题和运行状况。

由于众多IT系统凌乱、不集成的问题,很多企业甚至发出"把各个系统全部打通比重建一套系统还要困难"的感慨。

一般情况下,把这么多IT应用系统全部或绝大部分推倒重来显然是不现实的,当然在后续IT系统建设过程中把一些IT系统收编是可以的,所以如何实现企业各种IT/数字化系统的集成与打通就成为核心课题。对于这个课题,业界已经提出了各种解决方案,而通过DSTE全局角度来实现管理体系和IT应用体系的集成是不可或缺的关键环节。

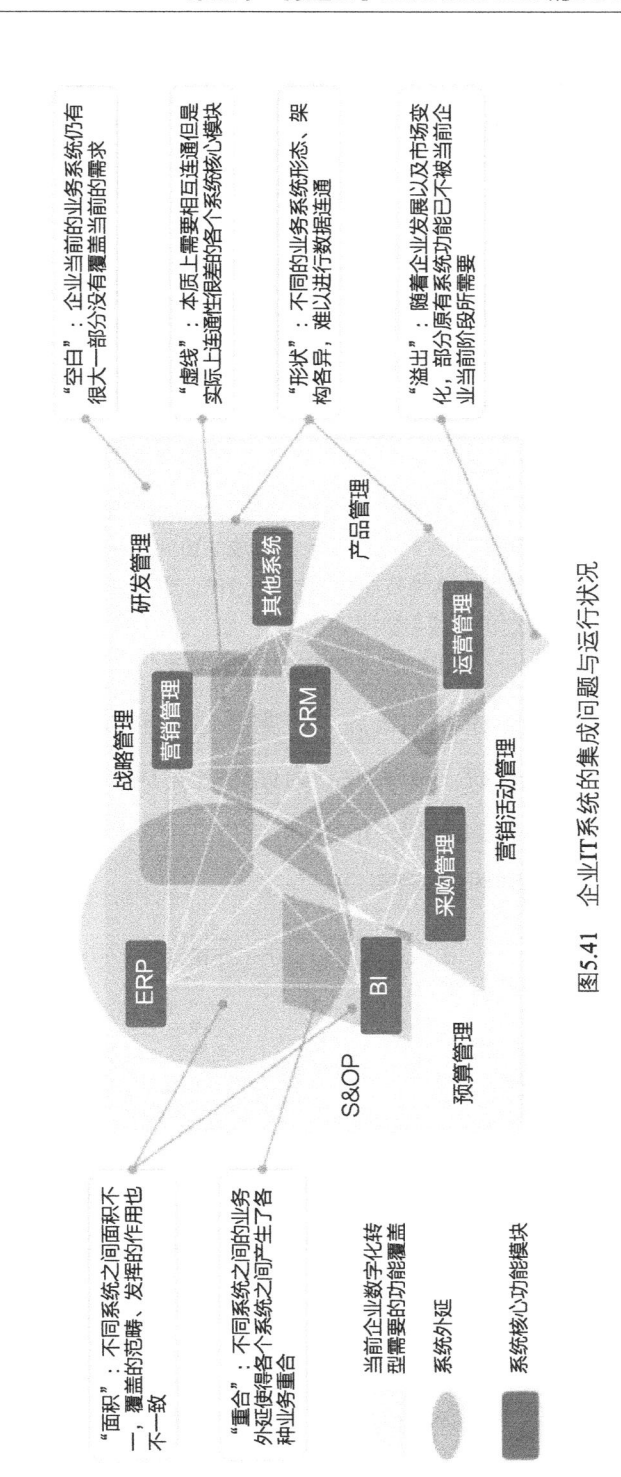

# 第五章 打造基于BLM/MM/BEM的DSTE战略管理体系

**"空白"**:企业当前的业务系统仍有很大一部分没有覆盖当前的需求

**"虚线"**:本质上需要相互连通但是实际上连通性很差的各个系统核心模块

**"形状"**:不同的业务系统形态、架构各异,难以进行数据连通

**"溢出"**:随着企业系统功能发展以及市场变化,部分原有系统功能已不被当前企业当前阶段所需要

**"面积"**:不同系统之间面积不一,覆盖的范畴、发挥的作用也不一致

**"重合"**:不同系统之间的业务外延使得各个系统之间产生了各种业务重合

研发管理
产品管理
战略管理
营销活动管理
运营管理

ERP
其他系统
营销管理
CRM
采购管理
BI
S&OP
预算管理

当前企业数字化转型需要的功能覆盖
系统外延
系统核心功能模块

图5.41 企业IT系统的集成问题与运行状况

421

正如前面所提到的，企业管理体系的集成最终是通过"DSTE战略与运营流"来实现的，如图5.42所示。

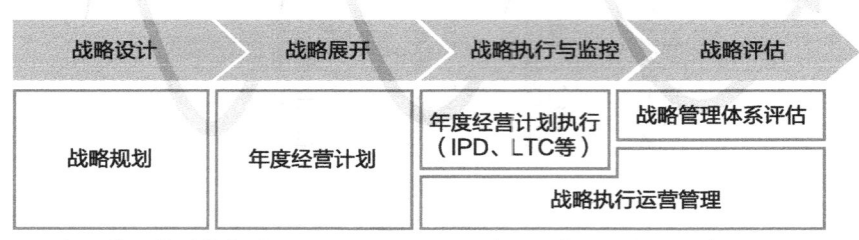

```
战略设计    战略展开    战略执行与监控              战略评估

                        年度经营计划执行    战略管理体系评估
战略规划    年度经营计划   （IPD、LTC等）
                             战略执行运营管理
```

- 企业管理体系的集成，是通过"DSTE战略和运营流"来实现的！
- IPD实现了各职能部门在产品开发上的集成与协同，而"战略与运营流"是管理的"IPD"流程，其使各职能（战略、HR、财经、经营、质量等）的管理活动实现了有机的集成与协同

图5.42　DSTE战略与运营流

同样，企业IT应用系统的集成，也需要通过全面性的战略管理IT系统（如iDSTE战略管理系统）来实现。为此，笔者提出了企业业务流程与IT系统集成的基本框架，如图5.43所示。

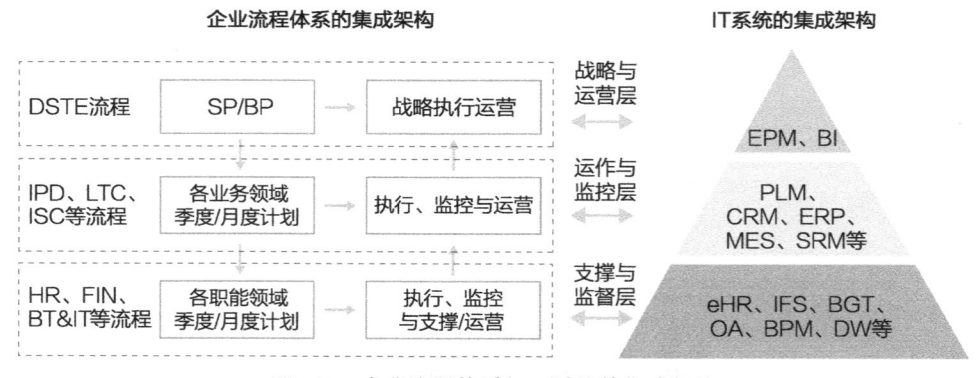

```
企业流程体系的集成架构                    IT系统的集成架构

DSTE流程    SP/BP → 战略执行运营    战略与
                                  运营层          EPM、BI

IPD、LTC、  各业务领域   执行、监控与运营   运作与
ISC等流程   季度/月度计划                监控层    PLM、CRM、ERP、
                                                MES、SRM等

HR、FIN、   各职能领域   执行、监控       支撑与
BT&IT等流程 季度/月度计划 与支撑/运营      监督层    eHR、IFS、BGT、
                                                OA、BPM、DW等
```

图5.43　企业流程体系与IT系统的集成架构

图5.43左侧是企业业务流程体系的集成框架，DSTE流程是顶层的领导价值流，制订SP与年度经营计划并开展各方面的战略执行运营活动，中间是IPD、LTC、ISC等业务运行价值流，根据年度经营计划滚动展开为阶段

性（季度/月度/项目里程碑等）计划，付诸实施并监控，下面是**HR**、**FIN**（财务）、**BT&IT**（业务变革和信息技术）等管理支撑价值流，同样需要滚动展开为阶段性计划并实施监控。

右侧是企业IT系统的集成框架，对应业务流程框架中战略与运营层、运作与监控层、支撑与监督层，分别构建相应的IT系统，而这些IT应用系统的集成最终需要通过顶层的EPM和全局性的BI平台来实现。

iDSTE战略管理系统是全面性的、端到端支撑DSTE从战略到执行的EPM系统，必将在未来的推广与应用中，帮助更多的企业实现IT/数字化系统的整体集成，推动企业高质量持续业务增长！

# DSTE术语表

| 缩写 | 英文全称 | 释义 |
| --- | --- | --- |
| 3T | BT&IT MT | 业务变革和信息技术管理团队 |
| ABP | Annual Business Plan，一般简写为 BP | 年度经营计划 |
| BEM | Business Strategy Execution Model | 战略执行模型 |
| BLM | Business Leadership Model | 业务领先模型 |
| BP | Business Plan | 业务计划 |
| BPE | Business Process Executive | 业务流程主管/部门 |
| BU/PL 或 BUPL | Business Unit/Product Line | 业务单位/产品线 |
| BUPL-IPMT | BUPL Integrated Portfolio Management Team | BUPL 集成组合管理团队 |
| BUPL-PMT | BUPL Portfolio Management Team | BUPL 组合管理团队 |
| BUPL-RMT | BUPL-Requirement Management Team | BUPL 需求管理团队 |
| BUPL-SP/BP | BUPL-Strategy Plan/Annual Business Plan | BUPL 战略规划/年度经营计划 |
| BUPL-TMT | BUPL Technical Management Team | BUPL 技术管理团队 |
| BT | Business Transformation | 业务变革 |
| CBP | Corporation Annual Business Plan | 公司年度经营计划 |
| CDP | Charter Development Process | 任务书开发流程 |
| CSF | Critical Success Factors | 关键成功要素 |
| CSP | Corporation Strategy Plan | 公司战略规划 |
| C-PMT | Corporation Portfolio Management Team | 公司组合管理团队 |
| CTQ | Critical-To-Quality | 关键品质特性/品质关键点 |
| DSTE | Develop Strategy To Execution | 从战略到执行 |
| EMT | Executive Management Team | 经营管理团队 |

续表

| 缩写 | 英文全称 | 释义 |
|---|---|---|
| FAN | Financial Analysis | 财务分析 |
| FMT | Function Management Team | 职能领域管理团队 |
| FSP | Function Strategy Plan | 职能领域战略规划 |
| GS | Goal Setting | 重点工作目标设定 |
| IBP | Integrated Business Plan | 集成业务计划 |
| IPD | Integrated Product Development | 集成产品开发 |
| IMC | Integrated Marketing Communications | 整合营销传播 |
| IRB | Investment Review Board | 投资评审委员会 |
| KPI | Key Performance Index | 关键绩效指标 |
| LMT | Lifecycle Management Team | 生命周期管理团队 |
| LPDT | PDT Leader | PDT 经理 |
| MC | Management Committee | 跨部门委员会 |
| MI | Market Insight | 市场洞察 |
| MM | Market Management | 市场管理 |
| MO | Marketing Operation | 营销运作（部） |
| MP | Marketing Plan | 营销计划 |
| MSP | Marketing Segment Plan | 细分市场营销计划 |
| OBP | Offering Business Plan | 产品包业务计划 |
| OKR | Objective & Key Result | 目标与关键结果 |
| PBC | Personal Business Commitment | 个人绩效承诺 |
| PDC | Portfolio Decision Criteria | 组合决策标准 |
| PDT | Product Development Team | 产品开发团队 |
| PRM | Product Roadmap | 产品路标/产品规划 |
| QA | Quality Assurance Engineer | 质量保证工程师 |
| RDP | Roadmap Development Process | 路标开发（产品规划）流程 |

续表

| 缩写 | 英文全称 | 释义 |
|---|---|---|
| ROI | Return Over Investment | 投资回报 |
| SBP | Segment Business Plan | 细分市场业务计划 |
| SDC | Strategy Development Committee | 战略委员会/战略发展委员会 |
| SI | Strategic Initialtive | 关键战略举措 |
| SO | Strategic Objective | 策略性（或方向性）目标 |
| S&OP | Sales & Operation Plan | 销售与运作计划 |
| SP | Strategy Plan | 战略规划 |
| SP/BP | SP/ABP 的简写，Strategy Plan/Annual Business Plan | 战略规划/年度经营计划 |
| ST | Staff Team | 办公团队 |
| SPAN | Strategic Positioning Analysis | 战略定位分析 |
| TPM | Transformation Progress Metrics | 变革进展指标 |
| VDBD | Value Drived Business Design | 价值驱动业务设计 |
| VOC&CS | Voice of Customer and Customer Satisfaction | 客户声音与客户满意 |
| WBS | Work Breakdown Structure | 工作分解结构 |

# 汉捷咨询简介

深圳市汉捷管理咨询有限公司（简称汉捷咨询）于2004年在原华为高级副总裁胡红卫先生的带领下创立，是国内IPD咨询的开创者与引领者、落地式DSTE、LTC、BT&IT咨询解决方案的开创者，致力于帮助企业打造卓越的经营管理体系，推动企业高质量、持续快速发展。

汉捷咨询主要帮助企业打造五个方面的管理体系，并提供相应的IT解决方案：

**汉捷卓越的经营管理解决方案【管理咨询+IT解决方案】**

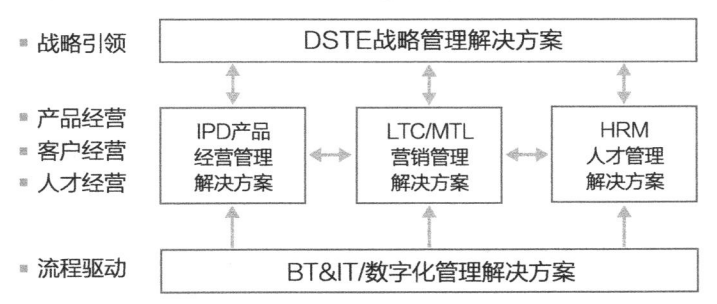

- 战略引领：DSTE战略管理解决方案
- 产品经营／客户经营／人才经营：IPD产品经营管理解决方案 ↔ LTC/MTL营销管理解决方案 ↔ HRM人才管理解决方案
- 流程驱动：BT&IT/数字化管理解决方案

注：汉捷咨询与汉卓软件提供自主研发的iDSTE战略管理软件、AIPD产品及研发管理软件、iLTC销售管理软件。

汉捷咨询拥有高素质的专业专家队伍。现有顾问40余名，均具有硕士以上学历和平均15年以上的业务工作和企业中高层管理经验。专业顾问来自华为、中兴、IBM、三星、英特尔、Emerson、日立、腾讯等著名企业。

汉捷咨询顾问已推出《研发困局》《新产品开发管理就用IPD》《管理项目实务》《研发困局突围》《研发体系改进之道》《产品数据管理》《研发管理文集》等多本专著，以及原创研发、战略、营销、流程IT管理方面专业文章900多篇，汉捷咨询主编的《经营管理》月刊已持续推出190多期。

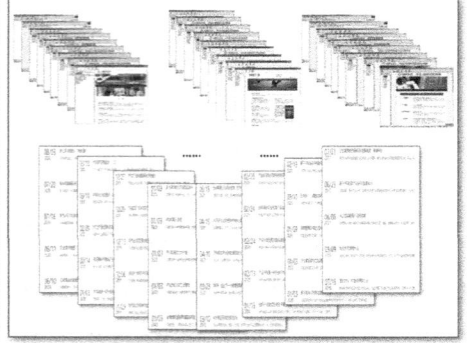

汉捷顾问专著　　　　　　　汉捷190多期电子刊物、800多篇原创文章

20多年来，汉捷咨询致力于帮助企业推行业界领先的IPD体系、DSTE体系、LTC/MTL、BT&IT体系，已经帮助400多家客户成功实施了700多个正式商业合同的咨询项目和软件实施项目，并为10000余家企业提供了咨询和培训，获得了客户的广泛好评，汉捷咨询顾问的"实干家"作风得到客户充分肯定。

面向未来，汉捷咨询与汉卓软件将继续为企业更有效的"管理咨询+IT系统"解决方案，帮助更多的企业迈向卓越，为广大企业的管理进步与业务发展而不懈努力！

# 参考文献

[1] 菲利普·科特勒，凯文·莱恩·凯勒，亚历山大·切尔内夫. 营销管理[M]. 第16版. 陆雄文，等译. 北京：中信出版集团，2022.

[2] 亚德里安·斯莱沃斯基，大卫·莫里森，鲍勃·安德尔曼. 发现利润区[M]. 凌晓东，译. 北京：中信出版集团，2010.

[3] 夏忠毅. 从偶然到必然[M]. 北京：清华大学出版社，2019.

[4] 迈克尔·波特. 竞争战略[M]. 第3版. 陈小悦，译. 北京：华夏出版社，2005.

[5] 胡红卫. 研发困局[M]. 北京：电子工业出版社，2009.

[6] 艾·里斯，杰克·特劳特. 定位[M]. 邓德隆，火华强，译. 北京：机械工业出版社，2010.

[7] 艾·里斯，杰克·特劳特. 商战[M]. 邓德隆，火华强，译. 北京：机械工业出版社，2017.

[8] 何绍茂. 华为战略财务讲义[M]. 北京：中信出版集团，2022.

[9] 倪志刚，孙建恒，张昳. 华为战略方法[M]. 北京：新华出版社，2017.

[10] 袁江，活下去：华为变革之道[M]. 北京：电子工业出版社，2023.

[11] 伊戈尔·安索夫. 战略管理[M]. 绍冲译. 北京：机械工业出版社，2013.

# 反侵权盗版声明

电子工业出版社依法对本作品享有专有出版权。任何未经权利人书面许可,复制、销售或通过信息网络传播本作品的行为;歪曲、篡改、剽窃本作品的行为,均违反《中华人民共和国著作权法》,其行为人应承担相应的民事责任和行政责任,构成犯罪的,将被依法追究刑事责任。

为了维护市场秩序,保护权利人的合法权益,我社将依法查处和打击侵权盗版的单位和个人。欢迎社会各界人士积极举报侵权盗版行为,本社将奖励举报有功人员,并保证举报人的信息不被泄露。

举报电话:(010)88254396;(010)88258888

传　　真:(010)88254397

E-mail:　dbqq@phei.com.cn

通信地址:北京市万寿路 173 信箱

　　　　　电子工业出版社总编办公室

邮　　编:100036